Lieber Lothar!

Heute - am Höhepunkt der Feierlichkeiten zu Deinem 40. Geburtstag, denken wir auch an die stillen Stunden danach. Hierfür und ganz speziell für Dich die entsprechende Lektüre. Nicht wissenschaftlich distanziert sondern individuell konkret, stehen Dir viele "wilde 40es" mit "Rat und Tat" zur Seite!

Deine Freunde und Nachbarn vom Platz "3" Gisela Stefan

Peter Roos
DIE WILDEN 40er

Peter Roos

DIE WILDEN 40er

Porträt einer pubertären Generation

ECON Verlag
Düsseldorf · Wien · New York · Moskau

Die Arbeit an diesem Buch wurde gefördert mit einem Stipendium
des Kultusministeriums des Landes Nordrhein-Westfalen
und mit dem Literaturstipendium der Stiftung zur Förderung
der Philosophie.

Die Deutsche Bibliothek – CIP-Einheitsaufnahme
Roos, Peter:
Die wilden 40er: Porträt einer pubertären Generation/Peter Roos.
– Düsseldorf; Wien; New York; Moskau: ECON Verl., 1992
ISBN 3-430-17854-1

Lektorat: Krista Maria Schädlich
Schutzumschlag: Jan von Hugo und Peter Roos
Gesetzt aus der Century, Linotype
Satz: Lichtsatz Heinrich Fanslau
Papier: Papierfabrik Schleipen GmbH, Bad Dürkheim
Druck und Bindearbeiten: Spiegel
Printed in Germany
ISBN 3-430-17854-1

Für mich selbst,
es war schwer genug

, höchstens noch für
Friederike Hassauer.

Der wilde 40er Inhalt

Der 40. Breitengrad

Vorwort

GROUCHO: Wie alt sind Sie?
FRAU: Ich gehe auf die Vierzig zu.
GROUCHO: Aus welcher Richtung?

I

Jetzt steht es 4 zu 0.
Kein Weg führt daran vorbei.
Ohne Gnade haben die Jahre zugelegt und die Biographie auf die Mitte hin getrieben.
40: Endzeit? Erste Ernte? Erfolgsbilanz oder Bilanzkrise? Torschlußpanik? Todesangst? Startschuß? Zielband?
Fragen.
4 zu 0. Ein Wettkampf hat stattgefunden. Der Spielplatz ist noch voll besetzt, der Kampf in vollem Gang, die Akteure in voller Aktion – wem aber gilt diese Niederlage? Und wer ist der Gegner in diesem Match, der so viele Punkte erzielen konnte? Die Zeit? Das Leben? Laufbahn? Ewigkeit? Fremd-Zeit? Eigen-Zeit?
40: Dieser Geburtstag ist ein Wendepunkt, ein gesellschaftliches Datum. Einladungen zum Feiern oder das laute Stillschweigen des Übergehens: niemand kommt darum herum.
Fragen.

»Wer sind wir? Wo kommen wir her? Wohin gehen wir? Was erwarten wir? Was erwartet uns?« Die ersten Fragen der Philosophie. Die ersten Sätze des Philosophen Ernst Bloch – so tastet er sich in sein Hauptwerk: »Das Prinzip Hoffnung«. Fragen, Fragen. Antworten? »Viele fühlen sich nur als verwirrt.« Eine zweite Pubertät? »Der Boden wankt«, tastet Bloch weiter, »sie wissen nicht, warum und von was. Dieser ihr Zustand ist Angst, wird er bestimmter, so ist er Furcht.«

Die 40er sind wie plötzlich wieder auf der Suche, irritiert. Was vor 25 Jahren schon einmal ihre Seelen bewegt haben mag, in ihrer ersten Pubertät, wird jetzt eine andere, eine neue Geschichte.
»Einmal zog einer weit hinaus, das Fürchten zu lernen. Das gelang in der eben vergangenen Zeit leichter und näher, diese Kunst ward entsetzlich beherrscht. Doch nun wird, die Urheber der Furcht abgerechnet, ein uns gemäßeres Gefühl fällig«, Bloch.
4 zu 0 – wer wendet das Ergebnis?

2

Es ist kein Zufall, wohin jetzt bei der Zeitungslektüre die Augen fallen. »Prince Charles wird 40 – Fete steigt im Straßenbahndepot.« »Schlappohr Snoopy feiert 40. Geburtstag im Louvre.« An John Lennons Todestag wird erinnert, er war 40, und mit 40 dreht Woody Allen seinen »Stadtneurotiker«. Vergleiche – Altersvergleiche, Erfolgsvergleiche, Karrierevergleiche. Der wegen seiner Nazivergangenheit abgelöste CDU-Politiker Hans Filbinger war mit 40 einst jüngster Ministerpräsident. Helmut Kohl ist dann schon mit 39 dasselbe geworden.
Auf der Lokalseite der »Main-Post« hat ein 39 Jahre alter Cabriofahrer seinen Kopf verloren; ein 41jähriger Vespa-Pilot wurde von zwei Lastern erdrückt; ein 40jähriger überlebte einen Cessna-Crash; ein 42jähriger »trennt Ex-Freundin mit Beil den Kopf vom Leib«. Ein 40jähriger Alkoholiker wird in die Psychiatrie eingewiesen; ein 40 Jahre alter Anwalt bekommt Berufsverbot; eine Kauffrau, 40 Jahre alt, wegen Millionenbetrug verurteilt, Prinzessin Donata von Preußen, Jahrgang 1950, heiratet wieder.
Und die Wissenschaftsredaktion der FAZ meldet: »Jeder zweite Deutsche über 40 erkrankt an Parodontose!«
Und Todesanzeigen, die ersten Todesanzeigen – Herzinfarkt, Krebs, Aids.

JUNGE FRAU VON 1950

R. 28–29, Spätzünderin, dennoch ganz Frau, 180 cm, schlank u. schön, die viel über z. B. sich lachen kann, Ärztin, sucht Dich: sensiblen Mann mit Herz u. Kopf u. Feuer, der sich auch noch eine Familie wünscht. Bitte mit Photo an ZF 2980 DIE ZEIT, Postfach 10 68 20, 2000 Hamburg 1

Inzwischen doziert der rote »Danny« Cohn-Bendit von 1968 an der Polizeiführungsakademie des Bundes und der Länder, laut Bundeskanzler soll nun auch die Jugend einmal »ran«, und selbst VW propagiert »Generationswechsel«, wenn auch nur für den neuen Transporter. BRD und DDR waren übrigens auch im Schwabenalter, bevor die Wiedervereinigung zuschlug.
Im Schraubstock der Jahre! Vor allem die Frauen werden hineingespannt. Turnusgemäß hieven die ›Brigittes‹ und ›Annabelles‹ ihre Reportagen »Für die Frau um 40« ins Blatt, und keine Kosmetikfirma läßt die weiblichen Midlife-Runen unbeworben: »Eine Revolution, die unter die Haut geht«, garantiert »keine Angst mehr vor Falten«, obwohl diese Haut »ab 30 altert, ab 40 erschlafft«. Was unsere Haut wohl ab 50 anstellt? Vom Fleisch fallen? Auf den Knochen gehen? Reißaus nehmen? Wer nicht schon mit 25 begonnen hat, dem Profit der Alterslügenkonzerne zuzuarbeiten, wäre besser ohne Haut und Haar geboren. Denn »Haut ab 40 hat spezifische Probleme: Fältchen, zunehmende Trockenheit und Sensibilität, mangelnde Geschmeidigkeit«. Endzeit. Letzte Remedur: »Ab 40 ist das Beste kein Luxus mehr!«

3

Zwei Jahre lang bin ich meiner Generation nachgereist. Von 1990 bis 1992 war ich in Berlin und Wien, in New York und Remshagen, in Karlsruhe, Fulda, Frankfurt, Zürich, Paris, München, Bremen, Bonn: auf der Suche nach dem Jahrgang 50. Lebensräume, Arbeitsräume – immer waren es Stippvisiten in den Alltag; ob ein Treffen von einer Stunde, ob ein Marathon von vier Tagen – immer lief das Tonband mit. Die Standardfragen habe ich allen gestellt: der 40. Geburtstag – körperliche Veränderungen, Biographie, Beruf? Wünsche, Träume, Hoffnungen, Vorsätze der ersten Pubertät und was davon übriggeblieben ist in der zweiten? Politik, Geschichte, BRD–DDR? Vorbilder, Idole, Prägekräfte? Leidens-Geschichten, Seelen-Bewegung, Liebe und Sexualität? Die Etappe, die Lebens-Mitte, Bilanz, Tod? Mann und Frau, Geschlechter-Verhältnisse? Der Generationen-Wechsel?
War die Atmosphäre danach, wurden aus den verabredeten 30 Minuten drei Stunden. Abschweifungen wurden nicht zensiert, oft kamen wir nur über den Umweg zum Ziel. Manchmal wurde das Bandgerät abgestellt, wenn etwas nicht für das maschinelle Ohr gesprochen war. Oft haben wir uns an die Tränen-Grenze geredet. Es wurde geweint. Aber viel mehr wurde gelacht. Auch zusammen geschwiegen.
Es war ein Miteinanderreden und kein Interview für den Generations-Demoskopen der Allensbach-Maschine. Einzig die Politiker, vornehmlich die Bundesminister, waren nicht in der Lage, sich einzulassen – sie ließen ab, das Immergleiche.
Was meine Generation preisgeben wollte, bestimmte sie selbst. Einige baten um das Manuskript, wenige wollten autorisieren. Jutta Ditfurth und Peter Gauweiler, die beiden Fundis, stellten Bedingungen. Die Ex-Ministerin Hasselfeldt wollte schon vor dem Gespräch wissen, was ich nachher schriebe.
Die Tonband-Transkripte, 4000 Seiten, dienten als Grundlage für die Zitate; die Originaltöne wurden behutsam aus dem Wort in die Schrift überführt; Duktus, Gestus und Stil der Sprechenden ist erhalten geblieben.

Es gab Gleichaltrige, die dem Selbstbild im fremden Auge lieber ausgewichen sind und sich einem »Generationen-TÜV« nicht stellen wollten: Peter Maffay war dauernd auf Tournee oder gegen den Golf-

*Krieg, Jim Rakete war schon wieder nirgendwo, Mary Roos trennte sich soeben von Ehemann Wendehals, Rötger Feldmann zeichnete gerade seinen Flasch-Bier-Werner-Film, Bernd Eichinger war beleidigt über eine »*Spiegel*«-Demontage – das Medien-Geschäft. Die Frankfurter SPD-Spitze, stellvertretend für die Partei! Oberbürgermeister Andreas von Schoeler und seine Kulturdezernentin Linda Reisch, beantwortete nicht einmal die Anfrage – das Politik-Geschäft. Bernd F. Lunkewitz hatte gerade wieder einen Verlag gekauft, wollte keine Öffentlichkeit mehr, alle anderen Führungskräfte aus der Wirtschaft – wie schon vor zehn Jahren – durften nicht: Dr. Wolfgang Reitzle beispielsweise muß das BMW-Produkt vor die eigene Person stellen – das Wirtschafts-Geschäft. Jürgen Fuchs schrieb seine Stasi-Geschichten, Pieke Biermann arbeitete an einem neuen Krimi, Jan Philipp Reemtsma wollte nicht mitwirken, Florian Havemann mußte erst Vertrauen entwickeln, und Patrick Süskind war einfach nicht zu sprechen. Werner Lotze wurde gerade der RAF-Prozeß gemacht, und Christof Wackernagel – »Reden über die RAF sowieso nicht« – findet »das alles völlig uninteressant«, aber für 2000,– DM Tagesgage könne ich ihn haben. Danke.*

Marktheidenfeld hat mich neutralisiert.
Wenn ich von meinen 40er-Reisen zurückkam, mich auf all die Prominenten- und Metropol-Gespräche eingelassen hatte, tat mir die Distanz der fränkischen Provinz gut, meine gleichaltrigen Marktheidenfelder, die Normalität der Menschen von nebenan. Auch diese Bekannten und Freunde aus einem festumrissenen geographischen Raum der bundesrepublikanischen Mitte gehören zum Personal meines Panoramas; ihre Entwicklung habe ich über die Jahrzehnte hinweg kontinuierlich verfolgt.

Bei der Auswahl der Gleichaltrigen ließ ich mich strikt von privater Empirie und Vorlieben leiten; unbedeutend, ob beim Gegenüber Gefühl für und Bewußtsein von Generation oder Punkt 40 ausgebildet war – auch der im soziologischen Sinn Bewußtlose ist Teil seiner Altersgruppe.
Ich habe darauf geachtet, daß möglichst viele Ausbildungsarten, Berufstypen, Einkommenssparten und politische Perspektiven repräsentiert sind, und ich habe versucht, das Geschlechterverhältnis zu balancieren: mühevoll! Besonders unter den 40jährigen VIPs –

Gleichaltrigen, denen mit »visibility« öffentliche Sichtbarkeit bestätigt ist – hat sich Quotierung oder Gleichberechtigung bislang nicht durchgesetzt.
Bei der Auswahl der Porträtierten war zunächst nur an Frauen und Männer aus der Bundesrepublik gedacht. Österreichische und schweizerische Interessen wurden hintangestellt. Die 40er aus der DDR standen von vornherein außer Diskussion. Die DDR war mir, je mehr ich mich in der Folge der Affäre Biermann und meiner Dokumentation »Exil« mit ihr, und nicht gerne, beschäftigt habe, ferner gerückt und sowieso fremder als Amerika. Es hätte mich nicht einmal gereizt, unter anthropologischem und ethnologischem Interesse oder aus touristisch-folkloristischer Kurzweil Fragen an eine gleichaltrige parallele Sozialisation zu stellen. Dennoch, und trotz meiner von Anbeginn wachen und energischen Ablehnung jeder Art von Wiedervereinigung, Invasion des Westens oder Elimination von DDR-Identitäten, habe ich mich auf drei DDR-Bürger meiner Jahrgänge eingelassen – unter dem Druck der Verhältnisse, widerwillig, nicht ohne Aggression. Aber mit Neugierde.

4

Und ich?
Dieses Buch ist Lebensaufgabe.
Gebeutelt schon vom 30-Werden und dem damaligen Resümee, will ich zehn Jahre später erneut herausfinden, was uns als Alterskohorte geprägt hat und wie wir damit umgehen.
Es ist dieses irrationale Interesse an meinem Jahrgang 50. Das Faszinosum, exakt in der Mitte des Jahrhunderts geboren zu sein.
Darum mache ich das alles?
Vierzig-Werden ist schlimm genug, sagt die 1952erin Karin Sekora von nebenan – darüber auch noch zu schreiben sei »Exorzismus«. Stimmt. Aber es ist auch Trost, Trost mit jedem neuen Gespräch, Entlastung. Man ist nicht allein; man erfährt, was anderen widerfährt und wie sie es handlen; man wird getragen, fühlt sich geborgen, und nichts an Erfahrung geht verloren. Wir werden gemeinsam älter und gehen gemeinsam auf das Sterben zu. Das eigene Ich wird objektiviert, konterkariert oder bestätigt.
Wer kennt nicht das Glücksgefühl, einen anderen zu treffen, dem er

nicht ellenlang erklären muß, was eine »Beatlesjeans«, wer »Esther & Abi Ofarim«, was ein »Wiking-Auto«, ein »Tafellappen« oder eine »Isabella« gewesen ist – welche glückselige, unbefragte, sprachlose Selbstverständlichkeit, die dann bei den Soziologen »Generationszusammenhang«, »Generationsgefühl«, »Generationseinheit« oder »Generationsstil« heißt.
Vielleicht mag diese Anstrengung auch Vermittlungsarbeit leisten, über uns, über unsere Generationswahrnehmung, über unsere Generationsleistung – hinüber zu den Älteren und zurück zu den Jüngeren.

Der Generationen-Blick ist nicht meine Erfindung. Als Erkenntnisinstrument hat er Tradition, Theorie und Methode:
Erich Kästners Gedicht »Jahrgang 1899«, der Sammelband »Jahr und Jahrgang 1901« von Paul Sethe, Hans Erich Nossack und Erich Pfeiffer-Belli seien exemplarisch genannt. Ernst Glaesers Roman »Jahrgang 1902«, Friedrich Grupes »Jahrgang 1916«, Martin Greiffenhagens »Jahrgang 1928« oder die Erinnerungen »Jahrgang 1929« beispielsweise, die ihr Autor Klaus Zeitler 1989 noch als langjähriger SPD-Bürgermeister der Stadt Würzburg verfaßt hat; sie haben damals schon, nicht nur wegen der Wahl des Straube-Verlages, tendenziell vorweggenommen, was vier Jahre später zur politischen Entscheidung wurde: Der rechte SPD-Mann trat nach 35 Jahren aus seiner Partei aus und wurde Republikaner. »Die Fünfzigjährigen« von Winfried Maaß oder Heinz Budes Soziologie der Flakhelfer-Generation »Deutsche Karrieren« vermitteln ähnliche Erkenntnisse über die Gleichartigkeit des Blicks in eine Jahrgangs-Kohorte. Und die gesamte Literatur über die 68er.
Weltanschauung durch eine homogene Altersgruppe hat Tradition. Spätestens seit dem 19. Jahrhundert mit Balzacs Roman »Die Frau von dreißig Jahren« und Fontanes Autobiographie »Von Zwanzig bis Dreißig« ist das Genre etabliert. Der zeitgenössische literarische Zugriff auf Jahrgangs- und Alters-Schichtung sei programmatisch durch Uwe Poerksens »Weißer Jahrgang«, vor allem mit Ingeborg Bachmanns Erzählung »Das dreißigste Jahr« benannt.
Der Generationen-Blick hat Theorie und Methode. Er ist ein historisches, politisches, philosophisches, soziologisches, psychologisches Wahrnehmungsinstrument, mit dem Wertewandel und Modernisierungsschübe erfaßbar werden, Veränderungen in Habitus, Mentalitä-

ten, Sozialstrukturen und Geschlechterverhalten, Veränderungen in den Riten, Ritualen und Praktiken des Alltags.
Am Generationenwechsel wird schubweise das Einrücken einer neuen Erfahrungswelt in die alte Gesellschaftsformation sichtbar. Der Machtwechsel der Generationen ist daher auch eine Front von Verteilungskämpfen, in denen es um Eroberung und Verteidigung intellektueller, ökonomischer und – immer lebenswichtiger – ökologischer Besitzstände geht.
Weltanschauung in dieser Perspektive, durch die Optik einer homogenen Altersgruppe, hat theoretische Tradition. Seit Karl Mannheim, Ortega y Gasset und Norbert Elias beschäftigt sich die internationale Generations-Forschung in Philosophie, Soziologie und Sozialpsychologie mit dieser Anthropologie des Wandels.

5

Die Generation der 40er ist so alt wie die ehemalige Bundesrepublik, so alt wie die ehemalige DDR. Die Biographien des Jahrgangs 50 und die Geschichte des Landes sind an einem Bilanzpunkt angekommen: die Wiedervereinigung schafft einen historisch abgeschlossenen Raum. Das Persönliche und das Nationale, Lebenslauf und Staatsgeschichte bekommen im Rückblick psychisches und politisches Profil.
Ich schreibe das Panorama dieser Generation. Ich schreibe das Psychogramm dieser Jahrgänge, ich beschreibe das Alter der Republik. Der Generationen-Schnitt fixiert die individuelle Lebensmitte, die zusammenfällt mit dem Ende des Kontinuums der beiden deutschen Staaten. Das Ende der persönlichen Jugendzeiten ist auch das Ende der beiden Republiken, in denen diese Jugend groß geworden ist. Subjektiver und objektiver Neubeginn.
Wie 1980, als mein Band »Trau keinem über 30 – Eine Generation zwischen besetzten Stühlen« erschien, halte ich inne und halte fest:
Wünsche, Träume, Bankkonten, Karrieren, Brüche, Lebensentwürfe, Sorgen, Glück, Altern, Tod, Eltern, Kinder, Single, Partner, Sexualität, Feminismus – Überlebenskonstruktionen der 40er.
Im gleichen Alter haben sie 1977 den »Deutschen Herbst« und das Orwellsche »1984« erlebt, Tschernobyl, 1990 die Wiedervereinigung, den Golfkrieg.

Gemeinsam haben sie erlebt, daß die Eltern noch Nazis waren oder Nazi-Gegner, gemeinsam erlebt das 50er-Jahre-Trauma, die Musikrevolution der 60er, die Studentenbewegung als Werk der älteren Brüder, Wohngemeinschaftskultur, die Pille und damit die Konfrontation mit der Planbarkeit von Fortpflanzung und die Konfrontation mit der ökologischen Katastrophe.

6

Und warum pubertär & wild?
»Pubertär« war immer ein Kampfbegriff der Eltern-Generation, das Schimpfwort der etablierten bürgerlichen Räson, die bösartig stigmatisiert. So wurden wir zurechtgewiesen, so wurden wir zur Ordnung gerufen.

Pubertär markiert einen Zustand.
Wir sind klein, wir sind unerwachsen gehalten worden von der Generation der großen Macher, unserer Eltern, und der Generation der kleinen Macher, unserer älteren Geschwister.
Wir baden sie lebenslang aus, die Folgelasten des Nazi-Krieges. Nach 1945 haben in einer gigantischen Phasenverschiebung die Großväter unsere Gesellschaft formiert und nicht unsere Väter. Statt der Willy-Brandt- und Helmut-Schmidt-Riege haben Männer in Adenauers Alter die Regierungsgeschäfte betrieben. Warum? Weil die Väter im Krieg gefallen waren, in Gefangenschaft, vertrieben, verwundet, ausgebombt. »Durch die Hitlerzeit und durch die Kriegszeit kamen diese Jahrgänge erst viel später in die Lage, Kinder in die Welt zu setzen, als es im Durchschnitt der Lebensphasen normal gewesen wäre«, erklärt der Historiker Jürgen Reulecke. »Die Männer und Frauen, die 1945 mit 45 oder auch erst mit 35 eigentlich in den Startlöchern hätten stehen, ins politische Leben eingreifen können, waren 1945 oder 1950 dazu kaum in der Lage. Sie lebten individuell und als Gemeinschaft noch in der Phase der Existenzgründung, waren intensiv mit Familien- und Berufsleben befaßt, konnten also kaum soziales und politisches Engagement entwickeln. Der bundesrepublikanische Staffellauf war unterbrochen, die normale Abfolge ausgesetzt, das politische Geschäft der alten Generation überlassen. Das heißt: Die Bundesrepublik ist von Adenauer und Konsorten aufgebaut worden. Das gesamte

Generationen-Schema war verrutscht: Die überalterte Großväter-Generation knüpfte an den alten Werten an, regierte restaurativ und ließ die mittlere, reformbereite Altersgruppe nicht ans Ruder – vom Veränderungsdrang der jungen Leute aus der Nachwuchs-Generation ganz zu schweigen.«
Was für eine Exposition unseres Lebens!
Die Startlöcher für die Eltern waren besetzt, Innovationsschübe gekappt, Modernisierungsimpulse verhindert, die psychohistorische Energie zur Verdrängung nazistischer Altlast gebunden, unproduktiv gebunden. Nur die blinde Arbeitswut des Wiederaufbaus galt.
Blockaden, wohin man sieht. Die Folge: Spätentwickler. Die verschleppte Konstellation, die die Eltern in der Nachkriegszeit vorfanden, verlängerte sich auf die Zwischengenerationen in der Geschwisterreihung ihrer Kinder. Die älteren Brüder machten die ApO. Für die Jahrgänge um 1950: closed job. Vor uns diese großen und kleinen Macher, die ja für sich selbst auch schon zu spät dran waren. Die Helmut Schmidts konnten, retardiert, ihre Kontur entwickeln, machten die sogenannten »Wunder« der End-50er und frühen 60er Jahre; ihre blauen Wunder erlebten sie mit der ApO – der Protest schuf das Profil der Rudi Dutschkes.
Und wir?

Pubertär.
Im negativen wie im positiven Wortsinn. Immer noch in der Krise und schon wieder – die Krise der Individuierung. Zwischen Ablehnung und Bejahung, Akzeptanz versus Aggression, Ambivalenz von Anpassung und Protest.
Im Schatten der Großen und Größeren erwachsen werden? Bei einem gesellschaftlichen Wandel, der soziale Reife und ökonomische Unabhängigkeit immer weiter verschleppt, wie es Alexander Mitscherlich für das mittelständische Leben ausmacht; der durch Pädagogisierung, so Niklas Luhmann, eine retardierte Adoleszenz schafft, hinausgezögertes Erwachsenwerden.
Krise in jedem Fall.
So ist die »Midlife-crisis« unserer Generation, der wilden 40er, nichts anderes als eine zweite Pubertät nach der ersten. Die erste – eine biologische Krise der beschleunigten körperlichen Reifung, die seelisch-soziale hinkt hinterher. In den 40ern wird körperlicher Abbau erstmals stark erlebt – die Krise richtig gehandhabt und funktionalisiert,

kann der zum zweiten Mal Pubertierende die Ambivalenzen schlichten.

Pubertät als Krise, Pubertät als Chance.

Die zweite nach der ersten. Die Symptome gleichen sich. Das anthropologisch typische Gefühl tiefer Sinnlosigkeit des Lebens, ob hellsichtig erlitten oder dumpf erlebt. Die Unruhe, in der Fachsprache: »Adjustierungs-Unruhe« – Anpassung an das Erwachsenwerden oder Neuorientierung des Erwachsenen: wohin? Freud spricht von »Kultureignung« und »Kulturgehorsam«: sich einfügen in die Verhaltensmuster und Rollenschemata, die die Konvention vorschreibt. Dem Jugendlichen ist noch eine Latenzzeit, eine Wartezeit, ein Aufschub eingeräumt, in dem er sich austoben und entwickeln darf – Eriksons »psycho-soziales Moratorium«, eine »psychosoziale und psychosexuelle Karenzzeit«.

Aber welchen Raum, fragt der Pädagoge Frithjof Grell, stellt die Gesellschaft für die neue, die zweite Individuierung frei? Für die zweite Un-Reife?

Sie wird despektierlich betrachtet, als »Midlife-crisis« mit spitzen Fingern etikettiert; sie wird – meist von den betroffenen Männern – als Möglichkeit nicht erkannt, rigide abgewehrt. Der Raum für Entfaltung ist enger geworden im Rahmen der klassischen Erwachsenen-Vollerwerbsbiographie, knapper das Verhältnis von Eigenzeit zu Fremdzeit. Die Jugend ist endgültig vorbei – ein erneutes Moratorium wird nicht gewährt. Sosehr die erste Pickel-Pubertät akzeptiert ist, so sehr wird die zweite Pubertät der 40er als Versagen denunziert, als Mißlingen, als Störfaktor.

Pubertär.

Beschämt steht er da, der Spätentwickler, der Nachzügler, der unerwachsene Erwachsene. Und wild. Warum?

Sanktionen. Eingebildete? Reale?

Ertappt vom gesellschaftspolitisch Normierten der 50er Jahre, eingeholt vom verzweifelt-verbissen Formierten der 60er, betoniert zum Erfüllungsgehilfen der eigenen Lebensentwürfe der 70er, aufgerieben von der Selbstüberforderung der 80er: Über-Ichs.

Gebannt, paralysiert vom magischen Codewort des Pubertären. Das macht sie wild.

Wild sind die 40er, weil sie wieder in der Krise sind. Weil ihnen die Überlebenskonstruktionen der letzten Dekade brüchig werden. Weil

das, was sie zehn Jahre lang für Sicherheit hielten, plötzlich als nur vorläufige Konsolidierung erscheint, als »passagere Fehlhaltung«, wie Friederike Hassauer das formuliert, als fragwürdige Anpassungsreaktion auf Außendruck. Und das Gerüst des Ich?
Wild sind sie: Gefährdung oder Chance? Der Binnendruck steigt.

Ich klage ihn ein, ich fordere ihn – den zweiten Freiraum für das Reservoir der Krise. Als Voraussetzung für ein Leben, das nach 40 weitergeht.

Jetzt steht es 4 zu 0.

Marktheidenfeld und Wien, am 30. Juni 1992 *P. R.*

Wenn vierzig Winter deine Stirn umdrängen,
der Schönheit Flur voll Furchen steht, verheert,
und deiner Jugend Kleid, dran so viel Augen hängen,
Plunder, Kram und keinen Groschen wert.

WILLIAM SHAKESPEARE

Mathieu Carrière:

»Wir sind eine charakterlose Generation«

oder

Die Kriege unsrer Jahre

Das Buch beginnt mit dem Krieg.
Ich sitze im Flugzeug. 5. Februar 1991. Golfkrieg. Alle haben mich gewarnt, keiner würde, sagen sie, jetzt nach Amerika fliegen, jetzt im Krieg.
Ich bin 40 und habe Angst. Als Abiturient vor 20 Jahren hatte ich mir geschworen: Nie wieder Angst!
Alle haben von mir Abschied genommen, als sei es für immer. Ich selbst auch. Ich nehme Abschied von mir auf Sitz 18 A, Fensterplatz, Nichtraucher. Business Class, Lufthansaflug Nummer 400 nach New York, JFK. Morgen soll ich Mathieu Carrière treffen, den Schauspieler, den Autor, den 40jährigen, im gleichen Jahr wie ich geboren, 1950.
Drüben, ich sehe es aus der Luke, stehen die fetten US-Kriegsmaschinen abflugbereit, finden kaum Platz mehr auf dem Militärflughafen der Amerikaner. Frankfurt Airport bewaffnet vom Klopapierhalter bis zur letzten Plastiklamelle der Deckenverkleidung. Frankfurt. Eine Festung. Hier passiert mir nichts.
Die Maschine ist leer. Hinter mir haben es sich einige Stewardessen, die, fünf kriegsbedingte freie Tage, zum Shopping, jetzt bei diesem Dollarkurs, nach New York jetten, Winterschlußverkauf bei Saks Fifth Avenue und Macy's, reihenweise bequem gemacht, lachen, lachen laut und aufdringlich, diese 25jährigen Frauen, und bei meinem Rückflug am Sonntag werde ich sie mit prallen »shopping bags« wieder treffen – halt! Wenn ich nicht – ich hatte gerade Abschied von mir genommen. Neidisch auf die gepflegte,

geschminkte, gestylte Ausgelassenheit der Jugend. Von der habe ich Abschied genommen. Von der nehme ich Abschied. Seit zwei Jahren. Und an meiner Gereiztheit den LH-Kids gegenüber spüre ich, wie wenig Abschied ich nehmen will.
Seit Wochen werden wir auf Krieg eingestimmt. Ich träume die Geschichten meiner Mutter, brennendes Ludwigshafen, Bombenalarm, Feldpostkarten des Vaters, und im Aufwachen die verschlierten Bilder vom zerstörten Würzburg. Wie nah das alles ist.

Vielleicht habe ich schon mit diesem Flug alles hinter mir?
In fünf Monaten werde ich 41.
Mathieu Carrière ist 40.

Angst vor ihm. Als ich mühsam mein mittelhochdeutsches Proseminar an der Universität Tübingen betrieb, spielte er mit Orson Welles 1971 in »Malpertuis«, als er mit Richard Burton und Raquel Welch 1973 »Bluebeard« drehte, bereitete ich mich auf die germanistische Zwischenprüfung vor, und 1972 – ich quälte mich noch mit verhaßtem sprachwissenschaftlichem Wort-Stamm-Baum-Zeichnen ab –, da lag er mit Brigitte Bardot im Filmbett von »Don Juan 73«, Regie Roger Vadim.
Ein Star. Ein Weltstar. Und ich?
An der Existenzgrenze, mehr Angst als Atem, von diesem fernen Krieg erfaßt und vernascht von seinen kriegsgeilen Medien.
Aber ich will ihn haben für mein Buch, für meine Erfahrung und für die Generation. Für die Bilanz überhaupt.
Vor 20 Jahren ist er mir zum ersten Mal begegnet. Ob's in der Wohngemeinschaft war vor dem ausrangierten Fernsehschrank irgendeiner Tante Gisela oder im »Hirsch«-Kino, wo ich wöchentlich ins Studentenprogramm taperte – jedenfalls habe ich Schlöndorffs Film »Der junge Törless« gesehen mit Carrière in der Hauptrolle. Alle Kommilitoninnen waren begeistert. Ich fand ihn – grämlich, neidisch, eifersüchtig und verdrückt herumkritisierend – »lackaffig«. Hätte mir einer gesagt, daß dieser Kerl 32 Tage jünger ist als ich – ich hätte mich sofort in den Neckar gestürzt. Krieg.

Die Flugnummer ist 400, 40 plus null.

»Für eine Literatur des Krieges, Kleist«.
Carrières Buch.
Ich bereite mich vor. Ich lese es wieder. 1981, vor zehn Jahren, ist es erschienen. Eine Studie, ein Essay, eine Anempfindung. Der Anlaß Kleist, das Thema Bruch, Sturz, Terror, Tod. Die philosophische Folie des Autors? Die Diskurstheorien im poststrukturalistischen, postmodernen Denken Frankreichs der nach68er Periode, der 70er Jahre. Die These: Es gibt keine Personen mehr, es gibt keine Ich-Identität mehr, das Subjekt ist tot. Ersatz? Orte des Begehrens – der Körper ist eine Maschine.
Ich lese Carrière. 118 Seiten finden keine Ruhe. Die Schrift beginnt mit Sturz – »in der Mitte anfangen«, das ist der erste Satz! –, mit Bruch endet das Buch: »Wesen, Personen werden zu Marionetten, ungeschickt und anmutig, je nach den Einbrüchen des reinen ›Außen‹.«
Eine Beschwörung des Gefühls, der Emotion, des Affekts.
Ein Agitatissimo. Gegen Goethe, gegen die Ewigkeit, gegen die Vernunft, gegen den Plan. Für die Katastrophe!
Der Absturz der Lufthansa-Maschine Flugnummer 400 nach New York wäre die hymnische Konsequenz dieses Denkens, denke ich. Wenigstens ist Krieg, denke ich; die Bilder in meinem Körper kollidieren, aber sie fallen zur Identität mit den Visionen durch den Aktionismus der Carrièreschen Etude mit dem MG.
Ein Schatten duftet in meinem Gesichtsfeld. Die Stewardeß beugt sich herab, reicht mir – »Entspannen Sie sich! Hier eine Zeitschrift zur Zerstreuung!« – die aktuelle Ausgabe eines Hamburger Nachrichtenmagazins, der Kriegs-»Spiegel« mit dem Titel »Vor dem Inferno« und der Ankündigung »Hans Magnus Enzensberger ›Saddam = Hitler‹« im gelben Kasten.
In der Carrière-Pressemappe aus der »Hamburger Morgenpost« der Satz: »Mich interessiert meine Generation, die sich von der Politik abgewendet hat. Anstatt Bomben zu werfen, zerstört sie sich selbst.«

Carrière sagt sofort zu: »Kein Problem! Unsere Generation interessiert mich!« Aber dann begannen die Probleme. Sie fingen schon vorher an. Über Wochen hinweg habe ich tagelang telefoniert, um ihn irgendwo auf der Welt zu erreichen. Der Jahrgangsgenosse ist unerreichbar. Wohin sollte ich ihm meine Anfrage und den Plan für das Buch senden?

Der Jahrgangsgenosse ist unnahbar. Knapp, kühl und scharf waren seine Informationen auf dem Anrufbeantworter, markig die Aufzählung der Daten und Telefonnummern, pointiert das Programm seiner Dreharbeiten zwischen Wien, Barcelona, Rom und Paris. Wohnort New York.

Warum interessiert den das überhaupt?

Die 40er zu Hause kennen ihn alle, aus den Filmen. Den meisten macht er angst, alle halten ihn für glatt, kalt und berechnend. Keiner der Männer will ihn treffen. Eine Freundin, verlegen, kann sich ein Wochenende mit ihm vorstellen: Den »Letzten Tango in Paris« hat sie siebenmal gesehen, und sie weiß, daß Bertoluccis Film in Carrières Wohnung gedreht worden ist – hier will sie ihn besuchen. Und Dora, Jahrgang 50, möchte, sagt sie entschieden und mir gerade in die Augen, mit ihm schlafen, »einmal«, sagt sie, und sie sagt nicht »schlafen«, sie sagt »vögeln«.

Und ich? Die alte Eifersucht von 1972 nicht vergessen, als Friederike tagelang nur von diesem schnieken Törless-Aal schwärmte und nach dem Filmabend in die nächste Buchhandlung gerannt war, um sich auch noch das Musil-Buch dazu zu kaufen. Ich habe alles Erreichbare gelesen über ihn und gesammelt, gesehen, was an Filmen zu sehen war, und vor allem seine Kleist-Studie studiert. Und konnte mir nie vorstellen, daß er gleichen Alters war.

Der Angstpartner.

Ich wollte ihn nirgendwo anders treffen als in New York.

Warum? Weil New York »daraus besteht, daß niemand irgendwohin gehört«, schreibt Amanda Cross.

Die meisten meiner Jahrgänge scheinen mir ortlos. Ich bin's. Und Carrière lebt das Extrem. Wie hört er sich auf seiner US-»answering-machine« an, der französische Namen eines deutschen Schauspielers amerikanisch ausgesprochen? Auch sein makelloses Deutsch, desinfiziert und druckreif, ohne dialektale Verankerung. Kaltblütig stehen seine Wörter im Raum. Rastlos aufgesprochen im internationalen Nirgendwo für mein Zimmer in Franken. Jede Nachricht füllt das Gefäß meines Vorurteils. Bei jeder Terminverschiebung will ich aufgeben. Zeitraubendes Organisieren, fluchend umbuchen. Die Spannung wächst, der Druck wird stärker, von Bangigkeit rede ich erst gar nicht mehr. Da ist etwas. Ich spüre. Und muß mich stellen.

Er führt das Gespräch, die Fragen stellt er. Carrière hat mich ins Spring Street Restaurant bestellt, Soho, Ecke West Broadway. 12 Uhr, präzise. Ich bin da, er kommt. Seine Schönheit nimmt mir sofort die Angst. Wie er in dieses Restaurant gleitet! Wie sich seine Hüften um die Thonet-Stühle herumbiegen, an denen er vorbeimuß! Und gleich zur Sache.

Ich sehe ihn an. Ich sehe ihn gerne an. Normalerweise werde ich high, wenn jemand in meinem Geburtsjahr geboren ist. Hier werde ich ruhig. Beruhigt – er ist kein Schönling. Dazu ist er zu alt. Gezeichnet. Und, ich denke, zum Glück, zerstört. Erleichtert, daß die 40 in diesem Gesicht stehen. Die Haut nicht mehr straff, das Haar nicht mehr uni, der Hals nicht frei von Ringen. Endlich ein Mann mit gebrochener Schönheit! Mit 25 oder 30 muß er fürchterlich ausgesehen haben, ein Babyface-Adonis für das Titelblatt eines Schwulenmagazins. Ich sehe ihn mir ungeniert an. Er will alles wissen und zwar gleich. Ich bestelle Mineralwasser, kalifornischen Weißwein und eine Pasta mit Lachs. Ungeniert betrachten wir die 20jährige Bedienung, eine Botticelli-Beauty der Columbia University N.Y. Tauschen aus, was uns an dieser Jugend gefällt. Er gibt den Ton an, ich warte ab. Mit wem ich schon gesprochen habe, mit dem Droese, mit dem Deix, mit der Hasselfeldt, dem CDU-Wissmann, Nobelpreisträger Bednorz, dem Komponisten Rihm. Über Gauweiler ausführlich, wie er sich abschottet, wie er die Presse beherrscht, über Politik und Person überhaupt. Ein Check. Carrière testet mich an. Er ist im Vorteil, ich im Jetlag. Ich weiß, was ich will, er nicht. Mißtrauisch manchmal, die Augen zusammengekniffen, die Hand mit der Zigarette

am Kinn. Ich sehe mir die Fältchen an, die sich um die Augen kräuseln, und diese Labialfalten, die wie mit Rasierklingen von den Nasenflügeln abwärts ins Gesicht geschnitten sind. Durch und durch grau das Haar. Das gefällt mir. Ich höre ihn reden. Ich höre ihn gerne reden. Er spricht gut, schnell, exakt. Mit der intellektuellen Bürste durch das Thema. Und einen Vertrag möchte er schließen, eine Übereinkunft: *Ich* könne ihn »das größte Arschloch seiner Generation« nennen, aber *er* wolle die Originalzitate vor Drucklegung lesen. Er sei es satt, all das als Selbstaussage zu lesen, was er niemals gesagt habe – erst neulich verbreitete eine Münchner Frauenzeitschrift, er schlafe mit Carolina von Monaco. Falsch.
Carrière steht auf, neigt edel das Haupt und bittet um Fairneß. Unwiderstehlich die Pose. Und weiß es wohl auch.
Er wirkt seriös und vertrauenswürdig. Ein smarter Geschäftsmann beim Arbeitsessen, kurz vor einem Abschluß. Er beißt noch einmal auf die Kiefer, zeigt die Backenmuskeln, dribbelt mit den Beinen, macht den Mittagstisch zum Ring. Der Kampf um die Wahrheiten über uns, Jahrgang 50. Das hat etwas Pubertäres. Schulhof. Den Gegner taxieren. Das hat etwas Männliches. Kräftemessen.
Mitten im Match entwaffnet er sich, öffnet den Mund bis zur Clownsbreite und lacht. Ein kurzes Scharmützel. Schon ist er weg, schwimmt durchs Restaurant, überraschend tritt ihm die Bedienung mit großem Servierbrett entgegen, er deutet eine rasche Umarmung an, als wolle er sie vor sich und vorm Straucheln schützen, schnalzt wie ein Delphin über die beiden Treppenstufen und gleitet aufs Klo.
Das, was mit uns passiere, sei ihm wichtig, hatte er noch gesagt; er wolle professionell arbeiten mit mir oder nicht. Das kommt sehr bestimmt und to the point: »Das haben wir doch mit 40 mittlerweile gelernt! Oder?«
Ab sofort reden wir von gleich zu gleich.
Als er zurückkommt, mit der geschmeidigen Hast eines Tangotänzers, ein bißchen ältlicher Gigolo, ein bißchen junger Astaire, bricht mir der Schweiß in den Nacken: O Gott, fährt es mir ins Hirn: Was an Mathieu Carrière ist Person, und was an der Person ist typisch für die Generation?

Irgendwann gehen wir. Ich will zahlen, er lädt mich ein mit der selbstverständlichen Geste des älteren Bruders. Mit metropolischer Versiertheit tritt er auf die Straße. Schon hält, kaum hat er elegant die Hand gehoben, ein Taxi, und wir fahren. Der Sturz durch New York beginnt. Ins Taxi rein, aus dem Taxi raus: »Strands«, die Bücherhölle der Stadt. Carrière sucht Literatur zu Ost–West, UdSSR, DDR, Spionage, er schreibt gerade an seinem Drehbuch »STASI – A sad Farce«; ich suche durch die Kataloge und Regale nach neuester amerikanischer Generationsforschung und finde »The male mid-life crisis: Fresh starts after 40«.
»Warum dieser Aufwand?« fragt er, wieder im Cab. »Warum dieses Reisen, diese Besuche bei den Gleichaltrigen, das Einlassen auf die Menschen?«
Er hat deutlich genug meine Methode befragt. Wach. Nichts entgeht ihm. Er ist da. Schnell. Und die Argumente schießen aus ihm heraus. Ich möchte an meiner Methode nicht mehr zweifeln. Natürlich könnte ich vierzig 40er erfinden, »und 4000 Leser identifizieren sich mit ihnen«, nimmt er mir das Wort aus dem Mund. Authentizität, das will ich. Weil ich an meiner Phantasie zweifle?
Wir stecken in einem Stau. Der Schwarze am Steuer flucht.
Draußen New York. Das Taxi New York. Der Staat Amerika. Stars-and-Stripes-Fahnen bewimpeln Autoantennen, Fenster, Häuser – das Land führt Krieg, und wir fragen nach Wirklichkeit. Wollen rekonstruieren, wie wir 40 Jahre alt geworden sind und was wahr sein könnte an unseren Darstellungen. »Es gibt keinen Ort, an dem die Wahrheit gesagt wird!« sagt Mathieu Carrière und zitiert seinen Lehrer Gilles Deleuze. »Worte, die gesagt werden«, doziert er, »drücken niemals mehr aus als die Sekunde des Aussprechens, sind nur Ausdruck der Situation, in der sie gesagt werden!« Das Verfahren ist suspekt, ich weiß, aber trotzdem will ich wissen, in welcher Stimmung er seinen 40. Geburtstag vor sechs Monaten begangen hat. Er lacht und hält sofort das Lachen an: »In heftiger Aufwallung!« Das Taxi stoppt, 4 Dollar 40 die Fahrt, Zahlenmystik, ich zahle, steige aus: »Es war ein harter Schlag«, sagt er und beißt sich auf die Lippe: »Jetzt bist du plötzlich nicht mehr jung!«

Auf der Taxiquittung steht »I love New York«.

1950 geboren. Hannover. Vater Psychiater, Mutter Röntgenassistentin. Der französische Name ist hugenottischen Ursprungs. Hannover, Berlin, ab 1956 Lübeck. Der Vater arbeitet als Neurologe in einer psychiatrischen Klinik. Hier lebt die Familie. Besuch des humanistischen Gymnasiums bis 1967. Ein Jahr französisches Jesuiteninternat. Abitur 1969 in Lübeck. Übersiedelung nach Paris. Lebt heute in Paris und New York.

Das Vorgespräch ist beendet.
Scheitert dieses Treffen? Ich zittere, und nur mit größter Kraft unterdrücke ich den Impuls, aufzuspringen und nach Frankfurt zurückzufliegen, als Carrière... Was war passiert? Wieder war er an einer mir wichtigen Wegstrecke des Redens, wir reden über Frauen, auf und davon, drahtig zur Toilette fort, Frost zurücklassend, wo gerade noch Freundlichkeit das gegenseitige Befragen bestimmte. Zurück, schießt er eine Salve Antwortbefehle gegen mich ab, als lägen wir in einer Stellung an der Front.
Hartes Tempo schlägt er an, treibt das Spiel zur Klimax im Stakkato der drei Fragen: »Hat Ihr Vater gedient?« – »War er an der Front?« – »Welcher Jahrgang?« Es rattert in ihm. Ich höre es. In Gedanken noch bei der geschmeidigen Hast seines Ganges, den etwas unerlöst hängenden Schultern, der angespannten Stirn, dem Schopf, grau, sehr grau, meliert, katapultiert er mich in den Krieg. Seinen Krieg. Ist das Film? Ist das Trapez? Oder nur extra dry? Ein frigider Mann. Ich bin verletzt.
Natürlich hat Carrière das Recht zu diesen Fragen. Es sind die entscheidenden. Aber warum schießt er sie ab, warum fällt er in den Ton der Väter aus den Schützengräben?
Ich bleibe, ich antworte, ich akzeptiere das Verrücken der Konvention: Ich bin gekommen, um zu fragen, er hat sich bereit erklärt zu antworten. Er will wissen, jetzt, wer ich bin und woher ich komme. Ein Duell. Der verabredete Kampf zweier Personen, zweier Männer, satisfaktionsfähig. Gekämpft wird nach vereinbarten Regeln. Unsere Lehrer haben wir uns genannt, das war

ihm wichtig. Ich hörte, studierte, verehrte Walter Jens und Ernst Bloch, er Michel Foucault und Gilles Deleuze.
Das Vorgespräch ist beendet. Er brennt noch zwei philosophische Feuerwerke ab – ich indes habe mich ihm längst hingegeben. Wir reden, essen, trinken, denken, spüren, gehen, stehen, fahren, jagen, sitzen, erinnern, phantasieren – sprechen zusammen.
Ab sofort sagen wir du.
Carrière reißt eine Packung Zigaretten auf und zündet sich eine an. »Krieg«, schreibt Mathieu in seinem »Kleist«-Buch, »Krieg, das ist die Dynamik, das Muster, welches alle seine Erfahrungen bestimmen!« Ein autobiographischer Satz.
Carrière drückt die Zigarette aus.

Carrière zündet sich eine Zigarette an.
1950 geboren und mit 13 ein Star. Zumindest wird er von der Schulbank weg zum Schauspieler und für eine Nebenrolle engagiert im Film »Tonio Kröger«, frei nach Thomas Mann. Regisseur Thiele sucht sich sein Personal in der Schülerschaft des Lübecker Katarineum, das schon der Meister selbst besucht hatte. Als Fünfzehnjähriger macht ihn Volker Schlöndorff zum »Jungen Törless«, und von da an geht es Schlag auf Schlag: Er arbeitet mit den Regisseuren Wajda, Vadim, Van Ackeren, Rohmer, Zanussi, er spielt mit Orson Welles, Richard Burton, Raquel Welch, Brigitte Bardot, Yves Montand, Margarethe von Trotta, Jane Birkin, Hannelore Elsner, Vittorio Gassmann, Isabelle Huppert, Gudrun Landgrebe, Romy Schneider, Hanna Schygulla.
Carrière drückt die Zigarette aus und zündet sich eine Zigarette an. 1973, nach einem einjährigen Engagement im Pariser Vergnügungstheater »Alkazar«, das er als »Tiefpunkt« seines Lebens empfindet, beginnt er ein Studium an der Sorbonne: Philosophie. Seine Lehrer: Foucault, Lyotard, vor allem Deleuze. 1978, er beendet den Besuch von Vorlesung und Seminar und beginnt seine Studie »Für eine Literatur des Krieges, Kleist« zu schreiben.
Seither arbeitet er für internationale Filmproduktionen.
Er schreibt Drehbücher und führt Regie.
Carrière raucht.

Er arbeitet fürs Fernsehen und tritt in Talk-Shows auf.
Carrière inhaliert.
Er ist verheiratet mit der New Yorker Künstlerin Jennifer Bartlett und hat eine Tochter, Alice.
Carrière drückt die Zigarette aus.

Ein sehr extremer Mann, denke ich. Wo ist seine Weiblichkeit? frage ich. Kaum daß das eine Verdikt seine Lippen verlassen hat, macht sich sein Mund weich. Gerade ist er eine platte Virilität losgeworden, empfangen seine marienblauen Augen Licht von irgendwoher. Trotzig behauptet er etwas, sanft wird es sogleich relativiert. Persönlichkeitsstürze. Carrière ist alles: Businessman, Angesteller, Nutte, Zuhälter, Macho, Softie, Knabe, Mann, Sklave, Treiber, Bubi, Mädchen, Medienstar, Angsthase. Schütze Arsch und General. Und die Rollenstürze in einer Rasanz, daß man ihn noch liebt für eine Zärtlichkeit und bewundert für seine soziologische Phantasie – da hat er sich schon wieder in einen Techniker verwandelt, der seinen Kalkulator benutzt, wie andere Leute ihre Nase putzen.
Kurz nachdem wir uns getrennt hatten, die Seelen umgekrempelt und nahezu ohne Vorbehalt in uns und unseren Geschichten herumgesucht, ruft er an, der Motor des Taxis unten an seiner Tür war sicher noch nicht wieder in Gang gesetzt, und bittet mich doch, wir hatten uns erst auf den nächsten Nachmittag verabredet, bittet mich doch zum Essen. Aber, so empfinde ich seinen Anruf in meiner Idiosynkrasie gegenüber allem Militärischen, in einem Ton, in dem normalerweise Gestellungsbefehle ausgegeben werden. Wie scharf und gemein seine Stimme wieder klang – natürlich sage ich zu und lege den Hörer auf. Wie Eis. Als hätten wir uns den halben Tag gestritten!
Ich hasse ihn nicht, aber ich liebe ihn.
Carrière ist ein Genie. Aber eins von der Machart des 19. Jahrhunderts, wie Wilhelm Waiblinger etwa Hölderlin beschrieben hat – auf dem Drahtseil, zwischen Wahnsinn und Werk.

Wie gehe ich damit um?
Wie interpretiere ich das Material, das er mir bietet, das ich erfra-

ge, erfahre, fühle und spüre. Und wo genau liegt, ich habe Furcht vor zuviel Firnis über meinem Bild von ihm, wo genau finde ich den generationsspezifischen Fundus in diesem 40jährigen Leben, das ich porträtiere? A Portrait of the actor as a forty year old man. Bei Joyce erinnere ich einen Satz über seinen Helden Stephen: Er ist »ein Führer, der sich vor seiner eigenen Autorität fürchtet, stolz, sensibel und mißtrauisch, im Kampf mit dem Chaos seines Lebens und mit dem Aufruhr in seinem Inneren«. Ich denke an M. C.

Da kommt er die 44. Straße entlang, energisch, schlank, schön. Wie im Film. Wie auf dem Plakat James Dean. Den Windmantel offen, unterm Arm eine Zeitung, Bundfaltenhose anthrazit, schwarze Schuhe, Pulli, Hemd: en pleine carrière.
Brunch im »Algonquin«, im New Yorker Literatenhotel Baujahr 1902. »Rose-Room«, da möchte er essen. Stuck, korinthische Säulen, Kristallüster, rote Samtstühle, eingedeckte Tische, goldbelitzte Kellner. Hier, wo sich in den 20er Jahren die Elite des Landes von Literatur, Film, Kunst, Presse, Wissenschaft getroffen hat, wo am legendären »Round Table« das Magazin »The New Yorker« aus der Taufe gehoben wurde. Er weiß natürlich alles. Gestern saßen wir für zehn Minuten in der traumhaft schön, mondän vergammelten Lobby, in durchgesessenen Clubsesseln, hohes Eichenpaneel, Holzsäulen, Stofftapeten, unsere Drinks auf den abgescheuerten Beistelltischchen. Hier begann vor über einem Jahrzehnt sein New Yorker Dasein. Hier war er abgestiegen. Natürlich weiß er wieder schon alles. Daß hier die Marx Brothers abgestiegen seien und Rainer Werner Fassbinder, Sinclair Lewis, Charles Laughton, Lawrence Olivier, John Osborne, Jean-Luc Godard, Yves Montand, Thornton Wilder, William Faulkner, Simone Signoret, Simone de Beauvoir, Leonhard Cohen, Ellen Fitzgerald, Tommy Steele, Studs Turkel, Peter Ustinov, Barbara Streisand, James Dean.
Alles Figuren aus unserem Leben; die haben wir alle gesehen, gehört, gelesen, geliebt. Kam nicht nach dem Che-Guevara-Poster das James-Dean-Plakat an die Wand der Wohngemeinschaftsküche? Und die Programmkinos der Studentenzeit in den

frühen 70ern waren ohne Marx Brothers nicht zu denken – Lachen war da erlaubt in Marxens Namen. Und so fort.

Vorbilder?

»Wenig«, sagt er, denkt lange nach, und zögerlich nennt er sechs Namen: Schlöndorff. Deleuze, die Frau, mit der er sieben Jahre in Paris gelebt hat, die Autorin und Psychologin Dominique Schneider, Montgomery Clift, Musil, Jack London.

Er legt das schwere Silber des Hotels auf den Teller, unstet hat er gegessen, mit einer geheimen Hast; er bittet um ein paar Minuten für seine Zeitung, »Wall Street Journal« – er möchte die Börse überfliegen. »Natürlich«, sage ich und denke: natürlich *überfliegen*. Ein Überflieger. Und memoriere, wen er einmal oder wiederholt zitiert: Henry James, Rilke, Brecht, Kleist, Musil, Deleuze, Nietzsche, Freud, Musil, Deleuze, Thomas Mann, Strindberg, Canetti, und selbstverständlich zitiert er sie. Kein »name-dropping«. Diese Texte gehören zu seinem Haushalt. Und zu seinen Lehrern hat er eine bruchlose Beziehung.

Auch zu Geld?

»Auch zu Geld! Ich denke dauernd über Geld nach! Weil ich kein gutes Verhältnis zu Geld habe: Wenn ich's habe, gebe ich's weg, wenn ich's nicht habe, muß ich's mir leihen. Geld war für mich immer nur ein Mittel wegzugehen, ein Bewegungsmittel, eine Möglichkeit, mir ein bißchen Freiheit zu erkaufen.«

Er legt die Zeitung hin, sieht sich die Männer an den Tischen an, nimmt die Zeitung auf, spricht mit mir, blickt auf, wie zufällig, skribbelt auf den Zeitungsrand flüchtig Zahlen, sieht hoch, wie nebenbei, legt die Zeitung auf den Stuhl. Sagt mir, welche Männer da vorne links und da drüben rechts sitzen, welche Positionen sie wo bekleiden und wieviel Macht sie haben – alles Medienmanager, Film, Verlag, Fernsehen und die, die mit ihren »news-shows« am Krieg so gigantisch verdienen. »Goldene Nasen. Golfkrieg-Nasen.«

»Und dein Verhältnis zur Macht?«

Carrières voller Blick.

Ich fühle mich in einem vollklimatisierten Computerraum.

»Stets von tadelloser Beherrschung und Gleichmütigkeit, besitzt

er die Schärfe des Sehens.« So liest sich die Rollenbeschreibung seines »Malina« in Werner Schroeters Bachmann-Verfilmung »40 Jahre alt«.
»Macht ist immer impotent!«
Die These steht im Raum. Hingeklotzt.
»Er ist ein ›Schwieriger‹.« Malina, Regieanweisung.
Kaum daß er etwas ißt. Trinkt Kaffee, raucht Zigaretten und ist in höchster Anspannung. Indes, ein Brunch aus dem Bilderbuch: Manhattan Clam Chowder, Virginia Ham mit »baked« Idahokartoffel, Chicken à la King, Käse zum Schluß oder Pancakes in Ahornsirup. »Er geht durch die Welt, ohne irgendwo anzustreifen.« Malina, Regieanweisung.
»So.« Er beendet das Essen.
Großzügig sein »tip«, das Trinkgeld, das ich bereits gegeben hatte; er war »rasch ausgetreten«.
Ins Zimmer. Der livrierte Aufzugführer bedient die Lift-Utensilien anno Jahrhundertwende, die blankpolierten Messingklinken, Messinginstrumente, Messingknöpfe.
»Handke war auch hier«, erzähle ich, weil F. Scott Fitzgerald hier war und Handke seine Bücher gelesen hat. Warum ich das erzähle, fragt mich Mathieu.
First Floor, Gentlemen.
»Er ist ein ›Schwieriger‹. Jede Form von Zudringlichkeit ist ihm verhaßt. Allerdings läßt er auch niemand, nicht einmal die Frau, mit der er lebt, wirklich an sich heran. Er ist streng in seinem Urteil, aber frei von jeder Eitelkeit. Er geht durch die Welt, ohne irgendwo anzustreifen.« Malina, Regieanweisung.
Third Floor, Gentlemen.
»Weil Handke damals zehn Jahre jünger war als wir«, antworte ich und zitiere aus dem Gedächtnis den »kurzen Brief zum langen Abschied«: »In drei Tagen werde ich dreißig. Und ich kann es kaum erwarten.«
Room Number 412.
»Mit welchen Erwartungen bist du 40 geworden, Mathieu?«

Wie kommen wir dahinter?
Was macht uns aus?

Auf welchen historischen Nenner bringen wir uns, wenigstens für die Sekunden der Bilanz? Wie finden wir die *Geschichte*, in der sich unsere *Geschichten* abgespielt haben?
Und welche Konsequenz?
Wo stehen wir jetzt?
Und wie geht es weiter?

Carrière ist nervös. Er nestelt am Kragen seines Hemdes herum und spielt mit den Messingscharnieren meines »Algonquin«-Desks. Wissenschaft, Kunst, Astrologie, Psychoanalyse?
Er möchte ein Buch schreiben mit dem Titel »Do not talk!« Wir reden seit 240 Minuten. Er sagt: »Wir möchten 100 Prozent wollen und 150 Prozent wissen wollen!« Dazwischen schweigen wir uns an, er raucht, er trinkt Kaffee, ich bin Nichtraucher, ich trinke Tee, und beide kämpfen wir um das Öffnen des Fensters.
Wir hätten im gleichen Kindergarten, in der gleichen Schule sein können, zusammen das Abitur machen und studieren und so fort. Wir kennen uns seit 24 Stunden, und jeder stippt herum im anderen Leben.

Über was haben wir eigentlich geredet?
Ich liege endlich in meinem »Algonquin«-Zimmer 412, Queen-Size-Bett. New York früher Morgen. Immer noch schläft die Stadt nicht. Die Sirenen, die Hupen, das latente Geräusch.
Im Fernsehen gerade, zwischen einer Sexshow, in der eine Schwarze bildschirmfüllend im Rhythmus von Michael Jacksons »Dirty Diana« ihre Vagina öffnet und schließt, eine Kriegsshow: Soldaten singen selbstkomponierte Lieder, »I'm a patriotic soldier, Saddam watch out, we're comin'«, und spielen Gitarre dazu.
Eine amerikanische Freundin hatte aus St. Louis angerufen: Rechne damit, rechnet sie mir durchs Telefon vor: In New York kannst du dauernd erschossen werden. Immer wieder vergesse ich: »'s is' Krieg!« So haben wir's als Kinder formuliert, beim Spielen. Und meine Großmutter hat 1950 bei meiner Geburt ausgerufen: »Ein Friedenskind!«

Über was haben wir geredet?
Über den Krieg. Über den Golfkrieg, den Nazikrieg, den 50er-Jahre-Krieg, den 68er Krieg, den RAF-Krieg, den Karrierekrieg, den Papierkrieg, wir haben geredet über Ruhm, Macht, Geld, Gewalt und über Männer; wir haben geredet über Frauen, über Frauen, über Frauen und über den Geschlechterkampf. Über uns.

Ich stecke die elektronische Schlüsselkarte ins Sicherheitsschloß. »Mit welchen Erwartungen bist du 40 geworden?«

»Es war ein schwerer Schlag – jetzt bist du plötzlich nicht mehr jung. Ich hatte mich auf diesen Tag vorbereitet wie auf einen Rubikon, wie auf eine Grenze, die man überschreitet, wie auf einen entscheidenden Schritt, den man tut. Man kommt ja nicht darum herum. Plötzlich kommt, wie aus einer Verordnung, der Imperativ daher: Nun werde endlich erwachsen! Es ist die Verordnung des Kalenders. Man will es ja auch, erwachsen werden, und man will es nicht. Ich habe diesen Tag mit sehr viel Ambivalenz und sehr viel Unbehagen erlebt. Mir war klar, daß ich die Haltung, die ich bisher eingenommen hatte, Nomade und Söldner meines Berufes zu sein, nicht mehr würde weiterleben können. Oder meine Einstellung, keine Entscheidungen treffen zu müssen, weil ich ein ›Mann ohne Eigenschaften‹ war: Musils Held Ulrich ist 30, weil man zu Musils Zeiten mit 30 so weit war wie wir heute mit 40. Mit 30 war ich schon nicht erwachsen geworden und hatte nicht eine Sache getan, die ich selbst bestimmt hätte! Schaffe ich es mit 40 vielleicht? Man führt in diesem Alter wohl die Buchhaltung des Lebens. Und sieht sich plötzlich auf der anderen Seite; aber das ist heute ja so egal! Und doch nicht! Denn ich lese dann plötzlich in der Zeitung: Leute werden Umweltminister, Leute haben ihre erste Million verdient – hoppla, die sind 39, 40, 41, also so alt wie ich, und plötzlich vergleichst du dich mit denen. Das habe ich früher nicht getan.«
Pubertät?

Er gilt als Schönling, gilt als Beau. Der ideale Coverboy. Jetzt –

noch nie waren seine Haare so grau, die Labialfalten noch nie so tief. Beobachtet er Veränderungen am Körper?
»Ich habe mich nie als Beau gefühlt! Mein Körper ist mir egal!«
»Das glaube ich dir nicht!«
»Mit 20 habe ich aufgehört, etwas für meinen Körper zu tun, beispielsweise Sport zu treiben. Damals habe ich gedacht: So, jetzt ist der Körper fertig, jetzt brauchst du nichts mehr für ihn zu tun, darum brauchst du dich ab sofort nicht mehr zu kümmern!«
»Aber du arbeitest doch mit deinem Körper, und du beobachtest dich selbst – der Körper ist das Dia deiner Jahre!«
Unwirsch: »Ich fühle mich sowieso ständig unwohl in meinem Körper: Ich rauche zuviel, ich bin ständig erschöpft, ich entwickle einen überdimensionalen Bauch, ich bekomme Krampfadern, habe Probleme mit Kehle, Lunge, Atmung; mir kommt es vor, als ob man sich selbst zerstört, um endlich einmal zu wissen, wie die Organe funktionieren. Gesundheit ist relativ; gesund sein heißt nicht mehr, als daß die Organe schweigen!«
Er nimmt einen tiefen Lungenzug.
»Und Altern?«
»Ich weiß ziemlich genau, wie ich aussehe, wenn ich 70 bin – es ist alles schon da. Seit dem 30. Lebensjahr die grauen Haare, das Gewicht hat sich kaum verändert, die normalen zwei Kilo mehr, aber der Bauch ist da. Den Salto rückwärts schaffe ich noch, und die 40 Liegestütze des 40ers kann ich dir sofort hier auf deinem Algonquin-Teppich vormachen, wenn ich will, aber ich will halt nicht mehr!«
Mitten in den Dreharbeiten zu »Malina« nach Ingeborg Bachmanns gleichnamigem Roman, ihr »Dreißigstes Jahr« haben wir alle natürlich in unserem 30. Jahr gelesen, wird Mathieu Carrière 40. Er spielt den »Malina, 40 Jahre alt, aber ein paar Tage jünger als die Frau, was sehr wichtig für sie ist«.
Nur ein paar Tage jünger. Wie relativ das seelische Alter, die seelischen Tage, Daten, Termine.
Carrière, der alternde Schauspieler? »Ja!« sagt er. »Die Leute in der Branche sagen: ›Endlich siehst du interessant aus!‹ Aber Kollegen jammern auch: ›Mit 40 kannste keinen jugendlichen Liebhaber mehr spielen!‹ Mir ist das alles egal!«

Ein Lungenzug.
»Und wie geht's weiter?«
Ein langer Lungenzug.
»Ich weiß auch nicht, wie es weitergeht!«
Ein langer, langer Lungenzug.
»Und was glaubst du?«
Zigarette aus.
»Ich habe immer geglaubt: Mit 40 muß so ein Renaissanceprogramm losgehen, zweite Geburt, man bringt noch einmal alles in Schuß. Aber ich sehe mich immer noch wie eine Maschine, die man an- und abstellen kann. Wenn ich ein Interview gebe, stelle ich an, wenn ich durch die Stadt rase, stelle ich ab. Ich fühle mich, das ist es, gar nicht 40 Jahre alt. Ich fühle mich...«, der Satz reißt ab, M. C. setzt eine Pause; drunten auf der 44 jaulen die Sirenen, irgendwo eine Klospülung, Zimmermädchen auf dem Gang, »... altersIos.«
»Trotzdem bist du 40!«
Er sieht mich unwirsch an.
»Was ist jetzt? Was war? Was wird sein?«
Bündig: »Jetzt kommt erst alles. Was vor dem 40. war? Kein Geplänkel. Keine Scharfschüsse. Es war Sperrfeuer!«
Mit 40 Jahren hat er 60 Filme gemacht – was ist das für eine Bilanz? »Du bist ein berühmter Mann!«
»O Gott! Sag das nicht. Was nützt es denn, wenn ich in Europa ein berühmter Mann bin und mich in Amerika mit meiner Frau streite? Ruhm nützt nichts! Höchstens bei der Lufthansa, wenn die Stewardeß dich von Business in die First Class placiert, weil du ein VIP bist. Und bei Vertragsverhandlungen, okay. Da wäre ich gerne berühmter. Bekanntheit soll mir nur dazu dasein, meine Arbeitsbedingungen zu verbessern. Basta. 60 Filme. Stimmt. Aber die Schauspielerei interessiert mich zuwenig. Ich kann nicht davon leben, was ich als Schauspieler gemacht habe – das ist keine ideelle Nahrung für mich!«
»Und warum hast du's dann so lange gemacht?«
»Der Weg des geringsten Widerstands!«
»Wie bitte?«
»Wenn du mit 20 Jahren ein Angebot bekommst, nach Paris zu

gehen, Filme zu drehen, schöne Frauen kennenzulernen und viel Geld zu verdienen – aufgrund welcher Polung sollte ich da nein sagen? Natürlich habe ich das gemacht!«
»Und dein Lebensentwurf?«
Carrière hantiert mit seinem Gasfeuerzeug herum.
»Was nützt es dir, was nützt's deiner Seele, wenn du Yves St. Laurent triffst, mit Warhol telefonierst, mit Paloma Picasso ausgehst und einen Wein mit Montand trinkst?«
»Nichts! Nichts nützt mir das!«
Dieser messerscharfe Rationalist, der alles Denkbare denkt und vor keiner Formulierung sich schreckt, der das Arsenal aller Verkehrsformen beherrscht und sich im zivilen Militärbereich bewegt, als sei das Zivile militärisch, ohne Lebensplan, Logistik, Strategie?
»Was aus meinem Leben wird, weiß ich nicht. Ich habe keinen Plan mehr.«
»Hattest du einen?«
»Kleist ist daran gescheitert. Er hatte immer Pläne: wie er seine Frauen erziehen wollte, was er in dem und jenem Alter erreicht haben wollte – hatte ich auch, hab' ich nicht mehr!
Ein Sturz in die Aporexie, den ich erlebe über die Jahre jetzt. Das hängt auch mit dem Absterben der Zellen zusammen, das Gehirn funktioniert nicht mehr so gut, weshalb man ein Mini-Max-System entwickelt, daß man mit weniger, aber konzentrierter Energie immer besser die Effekte kontrolliert, die man schafft. Das hat etwas mit Altern zu tun. Und deswegen finde ich Altern gar nicht so schlecht. Man ist zwar weniger flexibel, aber das, was man an- und abgreift, funktioniert besser: Man macht nicht mehr soviel falsch!
Wohin das führt, weiß ich nicht, und was vorher war...«
Wieder läßt er den Satz abreißen.
»... was vorher war...« Patzig stößt er den Zigarettenrauch in die Luft. »irgendwelche blöden Träume!«
Böse Pause. Schweigen. Ein Schluck. Ein Zug.
»Aber Illusionen habe ich mir nie gemacht. Ich habe Fehler gemacht! Ich bin noch lange nicht da, wo ich hinwill. Ich will noch mehr, viel mehr, viel mehr. Ich bin auch in der Schauspielerei noch

nicht angekommen – ich spiele doch nur Scheiße, nicht vom Handwerk her, sondern vom ›exposure‹: Ich will größere Rollen spielen und selbst erfolgreichere Filme produzieren. Ich bin, glaube ich, immer falsch eingesetzt worden, oft wenigstens. Ich habe immer noch nicht das, was ich will. Und ich habe sehr viel Scheiße gebaut. Aber das ist ›trial and error‹. Ich habe alles gespielt, alles, alles, alles. Alles, was kam. Wenn dann von zehn Filmen einer gut ist – 60 Filme habe ich gemacht, macht sechs gute Filme. Das ist nicht schlecht, oder?«

Carrière spricht schnell, genau, entschieden. Auch der Zweifel wird mit Akkuratesse artikuliert wie die Verzweiflung. Und seine Fragen kommen nicht wie Fragen daher; sie sind Behauptungen. Aber alles ist in Bewegung. Und.

Wieder fahren wir wohin. Zuerst schwingt das Taxi die Fifth Avenue hinunter, und sofort verliere ich die Orientierung. Carrière gibt knappe Direktiven, ich will wissen, ob er einmal gerne General geworden wäre oder Indianer? Er sieht mich verwundert an, die Kopfbewegung fragt, was das mit dem Thema zu tun habe. Schauspieler hatte er nie werden wollen, und die Angebote und Rollen habe er sich nie ausgesucht. Es ist ihm zugefallen. Arzt wollte er werden wie der Vater oder doch lieber Gehirnchirurg, Molekularbiologe, in jedem Fall in die Wissenschaft.

Irgendwo sind wir angekommen.

Jetzt ist er der international beschäftigte Schauspieler in seinem fünften Jahrzehnt. Das war nicht immer so. Rückblickend hätte er sich eine einfachere Laufbahn gewünscht. Aber er war nie in der Lage, ein klares Bild von sich für das Publikum zu entwerfen. Man wußte nicht, wer er war, man wußte nicht, wo er war. Es war in Deutschland nicht bekannt, was er in Frankreich macht, die Franzosen wußten nicht, mit wem er in Italien arbeitete, und den Engländern ging es bei seinen spanischen Verpflichtungen so. Aus ihm war eben kein Darsteller geworden, von dem man wissen und sicher sein konnte, was zu erwarten war. Strategie oder Zufall? Beides. Er ließ sich nicht festlegen, konnte aber kein Stammpublikum formieren. Er ist kein Abziehbild geworden, konnte aber eine kompliziertere »persona« entwickeln. Kompliziert oder komplex? Einen Charakter, der auf komplexe Situatio-

nen differenziert reagiert. Verschiedene Leben leben. Im Leben, auf der Leinwand. Was vielen Schablonenschauspielern gar nicht erst gestattet ist. Kompliziert und schwierig? Auch Unkomplizierte können schwierig sein.
Er hat einen Anorak bei sich. »Anorak«, dieses Wort habe ich seit meinen Anorakzeiten in den 50ern nicht mehr gehört. Wie er wohl in diesem Kleidungsstück aussieht? Es fröstelt ihn, er zieht ihn nicht an. Irgendwo am East End laufen wir herum. Der Regen knüppelt auf den Teer. Klatschnaß. Kaum mehr Autos. Wie im Film. Was er mir wohl wo und warum zeigen will?
Ich sehe zur Uhr. Wie sich mein Zeitgefühl in den letzten Jahren verändert hat. Alles geht einem schneller, zu schnell; was einen Monat her scheint, ist ein Jahr alt. Zeitgeizig bin ich geworden. Natürlich habe ich Zeit für ihn. Ich habe Zeit, aber es wird Zeit. »Geht es dir auch so?« fragt er, der Anempfinder. »Alles war doch erst vorgestern!«
Glück, denke ich, ein solches Gespräch ist Glück.
Nirgendwo in den vergangenen Tagen auch nur eine Sekunde ein gehetztes Absondern gestanzter Antworten à la Interview. Unser Diskurs. Und peripathetisch wie bei den Griechen in unserem gymnasialen Mittelstufengeschichtsbuch. Die Philosophie der 40jährigen.
Taxi.
Dann, New York glänzt, holen wir irgendwann irgendwo Alice ab, Mathieus geliebte Tochter. Die Stadt auf dem Reißbrett. Kalt, blau, scharf der Himmel, die Adern im Beton der Wolkenkratzer noch sichtbar im obersten Stockwerk, World Trade Center springt dich an – Atmosphäre von einer Klarheit, als wäre auf einmal alles zu verstehen.

Mathieu Carrière hat nicht die makellose Karriere hinter sich, die ihm gerne zugeschrieben wird, als sei er der Ergonom einer 40jährigen Erfolgsbiographie. Bilderbuchkarriere heißt so etwas in den Feuilletons. Darauf reagiert er empfindlich. Aber als Wortgläubiger traue ich den Vokabeln Suggestion zu: »*Carrière* heißen heißt *Karriere* machen« – er läßt mich gar nicht erst ausreden, springt auf, stöhnt, prustet, schreit: »Dieser Name! Dieser ver-

fluchte Scheißname!« Tigert zur Tür. Ich fürchte, er, aufgebracht, bricht das Gespräch ab, verläßt das Hotel. Wie klein das Zimmer ist. Er sucht die Klotür im Käfig, reißt sie auf: »*Carrière* heißt Steinbruch, mein Lieber. Du solltest das wissen!« Er schwartet die Tür zu.
»Und«, sagt er, wieder zurück, »daß ich dauernd aufs Klo renne, hängt nicht mit Koks zusammen! Ich zieh' mir keine Linie rein, ich hab' 'ne Konfirmandenblase!«
Okay.
1974 hat er den Knick erlebt: »Wumm – mit einem Schlag keine Rolle mehr.« Und hatte doch gerade seinen besten Film abgedreht, der sein großer Durchbruch hätte werden können, »Malpertuis« mit Orson Welles. Mißerfolg, Einbruch. Nach zehn erfolgreichen Filmen in Frankreich. Plötzlich das Erwachen. »Ich war 23, 24. Was tun? Wenn ich mit 19 einen Darstellerpreis bekommen habe und als 20jähriger in Filmen mitgespielt, die Kinogeschichte sind, dann hat mir dieser Erfolg die Telefonrechnung auch nicht bezahlt. Ich hatte wenig Geld, aber ich hatte. Wenig Geld verdient damals, weil ich jung war, zu jung, weil ich schlechte Agenten hatte, weil es mich nicht interessierte! Aber ich war sicher, daß es immer so weiter aufwärtsgehen würde. Die Gefahr des frühen Erfolgs, ich weiß. Denn du empfindest das ab einem bestimmten Punkt nicht mehr als Erfolg, es ist dir natürlich. Erfolg ist immer etwas für die anderen. Ich hatte als 19-, 20-, 21jähriger genau die gleichen Schwierigkeiten wie du, nur war das Umfeld anders. Die erste große Krise. Mach' ich weiter als Schauspieler? Oder was!«
»Aber du hast in einem Alter Dinge realisiert, als ich, als wir noch verpickelt im Schwimmbad herumlagen und geknutscht haben!«
»Dafür bin ich um meine Pubertät betrogen worden! Einerseits war ich sehr frühreif, andererseits bin ich ein Spätentwickler!«
Punkt.
Die Möglichkeiten werden knapper. Irgendwann ist Schluß mit der Unendlichkeit. Das Ende der multiplen Leben ist gekommen. Biologie holt Pubertät ein. Pubertät?
»Ich war einmal stolz darauf, daß ich viele Sachen konnte: Spra-

chen sprechen, Leute zum Sprechen bringen, zeichnen, denken, reden, schnell lernen. Ich hielt mich lange immer für ein adaptives Wunder, ein Chamäleon – diese kindliche Freude, viele Sachen zu können.
Das ist vorbei.«

Vom mühsamen Erwachsenwerden.
Langsam kristallisieren sich Generationskonstellationen heraus. Von der allmählichen Verfertigung des Gedankens beim Reden. Wie gerne ich mit Carrière spreche, denke ich, wenn ich für einige amerikanische Stunden allein bin mit meinen 40. Ungemein entlastend, so einen Zeitgenossen zu haben. Zeit. Wie oft er »plötzlich« sagt. Als lebe er nur von Zeitsturz zu Zeitsturz. Und dauernd das Herumhantieren mit unseren Kalendern, unseren Terminen. Ich rufe in Deutschland an, um Treffen mit anderen 40ern zu organisieren, die ebenfalls telefonieren mit Terminen in der Hand; ich telefoniere, um den Stand der Dinge um eine mögliche Zusammenkunft mit dem bayerischen Umweltminister Dr. Peter Gauweiler wieder und wieder abzufragen. Wir haben keine Zeit. Warum haben wir eigentlich keine Zeit mehr, Carrière?
»Das hängt«, meint er, »auch mit dem irrsinnigen Druck zusammen, mit dem produziert wird«, sagt er und hängt sich ans Telefon, weil er eine mögliche Produzentin seines Filmes in Rom erwischen will.
»Und warum veränderst du für dich diese Produktionsbedingungen nicht?«
»Existenzangst!« Kurz, knapp, korrekt.
Und immer und immer die Sirenen.
»Jetzt wird es ernst. Mit 40 wird es ernst.«

Unser unendliches Gespräch.
Wir sitzen in der Spring Street Bar. Unser unendliches Gespräch. Nachts. Er sieht groggy aus, »groggy« ist ein Lieblingswort meiner Mutter aus den 50er, 60er Jahren – damals war sie so alt, wie ich jetzt bin. Groggy sieht Carrière aus, aber high pitch die Aufmerksamkeit. Hocken da, glotzen auf die Leute, werfen uns die Phantasien zu: ob der Typ da an der Bar ein guter Liebhaber ist,

die Vollbusige hinterm Tresen Männer mag, was der 30er neben uns beruflich macht und wer von den Gästen 40 Jahre alt sein könnte.
Plötzlich fällt Carrière wieder in den Redesturz, hyperaktiv, und breitet seine Suggestion aus.
»Es wird ernst. Mit 40 wird es ernst!
Mir ist immer alles zugefallen. Ich habe ein Leben lang keine Entscheidung getroffen oder mich mit Entscheidungen schwergetan. Aber ich habe mich ein Leben lang vorbereitet, als Schauspieler auf die Regie, als Student aufs Drehbuchschreiben und so fort. Ich habe mich mit Vorbereiten immer vor dem Leben geschützt. Mit 40 ist es mit dieser Vorbereiterei irgendwann einmal zu Ende!«

Etwas essen. Late night dinner. Wir zahlen, gehen, Taxi. Stürzen wieder in New York herum, bis ich mein »Blue Willow« wiederfinde, Corner Broadway & Bleecker. Mein »Blue Willow«. Hier, bilde ich mir ein, bin ich in dieser Stadt zu Hause. Ein riesiger, quadratischer, hoher, kleiner Saal. Blaugraumelierte, mannshohe Marmorverkleidung, zwei fünf Meter hohe Benjamini, ein Harmonium, Marmortische, Holztische, Eisentische, Plüschsessel, alles benutzt, leicht gammelig und wackelt, Stühle mit drei, Hocker mit fünf Beinen und lebensgefährlich. Mächtige Kronleuchter. Keine Tischdecken. Geschirr wie in der Mensa, Blechbesteck aus Allerweltskantinen, aber jedes Gedeck auf blauer Serviette. Auf der Karte steht: »A throwback to the campy, cluttered, cozy Victorian era. Elegant, relaxing, with an edge of decadence.« Zwei raumhohe Scheiben zur Straße. Wir sitzen. Ortlos. »It's a place to enjoy two worlds.«
Im Taxi noch über *die* Amerikaner gesprochen und die, die wir gerade erlebt hatten. Irgendwann sagt einer von uns »Amis«, und wir müssen lachen. Das sind also die, die jetzt Krieg führen. Und von Geschichte wollen sie auch nichts wissen. Mathieu wird heftig: »Die Amerikaner erinnern sich nicht gerne, haben kein Gedächtnis, keine Geschichte, keine Seele. Die machen, die tun: gehen zum Psychoanalytiker, wie andere ihre Autos mit kaputtem Auspuff in die Werkstatt fahren; lassen sich scheiden, heiraten wieder und lassen sich wieder scheiden.«

»So what!« ich.
»Machen halt einen Deal!« er.
Wir essen eine vegetarische Suppe, einen vegetarischen Eintopf und trinken grünen Tee.
»Was tust du eigentlich in New York?« frage ich. »Außer, daß deine Frau hier lebt?«
Jetzt tritt wieder das merkwürdig Aseptische in sein Gesicht, das zu dieser Heimatlosigkeit paßt, zu dieser Fungibilität, zu dieser Vielsprachigkeit, zu dieser Mobilität.
Vielleicht kracht es jetzt zwischen uns. Dieser Frostfilm, der seine Züge vereist und die Haut gefrieren läßt – langsam lese ich mich in sein Antlitz ein. Es geht ihm schlecht. Dennoch. Ich frage trotzdem.

Gestern oder wann hat er im Weggehen vom »Dorian-Gray-Komplex« gesprochen: »Ich seh's im Spiegel eben nicht, wenn's mir beschissen geht; wenn es mir beschissen geht, sieht man nichts«, er spricht es »nix« aus. Pause. Weiter: »Das Bild mit Furchen und Schrammen ist woanders!« Sagt: »Ciao«, macht kehrt, winkt ein Taxi, das die 5th Avenue hinunterschwimmt und sich im flirrendflimmernden Abgasdunst verliert.
Filmbild.

»Ich habe meine Intimität bei mir!«, hatte er vor Monaten barsch am Telefon erklärt. »Wir können uns treffen, selbstverständlich. Sehr interessantes Projekt. Wo, ist mir egal. Irgendeine Lounge auf irgendeinem Flughafen.«
Mir kam das, so fremd es auch in meinem Telefonohr klang, bekannt vor. Bekannt wie hundertfach Erlebtes, dem nur die Metapher, das Symbol, der Begriff fehlte. Hier war's. Und später fand ich's wieder in einer der letzten Einstellungen des »Malina«-Films: Mathieu Carrière im eleganten grauen Zweireiher, im grauen Hemd, exakt gebundener Krawatte, am Schreibtisch, in einer bürgerlichen Wohnung, schweißüberströmt – telefonierend, mit einem brennenden Telefon. Die Wohnung brennt bereits.
Das Wort könnte *ortlos* heißen oder *unbehaust*.

Ich kenne es von mir, ich erlebe es bei allen, nahezu allen meines Alters.
Dafür ist New York der richtige Ort. Und Mathieu Carrière ist richtige Figur. Die richtigste Figur meiner Generation. Der Prototyp.

40 Jahre, 60 Filme, 2 Wohnsitze, 1 Frau, 1 Kind, 1 Buch. Frühreif, Spätentwickler. Schauspieler, Schriftsteller. Entertainer, Philosoph. In Paris mit seiner ersten Dauerbeziehung, eine französische Psychologin – desintegriert. In New York mit seiner ersten Ehefrau – desintegriert. Die Arbeit beutelt ihn durch das Internationale. Die Zeit reicht nicht. Die Heirat war kein Anker, die Arbeit ist kein Anker, Alice darf kein Anker sein, und die Jahre haben ihm zu keiner Zufriedenheit verholfen.
»Hast du Angst um dich?« frage ich.
Seit 16 Jahren verdient er sein Geld in fremden Sprachen, die wichtigsten Dinge des Lebens hat er nicht auf deutsch gelernt, Vieles kann er nur im Englischen ausdrücken, und seine zweisprachige amerikanisch-deutsche Tochter sagt zu mir: »I do not speak German to strangers, but I like Japanese food!«
Draußen toben und flanieren die Leute vorbei. Taghell ist die Nacht. Walkmen, Rollers, Skateboards. Taxi. Polizei. Sirenen. Jede Minute wird hier jemand umgebracht, und Krieg ist sowieso.

»Gemütlichkeit, Innerlichkeit, Intimität, Seele?«
»Sehr schwer.«
Das Mädchen, das uns bedient, fragt nach unserer Nationalität. Sie habe sich fast gedacht, daß wir Deutsche wären. Ihre Mutter sei Deutsche gewesen, sagt sie, aus Aschaffenburg, sagt sie. Habe einen Ami geheiratet, einen »Kriegssoldaten«, was sie auf deutsch sagt, mit starkem Akzent. Wir seien sicher keine Nazis, sagt sie, sie hasse Nazis, »for sure«.

»Ich finde keine Seele. Außer bei meiner Tochter? Und wenn ich nach Paris komme. Das sind aber nur Augenblicke, und das ist auch nur Erinnerung.«

»Hast du Angst um dich?« frage ich.
»Eigentlich nicht!« antwortet er.
»Ich mache mir keine Illusionen!« schiebt er nach.
»Danach habe ich nicht gefragt!« sage ich.
»Wenn mein Narzißmus sehr stark wäre, hätte ich Angst um mich«, er spricht wie sein eigener Analytiker.
Verschiedene Anteile seiner Persönlichkeit kann er nicht integrieren; erneut erklärt er sich als Maschine, deren diverse Apparaturen unvernetzt nebeneinanderher laufen. Mathieu, diversifiziert – die Carrière GmbH. Firmenstränge eilen voraus, andere hinken hinterher, verwirrende Mobilisierungsgrade.
Vielleicht hat meine Mutter recht? Wenn es unseren Personen an der inneren Bündelung und dem äußeren Profil fehlt? Vielleicht hatte sie recht, als sie mir einmal – nach einer meiner antifaschistischen Attacken – trotzig, gekränkt, böswillig und frech entgegenschleuderte: »Euch fehlt nur ein Krieg!«

Ortlos sind sie alle, in der Seele, in der Rolle, geographisch, dialektal. Das Zeitgefühl ist gestört, die Bilder stimmen nicht, das Lebensaltergefüge verrutscht, die Kondition ständig am Kollaps, die Grenzen der Kraft sind erreicht, und die Strapaze wird zur Gewohnheit.
Alle sind ortlos. Bei jedem sieht es anders aus, stark, schwach, verquer, offen, unterirdisch, versteckt, verdrängt, verlogen, vertauscht, heimlich oder unheimlich. Individuelle Modifikationen und Ausformungen.

Was also macht der Maschinist meiner Generation in New York? Ein Alteuropäer. So nenne ich ihn. Mit gediegener Allgemeinbildung, mit detailliertem Spezialwissen mindestens in der abendländischen Literatur, Geschichte, Philosophie und Psychologie. Der lupenrein Deutsch spricht, und das nahezu druckreif.
»Die Heirat war der Wunsch und der Versuch, die Dinge in den Griff zu kriegen. Aber, heiraten und zusammenleben . . .« Pause.
». . . ist . . .« Er sucht ein Wort, schaut auf seinen Computer, hat's:
» . . . inkompatibel.«

Das steht im Raum. Hardware. Geronnen, seine Erkenntnis aus der Software des Leidens. Der Schmerz setzt noch eins drauf: »Was mich im Leben noch interessiert, sind Verträge.«
Carrière zieht um. Als habe die habituelle Hektik mir auch noch diese Kulmination zur Erkenntnis beschert. Wir sitzen in seiner Improvisation. *Das* ist seine Heimat! Irgendeine große, neue Wohnung eines schwerreichen Sony-Japaners, der für ein Jahr nach Hause zurückgekehrt ist. Hier steht Mathieus Computer auf einem weißen Frottierhandtuch, das auf einem schnieken 50er-Jahre-Wurzelholz-Rauchtisch liegt, Designer-Stuff aus einer Fifty-fifty-Galerie. Eine große Couch im organischen Zuschnitt jener Jahre, bespannt mit blondem Kuhfell. Carrières abgeschabter Diplomatenkoffer, sein verreister Paß. Ausblicke. Traumhafte Ausblicke auf ein bedrohliches New York, wo gerade im Osten die Haufenwolken Ansichtskarten mimen und im Westen schon die Gewitter toben. Unheil.

Hier aber herrscht, inmitten der 20, 30, 40 Umzugskisten, eine seltsame Ruhe, ein ungeahnter Friede:
Mathieu hat seine Tochter Alice auf dem Schoß. Völlig in das Kind versunken. Glücklich. Stolz. Entspannt. Und weggetreten. Der Mechaniker, der Motoriker auf Null. Oder in einer anderen Bewegung. Und er rennt nicht dauernd zur Toilette, wohin er dann dauernd rennt, wenn es für ihn brenzlig wird. Wie finde ich das Wort für dieses Tableau? Idylle? Nein. Als habe er seinen Fluchtpunkt erreicht.
Einkehr. Einkehr empfinde ich bei ihm nur, wenn er seine Tochter auf dem Schoß hat. Sie spielen, sie sprechen. Er läßt ihr vollkommen Raum, und sie entfaltet sich, sie spielt den Hasen, er muß den Hasen sprechen lassen: »Daddy, make the rabbit speak!« Gesicht an Gesicht, oder sie reitet auf seinen Knien. Er hält sie, kraftvolle Hände, starke Armgelenke. Ein Bild, die Tränen könnten einem kommen. Alice, sehr weiblich, sehr männlich, eloquent, gestisch, selbstbewußt, sehr erwachsen, sehr Kind. Falls er sie noch *einmal* bei diesem und jenem Spiel betrügen würde, würde sie sehr böse, werde nicht mehr mit ihm sprechen oder ihn sogar umbringen, obwohl sie nichts zum Umbringen habe, weil er ihr

Messer verboten hätte; und wenn er dann tot wäre, würde sie ihn in die Schublade legen, und falls er zu groß wäre für ihre Schublade, dann müsse er eben aufrecht im Schrank sitzen. Ballerina will sie werden und Ärztin für Menschen und vor allem Wissenschaftlerin für Tiere, weil sie wissen will, wie Tiere aufwachsen und wie sie sterben. Natürlich spricht sie Deutsch, aber nicht mit mir. Deutsch spricht sie nur mit Menschen, die sie liebt. Aber auch das jetzt nicht, denn »das Deutsch«, sagt sie auf deutsch, »in meinem Kopf muß jetzt schlafen«.
Und Daddy?
»He is great!«
»And in the movie?«
»I think, he is a great actor!«
»Do you think your daddy is old?«
»No!«
»Young?«
»No!«
»What is he?«
»Much older than I!«
»What does that mean?«
»He is a little bit younger than old!«

Zwischendurch Generationenforschung.
Heute habe ich mit Professor Braungart gegessen. Richard G. Braungart, Ph. D. des Department of Sociology der Syracuse University New York, führender amerikanischer Feldforscher in Altern.
Wir haben uns bei Shakespeare & Co. Booksellers verabredet und gehen die Kataloge durch: »After 40«, »Life after 40«, »Sex after 40«, »Love & Sex after 40«, »Girl of 40«, »Women over 40«, »Venus after 40«, »Men in their 40ies«, »Not under 40«, »How did I get to be 40«, »Empowered at 40«, »Turning 40 in the 80«, »Making it 40«, »How to survive your 40th birthday«, »Over the hill«. Ein gigantisches Angebot an 40er-Literatur: Lebenshilfe, Psychologie, Humor, Belletristik, Biographik, Women's Studies.
Eine Erklärung, warum in Deutschland eine etablierte Generationsforschung nicht betrieben wird, hat er nicht, der Soziologe,

der international recherchiert und an einer Generationentheorie arbeitet.
Wir fahren in den »Sichuan Pavilion«, essen szechuanesisch, und Braungart entwirft, mit wissenschaftlichen Skrupeln gegenüber Generalisierungen, das Bild des 40jährigen männlichen Standardtypus westlicher Kulturen und nicht nur ironisch »unter besonderer Berücksichtigung der US-amerikanischen Forties«.

»Zwischen dem 30. und dem 50. Lebensjahr, vornehmlich um die 40, geht es diesem Mister Standard nur um die Karriere, alles andere wird ausgeblendet oder gar geopfert: Familie, Ehe, Kinder, häusliches Leben. Das muß nebenherlaufen, ohne Probleme. Man erreicht nahezu alles – und das hinterläßt Spuren, Macken, Wunden.«
»Und die Frauen?«
»Wir sprechen über die Männer! Aber Frauen sind noch stärker belastet, falls sie Karriere machen wollen, ehrgeizig und akademisch ausgebildet sind. Weil sie ganzheitlicher, universalistischer denken und noch fühlen. Sie wollen den Beruf nicht vom Leben abspalten, sie wollen alles: Karriere, Kinder, Mann. Sie müssen deshalb mehr kämpfen, ein vielrolliges Leben führen: Mutter, Profi, Hausfrau, Ehefrau.
Für beide Geschlechter gilt, daß sie in diesem Lebensabschnitt ernsthaft an den Beruf denken und dabei materiellen und psychischen Status erwerben.«

»The party is over!«
Mit diesem Statement beginnen wir das Hauptgericht. Das Restaurant wird zum Forschungslabor. Braungart, 50, und Roos, 40 – wir reden, ich frage, er erzählt, als seien wir alterslos; er flicht manchmal ein, daß er persönlich dies und das schon hinter sich habe, was auf mich noch warte. Ab 50 würde es härter, aber die 40er-Zeiten, meint er und bewegt dabei bedeutungsvoll den Kopf, seien Ernst:
»The party is over! Die Jugend ist endgültig vorbei. Vor allem der gut ausgebildete 40er, der Akademiker spüre die Jahre, sei aber

immer noch verführt von der eigenen Jugend; er setze zwar Jungsein mit Naivsein gleich, behaupte aber steif und fest: ›It was wonderful!‹ Will er wirklich Abschied nehmen? Er muß. Mit 30 noch, mit 20 sicher, konnte er auf seine Eltern rechnen, Hilfe jeder Art. Heute kann er das nicht mehr. Die Eltern sind gealtert oder gestorben oder altern und sterben – der 40er muß das Leben alleine meistern, ohne diesen stummen oder lebendigen Hintergrund. Sie müssen die eigenen Kinder erziehen, die ganz praktischen Probleme angehen und lösen.«

»Politik des Alltags!«

»Dazu gehört im mittelständischen Milieu eine undogmatische Haltung gegenüber verschiedenen Lebensstilen, gegenüber verschiedenen Geschlechterverhältnissen, Sexualität, Alkohol und Drogen. Diese Jahre haben eine große Bandbreite; es ist eine Balance, ein Kompromiß zwischen Kindheit und Zukunft, ein Kuhhandel, ein Deal. Vor allem ökonomisch wird diese Zeit wichtig. Hat unser Mr. Type vor 20 Jahren nur eine Jeans pro Jahr gekauft, will er heute Autos, Haus, Familie haben und wird Zielobjekt der Werbung. Es ist eine materialistische Altersperiode im westlichen Leben: Die 40er schreien nach Werten und teuren Dingen, sie arbeiten hart und wollen deshalb auch konsumieren, bzw. sie müssen hart arbeiten, um ›so‹ zu komsumieren; sie sparen nicht, sie kaufen; sie kaufen nicht, weil sie's brauchen, sondern weil man kauft. Plötzlich hat man, nach den College- und Unijahren der Ausbildungszeit, mehr Geld und gibt mehr Geld aus. Eine Art Yuppiementalität, obwohl der klassische Yuppie jünger ist.«

»Was sind ›teure Dinge‹?«

»Für die Staaten originaler französischer Wein, orientalische Drogen, gute Kunst, kein Kitsch, mehr und teure europäische Autos und viel Reisen.«

»Trotz des Bewußtseins, daß die Party der Jugend vorbei ist?«

»Vielleicht gerade deswegen!«

»Tod oder Wie verlängere ich mein Leben?«

Das Dessert kommt.

Es herrsche zwischen 40 und 50 ein seltsamer Idealismus bei den männlichen Individuen, daß man mit harter Arbeit dorthin kom-

me, wohin man wolle. »Ein Trugschluß!« Braungart fährt mit der Vorlesung fort. »Man vergißt nämlich den Neben-Mann, der exakt das gleiche will, ebenfalls erfolgs- und wettbewerbsorientiert: *Alle* wollen Vizepräsident werden, Vorstandsvorsitzender, wenigstens Abteilungsdirektor, unsere Mr. Standard, Type oder Smith. Die Konkurrenz ist hart. Es ist der letzte Kampf im Leben. Wie geht man damit um? Zieht man sich zurück? Tröstet man sich mit Alkohol? Schlägt man die Ehefrau? Verläßt man die Familie? Oder wird man, speziell als End-40er, der großzügige Vater, der gute Ehemann? Nebenbei: In den späten 40ern *muß* man es geschafft haben, wenn man im Wirtschafts- oder überhaupt im Leben etwas darstellen will, denn die Firmen wollen keinen 50 Jahre *alten* Mann in den Krieg schicken, sondern einen *Kerl mit 40* – da wird nämlich mit allen Mitteln, mit harten Bandagen gekämpft. Weil, alle wollen ja Präsident werden.«
»Und wie kommt man damit zurecht, daß nur einer der Boß werden kann?«
Unser Experiment geht weiter, die Herren Standard, Typus und Schmitt liegen auf dem Seziertisch, Braungart stülpt ihnen seine Empirie und Theorie über: »Viele Männer in diesen Kreisen schwenken radikal in einen neuen Lebensstil um, meist verbunden mit der Suche nach einer jüngeren Frau: They go after youth. Aber das ist nur ein anderer Ausdruck für die Konfrontation mit dem Tod. Der 40er spürt, daß das Sterben näher rückt, vor allem der End-40er; er will sein Leben, vor allem seine Jugend, erhalten, um jeden Preis. Wer sieht schon gerne dem Tod ins Gesicht? Diese Lebensphase ist sehr dramatisch, und darüber zerbrechen Ehen und Karrieren. Nur weil der 40er mit allen Mitteln die goldene Antwort auf die Frage finden will: Wie verlängere ich mein Leben? Aber es gibt diese Antwort nicht.
Der Tod rückt näher, Minute um Minute –.
Jede Stunde sterben wir in diesem Alter schneller.«
Wir zahlen und gehn.

»Der Tod meines Bruders«, sagt Mathieu Carrière, »der Tod von Till war eins der drei schlimmsten Erlebnisse meines Lebens.«

Carrière schweigt. Unten die Sirenen. Pause. Jetzt schweigen sie, und nur noch das Laufgeräusch des Tonbandes ist zu hören.
»50 Prozent meiner Lebensenergie hat er mit ins Grab genommen. Nach seinem Tod? Keine Lust mehr. Zu nichts. Keinen Antrieb mehr. Bin antriebsarm geworden danach. Alles war weg. Ich wollte nicht mehr. 1978 war das.«
Er ist kaum mehr zu verstehen. Hängt hinten im Sessel, den er hinten an die Wand gerückt hat, erlahmt die Arme.
»Das habe ich noch nicht überwunden. Das kann ich auch nicht überwinden, von meiner Triebstruktur her nie überwindbar – als ob ein Teil von mir weggerissen sei. Wie eine Verstümmelung. Till ist tot. Er hat mich verlassen. Wenn er ›nur‹ tot wäre ...«
Carrières zwei Jahre jüngerer Bruder, auch Schauspieler, hat sich 1978 in Lübeck das Leben genommen.
»Wenn er ›nur‹ tot wäre – der Tod ist leichter zu verarbeiten, weil du Trauerarbeit leisten kannst, aber bei Trennung lebt die andere Person, die sich getrennt hat, weiter; Trennung heißt verlassen werden – du erlebst dich als ›verlassenswürdig‹ und damit als entwertet.
Seit dieser Zeit ist mein Grundgefühl: ›Ich kann nicht mehr!‹«

Ich hatte Mathieu von meinem Besuch in der Buchhandlung eine Geburtstags-Glückwunschkarte mitgebracht: »Relax, 40 isn't the end«, steht das Motto der Vorderseite über einem skeptischen, fast kahlen Männerkopf; auf der Innenklappe aber heißt es: »It's just the beginning of the end. Happy Birthday!«

Winterwetter. Wieder im Taxi. Waagerecht klatscht das Wasser auf die Windschutzscheibe. Robert Wilson stellt aus. Carrière will die Show sehen, mir die Galerie seiner Frau, Jennifer Bartlett, zeigen, Arbeiten von ihr. Auf dem Weg zur Paula Cooper Gallery. Schnell noch, die Zeit drängt. Wir müssen weiterreden.

Irgendwann sind *wir am Punkt*.
Männer und Frauen. Wir führen den Geschlechterdiskurs.
Wie hingeworfen in der Cooper Gallery sein Wort vom »Krypto-Feminist«. Zu auffällig diese Kategorie, um unterzugehen im uni-

versalen Abschreiten des 40er-Syndroms. Immer wieder haben wir die Frauenfrage berührt, uns aber rasch davon entfernt; er hat abgelenkt, ich anders assoziiert. Plötzlich, wir sind mittendrin im Geschlechterkampf, keine Ablenkungsmanöver und Seitengefechte tangieren *den* Kriegsschauplatz.
Frauen fand er immer interessanter, mit Frauen hat er sich immer besser verstanden. Warum? Angst vor Männern? Aber was ist Männlichkeit? Er weiß es nicht. Erinnert jedoch genau die Befürchtungen seines Griechischlehrers, er ließe sich umbringen von Frauen, Frauen seien sein Schicksal, und eines Tages würde er sich selbst die suchen, die ihn erledigte.
Es waren immer ältere Frauen, die er geliebt hat, mit denen er gelebt hat, mit 16 die erste, und sie war 40. Ältere, autonome Frauen, im eigenen Beruf, eigenständiges Leben, über das Geschlechtergezänk hinaus.
Seit elf Jahren ist er mit der millionenschweren Malerin Jennifer Bartlett verheiratet. Sie ist älter als Carrière, verdient zehnmal mehr; eine beinharte Kunstunternehmerin in der eigenen klassischen Art Factory des arrivierten New Yorker Kunstadels mit fünf, sechs, sieben Angestellten.
Seit elf Jahren lebe er die Ehe einer Frau, sie die Ehe eines Mannes; da sie die Frau ist, er der Mann, stellt sie an ihn die Erwartungen einer Frau an den Mann, er umgekehrt. Sie ist immer da, verdient regelmäßig und viel, ernährt und versorgt die Familie. Er, nicht festangestellter Schauspieler, immer unterwegs, unregelmäßiger Verdienst und so weiter. Die Exposition für ein Theaterstück, »Zimmerschlacht der 40jährigen«. Sie als Gesetz, Organisation und Arbeit. Die Phantasie ist er, er ist das Spiel.
In den meisten Filmen, sagt Carrière beleidigt, habe er eh den schwachen Mann gespielt. Den schwachen Mann? Sofort zählt er sie auf. Und er sei mindestens 30mal vergewaltigt worden, vor der Kamera, von der Bardot beispielsweise. Gestern hat er erzählt, er habe 30mal vor der Kamera vergewaltigt, zum Beispiel Franziska Walser.
Was ist heute ein richtiger Mann?
Einer wie Gauweiler? Klar, kalt, entschieden. Gegen die Schwulen, eindeutige Moralitäten, Wissen, wo links und rechts. Sind

traditionelle Männer sexuell glücklich? Was wissen wir über die Sexualität unserer Geschlechtsgenossen?
Er kennt nur Frauen, die klagen; alle klagen sie, über ihre Männer, über die Männer. Und sie klagen sich bei ihm aus. Der Brudereffekt. »Mich halten viele für schwul, arrogant und ein allgemeines Arschloch!«
Die Gratwanderung des Androgynen – wir müßten, wenn wir könnten, ein neues Profil von Männlichkeit erfinden an den Rändern der Virilität; die definierte Kontur der Herren ist angefressen und löst sich auf, zum Glück, sage ich.
»Die ›Männerphantasien‹ von diesem selbsternannten Feministen Theweleit habe ich sofort und hochkonzentriert verschlungen.« – »Die Qual eines Männerlebens, das weiß, daß die maskuline Konvention historisch verbraucht und aktuell nicht mehr funktioniert, ich seh's als Chance – irgend etwas wird sichtbar in unserer Generation, wir müßten uns offensiv aus den Umklammerungen lösen; wir gehören zu den Männern, die nicht schwul, nicht machistisch, nicht transvestitisch, nicht transsexuell sind –.«
Sofort kontert Carrière: »Ist es nicht schrecklich, daß du uns mit vier negativen Kategorien definieren mußt?«
»Es gibt noch keinen positiven Begriff für das, was wir tun!«
»Dann sind wir die Archäologen der Zukunft!
Ich weiß nicht, was du tust, ich weiß nicht, was ich tue, aber –. Aber wir versuchen mit dem Material, das wir jetzt und das wir aus der Vergangenheit haben, eine Männerfigur zu entwerfen, die wir uns alle für die Zukunft wünschen.
Das wäre ein Projekt!«

Es ist ein Herumhadern, ein Zweifeln, ein Rechten. Aufgewachsen in der kollektiven Familienordnung des Bürgertums, verzahnt durch die Prüderie der 50er, Durchhaltewille im Wiederaufbaukrieg, Mobilisierung im Verdrängungskampf – vielleicht zum letzten Mal in der Geschichte waren Männer Männer oder was man dafür hielt und Frauen eben nur Frauen oder was man ihnen zuschrieb. Kaum waren die Herren aus Krieg und Gefangenschaft zurück, kaum waren in besseren Kreisen die »Herrenzimmer« wieder etabliert, wurden die Trümmerfrauen zurückgepfif-

fen in die Küche, zu den Kindern; auch hatte ja die Kirche an Einfluß nichts verloren. Diese Zeit hat uns gestanzt, die Frauenraster und Männerschablonen in unserem Hirn, in unserem Herzen, in unseren Erwartungen und unserem Verhalten stammen von damals, denke ich in diese stille Verzweiflung des Hotelzimmers hinein, als Carrière mich unterbricht:
»Und daran doktern wir nun schon seit 30 000 Jahren herum. Was Frauen wollen, trotz Jahrzehnten feministischer Analyse, ist ein Mann, der bleibt; sie wollen Kinder. Das ist ganz primitiv, ein Naturgesetz womöglich. Und wenn Frauen aufgrund ihrer Sozialisation und der 30 000 Jahre patriarchalischer Gesellschaft diese beiden Wünsche nicht durchsetzen können und diese beiden Wünsche ersetzen müssen durch Arbeit, Theorie und Kunst, durch eine neue Identität, dann kommt zunächst erst einmal wahnsinnig viel ...«
Er zögert, schaukelt mit dem Stuhl.
»... Scheiße heraus. Auf beiden Seiten. Jetzt, wo die Familie als Institution ökonomisch nicht mehr notwendig ist, ändert sich alles. Nur darf man nicht unterschätzen, wie stark doch diese Einflüsse, Konventionen, Traditionen sind.«
Carrière kippt dauernd hin und her. Einmal pflegt er den differenzierten Diskurs, aus seinen Analysen geht hervor, daß er das Wesentliche des wissenschaftlichen Feminismus zur Kenntnis genommen hat, dann fällt er in Stammtischschwadronage, für die nur Verzweiflung über die Grenzen neuen Verhaltens Raum geschaffen hat.
»Nach 15 Jahren der Hingabe an das weibliche Geschlecht«, fährt es aus seinem Mund. Ich: »Gartenlaube!« Wir lachen. Und weiter mit deprimierter Ironie und diesem verqueren Gestus: »Nach diesen 15 Jahren von Hingabe, Zuwendung, Zuarbeit und Bewunderung in allen denkbaren Versionen – elf Jahre meiner Ehe sind alleine schon ein Beitrag zum Feminismus – steigt bei mir, mit 40 Jahren, im Alter, doch ein gewisser Wunsch nach dem männlichen Prinzip hoch.« Er unterbricht sich, lacht. »Was das auch immer sei.«
»Mensch, Mathieu! Du weißt doch nicht, was Männlichkeit ist!«
»Wenn ich gestern gesagt habe, Feminismus rentiere sich nicht

für Männer, dann war das etwas vorlaut. Aber die Hingabe an die Frauen war ein Irrweg!«

»Wieso?«

»Wir haben uns damit vor unserer Männlichkeit geschützt!«

»Und was ist Männlichkeit?«

»Erstens: Entscheidungen treffen. Zweitens: gewaltsam vorgehen. Drittens: sich durchsetzen. Viertens: wissen, was man will. Fünftens: rücksichtsloser sein. Sechstens: mehr Form gewinnen.«

Wir streiten. Scharfe Contras. Irgendwie rücken wir zusammen. Irgendwie sind wir nah dran. Jetzt bräuchten wir Tage. Bis zum Umfallen reden, und kurz vor dem Kollaps hätten wir's. Mir macht Probleme, wie geschniegelt, druckreif, mit welcher verbalen Versiertheit Mathieu Carrière sein inneres Lexikon nach draußen fördert. Natürlich beißt er sich dauernd auf die Lippe, natürlich bestellt er beim Zimmerservice alle halbe Stunde Zigaretten, Kaffee und Zigaretten; er sagt irgendwann, es falle ihm »wahnsinnig schwer, über sich selbst zu sprechen«; aber auch da, in den schwierigsten Passagen unserer verbalen Duelle, steht ihm ein ganzer Duden zur Verfügung. »Deine äußere und deine innere Sprache passen mir nicht zusammen!« Verdutzt, verblüfft, er grinst ertappt. »Ein Mensch, der so bilanziert und mit einem Bein aus dem Fenster hängt, formuliert so glatt, daß es mich, über unsere Männermisere hinweg, erschreckt!«

»Das ist der Schrecken der ... Magersüchtige können eben gut formulieren, das ist das Verführerische der schizoiden Beziehung zu einem selbst, oder willst du ... Du bist doch nicht mein Analytiker oder mein Regisseur. Ich kann doch nicht plötzlich stottern und rot werden und den *Affekt* vermitteln, den du brauchst, um Innen und Außen zu verklammern. Das ist deutsche Innerlichkeit. Die gibt es nicht!« Und: »Ich habe es so satt! Ich hätte manchmal Lust, mir den Schwanz abzuschneiden. Ich hätte schon manchmal Lust. Ich mag mich nicht mehr auseinandersetzen müssen. Prinzipiell. Aber speziell in der Geschlechterfrage gibt es keine Lösung. Ich habe mir das Hirn aus dem Kopf gedacht. Jede Frau will ... ich habe noch keine Feministin kennengelernt, ich glaube, Feministinnen gibt es nicht. Es gibt nur Frauen, die Kinder wollen, und einen Mann, der bleibt. Und es gibt Männer, die wollen, daß die Frau sie liebt, und *die* Frau ist eben so viele Frauen wie möglich – der Mann will qua Natur seinen Samen so breit streuen, wie's ihm seine Gene diktieren. Da gibt es keine Lösung, überhaupt und schon gar nicht in unserer Generation. Warum gerade unter uns 40jährigen? Es gibt nur den Strindbergschen Kampf.« Pause. »Bis zur Vernichtung!« Pause. »Glaube ich.« Carrière sieht mitgenommen aus, er flüstert. Manchmal rettet er sich ins Dozieren. Jetzt fällt auch noch die Heizung aus.

»Wir Männer wollen alles, unsere Frauen wollen alles, möglichst alles neu, und die Gesellschaft will alles beim alten halten. Wie soll ich da weiterleben, polygam veranlagt wie alle Männer, in einer monogamen Beziehung wie alle anderen auch. Oder polygames Verhalten mit Wunsch nach monogamer Beziehung. Wobei immer, nach Brecht, zuviel Aufhebens gemacht wird von der Sexualität. Sie gehört radikal entmystifiziert. Sex ist eine Kommunikationsform wie Kaffeetrinken. Das traditionelle männliche Erobern interessiert mich gar nicht. Wie ich mit einer Frau rede, so möchte ich mit ihr schlafen, weil sie mich interessiert, einfach um sie kennenzulernen. Ich brauche das als Basis für eine Entscheidung. Keine oder verschobene oder unterdrückte Sexualität wirkt wie uneingelöste Versprechen, man tauscht Phantasien aus. Erst nach dem intellektuellen und sexuellen Kennenlernen können Mann und Frau im Vollbesitz ihrer geistigen Kräfte Verträge machen, Eheverträge, zum beiderseitigen Gebrauch der Geschlechtswerkzeuge, wie Kant das empfiehlt. Im derzeitigen Geschlechterchaos helfen nur Verträge!«

Ich setze dagegen. Nur mühevoll gelingt es mir, dem destruktiven Sog seines virilen Defätismus und der negativen, irritierenden Kraft seiner androgynen Verwirrnis meine anderen Erfahrungen entgegenzuhalten: »Ich habe gerade das Angebot eines Verlages, meine generationsspezifischen Erfahrungen mit dem Feminismus als Negativreport zu beschreiben, abgelehnt, weil ich es so nicht sehe. Patriarchat, Sexismus, Machismo, Männer, Väter – unter all dem habe ich gelitten, bevor es Alice Schwarzer gab. Und ich hatte ein Bewußtsein davon entwickelt, lange bevor ich lesen konnte. Jede neue Form des Kampfes und alle unkriege-

rischen Möglichkeiten der Auseinandersetzung, die den Sturz der seelischen, sexuellen und staatlichen Gewaltherrschaft der Männer einleiten könnten, muß meine Sympathie haben. Sonst? Sonst würde ich meine Erfahrungen verleugnen oder hätte keine Konsequenz daraus gezogen: Ich leide doch nicht für nichts!
Natürlich habe ich auch unter den kriegerischen Formen des Feminismus gelitten, der rigorosen Dämonisierung des Männlichen ohne Ansehen der Person, wo eine Koalition der Leidenden nötig gewesen wäre. Aber ich bin schon als schwerkrankes Kind in die Welt der Frauen eingetaucht, in die traditionellen Werte von Weiblichkeit – nur Frauen haben mir das Leben gerettet. Das hat wie der Blochsche Vor-Schein in mein Leben gestrahlt. Das ist ein neues Land, da gibt's noch etwas zu entdecken, Umbruch, Aufbruch, Wunder – daran halte ich fest.«
Stille. Jetzt sitzt er da, Mathieu Carrière, wie ein kleiner Bruder, hört zu, wir haben uns lange nicht gesehen. Schön. Still, ungläubig, staunend.
Wir sind eine Zwischen-Generation.

Später, wieder zu Hause, denke ich: Ich habe mich in seiner Gegenwart oft aufgehoben gefühlt, auch in seiner Ortlosigkeit, auch in der exakt definierbaren Ortlosigkeit New Yorks. Gemeinsam entwurzelt. Es war eine zweite Geborgenheit, keine geborgte Geborgenheit.
Wie es ihm ergangen war? Ich weiß es nicht. Früher hätte mich das interessiert, ich hätte mich von ihm abhängig gemacht. Natürlich ist mir nach so viel Nähe und Offenheit nichts mehr an Carrière gleichgültig. Aber heute ist mir wichtig, daß ich *es* für mich weiß.
Alle Angst vor ihm war gewichen. Distanzierte Schulhofnähe stellte sich ein. »Wissen Sie...«, fallen mir die Anreden ein – ich will es jemandem erklären: *Das* ist Generationsgemeinschaft.

Kaum daß wir im Cab sprechen. Aber der Taxifahrer nimmt uns zum Anlaß, die deutsche Abstinenz im Golfkrieg zu kritisieren; auf seinem Armaturenbrett blühen aus der festmontierten Plastikvase zehn, zwölf Stars-and-Stripes-Fähnchen an Schaschlikspießen. »Dieser Krieg! Dieser Krieg!« ruft Carrière und schlägt die rechte Faust in die Innenfläche seiner linken Hand. Der Taxi Driver erschrickt. Wir zahlen.

»Diese blöde Wiedervereinigung und dieser komische Golfkrieg: In diesem historischen Moment kommt er zum Ausdruck, der totale Zusammenbruch der Intelligenz. Das ist das tolle daran: Niemand hat gewußt, was passiert, niemand stand am Puls der Geschichte, niemand. Sie haben alle versagt.« Es hört sich triumphal an: »Das heißt: Was die Intellektuellen gesagt haben oder nicht gesagt haben, spielte ü-ber-haupt keine Rolle. Das ist sehr befriedigend, das ist sehr befreiend. Die Geschichte, Nachkrieg und Krieg, geht schnurstracks übers Denken hinweg. Ein Schlag ins Gesicht der linken Intelligenz. Das sind die 68er, und das sind auch wir. Jetzt müssen die Leute, die 68 überlebt haben – die müssen sich jetzt neu orientieren. Wenn sie dazu den Mut haben! Wenn sie dazu die Kraft haben! Und 40 Jahre: Das ist genug! Hatten wir nicht 10 Jahre Zeit zum Nachdenken, Zeit zur Auseinandersetzung? Was is' denn nu los? Was kann man machen? Was macht man nun mit den nächsten 30 Jahren dieses Lebens?«

Jetzt haben wir wieder eine Chance. Wieder fallen allgemeine Ereignisse mit besonderen Bedingungen zusammen – wir sind so alt wie das Land. Wiedervereinigung, Golfkrieg. Die Tatsachen rufen uns auf den Boden der Realität zurück. Damals, Mitte der 60er Jahre, Hippies, Beatniks, Flower Power, Studentenbewegung – eine soziokulturelle Eruption: unsere erste Pubertät. Heute – zweite Pubertät?

Anlaß zu Bilanzen:

»Wir haben damals alle nur denkbaren Brücken niedergerissen, wir haben damals selbst die Äste abgesägt, auf denen wir noch gar nicht saßen! Erinnere dich: Wir waren gegen die Familie, wir waren gegen Autorität, wir waren gegen den Staat, gegen Macht, gegen Geld, wir waren gegen, gegen, gegen und gegen alles, was es im Leben ermöglicht, langfristige Strategien zu entwickeln, Überlebensstrategien. Wir waren doch wirklich überzeugt, der Slogan deines ersten Generationenbuches sagt es schon – Trau keinem über 30! –, daß man mit 35 zum alten Eisen gehört, daß mit 35 das Leben längst zu Ende ist! Wir waren doch alle selbstmörderische Romantiker! Wir waren doch alle in irgendwelchen Wahnideen drin! Die haben uns dahin gebracht, daß wir nicht wußten und uns nicht einmal vorstellen konnten, was man mit 35, 40, 45 macht.

Natürlich wollte man was Tolles schaffen! Man wollte jemanden erschießen, man wollte irgendwelche Kinder oder irgendwelche Völker glücklich machen – aber man hatte den Wert des eigenen Lebens, das nicht nur 35 Jahre dauert, vielleicht sogar 70, den haben wir unterschätzt. Wir hätten ein bißchen mehr Nietzsche lesen sollen und nicht soviel Marcuse.«

Carrière stochert mit einem Zündholz im vollen Ascher herum. »Was ist denn von 68 geblieben, außer daß wir uns ziemlich schnell duzen? Wir haben das Duzen erfunden. Unserer beider Väter hätten's nicht so schnell getan! Dieses Duzen war ein Autoritätsabbau. Okay. Aber was haben wir, bitte schön? Mit 40 haben wir nichts, nur das Scheitern der 68er-Bewegung. Und wie immer in der Geschichte hat die Rechte von der Linken abgesahnt. In diesen Tagen werden doch von den Liberalen und den gemäßigten Konservativen all die sozialrevolutionären Thesen von uns wahlgerecht geschminkt verkauft, oder haben CDU/CSU etwa die Ökologie erfunden, die Abrüstung erfunden, hätten die je ohne uns die §§ 175 oder 218 auch nur noch einmal gelesen? Unsere Generation hat ein völlig gebrochenes Verhältnis zur Macht! Das ist es. Zuerst Macht nicht wollen, weil Macht an sich schlecht ist, dann Macht nicht haben wollen, dann Macht nicht haben *können*, dann Macht ohne Gewalt oder was – damit haben wir uns selbst den Schwanz abgeschnitten und uns als politische Kraft zerstört. So!«

Wir sind eine Kastraten-Generation.

»Aber verrate mir, warum der Generationswechsel, den unsere biographischen Reihen tragen, dennoch ein Machtwechsel ist. Unser Generationsgenosse Gauweiler vom Jahrgang 48 ist schließlich Minister geworden!«

»Weil er niemals eine Autoritätskrise durchgemacht hat! Er hat – ich kenne ihn nicht, ich postuliere einmal –, er hat niemals und in keiner Form gegen eine Autorität gekämpft oder an einer Autorität gezweifelt. Wahrscheinlich hat er 10 oder 20 Jahre in einer

Retorte gelebt oder in einem bayerischen Dornröschenschlaf verschlummert zwischen seinem 15. und 30. Lebensjahr: Er hat sich dem, was in seiner Generation passiert ist, mutmaße ich, nicht wirklich ausgesetztl Wie er politisch reagiert und handelt, halte ich ihn für einen 30jährigen, für einen oberbayerischen Yuppie, und von den Methoden, die er bei diesen Geschäften benutzt, von der Art, wie er sich gibt, ist er 50, wenn nicht 60 Jahre alt, total identifiziert mit den nächsten Generationen, wenn nicht sogar mit der unserer unseligen Väter.«

»Aber wahrgenommen hat er die ApO, die Kriegsdienstverweigerer, und in Berlin studierte er damals auch!«

»Der Mann scheint überhaupt keinen Schaden davongetragen zu haben: konservativ ist noch ein Kompliment.

Nun ja, die Biographien der Leute zeigen sich an den Schäden, die sie haben, nicht nur an dem, was Sie können!«

Pause.

Jetzt seufzt er resigniert, läßt sich in den Sessel fallen. Holt noch einmal Luft und: »Überhaupt scheint das einzige, was wir uns trotz 68 bewahrt haben, das Leistungsprinzip zu sein. Alle 40er arbeiten bis an die Erschöpfungsgrenze und drüber weg, egal, ob reich oder arm. Dazu sind wir ja erzogen, weil wir gute Arbeit leisten wollen. Aha, so ist das also: Die Gauweilerschen Atavismen helfen uns jetzt. Wobei Erschöpfung immer ein Organisationsfehler ist!«

»Aber wir sind ja auch gerne erschöpft! Das verleiht uns diese wunderbare Aura des Erwachsenseins. Meine Eltern waren meistens müde und überarbeitet, mein Vater klagte pausenlos über den Papierkrieg!«

»Wobei ich früher mehr geleistet habe! Wenn ich an 1974 zurückdenke: Ich bin im Alkazar aufgetreten, ich habe in einer festen Beziehung gelebt, war voll im Studium, hatte einen sogenannten Terroristen konspirativ in meiner Wohnung, habe Treffen zwischen Prominenten und politischen Aktivisten arrangiert, die Reise Sartres nach Stammheim organisiert, habe meinen Kriegs-Kleist geschrieben, habe mich im Maxim's mit alternden Schwulen getroffen, die mit einem Arbeitsessen glücklich gemacht, damit sie mir eine neue Rolle verschaffen, und dazu dann habe ich

Brigitte Bardot gefickt, vor der Kamera – ich habe viele Sachen gleichzeitig gemacht und immer gedacht: Ich kriege es unter einen Hut. Für mich war alles dasselbe. Es gab keine Hierarchie der Wertigkeiten.«

»Kraft, Zeit, Kunst, Politik – und alles dasselbe? Willst du damit Legitimation nachreichen, daß du dich zu nichts entschieden hast?« Daß du wieder überall warst, aber nirgends?

»Wer damals zur Waffe gegriffen oder weiter seinen Marx gelesen hat, hing an einem seidenen Faden. Den Terrorismusbegriff gibt es erst seit Schleyer. Vorher haben wir nur vom ›bewaffneten Kampf‹ gesprochen. 1976/77 der Dollpunkt: dafür oder dagegen? Und alle Intellektuellen mußten die Hose runterlassen. Ich habe mich gedrückt vor der Entscheidung: spielen oder schießen. Als Kompensation habe ich an der radikalen Universität von Vincennes gehört. Ich habe mich gedrückt vor der Entscheidung, wie so oft in meinem Leben!«

»Deshalb hast du, wieder kompensatorisch, gestern mit Emphase deinen Kollegen, unseren Generationsgenossen Christof Wakkernagel verteidigt?«

Gestern waren wir uns schon einmal in die Haare geraten, bei der »Erbe«-Diskussion: der Faschismus der Elterngeneration, Studentenbewegung, Gewaltfrage, Rote-Armee-Fraktion, wir. Wakkernagel, Jahrgang 51: »Endlich einmal ein Schauspieler, der schießt!« hatte Carrière provozierend gegen mich gehalten. Er kennt Wackernagel nicht, nicht seine Vita, nicht seine Filme, nicht seine Bücher. Wir wissen auch nicht, ob er wirklich geschossen hat; mir aber jagt heute noch Schrecken ein, daß er mich hätte erschießen können. Ich halte das für eine ganz reale Möglichkeit. Unsere Möglichkeit. Und jetzt, im Generationsrahmen, sich einer kollektiven Bewältigung auszusetzen, verweigert er, will »nicht mitspielen«. Seine Entscheidung. Trotzdem, wir haben weiter damit zu leben.

Carrière fällt wieder in diesen militärischen Duktus: »Das ganze Kleist-Krieg-Buch ist ein einziger Versuch, mit dem Schreiben dem Schießen näherzukommen. Weil es auch Kleist sein ganzes Leben lang versucht hat, er war Offizier, er hatte eine andere Beziehung zum Militär und zur Gewalt.«

Neue Zigarette; gequält: »Ich hatte keinen Grund zum Schießen!«
»Woher kam dann der Impuls zum Schießen?«
»Der Impuls kam aus der Identifikation mit meiner Generation!«
»Und wo ist da der Leidensdruck, wo ist der Schmerzpunkt?«
»In meiner eigenen Biographie hatte ich Leidensdruck und Schmerzpunkte, die ich niemals in einem politischen Diskurs hätte verwandeln können – davor hatte ich eine Scheu. Es wäre unlogisch gewesen – deshalb konnte ich es nicht. Hinzu kommt, daß ich in meiner Kindheit eine ganz andere Welt kennengelernt habe: Ich bin in einer Irrenanstalt aufgewachsen, in der mein Vater als Psychiater, meine Mutter als Röntgenassistentin gearbeitet haben. Ich habe viele Kranke kennengelernt, wußte aber anfangs nicht, daß sie krank sind. Daher. Ich kann mich immer mit Tätern und Opfern identifizieren, ich habe es niemals geschafft, Schuld zuzuweisen. Wem soll ich Schuld zuweisen in diesem Golfkrieg? Beispielsweise. Ich habe drei Jahre lang mit einem sogenannten Terroristen in einer Wohngemeinschaft nicht etwa zusammengelebt, weil er steckbrieflich gesucht war, ich habe ihn bei mir aufgenommen, weil er mit einer Empfehlung eines sehr guten Freundes zu mir kam. Das ist keine politische Haltung, bzw. es ist viel politischer, wie du mit deiner Frau umgehst, mit deinem Geld, rechts oder links wählst. Ich habe diesem Menschen schlicht geholfen, habe seine Socken gewaschen; die Fotos vom toten Holger Meins lagen hundertfach kopiert in meiner Wohnung herum, und das Treffen zwischen Sartre und Baader ist von meiner Wohnung aus organisiert worden. Ist das politisch? Ist das terroristisch?
Es hatte schlicht etwas zu tun mit den Leuten, die du kanntest, es hatte etwas zu tun mit deinen Freunden, es hatte zu tun mit der Art, in der du am Leben teilhaben wolltest, und das hatte erst einmal nichts damit zu tun, daß du den Kapitalismus haßtest, den man sowieso nicht hassen kann, weil man nur Menschen hassen kann.«
Carrière hat wie rasend gesprochen. Im Stuhl ist er nach hinten gekippt. Seinen Ellbogen hat er spitz auf die Lehne gestoßen und ist immer wieder seitlich abgerutscht. Den Rauch mit Wut in den Raum gestoßen. Ruhe, für Sekunden. Keine Ruhe, Spannung,

Panik. Wir springen auf. Er geht ab, Toilette. Ich laufe zur Tür, zum Bett, zum Schrank, zum Bett, zur Tür. Ich laufe zum Fenster, öffne, sehe hinaus: immer noch die US-Fahne. Sie schlägt im Wind, immer noch die Taxis mit ihren Stars and Stripes an den Funkantennen.

»Wie kommt der Terrorismus in uns hinein?«

Die zweite RAF-Generation ist nahezu komplett von unseren Jahrgängen besetzt. Wieso? Und warum erregt uns diese Erinnerung, läßt uns wie Tiere in einem New Yorker Hotelzimmer herumtoben? Meine Mutter fällt mir ein, mein Vater, die Reitpeitsche, mit der er mich geschlagen hat, wie ich als Kind nicht einschlafen konnte bei geöffnetem Fenster und vorgezogenem Vorhang, wenn der Wind wehte, den Stoff blähte und »der Krieg ins Zimmer kam« – Gespenster waren immer mit Krieg verknüpft, das Mittagessen war mit Krieg verknüpft, die Butter war mit Krieg verknüpft, das Licht war mit Krieg verknüpft, die Kleider waren mit Krieg verknüpft, die ganze, ganze Kindheit war getränkt und gesättigt vom Krieg. Vom Krieg aus zweiter Hand, den die Eltern bruchlos an uns weitergegeben haben. *Wir sind eine Kriegs-Generation.*

»Weißt du, Mathieu – ich kann deine Tochter nicht ohne Neid betrachten: was sie alles darf, denken, sprechen, phantasieren darf! Wie war das denn bei uns? Wir hätten daran, so würde es meine Mutter sagen, wir hätten daran ›nicht einmal im Traum gedacht‹, oder? Uns ist auf eine merkwürdige, kalte, hinterrückse, unterirdische, un-heimliche Art unsere Kindheit wegenteignet worden – in diesem verschwiemelten, pickeligen, bombenlosen 50er-Jahre-Krieg!«

Er steht neben mir, wie ein Verschwörer. Guckt streng, Zigarette in der Rechten, die Finger an den Jacketkronen, den Ellenbogen in die Handfläche der Linken gerammt; konzise, als dekliniere er die Lösung: »Der Terrorismus, dieser Quatschbegriff, dieser vollkommen blödsinnige Ausdruck, ist natürlich auch entstanden aus dem Wunsch, sich zu rächen für den Diebstahl an Kindheit, der an uns begangen wurde.«

»Der Fundus an Leiden.«

»Als Kind hatte ich unzählige Alpträume von Bombenangriffen.

Ich habe als ein 1950 geborener Mann nicht einen einzigen Bombenangriff erlebt, aber ich habe von frühester Kindheit an von Bombenangriffen geträumt: Es war für mich das Schrecklichste. Dabei hatte ich diese Erfahrung nicht. Die Erfahrung kam über die Eltern, Sekundärerfahrung, falsche Erfahrung, ›screen-memory‹.
Dazu und *deswegen:* Die Angst vor aller institutionellen Gewalt, Angst vor und Wut auf Leute, die institutionelle Gewalt verwalten – das war immer da, immer da. Das hatte nichts zu tun mit Rechts- oder Unrechtsgefühl, es hatte einfach zu tun mit der Angst, überwältigt zu werden von anonymen Instanzen.«
»Unsere Eltern, auf welcher Seite auch immer sie standen, waren infiltriert von Krieg. Deswegen haben auch wir diese verquere militaroide Mentalität. Sie haben ihre eigene Problematik auf uns ausgelagert!«
»Wir Kinder sind mit der Existenzangst unserer Eltern aufgewachsen, mit ihrer Angst vorm Verhungern. Es war lächerlich, wir haben zwischen 1950 und 1960 keine Butter gegessen, aber es gab Butter. Wir sind aufgewachsen mit der Angst, kein Geld zu haben, nicht durch den nächsten Monat zu kommen, aber es gab Geld, nicht viel, denn in den 50ern verdienten angestellte Ärzte nicht mehr als 100, 200 Mark; da hatte meine Mutter als Assistentin mehr. Wenn ich mit 17, 18 Jahren auf die Straße ging – bin übrigens 68 in Lübeck verurteilt worden, weil ich eine nichtgenehmigte Demo angeführt habe –, hat mein Vater in diesem Alter als Arzt bei den Sanis Leichen in der Schubkarre durch die Gegend gefahren, weil er bei einer Typhusepidemie eingesetzt war. Zum Glück schleppe ich von dieser Seite kein Nazierbe mit mir herum.«
»Was hätte ich getan? Diese Frage, stellst du sie dir auch?«
»Entscheidungen – das ist eine Familienhypothek. Mein Großvater väterlicherseits, Chefarzt einer psychiatrischen Klinik, Parteigenosse, wurde gefeuert wegen des Suizids eines Patienten – einen Tag später ist die Euthanasie verordnet worden: Was hätte Großvater getan, wenn er nicht gefeuert worden wäre? Das ist eine Drohung, mit der mein Vater fertig werden muß!«
»Und du?«

»Und ich? Später hat sich mein Großvater vom Nazismus distanziert.
Ich hatte, wenn wir von der RAF sprechen, das Glück, von diesen Leuten nicht zu einer Entscheidung gezwungen worden zu sein. Wobei ich mich im Zweifelsfall entschieden hätte: lieber mit Brigitte Bardot in einem Vadim-Film zu spielen, als abzutauchen und mein Geld der Kriegskasse zur Verfügung zu stellen. Habe ich tausendfach in meinem Kopf durchgespielt! Hätte ich denn die Logistik zwischen ›action directe‹ und RAF herstellen sollen? Ist doch Blödsinn, hätte ich nie gemacht!«
»Das waren für viele unseres Alters damals psychische Belastungen ersten Ranges, die ständig unterschätzt werden: Kriegskindheit, 50er-Jahre-Konformitätsdruck, diese kollektiven Wohlstandsorgasmen der 60er, die Elterngeneration war ja nie bei sich! Zeitgleich der kalte Krieg, Kerzen an Weihnachten ins Fenster stellen, Spielzeug abgeben für die armen Kinder in der Ostzone und den Osterhasen nach Leipzig schicken. Pubertät, Aufbruch. Unsere Musik war eben auch Gewalt – die ›Who‹ haben nicht nur ›My Generation‹ erfunden, sie haben die Verstärker und Gitarren auf der Bühne zertrümmert. Die Schere von Staatsgewalt und RAF-Gewalt, unerträglich. Die Jahre 76, 77 und 78 sind für mich heute noch unerträglich und tabuisiert. Den ›Stammheim‹-Film konnte ich schier nicht ertragen. Erinnerst du dich an die Kampagnen um das Wort ›klammheimlich‹? Hysterie, reine Hysterie! Grauenvoll. Voller Grauen diese Zeit: diese Autodurchsuchungen an der holländischen Grenze, diese Kontrollüberfälle der Zivilpolizei nachts an den Tankstellen – davon träume ich heute noch, von diesem Kriegszustand, reagiere mit Aggression, Stille, Tränen, Tränen der Wut, der Ohnmacht, der Verzweiflung. Das ist völlig unbewältigt, ein erratischer Block in meiner Seele. Völlig unberaten auch, paralysiert. Vielleicht ging es unseren Eltern ähnlich nach *ihrem* Krieg. Dieses Abtasten: Mit wem kannst du wie und wie offen reden? In welchen Adreßbüchern findest du dich und finden die Polizeikommandos dich wieder, und wenn es nachts klingelt, ist's ein Kumpel, sind's Besoffene, Jugendliche beim Klingelspiel, ist es die GSG 9 oder ein Exkommilitone aus Tübingen, aus der militanten Szene, vom politischen

Buchladen, der Roten Hilfe, der sich nur duschen, nur etwas Kohle will, ein, zwei Nächte schlafen will bei dir. Am Telefon sagst du kaum mehr ein Wort und konspirierst verzweifelt durch die Stunden. Kriegszustand.«

Ich möchte das Tonband abschalten, unter die Bettdecke kriechen und tausend Jahre schlafen. Warum gerade »tausend Jahre«? Ich habe die Augen zu, höre nur Mathieus Versuch, ein Streichholz anzuzünden, höre das Geräusch eines Lungenzuges, er saugt, er schmatzt, er küßt die Zigarette. Er raucht. Er raucht wahnsinnig. Er raucht wahnsinnig viel. Er raucht sich tot. Warum liegt er mit sich im Krieg?

»Ich habe sehr früh das Gefühl entwickelt, sowieso ein konspiratives Leben zu führen. 1974 war der Gipfel. Die Schauspielerei war wie eine Deckexistenz. Dahinter das Denken mit Deleuze, Auftritt im Pariser Club ›Alkazar‹, organisieren von konspirativen Treffs zwischen Untergrundleuten und Prominenten, Propagandaschutz herstellen – ein Gefühl, als sei ich Le Comte de St-Germain : eine ziemlich verzweifelte Selbstüberschätzung.«

»Wir haben uns überschätzt, überfordert, übernommen. Mir kommt dieser 40er-Hang-up, den ich schwieriger zu überleben finde als den ›Trau-keinem-über-30‹-Kater, vor wie Rache unserer Seele. Die Realität der Seele holt uns ein, holt uns zurück.

Kannst du dir heute dein Konterfei als Verbrechervisage auf den rotumrandeten RAF-Steckbriefen in jedem Postamt, jedem Supermarkt vorstellen?«

»Das wollte ich nie!«

»Dann darfst du auch nicht von Entscheidungssituationen sprechen! In diesem Jahr, 1974, existierten wir – physisch habe ich existiert, psychisch vegetiert – in einer Grauzone!«

»Bis heute schleife ich diese Grauzone mit mir herum. Ich bin wie eine Katze, die geht. Es war ein langer Prozeß, zu verstehen, was ich da mache, und es war schwer, mich so anzunehmen, wie ich bin.«

»Wackernagel möchte ich nicht sein. Weder 1974 noch 1977; schon gar nicht jetzt. Was für ein Glück, denke ich heute, daß ich in die-

sem furchtbaren Jahr 1974 ein Stipendium an einer jüdischen Universität in den USA bekommen habe. Ich wollte schon vorher weg. Dann dieser ›Zufall‹, der mir die Flucht erleichterte. Hypertroph habe ich manchmal diese Nix-wie-weg-Haltung als ›Exil‹ bezeichnet!«
»Aber genau das ist der entscheidende Punkt: Wir hatten Glück! Wir *mußten* nicht weg! Wir mußten nicht ins Exil wie die Juden. Du nicht nach St. Louis, ich nicht nach Paris.
Fazit: Wir sind Charakterschweine! Wir sind eine charakterlose Generation.
Wie wird man mit dieser Charakterlosigkeit fertig?
Darum geht es!«

Rückflug.
Alles kommt mir so richtig vor. Der Flughafen voller Uniformen, das Fliegerpersonal in vollem Wichs. Zum zweiten Mal in dieser Woche wird mir der Kriegs-»Spiegel« in die Hand gedrückt, die Headline immer noch »Vor dem Inferno«, auf dem Titelblatt im gelben Kasten »Hans Magnus Enzensberger: ›Saddam=Hitler‹. Dazu den Kopfhörer mit dem ausführlichen Hinweis auf Teil 5 des Lufthansa-Unterhaltungsprogramms »LH-Relax: Entspannt wie im Flug«. Auf der Speisekarte »Red Snapper« – auch das Essen klingt nach Kampf.
Am Gate in Frankfurt wartet Valentin. Um ihn herum alles grün und bewaffnet. Junge Bübchen mit dem Zeigefinger am Drücker der MP. Draußen vor der Tür: Belagerungszustand. Blitzblanke Wasserwerfer, lackglänzende Kleinpanzer, Polizei, Bundesgrenzschutz, Soldaten, so weit das Auge reicht.
Dazwischen: Valentins Karavan, feuerwehrrot.
Alles fügt sich.
»Bist du nicht der einzige von uns, der schon mal im Krieg war?«

Kriegsbilder

Valentin Schwab, Jahrgang 48, Fotograf und Filmemacher, ein Kind

Valentin war im Krieg. Als Kameramann hat er sieben Kriegsschauplätze erlebt und dort unter gefährlichsten Bedingungen Dokumentaraufnahmen für die Sender zu Hause gemacht: 1975 im libanesischen Bürgerkrieg, im Sudan; ein Jahr später im Irak, in El Salvador. Mehrfach war er in Costa Rica und Nicaragua, um für »Radio Bremen« zu dokumentieren, was aus dem geschenkten Entwicklungshilfeschiff »Gröpeln« geworden ist. Bei dieser Arbeit wurden er und sein Team beschossen, verwundet, gefangengenommen, 1983 schreckte die dpa-Nachricht über diesen Überfall auf die deutschen Fernsehleute Schwabs fränkische Heimat – er trug Verwundungen an Arm und Bein davon, seine Kollegin verlor ein Auge.

Den Vater hat er mit 24, die Mutter mit 40 verloren. Tod. »Totsein ist das eine!« sagt er. »Sterben ist etwas anderes. Vor dem Alter habe ich keine Furcht mehr. Aber Todesängste habe ich im Libanonkrieg erlebt.« Sein Vater war plötzlich tot, Herzversagen, seine Mutter starb langsam über Wochen hinweg. »Sterben«, sagt er, »ist der Übergang vom Leben zum Tod. Du atmest noch, aber du atmest nicht mehr lange – die Übergänge sind schmerzhaft. Aber bei der Todesangst hast du ja all diese Bilder vor Augen, und du bist noch vor diesem Übergang. Das Bild, daß du mit dem Kopf im eigenen Blut liegst, und dann liegst du im eigenen Blut. Es scheppert nur um dich rum. Die Fetzen fliegen, und du willst nur weg, nur weg und raus! Jeden Moment kann es dich erwischen.

Das weißt du, das siehst du! Vor allem in Nicaragua habe ich nur gedacht: ›Scheiße! Verfluchte Scheiße!‹«
Dabei wollte er Taucher werden. Ganz tief runter. Dorthin, wo man wirklich nichts mehr hört – ins Schweigen der Stille des Meeres. Nur nichts reden müssen! Nur sehen, nur Bilder.
Es ist anstrengend, mit ihm zu reden. Die Sprache ist nicht sein Medium. Dieser Mann ist Fotografie. Und so heißt auch seine große Liebe. Seit 40 Jahren. Mit vier durfte er zum erstenmal den Auslöser drücken, und das wurde sein lebenslanges Wunder: daß in diesem Ding ein Stück Papier gezaubert wird, das etwas abbildet, was er doch gerade erst gesehen hat! Der Vater war Zahnarzt und – Hobbyfotograf. Und als er, Valentin, mit fünf »verbotenerweise das Allerheiligste des Vaters, eine wertvolle Balgenkamera, hochgenommen, durchgeschaut und draufgedrückt hat«, hat er entsetzt, fasziniert, verblüfft und begeistert festgestellt: »Da steht ja alles auf dem Kopf!«
Erst einmal kam er auf die Füße. Mit einer handfesten Ausbildung als Binnenschiffer schipperte er drei Lehrjahre als Bootsmann auf den Flüssen Europas, der Taucher mit dem Glas vor dem Auge wie der Kameramann nicht vergessen. Als Geselle in die nächste Ausbildung – grafisches Gewerbe; als er die erfolgreich beendet hatte, studierte er Fotografie, Film, Kamera und Regie, neudeutsch »visuelle Kommunikation«, an der Hochschule für Bildende Künste in Kassel. Dort gerät er mitten ins Ende der ApO, die ihn bis heute bewegt, intellektuell und habituell. Damals sitzt er vor dem Che-Guevara-Poster hinter den Büchern, heute sitzt er vor seiner damaligen Studentenbibliothek mit allen »Kursbüchern«, mit der blauen MEW, den beigen Mao-Bänden, Rosa Luxemburg, »Angst im Kapitalismus«, Adorno, Brecht, Bloch und meterweise Walter Benjamin. Che im Langzeitgedächtnis. Backt, wenn Zeit, sein eigenes Brot, und wenn er einen Berg hätte und die Zeit dazu, dann baute er auch seinen eigenen Wein. Jeans, weite Hemden, Parka, Turnschuh, der Dreitagebart, und duzen tut er beinahe alle. »Das ist die Dorothea«, stellt er mir, ganz 68, eine Schöne vor und meint die Malerin Dorothea Wickel vom Jahrgang 52 – eine von uns, mit der er seit vier Jahren an dem Videokunstwerk »Mosaik I« arbeitet.

Ganz dicht noch an den geistigen und an den fotografischen Vätern, Bresson, Cartier, Renger-Patzsch, weiß er, woher er kam, und wem er verpflichtet ist: »Die Pubertäten habe ich überwunden, überlebt auf jeden Fall!«
Er ist ein Bubengreis. Weil er lebendig ist, flink und quirlig; und wenn ich den Erwachsenen mit 40 oder 44 so rumhantieren sehe in Studio, Dunkelkammer, Labor und Archiv, erinnert er mich an seine Hosentaschensammlung, die er mit sieben, acht, neun, zehn mit sich herumschleppte, wie alle Jungs zu jener Zeit – Taschenmesser, Bindfaden, Reißzwecken, Schleuder, Schusser, Kastanien und ein Fahrradventil. Nur daß Valentin Schwab aus seinem Hosensack ein Museum machen wollte, »ein richtiges Museum, ein Hosentaschenmuseum«. Denn was ihn als Bub ansprang, das war das Abgewirtschaftete, Unmoderne, Verbrauchte, das vorgeblich Unnütze: die alte Münze, der verbogene Schlüssel, handgeschmiedete rostige Nägel, die mundgeblasene Schlierenglasscherbe, der abgebrochene Fuß eines Christus, das vergilbte Foto.
Vergilbt ist für ihn *nie* vergessen. Und die braune Zeit verbleicht für ihn niemals.
»Mein antinazistischer Affekt ist wahrscheinlich biologisch«, sagt er; der Großvater »hatte mit denen schon gar nichts am Hut, und mein Vater mußte auf Geheiß der Gestapo zwei Jahre mit der Ausbildung aussetzen. Aber gesprochen darüber hat er nie! Erst nach seinem Tod haben wir die Belege gefunden; die Unterlagen waren in Notenbüchern eingebunden!« Ob er mit dem Zoom die neue Rechte beobachtet, ob er mit einem Weitwinkel den Horizont der Gradl-Verehrung in Marktheidenfeld mißt – jene Hitler-Künstler-Karriere, der weder Krieg noch Nachkrieg etwas anhaben konnte –, ob er die jüdischen Baudenkmäler im Fränkischen orthogonal fotografiert: »Synagoge ist für mich ein Synonym für Auschwitz geworden, und mit dieser Inhumanität bin ich befaßt, solange ich lebe!«

Der Bubengreis.
Weil in seinen Augen diese unendliche Trauer ist, weil er diese verhärmten Züge haben kann, diesen wehen Mund und diesen alten

Bart, wenn er drei Tage sich nicht rasiert. Deswegen ist er dann der Greis, der er einmal wird.
Mit ihm und an ihm merke ich, welches Glück und welche Verluste unsere Generation zu verbuchen hat und zu betrauern. Als hätten wir die letzten Zipfel der alten Zeit noch erwischt, sogar noch erlebt, die ungeteerten Wege, Gänse auf der Dorfstraße, Ackergäule, Milchkühe, Mutterschweine.
Das ist alles nicht mehr da.
Aber in uns beiden tobt die Sehnsucht, und wir hadern mit dem Wandel. Mit dem Nachkriegskrieg. Mit diesem zweiten Krieg, dem Strukturwandel von 70 bis 90, der das Dorf getötet hat. Das Dorf ist tot. Es bleiben nur die Bilder. Unser Trost. Damit haben wir zu leben. Die nach uns kommen, kennen keinen Gemeindediener mehr, der mit Batschkappe und Schelle die Nachrichten ausruft. Die nach uns kommen, wissen nicht mehr, wer der Bullenhalter war, was eine Milchsammelstelle ist, wie sie funktioniert hat, landwirtschaftlich und sozial. Wer der Pfarrer, der Lehrer, der Tierarzt und der Schultes war im Dorf.
Heute ist doch alles eingemeindet.
Schwab nicht.

Seine Lebensaufgabe sind die Bilder. Daß sie nicht mehr mit der Wirklichkeit zur Deckung kommen, »das tut mir unheimlich weh«. Und wenn er das sagt, dann ist's das Äußerste überhaupt, was er freigibt an Emotionalität. Und die Wut, und die Verzweiflung schwappt herüber in die Seele dessen, der mit ihm zu sprechen versucht. Schwab sichert die Bildvorräte. Er betreibt Stellvertreterarbeit für eine ganze Generation: Er rettet die Kindheit im Bild.
Über Jahre hinweg ist er von Dorf zu Dorf, von Haus zu Haus, von Hof zu Hof gegangen, hat systematisch die Einwohner nach alten Alben und Fotografien gefragt, einen Schatz gesammelt, an die 10 000 Aufnahmen vor Modernisierung, Sanierung, Renovierung – vor dem Sperrmüll, vor dem Container, vor dem Feuer gerettet. Hat systematisch den heutigen Zustand der Anwesen dokumentiert, von denen er die frühen Lichtbilder besaß. Die Bilder kommen nicht zur Deckung – aber er macht die Differenz

dingfest. Wo früher ein hölzernes Hoftor war, ist jetzt Garagentor aus Blech. Vor dem Haus damals der Misthaufen, heute parkt da ein Haufen Blech. Statt Fensterladen aus Esche Rasselrollos aus Plastik, statt Klingelzug Sprechanlage, statt aus Eiche die Kassettentür mit Kastenschloß, das Biffar-Alu-Monster mit Schließanlage, statt Sprossenfenster Thermopenlöcher, und egal, wer in welcher Region wohnt – der moderne Balkon ist ausgerüstet mit dem rustikalen DIN-Schwarzwaldgeländer.
Jetzt ist seine Rede unendlich wie die Bilderflucht, die er zum Beweis aus seinen Archivschränken zieht. Valentin Schwab hat ein Fotoausstellungsverfahren entwickelt, in dem er über kontrastive Collage von einst und jetzt die Realitäten von früher und heute zeigt: Bilder und Leben.

Der Blick von draußen, aus der Dritten Welt, hat den Blick für die eigene Welt geschärft, der Blick des weitgereisten Binnenschiffers, den für die Binnen- und die Innenwelt des Dorfes; die Zerstörungserfahrung in den erlebten Kriegen sensibiliert ihn für den Modernisierungskrieg auf dem Land: »Alte Materialien und alte Formen sind in diesem Krieg die Verlierer, sind besiegt und vernichtet worden und damit die bäuerliche und die tradierte Handwerkskultur. Die neue Morphologie ist industriell – Industriematerialien, Industrieformen. Das macht natürlich auch vor meinem Handwerk nicht halt! Schau dir einmal eine 40jährige Leica an! Schon das Gehäuse! Da hast du etwas in der Hand – Metall, Glas, Leder –, und ohne ein Stück Elektronik bist du damit technisch nicht hintendran. Wenn du mit dieser Kamera keine Nägel in die Wand geschlagen hast, hat sie keine Verschleißerscheinungen, sondern immer noch gute optische Qualitäten, und ist voll funktionsfähig. Das ist nicht die Mittelmäßigkeit der Wegwerfprodukte aus Plastik, die von der gleichen Denk- und Machart sind wie der postmoderne Tinnef, der Giebelchen, Gäubchen und Erkerchen hinklebt, wo sie organisch, architektonisch, funktional und ästhetisch gar nicht hingehören!«
Da wir in Bildern denken, da der Raubbau, der Modernisierungswahn, die Zerstörungswut uns das Alte enteignet haben, die Originaleindrücke vernichtet sind – was bleibt da noch zu tun?

Die »Fotografie als Prothese benutzen« – und alle Formen der Erinnerung sichern.

Ein alter Mann ist der Schwab, wenn er sich bei solchen Sessions um die Jugend und die 50er Jahre redet. Da kann er bös und wütend werden, verletzt ist er sowieso. Aber sofort ist er jung, wenn er dem alten Foto Atem gibt. Bilder sind wie Gold in seinen Händen, und mit volkskundlicher Akribie und soziologischer Phantasie und mit kindlicher Selbstvergessenheit dechiffriert er die Seele der Arbeit, die Seele der Dinge, die Seele des Dorfes. Und plötzlich hat er selbst ein ganz bäuerliches Gesicht. Alles versinkt um ihn herum, und er ist tief hinuntergetaucht in unsere Vergangenheit, kann plötzlich reden und sprechen, plaudern, bramarbasieren, schwadronieren und öffnet einem die Augen.
So sitzen wir in seiner dunklen Kammer, und es ist, als sei nichts verloren.
Aber wir wissen natürlich, daß wir uns nur einen Waffenstillstand gegönnt haben für drei, vier Stunden. Draußen tobt er weiter, der Krieg, in allen möglichen Formen tobt er, heißt er nun Flurbereinigung, Gebietsreform, Hektarertrag, Hofstillegung, Rationalisierung, Euronorm oder Rentabilität.
Valentin Schwab. Er macht sich ganz schnell zu, schneller, als er selbst weiß. Als sei's die Verschlußklappe einer automatischen Kamera. Und für Wochen kann es wieder dicht und still sein. Dann mit ihm sprechen zu wollen hätte etwas Gewalttätiges, als führe man mit Flutlicht und Suchscheinwerfer in ein Reservat.

Wie jetzt, wenn wir übers Alter reden, über unsre 40, mit der wir Lust und Last gemeinsam tragen. Am liebsten würden wir nämlich erst mal wieder flüchten, hinüber in den »Stern«, und uns »beim Mohr«, wie hier in Michelrieth der Wirt heißt, die Weingläser füllen und uns von seiner Frau bekochen lassen, Rehkeule mit Bratkartoffeln, Soße und Salat, und wenn sie Zeit hat, die Frau Mohr, noch Blaukraut und »Wirschinggemüs« dazu. In der alten Stube läßt sich's leichter schwätzen, und die Sätze kommen nicht pompös daher, sind auch weniger verbindlich.

Valentin Schwab ißt gerne, trinkt gerne und ist ein großzügiger Mensch. Immer hat er ein Geschenk dabei, und sei es nur *Zeit*, die er eigentlich auch nicht hat, und die wir um 40 uns ja alle so bereitwillig rauben lassen. So bleibt wohl der Estragonhase, den wir seit vier Jahren uns braten wollen, erst einmal noch im Stall und wird im Schwabschen Zeitkosmos – »Was sind schon 40 Jahre!« – ein lebenslanger Braten werden. »Denn«, wie er immer sagt, denn: »40 werden hat auch Vorteile! Die körperliche Leistungsfähigkeit ist zwar angeknackst, aber die Gedanken kommen mir quirliger als vor 20 Jahren. Und ich bin mutiger geworden, packe Projekte an, die ich früher hab' sausenlassen, weil ich zu feige oder unfähig war. Ich möchte rangehen, rangehen und machen, auch Fehler, und die Fehler eingestehen, als Weg zum Ziel, als Weg zum Lernen begreifen!« Das macht ihm Lust. Last hat er mit der Last, mit dem Gewicht: »Ich muß anfangen, etwas für den Körper zu tun, damit der physische Teil das Psychische trägt!« Eine schöne Formel. Denn er weiß ja, daß er als Lichtbildner sich eigentlich nur verbessern kann und »nicht dem Horror einer Pensionierungsgrenze entgegengeht«, sondern »noch tolle Bilder machen und ungeahnte Fotoschätze finden wird«!
Mit 42 war er noch einmal in Kuba, auf den Spuren Che Guevaras, auf den Spuren seiner Biographie, auf der Suche, damit die Zeit nicht verlorengeht – der preisgekrönte Fotograf und Kameramann nahm einen Unesco-Lehrauftrag an der Internationalen Film-Akademie San Antonio de las Panios bei Havanna über »Bild-Kultur« wahr, und kaum war der Nestflüchter zurück, legt er ein begehrliches Auge auf ein Anwesen aus dem 13. Jahrhundert in seiner fränkischen Geburtsstadt: »In diesem Alter muß man wissen, wo man seine Wurzeln wachsen hat!«

Natürlich. Mit 40 war er schwer, schwer krank, und seine Mutter war gestorben. Das hat seine Infektion Nostalgie gefördert, die ihm nicht Folklore ist. Medizinisch will er den Begriff verstanden wissen als Kategorie für »Heimweh«.
Und heimwehkrank ist Valentin Schwab mitten in seiner Heimat.

ZWEITE HALBZEIT: SPORT UND 40

Heidi Schüller:

»40 ist mehr als 50 Prozent«

oder

Hochleistungstempo

Als ich kam, hatte sie gerade ihr Testament gemacht, die Heidi Schüller vom Jahrgang 50: Frau Dr. med. Heidi Schüller de Bucourt, besser bekannt als »das Mädchen, das den Eid sprach« (»Welt am Sonntag«) und »Miß Olympia« (»Bild am Sonntag«) – jene also, die damals im Kurzrockkostümchen der Bundesrepublik, die Rechte am Fahnenstoff des Landes, auf den Sport schwor.
Damals, 1972. Damals war sie 1,72 Meter groß und 64 Kilogramm schwer, die Arzttochter aus Bonn, und auf dem Höhepunkt ihrer Karriere. Ab 12 Leistungssport, mit 17 Abitur, mit 18 Deutsche Jugendmeisterin im Hürdenlauf, mit 20 Deutsche Hallenmeisterin, mit 22 Deutsche Meisterin und deutsches Vorzeigegirl im olympischen Feuer; approbierte Ärztin mit 25, mit 26 Dr. med., mit 30 Oberärztin, und wenn ich sie nicht bremse, die kokette 40erin, in ihrem Karrieresprint ginge es sicher rasend fort über die nächsten Hürden ihres Lebenslaufs – das Bild ist abgegriffen und schon wieder richtig: »Mit 30«, sagt sie ohne Ironie, »hatte ich schon drei Karrieren hinter mir, Sport, Medizin, Journalismus.« Ihr Erfolgsrezept: Pathologischer Ehrgeiz sei ihr Erfolgsrezept – und ungerührt im Hochleistungstempo weiter, es habe nur noch Ehe und Kind gefehlt. Mal langsam, denke ich, Abwehr und Faszination noch in der Waage, langsam, warum sollte sie diesen Zaun nicht auch – Hopphopp! – überspringen? Und schon ist sie, mit 35, geschieden und alleinerziehende Mutter, Ex-»sexy-Heidi« aus der »Sport-Illustrierten«; brüstet sich noch schnell

mit ihren 6 Meter 51 Bestleistung im Weitsprung, wozu einem Journalisten in irgendeiner Zeitung die chauvinistische Sotise von der »kurvenreichen Bestweite (94-65-94)« eingefallen war. Brust raus: Die Fotos dazu gibt es auch, die Miniminirockangelegenheiten, die Bikinibilder vom Pool des Düsseldorfer Hilton; für eine deutsche Illustrierte hatte sie eine BMW zwischen den Beinen, das Kleid bis obenan geschoben. In Italien sind Nacktfotos von ihr veröffentlicht worden, gegen die sie als Fälschungsmontagen protestiert hat.
Es ist alles etwas halbseiden, und wenn ich von der »schnellen Intellektuellen« lese, kommen mir Zweifel. Wie sie da so durch ihr »Ambiente« stakst, hellblaue, hautenge Jeans, hochhackige Pumps in Goldsilberbronzemetallic, knallrote Fingernägel, knallrote Lippen, Make-up, Parfum, dann möchte ich das Interieur erst gar nicht mehr beschreiben – die Hochglanzfotos sind aus einschlägigen Magazinen bekannt. Alles ist hier so edel auf Laisserfaire kosmetisiert, wie FAZ und taz so dekoriert, die Seidenkissen arrangiert, die Bücher der Saison drapiert sind – ich werde nicht warm, weiß nicht genau, warum.
Dabei geht es mir nicht um Verriß. Ich möchte sie sympathisch finden und hatte Sympathie aus Mitleid, wegen der Presse, die meist von Männern kam, gespeist von dieser sexuellen Unterströmung. Die sie jedoch mitproduziert hat. Das seh' ich jetzt, im noblen Kölner Vorort, weißes Landhaus, Efeu, British Style, und dreimal sagt sie mir raunend ins Telefon, es stünde an der Tür kein Name. Attention: VIP.

Dabei hat sie Wichtiges zu sagen. Aber mit mir reden kann sie nicht. Sie schießt ab. Statements: 40 + Generationswechsel, 40 + Politik, 40 + Altern, 40 + Verfall, 40 + Sport, 40 + Sex. Zu rechthaberisch ist sie, als daß ein Gespräch zustande käme; dabei jobbt sie doch als »Talkmeisterin« in der SAT. 1-Talk-Show »Talk im Turm« – nie gesehen.

Dezember 1990. Gerade hat sie ihr Testament gemacht: »Mit 40 muß man sich um diese Dinge kümmern.« Dabei ist das Sterben nicht bedrohlich für sie, zu lange auf Intensivstation im Notfalleinsatz malocht. Das Leben in der eigenen Hand, spätestens ab 40, und in diesen Jahren muß man erwachsen geworden sein, das heißt: Wahrheit ertragen können. Daß die Arbeit am Spiegel morgens eben immer länger dauere, daß man keine Nacht ungestraft mehr durchmachen dürfe, daß man zu akzeptieren hätte, da ist koketter Nachwuchs herangereift, den man mit Neid oder Freude verfolgen könnte: »Mädels, genießt die Jugend, in 30 Jahren läßt es nach!« Das Klimakterium naht, aber sie fühlt sich wohl, und persönlich findet sie: »Ich sehe besser aus als früher.« Sie zählt sich »zu den älteren Damen, die gute Gesichter haben, lachende Augen und etwas im Kopf«. Punkt. »Man kann nicht meckern!« Keine Pause. Denn: »Ich habe einen großen Zulauf bei jungen Herren. Ganz sonderlich, beruhigt mich aber sehr; die mögen mich, die 20jährigen, weil ich ein bißchen verrückt geblieben bin, und die 30er haben ein Faible für mich, weil ich nicht so etabliert wirke. Ich kann mich mit denen unterhalten, worüber ich will«, deklariert sie, worüber *sie* will.

»Mit 40 geht es los!« Zack. »Ich finde 40 ein fröhliches Alter!« Bumm. »Warum?« will ich fragen, aber sie fällt mir schon ins »Wa-« mit ihrem »Man läßt sich nicht mehr reinquatschen!« Ich: »Wo?« Sie: »Von morgens bis abends!« Ich: »Von wem?« Sie: »Von dem, was ›man‹ denkt. Was andere glauben, was ›man‹ zu tun hätte, was ›man‹ zu lassen hätte. Spätestens mit 40 muß man begriffen haben: Das ist vorbei!« Zackzack.

Poschwingend ab Richtung Durchreiche, um für den Jahrgangsgenossen »Tee zu tanken«. Sie stöckelt zurück, »die Sprechstundenhilfe mit der irreführenden Denkerstirn«, wie der »Spiegel« schreibt. Weihnachtsplätzchen oder so. Der Sohn Max oder so. Telefon oder so. Etwas, »Sorry!«, Wichtiges. Selbstredend.

»Mit 40 ist der Zenit überschritten. Ab 20 geht's bergab, ab 25 der zelluläre Countdown, der zerebrale Verfall ist individuell. Ab 40 die hormonelle Umstellung, bei Frauen körperlich, bei Männern seelisch: Der drohende Sexualitätsverlust drängt zu Aktivismus, beruflicher und sexueller Aktivismus! Die Herren bäumen sich zwischen 40 und 50 zum letzten Mal auf. Hinzu kommt der ordinäre Verschleiß. Für mich ist 40 mehr als 50 Prozent, weil ich nicht davon ausgehe, daß ich 80 werde. Auf die letzten 20 bin ich sowieso nicht scharf. Ich habe bestenfalls noch 20 produktive Jahre. Weil ich mich nicht schone. Ich lebe mit Volldampf.« Und so fort. Die Anglizismen der Angabe rattern nur so aus ihr heraus: »powern, Fulltime, jobben, background, useful, Countdown« – und all das »radikal«, »konsequent« und »mit Volldampf«. Sie sei »offen, offen für das, was kommt, und das auf dem Background eines sehr profunden Wissens. Ich weiß, wovon ich rede.« Bis zum letzten Atemzug. Wenn's ans Ende geht, will sie's wissen: »Es war meins!«

Was schere es sie, räkelt es sich in ihr herum, was schere es sie. »Verfall« fällt mehrfach aus dem großen rot und mondän gemalten Mund, was schere es sie, daß die Haut nicht mehr glatt, sondern schrumpelig sei, die Zipperleins begännen und »mit 40 eben unangenehme Sachen auftreten – Verfall eben«, was provokativ klingen soll, aber allenfalls hübsch klingt und in medialer Glätte glänzt. Keine Fragen.

Geschminkte Juvenilität, denke ich. Und drunter nur verbraucht, denke ich. Aber woher habe ich das Recht zum bösen Blick? Ich will erfahren, ich will nicht urteilen; ich will einen Puzzlestein finden, ein individuelles Mosaik ins große Bild des Jahrgangs 50 setzen. Also, dennoch. Verstehe plötzlich die Häme in der Journaille, wenn die Schüller schlecht war: »Abwärts!« dreht die »Bunte« den Daumen runter, und »Bild« schickt die Chique in die talkshowfreie Wüste und wirft ihr hinterher: »Vorlaute, nervige Quasseltante!«

Schal und wohlfeil. Wahrscheinlich liegt es doch an mir. Ich hätte einmal wenigstens ihr Programm ansehen sollen! Zu allem hat sie etwas zu sagen, okay – ich frage ja auch nach den Beatles, der ApO, Adenauer, RAF und Frauenbewegung. Aber was höre ich? »Ich habe jede Menge Männer gehabt, die nach meiner Pfeife zu tanzen hatten, ehemm!« Es ist dieses ostentative Selbstbewußtsein, dieses leere Herumpowern, das so abschreckend wie faszinierend auf mich wirkt, soviel älter und so altmodisch männlich – maskulines Renommiergebaren von der Mani- zur Pediküre. Ganz im Stil der 50er im 90er Art deco. Wenn sie von »echten Visionen« plappert versus »politischer Pragmatismus«, wenn sie den Grünen »Utopismus« vorknallt und der SPD »Bürokratismus«,

der CDU »Populismus – die Wähler wollen geführt und nicht erwachsen werden!«, wenn der arme Willy Brandt »imponierend, weil unkonventionell«, und so fort – habe ich diesen Mix nicht schon hundertfach vernehmen müssen?
Mediale Glätte – sie schottet sich ab. Warum empfängt sie den unbekannten Nobody, wenn sie prominent, wie am Telefon oft genug beteuert, »völlig ausgebucht« und überall »gefragt«, eigentlich sich mit dem Gleichaltrigen gar nicht zusammen auseinandersetzen will? Fatal, wenn ihre stramme These vom inhaltlichen Scheitern eines Generationswechsels auf sie projiziert würde: »Von einem Generationswechsel erwarte ich mir überhaupt nichts. Es ändert sich nichts, weil die Strukturen die gleichen bleiben: die jungen Figuren um Kohl – Matthias Wissmann zum Beispiel fügt sich nahtlos ein, Gauweiler beherrscht die Spielregeln des Systems und sonst gar nichts. Legt er etwas anderes vor? Lebt er etwas anderes vor? Es ist eine Lehrergehaltsgesellschaft; die Jungen, aktiv, kreativ, phantasievoll, kommen nicht zum Zug. Das gleiche in der Wirtschaft, oder glauben Sie, daß ein 40jähriger Aufsichtsrat von Bayer Leverkusen an den Umweltschutz denkt? Der will bilanztechnisch überleben und nicht perspektivisch denken; der will aus seinem 1-Jahres-Vertrag einen 3-Jahres-Vertrag machen, und dafür müssen nur die Zahlen stimmen. Und überhaupt. Politiker sind temporäre Marginalerscheinungen, denn die eigentliche Macht im Staat sind die Medien!«
Sagt die ehemals »schönste Sportlerin« Deutschlands (»Bild«), die einmal »Fräulein Doktor« (»Bild am Sonntag«) war, dann ein »angehimmeltes Medien-Ereignis« (Peter Saalbach) und nun, 1992, für das SPD-Schattenkabinett Baden-Württembergs als Gesundheitspolitikerin nominiert, auf Wahlkampftournee talkt.

Cornelia Hanisch:

»Ich schmuse gern«

oder

Fechten, Falten, Feminismus

Wenn sie für kleine Fechtschülerinnen manchmal alte Autogrammkarten signieren soll und die Mädchen fragen: »Bist Du das?«, dann weiß sie's plötzlich: Sie ist älter geworden. Neulich hat ein Freund ein Foto von ihr gemacht und sich dafür entschuldigt: »Ich sah aus wie 60.« Aber das stört sie nicht: »Ich stehe zu meinem Gesicht!« Gegen die Falten tut sie nichts, die grauen Haare hat sie schon mal tönen lassen, jetzt, mit 39, als ich sie treffe, im Januar 1991: Cornelia »Conny« Hanisch, eine der erfolgreichsten Fechtsportlerinnen Deutschlands. Dreimal war sie Weltmeisterin, 1979, 1981, 1985, und von der Olympiade in Los Angeles kam sie 1984 als erfolgreichste deutsche Athletin mit zwei Goldmedaillen zurück.
Sie ist 39 und denkt nicht über 40 nach. Schon der 30. war kein Problem. Über den Krieg denkt sie nach, über diesen Golfkrieg, nicht nur täglich – dauernd. Überhaupt kommt sie jetzt wieder zum Denken. Vor fünf Jahren hat sie den Leistungssport beendet und findet sich langsam wieder in den allgemeinen Alltag hinein. Denken, Zeit zum Denken, gehört dazu. Erst mußte sie sich wieder daran gewöhnen, »Verfügungsgewalt« über die eigene Zeit zu haben, sagt sie vier-, fünfmal, *Verfügungsgewalt*. Allgemeines Nachdenken, über den Sinn des Lebens, warum sie auf der Welt sei, welche Aufgabe sie habe, welche Ansprüche an sich und die Welt und die Umwelt, ans Zusammenleben, und an diesen Krieg denkt sie. Aber nicht an das Alter, nicht an den Tod. Das wehrt sie heftig ab, als ich danach frage, kommt aber darauf zurück: Der

Tod berührt mich nicht, der Tod interessiert mich nicht, der Tod ist keine Kategorie: »Es bringt niemandem etwas, wenn ich darüber nachdenke – ich kann mir überhaupt nicht vorstellen, daß man sich mit 40 über den Tod Gedanken macht.« Immerhin, ihr Liebster ist 15 Jahre älter als sie. Aber vielleicht, wirft sie am Ende nachdenklich ein, komme das noch: »Ich war in manchen Sachen immer etwas später als andere. Ich bin vielleicht jetzt in einer Lebensphase, in der die Gleichaltrigen zwischen 20 und 30 waren.«

15 Jahre Leistungssport. Das sind eineinhalb Jahrzehnte außerhalb der Normalität, eine andere Sozialisation. Sie hat es ausgelebt bis zum Exzeß. Über Jahre hinweg kein Wochenende. Sport und Studium parallel, jede Minute war verplant für das Training und die Seminare der Sport- und Geschichtswissenschaft. Heute ist die Hanisch Realschullehrerin und holt erst einmal Luft. Sie hat ein »ungeheures Ruhebedürfnis«, möchte, ohne etwas zu schwänzen, mit der Nachbarin schwätzen und ohne Uhr mit ihrem Manfred »kuscheln und schmusen«; ein bißchen Tennis spielen, ein bißchen radfahren, alles zum Vergnügen; natürlich will sie nicht dick werden und fit bleiben, denn nach zwei Stunden Nonstoptennis »läßt die Beinkraft nach, und hier zwickt's und da zwackt's«. Dafür abends sich ein gutes Essen gönnen und ein Glas Wein oder zwei, sich nicht den Alkoholkonsum abschmecken und herumkalkulieren, weil der Wein dem Körper drei bis vier Stunden mehr Regenerationsfähigkeit abverlangt. Das ist vorbei, sagt sie und nimmt sich noch ein Stück Butterkuchen, den sie schnell in der Bäckerei gekauft hat, wir essen ihn aus der Tüte, trinken Tee dazu. In einem gepflegten Durchschnittsreihenhaus mit Grün, irgendwo bei Frankfurt.

Die Hochleistung beim Fechten hat auch den Kinderwunsch blokkiert. Darüber grübelt sie und fürchtet sich vor der Panik, die sie kommen sieht, denn »biologisch ist's ja bei mir demnächst zu Ende«; die Fürs und Widers fechten gegeneinander, der Egoismus gegen den Pluspunkt weiblichen Erlebens, die Angst vor Mißbildung, die Übervölkerung. Was wird? Sie weiß es nicht.

Sucht. Wartet. Tastet herum. Beobachtet. Auch wie sie spricht, wie die Sätze abreißen, die Wörter herumliegen, die Gedanken fetzen, die Gesprächspausen irren, irgendwie herumirren. Der Körper dabei gespannt, wie auf dem Sprung – ein merkwürdiges Mißverhältnis.

Sie ist nicht bei sich.

Warum reden wir gerade über den Feminismus, den sie immer sehr schlimm fand. »Ich bin eine engagierte Frau, aber keine Feministin!« Sie findet es »ulkig«, daß sie der lila Kultur zugerechnet wird, »nur weil ich meine Meinung sage, auch den Funktionären«. An der Frauenszene hat sie die Radikalität abgestoßen, die »aus dem Leidensdruck vieler Frauen« entstehe, den sie nicht kennt: »Feminismus ist eine Frage des Leidensdrucks und der Interessen«; falls sie litte und daran interessiert wäre, dies zu verändern, wäre sie sicher Feministin. Sie habe sich intensiv damit auseinandergesetzt, aber nicht mehr. Beispielsweise nie mit einer Frau geschlafen, »obwohl es eigentlich doch natürlich wäre, mit Männern *und* Frauen zu schlafen. Aber dazu bin ich zu konventionell, und mein Über-Ich verbietet mir diese Erfahrung. Natürlich ist unsere Gesellschaft auf dem richtigen Weg, wenn die Frauen männlicher und die Männer weiblicher werden. Aber nicht so radikal soll's sein, daß es keine Unterschiede mehr gibt. Im Inneren hat sowieso jeder beides, und das will der Feminismus nicht wahrhaben«, sagt sie. Wir hatten uns übrigens auf einem feministischen Kongreß in Basel kennengelernt.

Dauernd geht das Telefon. Conny wälzt Termine. Man hat ihr einen Funktionärsposten angeboten, der ihr 25 Wochenenden vom Jahr fressen würde. Abgelehnt.

Generationswechsel findet sie normal, wirft sie mir zwischen zwei Gesprächen herüber, und Hoffnungen auf die Gleichaltrigen setze sie nicht, sie habe »zu viele Spitzen kennengelernt«, und eine Position sage »nichts darüber aus, welches Arschloch sie innehat«; sie habe den Glauben »an unsere Gesellschaft« dabei nicht verloren, aber sie habe gelernt, »stark zu relativieren«.

Den Telefonhörer in der Hand, erinnert sie sich an den schlimmen Boykott gegen die Olympiade in Moskau 1980, ihre beste Zeit. Die

Hanisch war aktiv in der Gruppe »Sportler für den Frieden«; damals ging durch die Gazetten, daß die sportlichen Aktivisten wegen Kollaboration mit den Sowjets von Geheimdienst und Verfassungsschutz observiert worden seien – sie selbst? Weiß sie nicht, aber das Rauschen und Knacken in der Leitung sei schon sehr auffällig gewesen. »Es war ein heilsamer Schock: Sportler haben keine Rechte, werden nicht einmal gehört, wenn es um *ihre* Spiele geht. Es war das Gefühl absoluter Ohnmacht. Und dann noch diese Verdächtigungen, die Methoden waren ja von der Terroristenjagd bekannt. Es ist doch lächerlich zu meinen, ich wolle unsere Verfassung aus den Angeln heben!« Diese Episode hat sie irritiert, aber nicht zweifeln lassen an »diesem besten Staat, den es je auf deutschem Boden gegeben hat«, und seinem besten Präsidenten, Weizsäcker; den findet sie toll. Politisch ist sie nachsichtig, denn »jeder macht einmal einen Fehler«. Politische Vorbilder? Keine. Denn Politiker sind »Luftnummern, absolute Luftnummern«.

Sie kommt zum Tisch zurück. Wo waren wir stehengeblieben? Generationswechsel, der sie nicht interessiert, 40 werden, über das sie nicht nachdenkt. Trotzdem, wo steht sie jetzt?

»Ich habe in meinem 39jährigen Leben erreicht, was ich erreichen wollte. Ich wollte Olympiasiegerin werden, und ich bin Olympiasiegerin geworden. Anfangs wollte ich nur etwas mit meinem Körper tun, mich auslassen, denn ich kann keine fünf Stunden auf meinem Hintern sitzen. Mein Körper schreibt mir meine Motorik vor. Jetzt genieße ich meine Freiheit, nicht mehr der Disziplin und dem Diktat des Sports unterworfen zu sein. Ich genieße das, was ich mir damals erarbeitet habe. Mit 39 Leistungssport zu betreiben? Wäre reine Quälerei, obwohl Fechten nur ein Drittel Fitneß bindet, Motivation und Intelligenz die Hauptsache ist. Jetzt möchte ich Italienisch lernen, ins Theater gehen, so 'n bißchen kulturell irgend etwas machen. Vor allem genieße ich es – ich bin eine Spätentwicklerin, bis 28 war ich froh, allein zu leben –, jemanden zu haben, mit dem ich gut zusammenleben kann.«

Zweite Pubertät?

Ich treffe Cornelia Hanisch an einer Wende. Schon drei Monate

vorher hatte ich in Basel bei ihr, als sie auf dem Podium des internationalen feministischen Kongresses »Künste, Wissenschaft, alles andere« mit Friederike Hassauer über »Körpererfahrung« sprach, dieses Zwischendrin gespürt, zwischen Statement und Eruieren. Bruchlos reden wir bei Tee und Streuselkuchen weiter am Körper entlang, brüchiger aber ist das Klima des Probierens geworden. Da ist noch nichts fest. Fest steht sie in der kalt ausgeleuchteten Arena des Sports. Im Moment und seit Jahren wagt sie sich in neue Räume, noch ins Dunkle getaucht. Auch sitzt sie am Tisch wie ein Katze: nur Auge, nur Ohr, nur Antenne. Weich, verletzlich offen, aber sprungbereit. Und offen reden wir auch. Wieviel Wärme und Zärtlichkeit sie brauche, daß der Mann ihrer Träume nicht der gertenschlank gestylte, dünne Body sei, »der nur einseitig Männlichkeit vermittle und doch nicht unbedingt die sexuelle Ausstrahlung...« Pause. »Ich habe gerne etwas im Arm, nicht nur Haut und Knochen.« Daß sich mit dem Älterwerden an den sexuellen Bedürfnissen nichts ändere und »Schmusen« sehr, sehr wichtig für sie sei – dieses schönste aller Wörter gleich vier-, fünfmal während dieser 120 Minuten: »Daß ich im Kontakt zu meinem Körper bleibe, auch als normale Frau, die keinen Leistungssport mehr betreibt, daß ich mit ihm lebe, daß ich auf ihn höre, ihn beobachte, ihn benutze, mich mit ihm beschäftige, Gefühle mit ihm austausche und ihn überhaupt erst kennenlerne!« Pause. »Ein sportlicher Körper ist erotisch, Sport stimuliert, Sport erotisiert, und der sportliche Körper ist sexuell ganz anders engagiert«, sagt sie, lauscht, hört ihren Wörtern nach – ob sie auch stimmen?
Ihre Mutter habe sie, halb im Spaß, einmal in eine Mannequinschule schicken wollen, nach einer ihrer ersten, langen Phasen des Krafttrainings. Sie hatte es »ungeheuer genossen, die Kraft in den Beinen zu spüren, die Lust an der Kraft in meinen Beinen. Ich habe mich als sehr männlich empfunden, habe das gerne an mir gesehen, wie ich so à la Django durch die Welt gegangen bin und in die Küche meiner Mutter hinein. So ist wohl auch mein Großvater gelaufen, der war Käpten zur See. Ich seh' das heute noch gerne, die Sabatini zum Beispiel, die auch läuft, als habe sie einen Tanker verschluckt.« Sie macht heute noch lieber den großen Schritt in der Jogginghose, als daß sie im engen Rock trip-

pelt, und selbst »das Entenwatscheln im Radleroutfit« zieht sie der beschränkten Schrittlänge femininer Eleganz vor. Und Hosen. Das schützt sie auch »vor den widerlich provozierenden Männerblicken«, die das weibliche Bein hoch und runter taxieren. Das hat sie als Mädchen schon verstört, als Leib und Seele sich entdeckten, Erotik und Sexualität erwachten.

Machtkämpfe im Privatleben kennt sie nicht. Das hat sie sportlich ausgelebt. Fechten? Fechten und Frauen – der Schein trügt. Die Bewegung sieht nur weiblich aus; »Eleganz und Kraftbewegung dieses Sport sind schwer in Einklang zu bringen« – Fechten ist »zutiefst männlich«. Als ihr jugendliches Engagement in diese Richtung trieb, hieß es in der Familie: »Ein Mädchen ficht nicht!« Conny hat das nicht angefochten. Die klare, direkte Art, mit Menschen umzugehen, hat sie bei den Jungs auf dem Fußballplatz schätzengelernt. Gab's früher Knies beim Spielen, sind die Mädchen zu Mutti gelaufen, mit den Buben hat sich die Hanisch geprügelt, und damit war die Sache aus der Welt. Kraft und Kampf hat sie immer schon fasziniert, und sie weiß, daß »Frauen beim Fechten männliche Rollen übernehmen«.

Was ist denn männlich am Fechten? »Die Aggressivität, der Zweikampf, Auge in Auge mit dem Gegner, daß es Gegner überhaupt gibt, und spüren, daß es um Leben und Tod geht. Nicht einfach Blöße finden beim Feind und reinstechen: stärker sein wollen, sich behaupten, die Energie des anderen brechen, den eigenen Willen ihm aufzwingen und demonstrieren: Ich bin der Chef!«

Das *sagt* sie. Das *ist* sie. Unumwunden. Die gesamte Rollenproblematik auf den Fechtboden übertragen und akzeptiert. Hier ist die bald 40jährige klar, eindeutig, entschieden. Seltsam diffus alles andere. Ich spüre ihre Suchbewegungen. Sie ist mittendrin. So exakt die Aussagen zum Sport, so nebulös alles andere. Sie tappt, sie treibt. Als säßen wir auf einem Balsaholzfloß inmitten der Gezeiten, ohne Kompaß, ohne Ziel, nur das Vage einer Vorstellung, irgendwo anzukommen – man hört förmlich das Rauschen des Windes, das Rauschen der Wellen, das die verhaltenen Steuergeräusche laut übertönt.

Beim Gehen bin ich selbst ganz verwirrt.

Manfred »Manni« Burgsmüller:

»Der Ball muß ins Tor!«

oder

Ende der ersten Halbzeit

Wir treffen uns nicht auf dem Fußballplatz, er hat mich ins »Parkhotel« bestellt. Seinen schweren Wagen, einen dunkelgrauen Mercedes der höheren Zylinderklasse, hat er selbst an die geschniekelte Zierhecke gestellt, der erhabene Wagenmeister in Hellgrau nimmt die Rechte an die Schildmütze und – der Hüftknick diesmal sportlicher – salutiert: »Manni für Deutschland!« Er läuft ein wie ins Stadion! Leicht, locker, spritzig, mit Kraft und gut gelaunt. Die Pagen wenden ihre Köpfe. »Manni! Manni!« dürfen sie nicht schreien, sie haben nicht ihre Werder-Bremen-Fanclub-Kluft an, sie stecken in den klassisch bordeauxrot-schwarzen Uniformen, auf dem Kopf die Käppis mit goldenen Buchstaben in Antiqua. Der Livrierte wirft den Boys einen warnenden Blick zu, daß sie ja nicht aus der »Parkhotel«-Würde kippen und ohne Contenance nach Autogrammen jagen, schon ist »Manni! Manni!«, drei Stufen der repräsentativen Freitreppe auf einmal, vorbei, hat ihnen noch freundlich auf die Schulter getickt.

Nicht ganz der »Manni! Manni!«, wie wir ihn alle vom Fernsehfußballplatz her kennen: wehende blonde Haare, das Trikot lässig über der Hose, witzige Tricks, spektakuläre Treffer, die Zunge dabei immer aus dem Mund. Und nach dem Match vor der Kamera einen kessen Spruch auf den Lippen. Renitenter Widerstand gegen jede Anpassung. So nicht, so nicht mehr.
Herr Burgsmüller steht in der Lounge, die jungen Damen am Empfang riskieren einen Blick: tadelloser schwarzer Zweireiher,

grobleinig feines weißes Button-down-Hemd, Seidenkrawatte, messerscharfe Bügelfalten und die Wiener Reiter-Schuhe der oberen Preisklasse. Die Haare gestutzt, kragenlang. Seine Augen dribbeln durchs Foyer – ich gehe auf ihn zu: Thema 40.

Sehr lebendig, dieser Burgsmüller!

20 Zentimeter Zeitungs-Nekrologe zu Lebzeiten habe ich auf der Herfahrt durchgearbeitet, mich kräftig über den 40-Jahre-Abgesang geärgert und mich an den Professor William Osler erinnert, einen berühmten Arzt in England der Jahrhundertwende, der als Symbolfigur der Altersdiskriminierung alle über 40jährigen zu »vergleichsweise nutzlosen« Menschen erklärte und alle über 60jährigen für »vollständig entbehrlich«! Was da alles auf den ältesten Aktiven der Bundesliga niedergeschrieben worden ist – Oldie, Opa, Oldtimer, Senior, Greis, Rentner, Veteran: alle Altersheimtitel mit »Fußball« verbunden; Burgsmüller als »medizinisches Wunder« oder »Der alte Mann und das Tor«. Die »taz« spricht gar vom »Kokon der Senilität« und sieht ihn »reinkarniert kurz vor dem Eintritt ins Nirwana des 40. Lebensjahres«. Die »Bild Zeitung« tritt nach: »Fußball mit 40 – ist man nicht nach 90' platt?«

Es hat ihn gewurmt, seine Frau Barbara, Jahrgang 50, hat laut gelacht, die Töchter werden in der Schule mit ihrem scheintoten Groß-Vater gehänselt. Reagiert hat er nicht »auf das bescheuerte Geschreibsel!« Das war auch der Grund, warum er anfangs überhaupt keine Lust hatte, mich zu treffen: »Ich wollte schon meinen 40er nicht feiern«, knurrt der 41er, »ich denke nicht übers Alter nach, ich merke nicht, daß ich 41 bin. 22 Jahre Leistungssport, 447 Bundesligaspiele, 213 Tore, drei Länderspiele – was wollen die Leute eigentlich? Ich bin fit wie ein Fußballschuh.«

Aber irgendwann Ende 30 war Schluß mit dem Profifußball: »Ich wußte immer, was ich wollte, vor allem gewinnen. Jetzt stand ein neues Leben an, und weil ich ein Realist bin, wußte ich von diesem großen, schwarzen Loch, in das man fallen kann nach zwei Jahrzehnten in der Welt des Profisports.« Also hat er, geradlinig wie er ist, einen dicken Punkt gesetzt und sich mit einer Abschiedsgala im Dortmunder Stadion verabschiedet – Schuß und Tor.

90 Minuten sprechen wir, ohne Halbzeit. Zwischen zwei Geschäftsterminen. Gepflegt ist er, sehr gepflegt, der Generalvertreter für eine Kristallglasfirma, mit diesen schnellen Augen, die überall sind auf dem eingedeckten Tisch, auf dem Tonband, meinen Zetteln, seiner Uhr, vor allem offen und direkt in meinem Gesicht. Selbst die Lachfalten »bekämpft« er, die tausend Fältchen um die Augen findet er nicht schön. Und neulich, »bei einer Polizeikontrolle, hab' ich mich mit den Beamten halb totgelacht: Das Paßbild war von 1967 – da hatte ich erst mal ein herrliches Frisürchen. Ob's besser ist als heute, mit meinen Geheimratsekken? Wer weiß? Ist mir auch wurscht! Ich schau' nach vorn, ich bin nicht der Grübler im Kämmerchen. Ich achte drauf, was ich esse: kaum Fleisch, nie Schwein, sehr viel Fisch, Gemüse, Salat. Das obligate Profifilet freitags im Trainingslager kann ich schon lange nicht mehr sehen – essen Sie mal fünfzehn Jahre lang Filetsteak. Nudeln. Also aufs Gewicht achten, früh ins Bett, elf Uhr Lampe aus und regelmäßiger Tagesablauf; weniger Schlaf brauche ich und morgens gleich loslaufen. Auch jetzt, im neuen Lebensabschnitt. Wenn ich mal drei Tage auf Geschäftsreise war und keine Möglichkeit hatte, habe ich, sach' ich ma', einen tierischen Drang zu rennen. Zu Hause renn' ich sofort los, 10, 15 Kilometer. Tennis zum Ausgleich und die Prominentenspiele eben. Daß sich mit 40 was ändert, seh' ich nicht, Midlife-crisis, wie die Mitspieler immer spotten, Mädchen nachstellen – nicht mit mir. Auch beim Sex ändert sich nichts. Vielleicht bin ich ein Spätzünder, vielleicht kommt das bei mir mit 50?«

Er ist der älteste Bundesligastar gewesen und hat da sogar den früheren Marktheidenfelder Siggi Held überspielt, der mit 39 erst abgetreten war.

Und jetzt, der Generationswechsel? Das bekommt er mit, am Rande. »Die machen eben ihren Job in Politik und Show und verstehen etwas davon, der Gauweiler, der Gottschalk.« Politik ist Privatsache, aber mit Deutschland identifiziert er sich schon: »Das muß man erleben, wenn das Stadion ›Manni für Deutschland!‹ brüllt und dann die Nationalhymne losgeht und, und, und – sehr schön. Vielleicht gibt es bessere Länder; ich finde nicht alles gut hier, vor allem, daß wir Deutschen im Golfkrieg nicht Flagge

zeigen! Vor einem neuen Weltkrieg hab' ich nämlich furchtbar Schiß! Und vor Gewalt. Durch meine Kinder muß ich mich auch mit dem Dritten Reich beschäftigen, darüber mach' ich mir schon meine Gedanken. Die sollen auch ruhig wissen, was damals passierte und verkehrt gemacht wurde. Aber diese Zeit ist ja nun lange vorbei, und meine Generation kann man dafür schließlich nicht mehr verantwortlich machen!
Und was den Generationswechsel beim Sport angeht: Die Jungen spielen wie Beamte. Mehr Job, weniger Engagement. Die spielen, ohne sich aufzubäumen. Wenn die verlieren, dann verlieren sie halt. Ich wollte immer gewinnen. Und im Fußball ist alles möglich, da kann man in der letzten Minute *alles* herumreißen. Für mich ist Fußball erst mal Freude, erst mal Spaß. Natürlich will ich gutes Geld verdienen. Aber Fußball ist nicht nur Kohle. Ich sehe heute kaum Spielführerqualitäten. Denken ist da Glückssache und Denken über die 90 Minuten hinaus selten!«

Manfred Burgsmüller ist ein Fußballer der alten Schule, reingewachsen in den Sport durch die »fußballverrückte Familie«, ein Essener Straßenkicker der 50er Jahre, der Zigarettenbildchen von Seeler und Herberger oder die aus der »Heinerle«-Wundertüte sammelt und es »total witzig, aber normal« findet, wenn heutige Kicker ihn selbst gesammelt und aufgeklebt haben. »Ausgeflippt« ist er nie, fragt sich aber, wo im Leben die modernen Profis landen wollen, wenn sie mit 22 Millionenverträge unterschreiben. Mit 80 Mark – dafür zieht kein Junger einen Schuh an – hat er bei Rot-Weiß Essen angefangen, als die Stones »Satisfaction« geröhrt haben und er auch. Lange Haare sowieso, »den Putz habe ich jetzt als Geschäftsmann auf Kragenhöhe gekappt! Idole – so gut wie die Abziehbilder war ich auch! – hatte ich keine, aber ich habe den Franz Beckenbauer genau angeguckt, wie leicht und locker, ohne Kraft, ohne Anstrengung, wunderbar fließend, wunderbar im Bewegungsablauf der gespielt hat.« Das hat ihm geholfen, seine Art, sein Talent zu entdecken und zu kultivieren: »Leichtfüßig spielen, mit Kopf, mit Augen und Instinkt, nicht immer den normalen Trott runterhacken, überall gibt's Nischen und Überraschungen, weil der Ball rollt. Da muß man außer der

Reihe tanzen und spüren, wo der Ball hinkommt und trainieren, trainieren, bis die Feinheiten sitzen; nicht schießen – schieben.« Er rollt mit den Augen.
Um aus dem Amateurlager aufzusteigen, »braucht man Talent, Willen, Biß«. Und was braucht der 40er jetzt für sein neues Leben als Geschäftsmann? »Ich war immer Geschäftsmann!« sagt er, kontrolliert den Krawattenknoten. »Bisher habe ich die Ware Fußball verkauft, Gauweiler verkauft Politik, Gottschalk Unterhaltung, und was ich im Fußball gelernt habe, versuche ich erst einmal zu übernehmen. Ich möchte ein erfolgreicher Geschäftsmann werden. Ich stehe aber erst am Anfang. Ich weiß nicht, ob es mir gelingt. Ein finanzielles Polster habe ich mir ja erspielt, falls Durststrecken auftauchen. Mein zweites Leben soll ähnlich erfolgreich werden wie mein erstes. Ich kann doch nicht in Rente gehen. Wenn ich acht Tage Urlaub mache, werde ich rappelig und zappelig. Und wenn beim Fußball einen das Publikum geil macht, dann ist der Beifall im Geschäftsleben die brillante Bilanz. Ich habe die 22 Jahre auf dem Rasen sehr genossen und ausgelebt, aber jetzt mach' ich was anderes, vernünftige Geschäfte!«

Und wo ist der Rebell auf dem Rasen geblieben?
Ein Gesicht hat er wie ein 30er, und doch ist ein halbes Leben mit dem Sport zu Ende. Manni steht auf, das zweite Mal schon, nerviger Blick auf die Rolex, Stirnrunzeln, Termine erinnern. Ein erfreulicher Mensch, entschieden, klar und kraftvoll nimmt er die nächste Liga. Der erste Aufstieg hat ihn nicht gekauft, kauft ihn die neue Karriere? »Na, sach' ich ma'«, fügt er im Ruhrpottdialekt wichtigen Gedanken bei, die Herkunft hat er nicht verraten, kumpelhaft tickt er mir an den Arm. Ich weiß, er muß gehen. Hinter jedem Satz wieder das ruhrpöttisch-nasale »Nee!« Er tänzelt um den Tisch herum. Ich hatte ihm ein Buch mitgebracht, Peter Handke, »Die Angst des Tormanns vorm Elfmeter« – ob er gerne lese? »Sach' ich«, sagt er. »Ich kann mir schon vorstellen, daß der Tormann Angst hat vorm Elfmeter ...«, er setzt sich noch einmal, Schlückchen Kaffee, Fußballphilosophie, Ludwig Harigs »Netzer kam aus der Tiefe des Raumes«, Herbergers Theologie »Der Ball ist rund«, Manni: »Sach' ich, die haben alle recht, aber ich habe

meine eigene Philosophie, die gilt für das ganze Leben und ist ganz einfach: ›Der Ball muß ins Tor!‹«
Lacht, geht, dribbelt, rennt, läuft, vier Stufen, winkt und verläßt das Stadion.

Gebrauchtwagen

Alfred Fersch, Jahrgang 51, Kraftfahrzeugmechanikermeister, verheiratet, zwei Töchter

Endlich ein Mann, mit dem ich über meine Migräne reden kann. Er leidet auch, und nicht nur das verbindet. Und wenn wir über unsere Krankheit sprechen, weiß jeder von uns beiden, daß dieser Hyperkopfschmerz nichts zu tun hat mit Hysterie, Hypochondrie, Weibischkeit, Spinnerei oder schlappschwänzigem Männertum. Daß neulich in der Zeitung stand, Migräne sei die Krankheit der Genies, erfreut uns herzlich. Weil wir gerne lachen. Aber nicht mehr, wenn ich meinen Rost-VW in die Werkstatt fahre, und nun ist es an ihm, mir zu eröffnen, daß da wieder tausend Märker fällig sind. Das kommt ihm schwer über die Lippen, und manchmal windet er sich um den Kühler rum. Es könnte sein Geld sein, und Fersch ist nicht der flotte Typ Verkäufer, der dem Eskimo die Eistruhe andreht.
Alfred Fersch – ein ernster Mann, schüchtern manchmal, sanft fast und bescheiden, zurückhaltend, aber nicht ohne Stolz. Ihm ist zu trauen. Unbesehen kaufte ich aus seiner Garage den gebrauchten Golf. Vor allem ist er witzig, und sein Humor hat mich oft schon aus der Horrorstarre vor dem Auto mobil wieder werden lassen. Das geht dann so, daß er, in seinem Betrieb mittlerweile aufgestiegen zum Kundendienstleiter, mir ein Pferd empfiehlt oder einen Drahtesel oder einen wespenschlanken Motorroller; aber auch die Sohlen für den Schuh seien aus Leder und kosteten ihr Geld. Vielleicht zu Hause bleiben? Lächelnd tröstet er: »Mehr kann ich auch nicht raten«, zuckt verschmitzt die Schultern, »ich bin doch nur der Bademeister von VW.« Da ist

man glücklich beinahe, daß am Gefährt mal wieder etwas abgebrochen ist.
Mit Fersch zu reden macht mir immer Spaß.
Wie liebevoll und analytisch er mir Sinn und Zweck von Antriebskurbeln, Pleuelstangen, Kupplungsdingsbums erklären kann, sicher reif fürs Lehrbuch ist die Diagnose meines Kolbenfressers – ich kapiere nichts, hör' aber zu, fasziniert. Ach, flehe ich ihn immer heimlich an, könnte ich in diesen logisch-technisch-klaren Sätzen doch wenigstens die Kommasetzung nur verstehen. Zwei Tage später bringt er mir die vermaledeite Scheißkarre wieder vor mein Haus und grinst: »Ganz gemacht!«

Natürlich, ein Jahr ist er jünger, frotzeln wir über die Gebrechen, die Gewährleistungsmängel. Graue Haare hat er an den Schläfen. Ich sprech' ihn darauf an, frage nach der Wirkung auf die Damen; sicher verfehlten auch die wachsenden Geheimratsecken nicht den Effekt.
40 werden war für ihn die Wende, »der Gipfel, eine Schwelle, vor der ich mich schon mal hingesetzt und nachgedacht habe, was eigentlich war, was ist, was wird, was ich erreichen wollte, und was ich erreicht habe. 40 ist ja die Mitte des Lebens«, sagt er ein bißchen traurig, froh gleich wieder, denn er habe der Einfachheit halber »erst mal vorausgesetzt, daß ich 80 werde!«
Und wie, eigentlich, stellt sich ein 40jähriger VW-Meister einen gleichaltrigen Käfer vor? »Baujahr 51?« Er schaut mich an. »Der Brezel-Käfer?« Erstaunt: »Richtig abgelatscht! Man macht die Tür auf und sitzt bei Regen in der Nässe. Koflügel vorne sind verrostet. An Verschleißteilen ist da in der Regel nichts mehr erste Garnitur; in der Bodengruppe viel neues Blech geschweißt. Der zweite, dritte Motor.« Und innen? »Kommt drauf an, wie pfleglich er behandelt wurde: Könnte alles original noch sein!«
Richtig abgelatscht. »Und Sie?«
»Runtergelatscht! Oder?« Grinst er, oder trauert er?
Aber innen drin noch alles original. »Der Motor, Ihr Herz?«
Da sagt er: »Da sieht man mal wieder, was der Mensch gegenüber dem Material Metall aushält!«
Baff, ein genialer Satz.

Und wie sieht er den gleichaltrigen Autofahrer? »Ruhiger geworden, besonnener, kann Verkehrssituationen besser erfassen. Außerdem sind die wilden Autozeiten längst vorbei. Begonnen hat's mit Käfer, mit Kadett, gebraucht und rostig; mit 30 der erste Neuwagen. Zwischen 25 und 35 pflegt man sein Auto in der Regel besser als die Frau. Ich nicht. Für mich ist Auto Sinn und Zweck, nicht mehr. Mich fasziniert die Technik, die Mechanik und die Logik der Maschine, seit ich denken kann. Mit 40 ist man dann nicht mehr so kleinlich, obere Mittelklasse ist erreicht. Aber andere Dinge stehen im Vordergrund. Wobei die Frauen sich verändert haben: Sie wissen etwas mehr von Technik als unsere Mütter, sind ja sowieso selbstbewußter. Das ist gut so. Beim Autokauf bestimmen sie das Innere – die Frau entscheidet die Farbe, die Felge entscheidet der Mann.«

Jetzt reden wir ganz aufgeregt erst mal über unser Kinderspielzeug. Bei mir waren's die Wiking-Autos, bei ihm mußt's schon ein Schwungrad sein oder »so ein ›Sssnnn-sssnnn‹-Auto von Schuco«, wie er unnachahmlich macht. Aber wichtiger als alle Mechanik und wichtiger als alles, was sich berechnet dreht, war ihm etwas, was sich auch dreht, das besser aber *rollt* und mit persönlicher Energie anzutreten ist: *der Ball.*

Fersch ist Fußballer. Ein begnadeter Fußballer, wenn man die Kameraden vom SV Erlenbach hört oder den lokalen Sportreporter Uli Väth, auch bald 40.

Verblüfft erinnern wir beide, daß, in den fürchterlichen 50ern, die besten Geschenke nach Weihnachten weggeschlossen wurden, auch das Leder. »'s war schlimm!« Aber diese Zeiten sind vorbei.

Vorbei jetzt auch mit 40 die Zeit der heißen Treterei. Mittlerweile ist der Alfred Senior, läuft keinen Jungen mehr hinterher, aber bei den Alten ist er fast der jüngste und der schnellste Senior sowieso. Verändert hat sich vieles. Schneller ist das Spielen heute, der Trainingsaufwand höher – da mag er nicht mehr mit. Was mag er denn am liebsten? »Ein Tor schießen!« Verändert hat sich vieles. »Der Fußballschuh zum Beispiel, seine Technologie. Früher war er hart, früher war er schwer; heute ist er weich und leicht. Früher wollte ich als Einzelkämpfer nur allein das Tor machen,

und heute macht es mir sogar Spaß, eine schöne Vorlage zu schieben, mit der der Mitspieler den Ball ins Netz heben kann. Früher Egotrip, jetzt Teamwork. Denn irgendwann ist einmal Schluß. Mit 30 ist man als Fußballer halt alt! Und wenn man weniger Kraft hat, muß man das Spielerische pflegen!«
Wie schön er das sagt. Und wie gut, als ginge es um einen komplizierten Einspritzermotor, erklärt er Technik und Mechanik eines Matchs, die individuellen Fußballweisen seiner Fernsehhelden, ob Beckenbauer, Siggi Held, Maxl Morlock oder unseres Generationsgenossen Burgsmüller, »der Manni«. Da leuchten seine Augen: »Ich find' das phänomenal, wie der diese Laufbahn durchgestanden hat! Mich hat's jedesmal wieder gefreut, wie er sich mit Witz und Kraft gegenüber den Jüngeren durchgesetzt hat! Ein Schlitzohr, das immer dann noch ein Tor gemacht hat, wenn's kein Mensch auf dem Feld und vorm Fernseher mehr für möglich gehalten hat: Stand einfach zur richtigen Sekunde am richtigen Platz und hat's reingeschoben. War einfach da, wenn er gebraucht wurde und hatte Phantasie!« Und dann kommt wieder ein Satz von Fersch, der, überraschend so dahinplaziert in unserem Bilanzgespräch, mir Stoff zum Denken gibt: »Nur«, sagt er, »ist der Manni Burgsmüller zum falschen Zeitpunkt auf die Welt gekommen!« Wie? Warum? »Zu Burgsmüllers Zeiten gab es kaum bessere Stürmer, kaum Spieler, die das Tor besser getroffen haben – aber sie haben's eben doch besser getroffen, weil sie fünf Jahre älter waren und sich besser ins Licht setzen konnten. Sonst wäre aus dem Manni der Nationalmannschaftskapitän geworden und womöglich ein Inter-Mailand-Star.«
Das sagt er so. Wie Fersch oft etwas sagt, eben so – und 's stimmt.

Ob Fußballfeld oder VW-Werkstatt – das 40er-Leben ist nicht mehr wie früher: »Wenn zwischen A und B ein Berg war, ging's damals obendrüber; heute geht es außenrum. Man denkt mehr, setzt Kraft, setzt Zeit gezielter ein.«
Das muß er auch. Denn vieles hat sich strukturell gewandelt: »Wenn in der Vätergeneration das Wissen eines Automechanikers 20 Jahre lang aktuell war, langt's heute grade für zwei. Früher

konnte jeder Autofan am Hinterhof sein deutsches Fabrikat alleine warten – heute ist's unmöglich. Die Technik ist gigantisch. Früher mußte man reparieren, heute muß man diagnostizieren. Die Fehlersuche ist das Aufwendigste. Und wenn heute einer wegen Vaterschaftsurlaub zwei Jahre aussteigen wollte, kann er kaum mehr auf qualifiziertem Niveau einsteigen. Das erschreckt mich. Denn ich selbst bin eher einer, der sich in die Technik reindenkt und sehr gerne schraubt! Und mein Beruf wird immer abstrakter. Natürlich sitze ich lieber mit sauberen Fingern am Familientisch, aber ich weiß nicht, ob es sehr erstrebenswert ist, den Blaumann mit dem weißen Kittel zu vertauschen. Ich muß einmal am Tag unter die Haube und auf Probefahrt, ich *muß* den Schraubenschlüssel in der Hand halten, statt in die Tastatur des Kundencomputers zu hacken mit Ein-Finger-Adler-Suchsystem, was man eben nicht gelernt hat!«
Daß er diesen sozial begehrten Wandel sehr bedauert, sagt er zweimal, zweimal sagt er »sehr« – das ist sehr viel für Fersch, der nie zuviel sagt. Und plötzlich sind die Augen schwer.
Aber das ist die Etappe. Und wer nicht weint, sag' ich mir nach der Probefahrt, hat auch keinen Grund zum Lachen. Für Alfred Fersch ist es ein anderes Spiel. Was war? »Es war kein Vorspiel. Dazu war's zu wichtig! Wie hätte ich sonst Erkenntnisse draus ziehen können, wie aus den Fehlern lernen. Jetzt hat ein neues Spiel begonnen. Mal sehen, was es bringt!«
Er schaut mich an: »Nicht jedes Ziel muß für mich erreichbar sein. Träume wollen ja geträumt werden!«
Eins seiner Augen lacht.

Ein aufrechter Kopf.
Geplagt nur ab und zu von Weh. Aber.
Sind wir denn nicht Genies? 's stand doch in der Zeitung. Genies der Krankheit, und diese mickrige Migräne kriegen wir auch noch in den Griff. Denn – dieser Vergleich stand sogar in der »Frankfurter« –: Der Normalmensch läuft wie der Motor eines Käfers, sensibel funktioniere jedoch das Hochleistungsgehirn des Migränisten: wie der Motor eines Porsche.

40er-Splitter I

Statements der Bühnenkünstler

DURCHGANGSSTADIUM / SUCHBEWEGUNG

Wolfgang Rihm, Jahrgang 1952, Komponist

Es charakterisiert diesen Lebensabschnitt, daß eine Suchbewegung sowenig auf Grenzen stößt. In früheren Lebensabschnitten ist man schneller bereit, den Kompromiß einer Beantwortung einzugehen. Man kann wohl, je älter man wird, um so mehr strudeln, sich der Ungewißheit immer mehr aussetzen. Je jünger man ist, um so mehr ist man auf Antwort angewiesen.

Ich erlebe Biographie nicht als eine Deszendenz, sondern als eine Kamelkurve.

Ich registriere Zuwachs oder Abnutzung oder Erneuerung. Ich registriere keinen linearen Prozeß, ich registriere den Wandel – Wandel in Zuständen, die ich für überwunden glaubte oder für immer verloren.

Ich bin gespannt, was ich noch hervorbringe. Was ich hervorgebracht habe, finde ich ganz schön, aber das ist mir alles ein Durchgangsstadium.

Eigentlich spiele ich im Sandkasten und backe Kuchen.

Alles Politische kommt mir vor, als wäre es die Verkörperung schalen Gefühls.

IMITATIONSZUG IDEOLOGIE/VERDACHT

Edgar Selge, Jahrgang 1948, Schauspieler, verheiratet mit Franziska Walser

Der Machtwechsel durch unsere Generation? Ich erliege immer der Versuchung, nach einer großen Axt zu greifen und zu sagen: So, da habt ihr reingeschlagen – jetzt kommen die nächsten 10 Jahre, jetzt hau' ich rein. Ich weiß, daß ich mir damit einen ganz großen Schaden zufügen würde. Daß ich mich im Grunde nur in einem Imitationszug bewegen und mir damit als letztem einen Gefallen tun würde. Ich will aber dem, was ich benötige an Ausdrucksmöglichkeiten und an Dingen, von denen ich glaube, daß sie ausgeübt werden müssen, einfach nicht die Kraft rauben lassen dadurch, daß da schon so ein Rhythmus und auch so eine Plakativität des Ausdrucks bereits vorgegeben ist. Da muß man warten. Da muß man Zeit haben, da muß man sich einfach nicht das nehmen lassen wollen, was einen als Menschen ausmacht. Jetzt stehst du da, zum Beispiel Du auch, und sagst – klatschst dabei in die Hände –: So, was ist jetzt mit der nächsten Generation? Man muß doch versuchen, sich dem Zwang, sich jetzt sofort genauso profilieren zu müssen wie alle, die vorher da waren, zunächst einmal verweigern und entziehen!

Was das Kollektiv macht?

Und daß Volker Elis Pilgrim gesagt hat, wir seien hinter den 68ern eine Schattengeneration, die nichts verändert hat?

Ich halte das für unverschämt. Das ist etwas, was mich wahnsinnig traurig macht. Und ich halte das auch nicht für wahr. Was heißt hier: »Ich habe nichts bewegt«? Es hat doch etwas ganz anderes stattgefunden. Es hat doch in unserer Generation stattgefunden, daß ein ganz großer Zweifel an Ideologie, an den Worten plötzlich wach geworden ist, und dahinter fanden sich Spuren; aber das Leben wird doch durch diese Ideologie gar nicht eingeholt. Das wird doch gar nicht wirklich repräsentiert! Man muß es doch irgendwie anders *leben!*

JUGENDROLLE / ALTERSANGST

Franziska Walser, Jahrgang 1952, Schauspielerin, Tochter des Schriftstellers Martin Walser

40 werden beim Theater?
In meinem Beruf ist das so, daß du in diesen 10 Jahren zwischen 30 und 40 eine Menge geschafft haben mußt. Was du bis dahin nicht geschafft hast, tut sich nicht mehr so leicht. Das ist dann vorbei.
Du mußt dich bis zum 40. als jung präsentiert haben. So absurd es klingt, aber da Frauen ja sowieso nicht älter werden sollen, und in diesem Beruf gleich schon gar nicht, wirst du nur besetzt, wenn die Jugend ausstrahlt. Also mußt du deine Jugend etablieren in diesen 10 Jahren. Und möglichst so, daß du sie möglichst lange strecken kannst.
Ich habe so darauf reagiert, daß ich vielen Leuten mein Alter verheimlicht habe. Ich sage dann immer: Ja, rat doch mal. Und das führt eben dazu, daß ich eigentlich über mein wahres Alter ganz uninformiert bin. Weil, dem einen habe ich dies gesagt, dem anderen jenes. Das schwappt immer so um die 35 rum. Ist eigentlich ganz albern, weil es so mickrig ist, was ich mache. Wenn man angeben würde: »5 oder 10 Jahre jünger«, dann könnte man ja sagen: O.K. Aber das findet bei mir gar nicht so statt, sondern das ist ganz kleinlich.

MITEINANDER / FÜREINANDER

Bernhard »Potsch« Potschka, Jahrgang 1952, Rockmusiker, Musikproduzent, Mitbegründer der »Nina-Hagen-Band« und »Spliff«

Der Unterschied zwischen 20, 30 und 40: Mit 20 fängst du erst mal an zu denken. Du entwickelst eigene Sachen, merkst häufig, daß du noch zu grün bist, unsicher, du mußt noch unheimlich viel lernen.
Mit 30 hat man sich eigentlich nur gefestigt durch die vergangenen 10 Jahre, aber nicht viel verändert. Ich bin mir mit 30 immer noch sehr ähnlich wie mit 20 gewesen – nur viel sicherer und erfahrener, weil ich 10 Jahre richtig bewußtes Leben durchgezogen hatte.

Zwischen 30 und 40 hat sich wesentlich mehr verändert. Ab 27, 28 hatte ich das Gefühl, daß ich im Kopf nicht älter geworden bin – bis vor zwei, drei Jahren. Immer wieder habe ich mich ertappt dabei, daß ich dachte, ich bin 28, war aber in Wirklichkeit 35. Ich hab' mich dazugehörig gefühlt. Und jetzt geht's nicht mehr. Weil's anders ist. Ich kann mit Leuten von 28 immer noch eine genauso enge Beziehung finden wie früher, merke aber, daß ich viel älter bin.
Meine Freundin ist 30. Da merk' ich schon immer die 10 Jahre Unterschied. Sie hat Standpunkte, die ich nicht mehr sehe. Sie nimmt Sachen zu schwer, weil ihr Erfahrungen und Überblick fehlen. Ich merke, daß man als Älterer nicht mehr soviel Kraft dafür braucht. Ich hab' auch weniger Angst als früher.
Ich kann inzwischen auch alleine leben, ohne mich alleine zu fühlen. Das habe ich in den letzten zwei Jahren gelernt – früher konnte ich das nicht. Fast immer, bis auf zwei Jahre, habe ich mit Leuten zusammengelebt. Daß ich das jetzt, jetzt erst gelernt habe, allein zu sein, war ein wichtiger Schritt. Ich wußte schon früher, daß ich das eigentlich lernen muß – bloß, ich hab's nicht gelernt. Weil ich nicht die Gelegenheit hatte und wohl auch nicht wollte.

Gitarre und Machismo?
Die Rockgitarre ist das Symbol des Penis schlechthin. Früher hab' ich das nie so gesehen, jetzt muß ich drüber schmunzeln. Es hat schon eine Rolle gespielt, nur hab' ich das nie bewußt so erlebt. Heute muß ich mich nicht mehr breitbeinig hinstellen und den Hardrocker spielen. Das fand ich früher toll, mich so zu produzieren. Ich war sonst kein Macho. Aber das fand ich toll. Das war einfach Kraft, viel Kraft.

Ob ich jetzt mit 40 etwas nachholen muß?
Nein! Ich hab's gehabt.

Ob sich an meiner Sexualität was verändert hat? Ich geh' nicht mehr mit 'ner Braut ins Bett, nur weil der Pimmel dick ist. Da ist heute mein Anspruch zu hoch.
Mit 40 ist es anders als mit 25. Du hast mehr Erfahrung. Ab 30 ist das Sexuelle schon wesentlich differenzierter geworden. Was man da alles macht, hat nichts mehr mit dem zu tun, wie ich das 10 Jahre früher

gemacht hatte. Jeder weiß, worauf der andere abfährt. Man ist offener. Jetzt ist es mehr miteinander, füreinander. Früher war es mehr die eigene Abfahrt.

J. Georg Bednorz:

»Ich versuche nur, meine Neugierde zu befriedigen«

oder

Nobelpreisschock

Zürich, den 13. November 1990

Lieber Florian,

kannst Du Dir vorstellen, daß einer von uns den Nobelpreis gekriegt hat? Den Physik-Nobel? Wo wir doch die letzten Flaschen in den Naturwissenschaften waren! Mathe, Physik, Chemie: nie über 'ne 4 raus in diesen Blockadefächern, die der Horrorhöhepunkt jedes Schultags waren! Und dann kriegt einer, der eineinhalb Monate älter ist als ich, den Preis aller Preise – unglaublich! Nobelpreisträger sind nicht 40, sondern stehen im Physikbuch.

Den wollte ich also sofort kennenlernen, diesen J. Georg Bednorz. Ich fahre nach Zürich. Korrespondenz, Telefonate, Termine, alles genau und verläßlich auf die Minute – aber wie der so den Gang daherkommt im IBM-Forschungslabor in Rüschlikon, war mir die halbe Angst schon genommen. Du kennst diese Typen aus der Uniszenerie – der habituelle Hiwi unserer Generation. Mit allen Spezifika unserer Jahrgänge, unter besonderer Berücksichtigung der Naturwissenschaften: Wuschelhaar mit grauen Strähnen, Pilzkopf, Haare dick über dem Kragen, buschiger Schnäuzer, Hinterkopf mit Lichtung, blauweißes Button-down-Hemd, Bäuchlein, verwaschene Jeans mit Umschlag, Stücker zehn Zentimeter hoch, Birkenstock-Latschen mit Tennissocke, abgegriffenes Brillengestell. Sieht so ein Nobelpreisträger aus?

Es war ein seltsames, zähes, irgendwie unerlöstes, aber freundliches Gespräch. Den ganzen 40er-Kram lehnt der Kristallograph natürlich ab. An seinem Geburtstag hat er »ein Bierchen getrunken, und dann war's fertig«! Der Generationswechsel sei ihm »völlig wurscht«, er sei »ein Grufti, o.k., aber ich fühle mich wie mit 20«. Und weil alle altersverrückten Leute außenrum und sein Arzt ihn agitiert hätten, »mit 40 geht's bergab«, habe er sich durchchecken lassen. »Mit 50 feiere ich vielleicht, im Jahr 2000!« grinst er mich an, aber dann sagt er doch: »Auf dem Klassentreffen neulich habe ich mir gedacht: Mann, die erste Hälfte haste geschafft!« Deshalb auch das Testament! Mit seiner Partnerin ist er nicht verheiratet, hat keine Kinder, weil er, weil sie, weil beide ihre Arbeit lieben – Motto: »Arbeit und Glück«. Immer in Zeitnot und mit dem Gefühl, daß sich alles beschleunigt: »Kaum Silvesterkater ausgeschlafen, ist schon wieder Weihnachten«, sagt er; die Jahre würden kürzer, die Perioden schrumpften – hat er nicht gerade noch studiert und erinnert sich an die endlosen Semester. So geht es uns allen. Auch die Angst vorm Tod, mit dem er permanent rechnet, und das Bewußtsein, »daß das sorglose Leben einfach nicht mehr geht«. Widerwilliges Bilanzieren, komisches Gefühl nach Monaten der Ausreden, Ausflüchte, Verschiebereien, bis man sich endlich hinsetzt zum Letzten Willen. Bewußter leben! »Keine Abfahrt mehr auf den Brettern ohne Skigymnastik! Risiko meiden!«

Warum, fragst Du, sei's »zäh« mit ihm gewesen, da sei doch alles drin! Ich hätte, denkst Du, natürlich nicht kapiert, was der Typ erforscht.

Natürlich hat mich das nicht interessiert. Alle popularisierte Literatur durchgequält, kann ich Dir sagen, was Bednorz und Kompagnon Alex Müller herausgekriegt haben, den Traum aller Physiker: Sie haben bewiesen, daß Strom in keramischen Substanzen bei vergleichsweise hohen Temperaturen ohne Widerstand, heißt »Supraleitung«, fließt. Es muß das schwierigste Rätsel der Physik sein, das die beiden geknackt haben: Wie kann das Phänomen der Supraleitung aus dem Keller tiefster Temperaturen um minus 250 Grad Celsius gleichsam ins Erdgeschoß der Temperaturskala gehoben und so breiter Anwendung zugänglich

gemacht werden? Die Lösung wurde im bisher unmöglich Geglaubten gefunden: Bestimmte keramische Substanzen, bekannt als geradezu ideale Nichtleiter von Strom, erwiesen sich als der ersehnte Supraleiter für den Alltag.
So. Jetzt weißt Du's.
Aber wegen dieser Details war ich bestimmt nicht bei ihm, und deswegen war es »zäh«.
Bednorz lehnt zwar diese Altersarithmetik ab, spricht aber von nichts anderem. Wenn er davon spricht. Denn es fällt ihm schwer, von anderem zu sprechen als vom Fach. Mich aber interessieren Psyche und Physis des Physikers. Mit 37 hat ihn der Nobelpreis erwischt, ihn zum jüngsten Genobelten seiner Spezies erhoben. Das will verarbeitet sein. Wie hat er es geschafft?
Er hat es nicht geschafft. Bednorz steht voll unter Schock. Aber er weiß es nicht!
Dauernd spricht er von den letzten vier Jahren und tappt in seiner Biographie herum. Der Nobelpreis fällt mit der Natur des Alterns zusammen. Bei physikalischen Fragen ginge er in die Bibliothek, dort seien die Antworten seiner Kollegen katalogisiert. Im täglichen Umgang mit der unbelebten Natur könne er exakt analysieren. »Aber meine eigene Natur, mein Leben, ich selbst – da hab' ich ein bißchen mehr Mühe, mit mir auf die Reihe und klarzukommen!« Bis ich diese Aussage aus ihm herauspräpariert hatte, waren fünf Stunden vergangen, wir hatten zusammen gegessen mit anderen IBM-Physik-und-Chemie-Cracks in der gehobenen Kantine, ich hatte die ehrfurchterregenden Maschinen, Uhren, Kessel, Schalter, Leitungen und Labors gewürdigt, bis für seine seelische Ortlosigkeit das Ortsschild gefunden war: der Nobelschock.
Im Grunde ist es egal, Flori, wie wer sein Geld verdient und unter welchen Schocks er steht – mich interessiert das Paradigma: Wie geht ein 40er damit um?
Bednorz verdrängt. Nur so kann er mit dem Preis leben. Er wehrt ihn ab, spielt ihn runter, will normalisieren. Denn er hat Angst. Angst, »sonderlich« zu werden oder »überarrogant« wie andere Nobelisten, »denen es mental nicht gut danach gegangen ist«. Angst auch, daß er durch Rummel, Reisen, Interviews, An-

fragen, Ansprüche, Erwartungen, Erfolgszwang in seiner eigenen Arbeitsweise gestört würde. Angst, daß er mit dem Ereignis, »als ich« – wie er hilflos formuliert – »irgendwo anders hingestellt wurde«, aus der wärmenden Mitte seiner Kollegen, der »scientific community« überhaupt, herauskatapultiert worden sei, »raus in die Anonymität«!

Wie qualvoll dieses Bombenerlebnis für Bednorz gewesen sein muß, als die Nobelrakete einschlug, läßt sich nur ermessen am plötzlichen Redestrom, an einer Eloquenz, die vorher in schlierigen, diffusen »Mmhs«, stammeligen »Neins«, halbherzigen »Jas«, unendlichen Pausen sich niedergeschlagen hat, mich zur Verzweiflung bringt, meine kurzen, präzisen Fragen in Monologe drängt. Kannst Du Dir meinen kalten Schweiß bei Nobels vorstellen?

Bednorzens erklärtes Lebensziel war, bei IBM zu arbeiten. »Das sind für mich Idealbedingungen!« 20 Jahre Fundament legen, 20 Jahre Aufbau und ab 40, sagt er salopp, »wissenschaftlich weiterwurschteln«. In dieses Gleichmaß der Lebensplanung dann jener Molli aus Stockholm! Seine Frau ist ausgeflippt vor Freude, sagt er – und er? »Und Sie?« frage ich dreimal, viermal? »Wie werden Sie fertig mit diesem komischen Nobelpreis?« Er: »Der ist nicht *komisch!«* Ich: »Sorry, wollte Sie nicht verletzen!« Er: »Nee, nee, schon klar – nicht komisch, *eigenartig!«*

Er war für ihn ein Tabuthema, auch dann noch, als er weltweit *der* Kandidat war. Gegen die Spekulationen hat er sich aggressiv gewehrt und geschützt mit Abwehrzauber. Seine Mechthild Wennemer ist mit ihren Verbalisierungsversuchen gar nicht zu ihm vorgedrungen. Und wenn ich ihn immer wieder frage, was dieser Preis denn überhaupt für ihn bedeutet habe, vorher, nachher, mittendrin, dann spricht er stockend nur in Verbots- und Strafkategorien; milde gesagt, hat er »davon nicht einmal zu träumen gewagt«! Seine Freude kommt nur kurz. Seine Furcht dagegen blumig fast beschrieben als Gefahr, permanent hochgejubelt zu werden, Realität zu verlieren, Objektivität einzubüßen, Selbstkritik würde einem fremd, Fremdkritik abgeschottet, Selbstüberschätzung, Überheblichkeit – Bestürzung, Sorgen, Fragen. Zum Glück hat er »die Mühle körperlich verkraftet«, und daß er

»auf dem Teppich bleibt und nicht in andere Sphären abhebt«, dafür sei er mit seiner Partnerin zusammen.
Da sitzt er, der exakte Naturwissenschaftler von der Branche derer, die permanent alles im Griff glauben haben zu müssen, mit dem klassischen Horror vor Kontrollverlust.
Das ist qualvoll, denke ich mir, froh, nicht in dieser genobelten Haut zu stecken.
Der Himmel dieser Preisklasse, scheint's, ist nicht bewohnbar. Auch das Haus, das Bednorz sich mit Hilfe der Preishälfte hat leisten können, mit Blick zum See, Schnee auf den Panoramagipfeln – er zeigt es mir mit sympathisch ungeübtem, unerfahrenem Stolz, so hätte er mir vor 30 Jahren seine neue Märklin-Eisenbahn gezeigt –, auch diese noble Kleinvilla wirkt unpersönlich, unbelebt, arrangiert, nicht bewältigt – unbehaust. Passend zum dialektalen Hin und Her der Ortlosigkeit: Hinter dem Haus wird schweizerisch »grilliert«, und vornedran geht's, wie ab 40, mit dem gebürtig westfälischen »g« steil »ber*ch*ab«, gefolgt von der eidgenössischen Interjektion »odrr«.
So benennt er auch die Zäsur, die in jenem 37. Jahr über ihn hereingebrochen war: »Irgendwie 'n Bruch!« Nicht 20, 30, 40 werden, sondern NP-Träger. »Wobei der NP eigentlich immer etwas für ältere Herrschaften ist. Alt«, fügt er in vergnüglicher Verwirrung hinzu, »alt ist man nur unter Jüngeren. Nur – ich bin immer der Jüngste!« Gerade noch ist ihm »Einstein etwas Außerirdisches«, zu hoch »für ein Idol«, schon ist *er* der Guru für Physikstudenten. Dabei möchte er nur seine Neugierde befriedigen, etwas entdecken, Geheimnisse lüften und »etwas besser machen können, als die Natur es macht«.
Fatal, wie er da sprachlos sitzt und mir nahezu rührend und kameradschaftlich sagt – Du kannst Dir meine Beklemmung nicht vorstellen: wie Felix Krull mit Abi-5 in Physik –, daß er durch meine Fragen an ihn Aufschluß über sich erwarte. Auf seinem Desk liegt ein dicker IBM-Vordruck: »Do not leave confidential material!« Froh, dieser mathematische Tiefflieger, dieser physikalische Bruchpilot zu sein, wenn er sagt: »Die Neugierde wird durch keinen Nobelpreis befriedigt!« oder »Nobelpreis hilft bei Forschung nicht!« oder »Die Natur kümmert es nicht, ob der, der an

ihr kratzt, einen Nobelpreis hat oder nicht. Der Physik ist das wurscht!«

Schöne, aber traurige Sätze.

Sie stehen für hilflose Paddelbewegungen »im anderen Gewässer«. Nicht, daß Bednorz keine Affekte hätte, gebremst oder gehemmt wäre – er hat keinen Affekt-Ausdruck. Die fachliche Kompetenz und Eloquenz, ich erlebte ihn ja bei Rösti und Geschnetzeltem mit seinen $a^2 + 2\,ab + b^2$-Kollegen, Du weißt, was ich meine, die Physik hat keine Entsprechung auf dem, wie er sagen würde, »seelischen Sektor«.

Aber er ahnt etwas und sucht lange nach dem Wort, fragt, drei Jahre nach der Preisverleihung: »Wie soll man das denn verkraften?« Es hilft allem Anschein nicht mehr, »den Nobelpreis in Form einer Medaille zu Hause zu lassen und zur Arbeit zu gehen«! Die Medaille jagt ihm nach, hängt ihm um und an. Er habe »Angst vor dem Frust hinterher und der Leere danach«, sagt's und sitzt mittendrin in der Leere und in seinem Forscher-Office, das er nach dem Ritterschlag frisch hat beziehen dürfen, können, sollen – vorher nur zwei, jetzt privilegiert mit drei Fenstern. Noch ein Bonus mehr. »Fellow« der IBM ist er auch geworden, kennt die Telefonnummern von Vice- und Presidents, und Ehrenbürger seines Geburtsortes ist er auch. Der Arme, denke ich.

Dauernd spricht er von den letzten vier Jahren, in denen sich so viel so schnell so gravierend geändert habe. Früher führte die »innerfamiliäre« Paarkonkurrenz zwischen den beiden promovierten Physikern zu heftigen Zweifelattacken und Streitgesprächen – heute sei der wissenschaftliche Diskurs befriedet. In der Firma, auch da, der verstärkte Wandel – die schlipslose Zeit hat begonnen, das Duzen greift um sich, und die Jeans sind salonfähig. Während der Mitnobelianer, seine Vaterfigur Alex Möller, Jahrgang 1927, die Preispressekonferenz in Anzug und Krawatte absolviert, sitzt der 1950er Georg B. hemdsärmelig vor den Mikros der Welt, drei Kragenknöpfe offen. Vorreiter auch gesellschaftlich. Da der Nobelpreisträger nur mit *Ehe*frau zu Party und Empfang geladen war, sah er sich genötigt, mathematisch die emanzipatorische Alternative aufzumachen: entweder Nobelpreis plus Lebensgefährtin oder null Bednorz.

Du siehst, Florian, der lebt die neue Selbstverständlichkeit, auch wenn er sie kaum reflektiert.
Noch und noch einmal spricht er von den letzten vier Jahren, und daß er seit zweimal zwölf Monaten keine eigene Forschung mehr betrieben habe, sondern Forschungsorganisation. Davon will er wieder weg. Er gehöre eben von 7 Uhr früh bis 21 Uhr abends ins Labor. Und nicht ans Telefon. »Ich werde ganz krank, wenn ich nicht realisiere, was ich mir im Kopf aushecke!« So ist es geworden, und irgendwie ist ihm alles fremd, furchtbar fremd.

Was für ein Glück, Florian, daß wir solche Armleuchter waren. Wenn ich überlege, was Du für ein Abenteurer geblieben bist, und wo hat er gelebt? Im Labor. Akzeptiert, ein anderes Leben. Um welchen Preis? Nach dem Treffen hatte ich mir notiert: »Mono. Unerwachsen. Stehengeblieben in den Jeans. So muß man also sein, um ewig zu werden.« Ungerecht, aber wahr. Und falsch. Denn Bednorz schreibt in seiner offiziellen Nobelvita einen Satz, der, hellsichtig zwar, aber soziologisch bewußtlos, für unser Paradigma bürgt. Seine Frau und Kollegin, zu der er gehört auch ohne Ehestandspapier, habe, seit er sie 1974 traf, »als stabilisierendes Element in meinem Leben gewirkt und ist der beste Ratgeber für alle meine Entscheidungen; sie teilt alle ›ups‹ and ›downs‹ in selbstloser Weise!« Das hätte in der Vätergeneration kein Preisträger für möglich und nötig zu schreiben erachtet.
Und wenn diese Dame seines Herzens auf einem ihrer Fachkongresse einen Vortrag hält, dann nimmt der sie begleitende Herr Nobelpreisträger schon einmal teil – am Damen-Programm!
Ein wunderbarer »side-effect« der Physik.
So Freundchen, habe ich Dir nun unseren Jahrgangsgenossen Dr. J. Georg Bednorz fachgerecht vorgestellt, die Grundgesetze seiner Natur mit mathematischen Mitteln untersucht, sind Dir die Messungen exakt genug, und sind die physikalischen Mittel wie Licht und Wärme hinlänglich zum Tragen gekommen?
Ich hoffe – und ich grüße Dich als Dein ebenso alternder wie preiswerter

40er-Splitter 2

Brillenalter

Zurück vom Gespräch mit dem Nobelpreisträger Bednorz, schlage ich den mir lieb gewordenen Weg zum Zürcher Kunsthaus über die Rämistraße ein, auch weil jede Dekoration von »Optik Iselin« eine Sensation verspricht, eine Sensation in der Kunst der Schaufenstergestaltung. Noch nicht satt gesehen an der artistischen Phantastik des Umgangs mit optischen Sehhilfen, betrete ich das Geschäft, lasse mich nieder und werde von einem Mann, ich muß sagen, betreut, den man in Süddeutschland »gut beieinander« nennen würde. Als ich an die 70, 80 Modelle auf der Nase gehabt habe, höre ich uns plötzlich über unser Alter sprechen. Früher, sagt der Hobbypianist, habe sein Klavierstuhl mit dem zerrissenen Polster höchstens zwei nicht wackelige Füße gehabt und das Instrument hätte, jeder Stimmer habe es aufgegeben, geklungen wie das in einem Westernsaloon. Aber mit viel Liebe und noch mehr Zeit habe er sitzend, stehend, vorwärts und rückwärts darauf gespielt, und selbst nach einem langen Übungssonntagvormittag oder einer Freitagnachtsession sei er kreuzschmerzlos davongeswingt. Heute, sagt er und setzt das Gestell, das er als sein bestes mir gerade anzubieten gewillt war, heute habe er einen schwarzglänzenden, gutklingenden, wohlriechenden Steinway zu Hause stehen mit einer intakten, lederbezogenen, vierbeinigen Flügelbank und – keine Zeit. Und falls er welche habe, schliefen die Kinder. Gicht im Gelenk, spielten die Finger nicht mehr mit, und das einzig Wilde an seinem Spiel sei der Kreuzschmerz. Gegen die Ramponage der Kinderroller habe man des Flügels Bein bandagiert. Daß ich jetzt knapp vor dem hundertsten Brillenmodell traumwandlerisch zu dieser ganz unten liegenden himmelblauen Panto-Form fasse, wundert ihn, Kurt Iselin, Jahrgang 51, nicht; es sei das Alter, das uns zum Altbewährten greifen lasse – ich jedenfalls zu meinem Schülergestell.

Friederike Hassauer:

»Das Generations-Biotop an der Universität ist gestört!«

oder

Schatten des Geschlechts über der Vernunft

Ein Trost, daß sie auch alt wird.
Das wollten wir ja einmal, vor zwei Jahrzehnten, als wir uns füreinander entschieden hatten: zusammen alt werden und möglichst gemeinsam sterben.
Wir sind auf dem besten Weg dazu.

Sie ist eine starke Frau. Deshalb lebe ich mit ihr zusammen. Schön ist sie auch und intelligent. Das sage ich ohne Gefühl der Peinlichkeit, denn sie ist ja meine Partnerin, und ich versuche ein Porträt dieser Partnerin als Generationsgenossin. Schwer. Aber es muß sein. Zuviel haben wir gemeinsam, zuviel haben wir getrennt erlebt, und da sie unverkennbar eine Frau ist, sieht und erlebt sie dieses Altern von der anderen Welt her, mit dem weiblichen Blick auf den Jahrgang.
Wie bei allen Gleichaltrigen aus Marktheidenfeld fällt es mir besonders schwer, diese Freunde, Bekannten aus unserem selbstverständlichen Alltagszusammenhang herauszulösen und für ein paar Stunden eigens zu einem Themengespräch zu bitten, zu einer erörternden Sachlichkeit anzustiften, die hochpersönlich bleiben soll.
Wenn nun meine Liebe ins scheinbar exterritorial Sachliche gerückt vor unserer Bilderwand sitzt, das Tonband läuft, der Tee, der Nußkuchen, die Notizen, das Telefon ist ausgestöpselt, erschrecke ich: Mein Gott, wie ist sie alt geworden! Weiß ich natürlich sowieso; aber den Partner einmal von weit her betrach-

tet, und direkt hinter ihr hängt die Kohlezeichnung der Vierzehnjährigen, die Fotos der Abiturientin, dann kommt die frischgewaschene Doktorandin, und immer tiefer haben sich die Labialfalten von der Nase zum Mundwinkel gefressen. Die Ringe um den Hals sind nicht aus Gold, höchstens Schmuck der Jahre; Zeichen von Leid, von Erfahrung furchen waagrecht und senkrecht die hohe Stirn. Die Lippen pressen sich von Foto zu Foto enger aneinander, und ganz schwer wird das Auge auf einem Bild, das mir durch Zufall gelungen ist: Ich lege einen neuen Schwarzweißfilm ein und drücke zur Probe ein paarmal ab – Friederike Hassauer am Fenster und tieftraurig hinaus in eine Zukunft.

Das war die Zeit vor 30. Sie hatte sich entschlossen, alles auf eine Karte zu setzen, ohne Netz und doppelten Boden zu versuchen, ihr Lebensziel zu erreichen, eine ordentliche Universitätsprofessorin für romanische Literaturwissenschaft zu werden.

Zehn Jahre später hat sie's erreicht: Ordinaria an der Universität Wien.

Stand das alles dafür?

»Ja!« Sie sagt es laut und entschieden.

Sie hat für diese Laufbahn schwer bezahlt und fängt erst gerade wieder an zu blühn.

»Ich krieche aus den Trümmern und schüttle mich«, sagt sie. Die vergangenen fünf Jahre hat sie, wenn überhaupt, nur im Zeitraffer erlebt. Erlebt? Überlebt. Durchgestanden! »Wie weißes Rauschen.«

Wir machen Bilanz, und ich erinnere genau den Zeitpunkt, als plötzlich meine Herrenjacketts aus meinem Schrank verschwanden und ich meine Krawatten an meinen Hemdkragen um ihren Hals wiedersah. Das war das Jahr um die Doktorarbeit, als einige Herren Professoren ihr zweifelsfrei akademische Fähigkeit bescheinigten, aber im gleichen Atemzug ihr per Augenscheingutachten Weiblichkeit als Karriereuntauglichkeit attestierten. Sie war verzweifelt. Von nun an begann, so nenne ich es, ihr Verrat an Weiblichkeit, was sie, abgemildert, »Stillstellen von Weiblichkeit« nennt. Kaum mehr einen Rock, schon gar keinen kurzen. Hosen,

Hosen, Hosen. Der BH glich einem Kettenhemd. Aus Kostüm wurde Anzug mit Weste und Krawatte, aus Blusenkauf die Suche nach dem Herrenhemd für die Dame, kurz: Vermännlichung. Gepanzert lief sie in die Universität. Anfangs habe ich diese Veränderung fasziniert beobachtet, denn fasziniert sind wir ja beide bis heute von jedweder Grenzgängerei. Androgynität ist unser Lebensprinzip. Ich war begeistert. Begeistert von einer Frau, die soviel Bizeps im Hirn hat wie viele ihrer akademischen Mitbewerbermänner und Lehrstuhlinhabermänner nicht einmal am Oberarm. Sowieso überzeugt davon, daß Frauen die besseren Menschen sind, und davon überzeugt pur, nicht aus Softistrategie, um aus dem Weibe mehr Liebe und mehr Leistung für den Macho herauszuleiern; überzeugt von der Frau als Metapher wenigstens, daß es doch eine bessere Qualität Menschen geben muß – die Männer jedenfalls sind's nicht.
Aber je mehr ich über die Jahre hinweg sah, in dieser fürchterlichen Karrieredekade unserer Generation, zwischen 1980 und 1990, zwischen dem 30. und dem 40. Geburtstag, wie sich die universitäre Virilität und die vermännlichten Laufbahndiktate in sie hineinfraßen, desto heftiger lösten Sorge und Angst den Enthusiasmus ab. Obwohl ich mir sicher war, daß sie oder niemand *es* schaffen muß.
Und ihre Kosten-Nutzen-Rechnung?

»Jetzt bin ich da, wo ich hinwollte. Es ist kein Zenit. Es ist ein Neuanfang, ein Eintritt in eine neue Tür: Jetzt kann ich erstmals überhaupt in meinem Leben das Eigene machen. Und jenseits dieser Türen sitzt natürlich schon jemand, meist Männer, die beobachten, wie die Neue es denn nun macht, wie ich mich anstelle.
Ich bin an einem Punkt, der mich sehr verstört. Einmal muß ich sagen: Jugend und Schönheit der Institution geopfert – jetzt bin ich 40. Das ist *eine* Bilanzierung. Die andere Bilanzierung: Ich bin da, wo ich hinwollte. Aber: Bin ich da recht, wo ich jetzt bin?
Rückblickend stelle ich fest: Bis zu meinem 35. Lebensjahr war ich im Gleichschritt mit mir, ich kam noch mit, mit dem, was mit mir passiert ist – Laufbahn, Sorgen, Glück. Die letzten fünf Jahre aber, die harte Phase, in der ich die Habilitation geschrieben

habe, sind für mich ein schäumendes, dröhnendes Loch. Die Zeit ist weg. Und ich bin nicht mitgekommen mit dem, was mit mir passiert ist; irgendwann hat's mir die Füße unterm Körper weggezogen, und der Kopf ist aufs Pflaster geschlagen.
Mein Lebensziel habe ich erreicht, aber ich habe es in völliger Besinnungslosigkeit erreicht. Jetzt muß ich erst wieder zu mir kommen. Dabei hilft, daß ich endlich eine Lebenszeitstelle habe, die mich freisetzt von der jahrelangen Existenzangst, freisetzt zum Denken. Das wird mir gut bekommen!«

Verzichtleistung und Entbehrungen werden wir so schnell nicht vergessen. In immer rascherem Rhythmus hat der Hochleistungsanspruch Leben zerstört, Lebendigkeit getötet, die Ferien minimiert, Ballett-, Tanz- und Klavierunterricht reduziert, Skispaß liquidiert und aus dem Schwimmspaß nur noch die Fitneßübung übriggelassen, damit der Körper nicht ganz in universitärer Starre versinkt oder die Kontur verliert, Philologenfett, Uniarsch, Rundrücken, Hängeschultern.
Was wir an unseren Eltern kritisiert haben, die Selbstaufgabe um des Aufstiegs willen, die Opfer für den bundesdeutschen und den persönlichen Wohlstand – was haben wir denn besser, wenigstens anders gemacht?
»Das ist mir ein völlig unbewältigtes Problem: die absolute existentielle Überforderung, die man zwischen 30 und 40 eingeht, wenn man sich nicht mit Angestellten- oder Beamtenverhältnissen abfinden will. Ich frage mich, ob das vermeidbar gewesen wäre? Es wäre schonender gewesen, Volksschullehrerin zu werden, anstatt diese Risikokarriere einzuschlagen. Dann hätte ich Mann, Kind, Haus *und* Beruf. Aber zufrieden wäre ich nicht. Glücklich bin ich darüber, daß mir der Konkurs erspart geblieben ist, den beispielsweise die beiden gleichaltrigen Medusa-Verleger erlitten haben, und der Tod, der Tod des Kollegenfreundes Thomas Dietzel, der nicht der einzige ist. Die Selbstmorde und Freitode innerhalb der Generation unter jungen Akademikerinnen.
Meinen Erfolg habe ich bezahlt mit der Unmöglichkeit, die Kinderfrage anders zu lösen als durch kruden Verzicht. Karriere und Kinder auf diesem Level der Profession schließen sich für mich

aus, schon aus Kinderschutzgründen. Und bezahlt habe ich, das schmerzt mich nachhaltig, mit Verzicht auf Freizeit, Musikhören, Denkenkönnen ohne Aufgabe, Zwang und Ziel. Ich habe ja früher meine freie Zeit nicht sinnlos vor dem Fernseher chipsfressend und rotweinsaufend vertrödelt. Ich mußte mich knallhart organisieren lernen, mobil und variabel sein, innerhalb zweier Stunden Kleider-, Akten-, Projektkoffer packen und ab auf den Zug zur nächsten Konferenz.«

Und jetzt?

Altern. In der Zwangsjacke der Habilitation dachte Friederike Hassauer nicht an Falten und Furchen; sie registriert nur, wenn die gleichaltrige Siggi Hartmann beim Haareschneiden registriert, daß der Schopf immer grauer wird und Retuschen vorschlägt. Fixiert einzig auf Qualifikation, war keine Energie frei für Haut und Haar. Jetzt erwacht sie langsam wieder zum Leben und löst sich aus der panischen Starre, die Leistung nicht zu bringen und dann den Job dafür nicht zu kriegen. Und sie ist darüber alt geworden, zumindest 40: »40 ist natürlich für eine Frau die absolute Horrorzahl. Heute. Was vor 100 Jahren für den Schriftsteller Balzac ›Die Frau von 30 Jahren‹ war, ist in unserer Kultur halt verschoben auf ›Die Frau von 40 Jahren‹. Damit droht der Verlust von Schönheit, Jugend, Attraktivität, sozialer Sichtbarkeit!«

Daß sie auf dem Gipfel ihrer Biographie von schwindender Sichtbarkeit spricht, findet sie nicht grotesk. »Ich werde nicht verschwinden, weil ich jetzt, mit 40, erst am Punkt der Existenzsicherung angelangt bin. Aber das Gros der sozial längst gesicherten Frauen meines Alters gibt es gar nicht mehr – sie sind zur namen- und gesichtslosen Masse heruntergedrückt worden, zur vernachlässigbaren Quantität. Sie haben ihre genealogische Pflicht erfüllt und sollen nur jeweils als industrielle, soziale, affektive, höchstens kulturelle oder akademische Reservearmee abrufbar bleiben. Da ich wie jede andere Kandidatin qua Definition in der Männerwelt der Universität bis zur Professur strukturell unmündig, unselbständig, abhängig, im wahrsten Sinn des Wortes in akademischer Adoleszenz gehalten wurde, hat sich diese Pubertät bis ins Unerträgliche und eigentlich Asoziale verlängert. Oder wer, bitte schön, unterwirft sich in welchem Gewerbe mit 36 Jahren noch einer existenzbedrohenden Prüfung? Außer in der Universitas litterarum?«

Altern, sagte sie neulich: »Altern ist, wenn man bei 30 Grad im Schatten 30 Minuten ohne Schal mit der Vespa fährt und am nächsten Morgen mit stocksteifem Hals aufwacht!«
Hat sie gesagt, und die Tränen kamen nicht nur vom Fahrtwind.
Und mit vollen Segeln war sie damals aus der klerikalen Elternwelt zu den 68ern übergelaufen.
Jetzt hat sie das Nachsehen.
Wenn die Hassauer bilanziert im 40. Jahr, rechnet sie mit jenem legendären 1968 und seinen Folgen ab, besonders hart. Die Lektion der Legende hat sie gelernt. Am eigenen Leib. Und am Korpus der Generation beobachtet.
Für jemanden wie sie, die die Lehre liebt, die Forschung, die Bücher, die Bibliotheken, Wissen und Wissenschaft überhaupt, ist es schmerzlich zu registrieren, »daß das Sozio- und Biotop der Universität längst umgekippt, totes Gewässer ist, in dem ich und meine Generation kaum mehr vegetieren kann«!
Sie analysiert den Hintergrund für die harten Überlebensbedingungen des akademisierten Mittelstands, der 40er also, die im staatlichen Ausbildungssektor und im öffentlich-rechtlichen Kulturbetrieb sich realisieren oder wenigstens dort arbeiten wollen.
»Der Strukturwandel hat uns voll erwischt. Die politisch ach so progressiven 68er waren doch die letzte Profitgeneration der Nachkriegszeit: Sie haben die Wohlstandsgesellschaft voll ausgeschöpft, sie haben die Vorteile der Wachstumsideologie der Eltern schadlos genießen können, sie waren zunächst noch unbeschadet von der ökologischen Katastrophe und haben sich auf den letzten Drücker mit Stellen, Ämtern, Posten und Pöstchen lebenslang saniert, und zwar in den Institutionen, die sie vorher revolutionieren oder wenigstens umfunktionieren wollten. Für uns als Nachfolger in der gesellschaftlichen Geschwisterreihe hatte das

die totale Blockade der Planstellen zur Folge. Über mehr als ein Jahrzehnt ging die Erneuerungsrate auf null Prozent hinunter – ein Quasi-Berufsverbot: Das gesamte generationsökologische Gleichgewicht ist gestört, und alle Nachteile dieser Irritation sind auf die Schultern der 40er umgelagert. Nur zweimal in der deutschen Geschichte«, argumentiert sie, »nur zweimal, während des Modernisierungsschubs an den Gründerzeit-Universitäten des 19. Jahrhunderts und während der Eliminierung der jüdischen Intelligenz durch die Nazis, wurde die Generationsfolge an den Hochschulen so massiv behindert wie durch die 68er!« Sie wird heftig: »Das hat diese furchtbare Endlos-Adoleszenz zur Folge, die verschleppte Pubertät, die verschleppte Abhängigkeit, die verschleppte Biographie und letztlich das frühe Altern – das Altern vor der Zeit, in der die Männer und Frauen unseres Alters richtig ranklotzen und das Ihre, das Unverwechselbare der Generation, auf die Beine hätten stellen können!« Daß sich zu dieser spezifischen Blockade die systematische Benachteiligung der Frauen addiert, markiert sie eigens und vergißt keine Sekunde, daß sie zu den Happy-few gehört, »die das akademische Frauensterben überlebt« haben.
Da war ihr auch Alice Schwarzer und der Pragmatismus der Frauenbewegung wenig Hilfe: »In der lila Szene der 70er bis in die 80er Jahre wurden wir Wissenschaftlerinnen immer auseinanderdividiert mit den sogenannten ›wirklichen Problemen der Frauen‹, § 218, gleicher Lohn, Vergewaltigung, Pornographie etc., und erschwerend kam für mich und meine Kolleginnen hinzu, daß wir keine weiblichen Vorbilder, keine Vorgängerinnen, folglich keine Mentor*innen* hatten, die eine Universitätslaufbahn gegangen waren, ohne ihre Weiblichkeit stillzustellen. Eine furchtbare kollektive Erfahrung. Sie hat tonnenweise Lebenskraft, vor allem Lebens*zeit* gekostet. Das kann die seelische Instabilität solcher Karrierefiguren erklären: Es gibt noch kein sedimentiertes Erleben, keine Erfahrung, kein Wissen, an das anzuknüpfen wäre. Keine Kette von Generation zu Generation. Wir müssen also ständig zu unserer eigenen Lebenszeit alles selbst neu herstellen, müssen lebenslang im maskulinisierten Uni-Packeis unsere akademische Loipe selbst spuren. Wir sind Pionierinnen!«

Und ihre Liebe zur Wissenschaft?
Sie, die sich tagelang freuen kann, daß ein Generationsgenosse, der Physiker Bednorz, den Nobelpreis bekommen hat, sie hängt noch immer verzweifelt an ihrer Hoffnung, daß »die Schatten des Geschlechts über der Vernunft« in der Wissenschaft weichen mögen.
Noch zu ihren Lebzeiten?
Pionierin.
Gekränkt, verhärtet, erschöpft.
Erschöpft wirkt sie jetzt bei diesem Reizthema wieder, und ich spüre, daß sie immer noch nicht von ihrer Expedition zurückgekehrt ist. Erschöpft ist sie von der 20jährigen »Positionierungs-, Sozial- und Verhaltensarbeit«, um ihren »Ort in einer Institution mit frauenundurchlässiger Hierarchie zu schaffen«. Erschöpft ist sie von der Erfahrung, »daß erst jetzt, als Professorin, ›ordo‹ vor ›genus‹, also Rang vor Geschlecht, regiert: Erst jetzt und nur aufgrund meiner Stellung fallen nun viele Probleme weg, die ich vorher als weibliche Wissenschaftlerin hatte!«
Erschöpft.

Vor der Doktorarbeit war sie noch ein Mensch, und wie oft in der vergangenen Dekade habe ich sie als intellektuelle Maschine, als lendenlahme Fußnote empfunden und als Bilderbuchversion der modernen klassischen »Businesswoman«, die nie Zeit hat, jeden Umweg meidet, allen Un-Sinn verpönt und das Spiel haßt, weil sie den Terror der Karriere als Lebenselixier angenommen hatte, dem Irrglauben an die Universitätsreligion rettungslos verfallen und verstrickt in die schizoiden Rituale ihrer Halbgötter, Schamanen und Medizinmänner, und weil sie schließlich identifikatorisch lange so getan hat, als habe sie sich solche Perversität auch noch freiwillig selbst erkoren: große Härte, eiserne Disziplin, irres Arbeitsethos und enorme Verzichtbereitschaft. Das Arbeitsmuster hieß »workaholism«, und die Libido ging an die Uni.
Es waren Scheißjahre!
Es waren Scheißjahre nicht nur wegen der Karrieremacke meiner Partnerin. Es ging an die Grenze der Belastbarkeit, es ging an die Existenz der Beziehung, es ging an den Rand der Freund-

schaft, in den Kern der Kameradschaft und an die Substanz der Liebe.
Zackzack!
Und jetzt?
Sie wollte es so, sie hat es erreicht. Jetzt fängt sie wieder an zu blühn.

40er-Splitter 3

Verantwortungsalter

oder

Ein unvorhergesehenes Treffen

Im Fahrstuhl steht er, plötzlich, im Böllschen Tabernakel des WDR, mein ehemaliger Banknachbar und Internatsschlafsaalgenosse »Bello«, Jahrgang 51, 40 Jahre alt, und sagt mir gleich, daß er jetzt »Berno« heiße. Neulich hatte ich ein Foto von uns in der Hand: Fleckus, Bello und Harth stehen an der Schlafsaaltür und salutieren, während ich, wir haben alle diese gestreiften 50er, 60er Sträflings-Schlafanzüge an, passend zu diesem Internatsgefängnis, während ich, die Hände am weißlakkierten Rundrohr des Fußendegitters, einen Überschlag ins Bett mache. Abendzirkus. Ohne Mutterkuß. Linoleumboden. Jeder hat nur einen weißgestrichenen Hocker neben dem Bett, und acht Betten stehen in einem Saal. Und wenn das Licht gelöscht war – wie oft habe ich vor Heimweh ins mütterliche Kissen geheult. Bello. 40 jetzt. Ein Trost. Ich war bei »Potsch«. Er hat ihn, Bernhard Potschka, unseren Schulkameraden, getroffen, als »Potsch« noch bei der Nina-Hagen-Band war. Ewigkeit. Haudi ist jetzt auch 40, Karin ist 40 – wir alle sind 40, *Berno.*

Seit drei, vier Jahren kommt »Alter«, er spricht das Wort mit Anführungszeichen, erst in seinen Sinn. »Mensch«, sagt er, »ich bin immer noch nicht richtig erwachsen!« Aber je älter er wird, desto wohler fühle er sich. »Eigenbestimmter!« sagt er, etwas verlegen, verlegen stolz. Früher habe alles Fremde ungeheuren Einfluß auf ihn gehabt. »Ab und zu einen Hänger!« Und dann kennt er »die Panik beim Gedanken: Was hab' ich schon gemacht?« Ich möchte ihn umarmen.

Vor eineinhalb Jahren ist sein Vater gestorben. Ich sehe es ihm an. Seine Mutter würde heuer 80. Ein halbes Haus habe er geerbt, und er müsse ganz offensichtlich Verantwortung übernehmen. »Früher habe ich nur reagiert. Heute treffe ich bewußt Entscheidungen!« Obwohl Irreversibles passiert sei: Er habe es einfach nicht mehr geschafft, das Verhältnis zu seinem Vater in Ordnung zu bringen. »Verhältnis?« Er habe ja überhaupt kein Verhältnis zu seinem Vater gehabt. Nicht einmal ein Bier habe er mit ihm mehr getrunken. »Das tut mir leid!« Daß einer Ende 70 nicht mehr den ersten Schritt macht – aber diese Barrieren, diese emotionalen Mauern. Bei Bello gab's kein Familienleben. Aber immer Schokolade – wie hab' ich ihn beneidet. Körperkontakt gab es keinen. Eine Konditorei haben seine Eltern betrieben und ein Café. Kaum daß er sich an eine Umarmung erinnern könne. Und dann solle er auf seinen Vater zugehen? Das setzt sich fort. In seinem zivilen Leben kenne er keine 70jährigen – das Alter sei wie weg. Nur WDR-Kollegen, maximal 60 Jahre alt. Aus dem sozialen Netz sowieso draußen: »Keine Frau, keine Kinder – da bist du schnell draußen!« Seit einiger Zeit denke er oft über »früher« nach, auch dieses Wort spricht er in Anführungen. Erleichtert, daß sein Vater kein Nazi war, aber dieser verdammte Wiederaufbau, diese 50er und 60er Jahre, da gab's keine Kinder, nur das Café. Und das Internat. In der Schule, wenn er so denke: »Ich habe nie einen richtigen Erzieher gehabt, nie einen Lehrer, der ein Kerl war, ein Vorbild vielleicht oder so!« Die Versagergeneration vor uns! Wie oft sind wir jetzt rund um den WDR gefahren?

Georg Ringsgwandl:

»Vogelwild«

oder

Die relative Leistung dieser Generation

Ein wilder 40er. Ein Einsamer, ein Eiferer. Ein Verzweifelter. Ein Priester. Ein Rufer. Für die Wüste! Ein wilder Missionar, der die Zivilisierten aufwiegelt.
Wild, wild, wild, doch ist alles schon vorbei.

Georg Ringsgwandl ist der Typ struggelnder alter Mann. Noch einmal »full power«. Aber die Bastion ist schon gefallen, verloren die Virilität.
Jahrgang 49, Oberarzt, verheiratet, zwei Kinder. Was soll da noch kommen?
70 Konzerte im Jahr! Volltime-Job in Kardiologie und Intensivmedizin am Krankenhaus in Garmisch-Partenkirchen. Ehemann, Familienvater, Haushaltsvorstand, Texter, Sänger, Gitarrist, Komponist: Rockstar.

Er hat die Kurve gerade noch gekratzt. Als sein alter Vater – er war gerade 35, auf Verschleißposten im Großklinikum, vor der Habilitationsentscheidung, als sein alter Vater ihn »für komplett wahnsinnig« erklärte: »Was rackerst du denn noch in der Uniklinik herum? Für was? Die Hälfte deines Lebens ist doch schon vorbei!« Diese Intervention des Alten habe ihm »tierisch gestunken«; noch auf der Heimfahrt ins Lenkrad geflucht: »Du alter Idiot, was quatschst du denn für einen Schwachsinn!« Aber es hat nicht lang gedauert, da ist es ihm wie Schuppen von den Augen gefallen, »daß er recht hat, der alte Idiot«! Plötzlich macht Ringsgwandl die Rechnung auf und schaut auf die Uhr: »Zwischen 15 und 35 denkst du doch, du hättest einen unbegrenzten Zeitvorrat; und plötzlich realisierst du, daß die Zeit in Blitzeseile verrinnt, und dir wird klar, daß du das, was zwischen 20 und 25 nicht geregelt wird, verschissene, verlorene Zeit ist. Wenn einer bis 35 nicht aus dem Arsch gekommen ist, kommt er später auch nicht mehr aus dem Arsch. Das gibt dann diese lächerlichen ewigen End-30er, die herumprobieren, die dies und jenes immer noch einmal an sich ändern wollen, das da noch nicht im Griff haben und dort daran arbeiten. In diesem Alter ist der Mensch schon wieder voll auf dem Abflug nach unten und kämpft mit Alterserscheinungen. Wer mit 40 noch aufschiebt, entschuldigt, probiert, von ›später‹ und ›irgendwann‹ schwadroniert, ist eh – forget it. Die Gesamtleistungsschaffenskapazität, das Potential an Persönlichkeit, ist ausgereizt. Die Geschichten, die man draufhat, muß man bis dahin kapiert haben, dann kann's auch noch mal 40 Jahre weitergehen – aber Wesentliches kommt nicht mehr hinzu. Es ist ein Irrglaube, daß man jenseits von 35, 40 noch etwas Großes aufreißen könnte, wo die Welt draufguckt!« Diagnose Doktor R., in einem Atemzug in die Patientenkarte diktiert. Und auf den Rezeptblock paßt, daß »man mit den Jahren sorgfältig umgehen muß. Weiß man denn, wieviel Zeit einem überhaupt im Leben zur Verfügung steht? Vorausgesetzt, man macht etwas Vernünftiges, nudelt nicht einen öden Angestelltentag herunter bis zur Rentengrenze.

Wie blitzschnell ist man 65 und kämpft mit dem Zipperlein. Bestimmte Dinge sind nur zu bestimmter Zeit machbar, dann ist diese Zeit vorbei, und eine andere beginnt. Vielleicht. Es sei denn, es geht um Schwachsinn wie Golfspielen, da kann man auch noch als Sklerotiker auf dem Rasen herumtorkeln und mit den alten Sägen flirten.« Jedenfalls will *er* nicht mehr 20 sein, auch nicht mehr 30. »Einmal erlebt, das reicht. S' war öd und schön. Aber den ganzen Rotz noch einmal? Es war ja nicht das operettenhaft-volksliedkitschige jungverliebt-fröhlich hüpfende 18-Sein, nein! Statt dessen: Studieren, Plagen, Universität. Und: Dieses ewige Rudern, Rudern, Rudern, um irgendwo eine klarere Sicht zu bekommen, das Rumquälen mit irgendwelchen Weibern, mit

sich selbst – einmal reicht. Obwohl's auch schön war, tagelang mit den Weibern rumvögeln und zwischendurch schnell mal in die Vorlesung. Überhaupt die Uni: dieses Herumhängen mit diesem riesigen Haufen aufgeblasener Deppen, die behaupten, daß sie später im Leben noch etwas Tolles leisten – dann saufen sie irgendwo in der Provinz als Volksschullehrer ab und halten den Vorgarten unkrautfrei. Nein!
Die meisten 40er sind sowieso geistig verödet und verblödet und komplett so unerträglich, daß es eine Plage ist, mit denen auch nur ein Bier lang sich unterhalten zu müssen! Die sind mit Frau, Kind, Eigenheim und Job bereits auf Endniveau angekommen und versumpfen in der präsenilen Idiotie. Nein! Jedes Alter hat seine ›cruise-mile‹, die Kids mit Moped, die Youngsters in der Disco, die 30jährigen auf dem Tennisplatz. Auch unsere Generation hatte ihre Show.
Jetzt bist du 40. 40 – scheißegal, wie fit man ist und für wie jung man sich hält! Da kann ich nur knochentrocken konstatieren: Mit 40 ist man kein junger Mensch mehr!«

Bühne. Auf. Der. Ringsgwandl.
Schon der Name ist verdreht!
Zappelphilipp, Suppenkasper, Faun, Satyr, Zitterrochen, Zwitter.
Ein wildes Tier. Bocksprung. Hinter Gittern. Und angeschossen. Knickt ein, bricht ab, in den Spagat. Hackt herum mit den Händen. Schiele-Hände. Schlägt zu mit der Faust. Rotiert mit Arm, mit Bein. Schlägt aus. Tritt zu. Zuckt. Zieht sich zusammen. Tanzt, twistet, steppt, slopt, Electric Boogie. Breakdance. Plié. Pantomime. Parodie: Otto, Elvis, Jackson, Hendrix, Helmut Kohl. Krankheitsbilder. Schreckbewegung. Shock-motion. Krampfig, epileptisch, Spastik. Gewalt. Verletzung. Verzweifelt der Hamster im Rad im Drehkäfig. Geiles Zungenspiel. Maul aufreißen, Kußlippe, Hand am Schwanz, Finger im Arsch. Nervöser Stirnzwick, Tic am Auge. Im Hintergrund die Musiker, seelenruhig.

Geheimtreffen. Immer noch wallfahrten wir zu ihm. Es sind die absoluten Fans oder die mit dem spirrigen Gespür. Die auf ihre Kosten kommen, wie es saublöd heißt. Das Gefühl des grenznahen Bereichs. Das Gefühl einer versteckten Vorstellung, auch wenn überall plakatiert ist in Schweinfurt, Würzburg, Marktheidenfeld. Immer die gleichen Leute dort; wenig 40er, viel 30er, die meisten sind 25. Den Ringsgwandl durchstehen. Gekifft wird, Zigaretten sowieso und massig Bier aus der Flasche. Ku-Klux-Klan, katholische Inquisition, Freimaurermesse. Secret Solo. Der Savonarola aus Garmisch-Partenkirchen. Plötzlich Angstvision: Nazis, die ihn vom Mikro weg verhaften und vergasen. Bühne. Aus. Der Ringsgwandl.

Briefe zuvor. Telefon. Absage. Zweiter Versuch. Höllenkommunikation. 45 Minuen Gezerfe, Streit bis zur Brüllerei. Selbst mein Telefon vibriert vor seiner Aggressivität. Selbsthaß, Fremdhaß, überhaupt. Sofort beginnt der Rundschlag: »Ich bin nur ein windiger Doktor und ein windiger Musiker! Was wollen S' denn über mich schreiben? Über mich gibt's nichts zum Schreiben. Gehn S' doch bitte schön zu Maffay, Niedecken, Falco – die sind auch so alt! Ich bin nichts geworden.« Er kann seinen eigenen Scheiß nicht mehr hören, muß speien, wenn er über sich liest; ob ich auch so ein »rotziger Schreiber vom ›Spiegel‹« sei, »eine Trendkiste für den ›Wiener‹ ablasse, ein ›Tempo‹-Schmierer oder so ein ›Zeit‹-Geistgequatsche verzapfe«! Ein Ausrufezeichen hinter jedem Wort. Bis ich dagegenschnauze. »Jaja«, ringsgwandlt er in Garmisch, »jaja, ich bin ein ekelhafter Diskutierer. Scho' recht: Mir treffen uns beim Auftritt in Schweinfurt, 7. 12. 1990, und jetzt reg'n S' eana nimmer auf, und trinken S' ein Bier, das beruhigt!« Sagt: »Servus, Alter!« und hängt auf.

Dr. med. Georg Ringsgwandl, 49 geboren, aufgewachsen in Bad Reichenhall. Aus Kleinhäusler- und Arbeiterverhältnissen, Vater hat Volksschulbildung und das Sagen, die Mutter managt die Familie. Prügel beinahe täglich und zu jedem Anlaß, streng, autoritär und erzkatholisch repressiv erzogen, eben die »Durchschnittshorrorreducation des Fifties in Bayern«. Er lernt Zither für den Heimatabend und Posaune für die Kirche. »Gitarre selbst

beigebracht.« Abitur, Medizinstudium und Facharztausbildung in München, Hamburg, Berlin, Würzburg, Kiel und Kalifornien. Seit 15 Jahren Kleinkunst, Kabarett. Preiswert mehrfach geehrt. Drei Langspielplatten: »Das Letzte«, 1988; »Trulla! Trulla!«, 1989; »Vogelwild«, 1992. Entscheidung 1984: Habilitation mit Universitätslaufbahn plus Abschied vom Auftritt oder –.
Bühne. Ringsgwandl. Singt, kreischt, trullert, jodelt, winselt, stottert, trällert, schnieft, jault, bellt, weint, schreit für gegen über um nach von Pfaffen, Rentnern, Nazis, Spießern, Sportlern, Schickimickis, Porschejaguarrollsroycemercedesfahrern, Bullen, Türken, Edeka, Nachbarn, Kellnerinnen, Metzger, Bäcker, Ingenieur, Friseur, Professor, Arzt. Und 40jährige Männer.
Von denen macht er zwei Sorten aus: »Die spalten sich dichotomisch in zwei Hälften, die, die sich aufgegeben haben, vor dem Fernseher aufdunsen, Kohlenhydrate in sich reinschaufeln, die Körper werden spindelförmig und die ehelichen Pflichten vernachlässigt, oder sie wollen zur Unzeit. Die anderen 40er merken: ›Hoppla, der gnadenlose Zahn des Greisenalters greift nach uns!‹ und joggen, trimmen wie die Teufel an Foltergeräten in Fitneßstudios, bis ein spitzes Küchenmesser am Bizeps oder den auftrainierten Wadeln abprallt. 90 Prozent dieser kaputten Kerle sind so richtige wilde Typen, die einen Allradgeländewagen über den Beton der Bundesautobahn fahren Richtung out in the forest. Nützt aber alles nichts! Altern tun s' sowieso, trainieren um den Rest der Jugend ist eh für die Katz, weil das Unterhautfettgewebe dem willkürlichen Nervensystem nicht unterworfen ist, also alle Härte und Disziplin haben keinen Zugriff drauf. Diese 40jährigen Männer sollten keine Boxer-Shorts mehr tragen! Ich empfehle Slips mit Gummiband am Beinabschluß, sonst fällt ihnen der Leistenbruch durch und haut ab; früher oder später hängen denen eh die Arschlappen abi. Das geht dem Gauweiler so wie dem Gottschalk!«
Medizinermonolog.

Im Nebenzimmer vom Provinzgasthof »Ross«, bei Tonband, Tee und Selters sitzt er, der Bühnenberserker, Derwisch, Wüterich, anständig und bürgerlich, beinahe brav. Einen kleidsamen, einen schönen Pullover hat er an, Lacoste Sport oder so, den eine liebende Hand, nehme ich an, für ihn erworben hat. Denke ich, sag' ich nicht – er würde mich sofort abferkeln, nehm' ich an. Fast, fühl' ich, druckst er herum, verlegen und krallt die Fingerknochen in die Hand, faßt sich an die Wahnsinnsnase, fingert am vollippig schmollippigen Mund herum – kaum vorstellbar, welche Kaskaden, Kanonaden, Tiraden, welche Salven, Sottisen, welche Schwadronagen aus diesem Verbalisierungsmonster herausstürzen. Gleich rattern die Endlossätze, fürchte ich, und seine atemlose Eloquenz wird mich niederreden. Wie er so dasitzt, der bayerische Bub. Ganz bayerischer Bub, Ehemann und Landarzttyp, fast sanft und irgendwo unendlich verletzt. Die Augen tief in ihren Höhlen, warme Augen, Eulenaugen. Wir reden übers Alter weiter, und dieser Druck steigt wieder auf, diese kaum gebändigte innere Spannung, die sich wörtlich entlädt, rasch, ruppig und rasend.

Als ich zu Hause wieder und wieder unser Gespräch und seine Platten höre, mich mit diesem Besserwisseragitator streite, mich wehre gegen seine pubertäre Renitenz, gegen die halbstarken Machoatittüden und seinen unerlösten alternden Amoklauf – ich bin nur ratlos, nur entsetzt. Was für ein grauenhaftes, biologistisch-medizinisches Bild von der Welt er hat. Und bis ich unter den Worthalden seines bayerischen Stammtischbramarbasierens die Thesen sichte und präparieren kann: Ideologieverdacht rundum, Fortschrittspessimismus, Generationendefätismus. Schlecht ist für ihn fast alles. Was gut ist, sagt er nicht.

Gut ist er. Auf der Bühne. Er ist Prince, Michael Jackson, Karl Valentin, Sauerbruch, Callas und Caruso, Goebbels, Hitler, Marlene Dietrich, Mick Jagger, Jimi Hendrix und Ernst Bloch.

Gut die Kostüme, der Schlabbersmoking, die Schikeilhose, das himmelblaue Jackett mit den viel zu kurzen Ärmeln, die weiße Trevirahose aus dem Arztbedarf mit den viel zu kurzen Beinen, das lila Lurex-Bustier, die pinkfarbenen Leggins, die bayerischen Lederhos'n, Joggingschuhe, Stirnband knallgelb, rosarot, Bikerbrille, Taucherbrille, Gletscherbrille, Schweißerbrille, Sonnenbrille, Schutzbrillen aller Art.

Die Maske gut, die Musik gut, die Sprache gut – alles ist gut, was dieser manische Mittelstands-Maniac parodiert, pastichiert: ein

Traum von Travestie und Transvestie. Nahezu nichts Eigenes, aber auf sehr eigene Weise amalgamiert. Ringsgwandl gewaltig. Sein eigener Kraftakt, der mit spielerisch-pedantischer Gewalt die vorgefundenen Materialien zitiert und ihnen seine Form aufzwingt. Ob bayerisch, soziologisch, ob Ärztejargon oder Rock-'n'-Roll-Amerikanisch, ob Katholizismen oder liturgisch synkopiert-entstellte Endbetonung, mit der er das Lexikon zum Reimen bricht – er ist ein Solo-Wilder, so einer, wie Kroetz, Polt und Achternbusch es einmal waren.
Bezweifelt alles.
Seine Lieder triefen von Fett. Und Fett ist sein Symbol: »Das ist für mich keine ästhetische Kategorie. Schönheit ist mir scheißegal. Fett ist die Metapher für Übergewicht, für Sichgehenlassen, für Anpassung jedweder Art. Hirnfette Leute sind kaputte Typen, denkfaul, stinkfaul, geldgierig, kriminell, korrupt. Die Schleimfresser in den Medien, die nie die Zähne zeigen, lügen und schwatzen im ›Zeitalter der Toagbatzen‹.«
Gegen alle Gewalt allergisch: »Gegen Rechtsradikale, gegen Mördersozialisten, gegen Katholizismus, der flotte tausend Jahre als mordende Ideologie Menschenverachtung betrieben hat und bis zum heutigen Tag klerikalen Psychoterror ausübt, ein rigider Totalitarismus, dessen Ausläufer ich in meiner Jugend voll mitgekriegt habe.« Skeptizismus: »Was haben uns die Heilsversprechen gebracht? Was war denn das Ergebnis der ApO? Was ist aus dem antinazistischen Kampf geworden? Was kann unsere Generation denn dafür, daß uns der Faschismus nicht erwischt hat? Uns hat halt der Unterschied zu den Nazivätern erwischt. Jede Generation hat ihre Zeit abzuwohnen! Die Väter haben schließlich für uns die Nazikiste abgewertet, die haben den Nationalsozialismus für uns gelebt, und es ist kein Verdienst, daß wir daraus lernen konnten. Wir Kinder von Wohlstand, Sicherheit und Frieden sagen: Diese Väter waren doch die letzten Idioten – wie kann man nur Juden vergasen! Und was machen wir? Ich habe genug Kollektive meiner Jahrgänge erlebt, Schule, Uni, Ärzteschaft, daß ich weiß, wie mickrig das persönliche Widerstandspotential ist gegen die kleinsten sinnlosen Abläufe in Arbeit und Alltag, gegen Unmenschlichkeit. Aktiver Widerstand gegen herrschende Zu-

stände unter Inkaufnahme von Nachteilen – unsere Generation ist kein Fatz besser als die unserer Eltern. Leider habe ich erst mit 35 gerafft, wie komplett abgeschifft und blöd dieser endlose Politdiskurs gewesen ist und die ganze Marx-Engels-Exegese und die Heilserwartungen. Mao, Lenin – alles Religion. Das habe ich *gespürt*. Aber mit 25, 30 bist du nicht instinktsicher. Das bin ich heute mit 40. Mache mir deshalb den Vorwurf, nicht auf meine innere Stimme gehört zu haben: ›Jungs, alles Scheiße! Steckt's euch den Finger in den Arsch und pfeift's ab!‹ Nein, hab' ich nicht getan, auch weil ich liebensmäßig und körperlich einer Frau verfallen war, die ich hätte nicht vögeln dürfen, wenn ich das Gewäsch nicht nachgeplappert hätte – da wär' ich sofort auf Liebesentzug gesetzt worden.

Es ist doch alles Hirnwichs – jede Generation jubelt das Ihre als das Absolute hoch. Wir haben keinen Grund anzuheben, weil wir irrerweise glauben, es sei unser Verdienst, daß unser Lebensalter lang Friede geherrscht, Wohlstand, Toleranz. Eine komplette Illusion. Von uns ist doch nur ein kleiner Teil scharf und gnadenlos in der Opposition. Die meisten sind halbe und volle Mitläufer, Benetton-Käufer, Anpasser, die gemütlich in der abgestandenen Kakaobrühe des Wohlstands dahinblubbern. Die Verzichtleistung, das Hinnehmenkönnen von Härten und Nachteilen ist in der Vätergeneration deutlich höher.

Wenn wir später einmal gemessen werden, was wir getan haben gemäß unserer Ausgangsposition, Erkenntnis, Möglichkeit, um Extremkatastrophen zu verhindern, Völkerwanderung, Arbeitslosigkeit, Waffenexporte, Dritte Welt, Wachstumsorgie, Ökokatastrophe – ich bin mir sicher, daß wir die Meßlatte nicht gerissen haben, schon gar nicht die 68er, die das Pulver erfunden haben wollen!

Okay, der Mainstream von 1990 ist aufgeklärter, toleranter, fortschrittlicher als der Mainstream von 33; denen ging's aber auch dreckiger, und wenn einer nichts zu fressen hat, ist er nicht unbedingt hip und fortschrittlich.

Oder hat uns der Feminismus weitergebracht? Emanzipation ist doch nicht unsere Erfindung! Ich war natürlich so bekloppt und habe ein Semester lang im Anflug jugendlicher Sentimentalität geglaubt, an diesem Scheißgequatsche der Schwarzer sei etwas dran. Ein paar Wochen war ich Feminist; es war natürlich wieder eine Frau im Spiel aus dem sozialistischen Weddinger Frauenkollektiv. Um mit der Alten vögeln zu können, habe ich Pfötchen gehalten, den ›Kleinen Unterschied‹ gelesen und diese grauenhaften ›Häutungen‹ von Verena Stefan. Tage und Jahre meines Lebens vergeudet mit diversen Frauen im Streit, wer den Abwasch macht und wer die Kinder versorgt. Auch diese Doppelnamenkiste – ich hatte geglaubt, daß das irgendeine Relevanz habe, wenn sich da eine Christiane Elhardt-Ringsgwandl meldet. Ich möchte versinken vor Scham, daß ich das mitgemacht habe. Dieser Feminismus ist doch der ideologische Wahnluxus unserer Generation. Wenn ich mir da heute meine Mutter ansehe, dann ist die locker, locker, locker so emanzipiert wie diese Damen. Es hat doch in der Geschichte immer krätzige Weiber gegeben, die Äbtissinnen im Mittelalter, die Bäuerinnen im 19. Jahrhundert, die Simone de Beauvoir – die ist doch ein Fixstern gegen diese Maulaufreißerin Schwarzer. Oder stell dir die Marlene Dietrich am Tisch vor mit unserer Bundestagspräsidentin. Die Dietrich fotzt doch diese Frau Süssmuth in Blitzesschnelle so ab, daß spätestens nach einer halben Stunde klar ist, daß die Bundesdingsbums eine ganz abgesoffene, biedere Hausfrau ist, believe me, von der anderen Hausfrau, dieser Hasselfeldt, reden wir lieber gleich gar nicht!«

Der Fatalist. Mühevoll ringe ich ihm, wie er so dahinwütet in den langen Antworten zu meinem kurzen Stichwort, die Erkenntnis ab, daß »die Gesamtmenschheit in Jahrtausenden Lernprozesse langsam, knirschend, ächzend gemacht hat. Die objektiven Möglichkeiten verändern sich aber nur, wie die Gletscher in den letzten hundert Jahren 40 Zentimeter geschrumpft sind. Aber trotzdem ist es nicht unser Verdienst, daß wir von der Kreuzigung abgekommen sind!«, mault er, rotzt er, unwirsch, knatschig, patzig und läßt doch einen krachenden Lacher los.

Angst hat er nicht, der Ringsgwandl. Nur der Tod. Dem er täglich begegnet. Die Krankheiten, mit denen er umgeht, mental hat er sie alle gehabt. Außer einer späten Tbc, die ihn mit 18 wirklich

erwischt. Vom Leib gehalten hat er sich bisher das Sterben. Geht nicht mehr. Flugangst, mit 40: »Jedermann, deine Tage sind gezählt. Jedermann, du hast viel zu lang gelebt!«
Was ist das für eine Stille in der Schrille, was ist das für eine Grandezza in der teuflischen Theatralik, was meint dieses morbide Winseln im tobenden Tumult? Alles war doch aufgedreht und fetzig, flippig, schräg, schrill und abgefahren. Gespenstisch, das Memento mori. Welch depressive Wehmut im Lasziv-Balladesken? Knochenmann, Sensenmann. Barocke Todessehnsucht hinter der Schminke?
Es ist die leise Furcht. Die plötzlich einbricht in das Chaos des Irrwitzes. Keine routinierte Blues-Depression mit »dirty notes«. *Warum* – wie er sich abhaspelt und abkaspert, rappelt und hackt! Immer x-beinig verklemmte Oberschenkel, katholischer Knieschluß. Natürlich, gerade dieser perfekte Dilettantismus seiner Bewegung, von keinem Choreographen stilisiert und frisiert, das Charisma des Chaos, der Sog des Unterstromstehens, das Kantige, das Unglatte – das fasziniert und macht ihn authentisch: Ringsgwandl ist nicht zu verwechseln. Kennt nicht jeder seiner Fans die schnelle Abfolge von Spastiken im eigenen Disco-, Wut- und Balztanz? Das ist es. Und noch mehr. Ein Rest, ein Überschuß, der ihn trennt von der durchgestylten Gymnastik des viel älteren Mick Jagger oder der millionenschweren Moonwalk-Aerobic des Michael Jackson. Warum?
Dieser Körper von Amok und Anarchie bewahrt rudimentär noch Segmente des Unzivilisierten, Elemente der Gefährdung, Spuren der Wildnis.
Mein kategoriales Stammeln: Was begreife ich nicht und warum? Es ist doch mehr als Ringsgwandl!

Ringsgwandls Aufruhr ist immer noch kaserniert. Die Apokalypse ist mehr als mehr Show. Wenn er von einem starren Tableau ins andere stürzt – es sind diese entsetzlichen Zuckungen, katatonisch, Spannungsirresein, zwischen Stupor und Tremor, regungslos und zittrig: Jetzt ist er nicht mehr geil, jetzt ist er nur noch krank. Krank, allein, und vom Haderer, Stänkerer, Provo und Streiter, vom Lästermaul ist nur die Gottverlassenheit geblieben. Der ganze dunkle Typ, der schwarze Mensch, bricht durch und kaum gezügelt durch seine pingelige Disziplin die reine Not. Ex-zentrisch. Zentral verletzt. Wo? Wann? Wie?

Ich muß es wissen. Ich will wissen, wo die Wurzeln des Ringsgwandlschen Kinderglaubens getötet, wo die Ringsgwandlsche Religiosität verletzt ist und gestört. Ich muß wissen, aus welchem Paradies er vertrieben wurde, exemplarisch auch meine Vertreibung – er hat sie doch alle ausprobiert, die uns möglichen Paradiese, und jetzt ist er Atheist und der klassische »nowhere man« der Beatles. Wo gehört er hin mit seiner aufgemotzten, spätmachistischen Lonesome-Rider-Attitüde? Diese virile Vögelverbalität ist doch nicht mehr als rote Lippe, Rouge, Ohrring, Discoglitzer, Gel und Aufklebbrauen à la Marx Brothers. Geifern und Giftverspritzen deckt die Wunde ab. Notdürftig, aber nur solange das System, die Inszenierung seiner Distanz zu allgemeinem Elend und persönlichem Abgrund funktioniert. Für Sekunden kollabiert die Abwehr in der Apokalypseshow.
Droben steht er, gleich alt und bloß, gottlos, gnadenlos, hilflos, heimatlos, ortlos, geschlechtslos, ohne Wurzel, dissidentisch, androgyn.
Ob es des Vaters Prügel sind oder der Katholenterror, die schulische Zwangsjacke, die soziale Beschneidung; die akademischen Rituale –.
Was in 40 Jahren an ihm exerziert wurde, ist nicht nur am Georg aus Garmisch exerziert worden.
Schließlich, Jahrgang 1949, ist's das Geschlecht der Generation: *Wuide unterwegs*.

Manfred Deix:

»Ich will nicht erwachsen werden!«

oder

Der Prinz der Pubertät

Er ist der Kindischste überhaupt. Er ist der Unerwachsenste des Jahrgangs 49, er ist der Pubertärste aller 40jährigen.
Unsere Generation hat von Gottes Gnaden weniger als von seinen eigenen – sie hat einen unumschränkten, unfehlbaren, unanfechtbaren – nein, König kann er natürlich nicht sein: Deix ist der Prinz der Pubertät.
Darauf ist er stolz. Und setzt selbstbewußt, selbstgefällig und selbstironisch bei jeder Signatur seinem »i« als Tüpfelchen die Krone auf.

Deix will nicht erwachsen werden: »Mit Entsetzen registrier' ich, daß ich mittendrin im vollen Leben stehe, umzingelt von Gleichaltrigen, die es geschafft haben, Riesenkarrieren gemacht, Bombenkohle gescheffelt, und ich hab's nicht wahrhaben wolln, daß ich auch einmal 40 werde. Wenn ich in der Zeitung lese, daß irgendeiner, auf dem Bild meist ein alt aussehender Mann, ein Erwin Soundso, 40 Jahre alt, einer alten Frau die Handtasche geklaut hat, dann denke ich: ›So ein alter Trottel! Wie kann ein so alter, blöder Mensch so was Dummes machen!‹ Bis ich merke, daß die Type ein Jahr jünger ist als ich. Ich habe immer noch das Bewußtsein, 26 oder 27 zu sein. Ich bin noch nicht auf der Höhe meiner Jahre im Kopf. Hab' nicht das Gefühl von 41 Jahren, und ich streit' um jeden Tag, den ich auf die 42 zugehe: Noch 69 Tage bin ich dicke 41. Soll ich schon zu denen gehören, die täglich in der Zeitung stehen, Gottschalk, Gauweiler, Maffay, Ringsgwandl, Ditfurth, Eichinger, Carrière? Nimmermehr!«

Mit Lust und Hingabe beobachtet er seine Generationsgenossen und freut sich, wie gut er sich gehalten hat: »In Herz und Optik bin ich eh jünger als alle anderen. Wie die vom Leben gezeichnet sind! »Sensationell« findet er das, »wie sich die Jahre ins Fleisch hineingezeichnet haben, wie die Burschen sich ab 35 verformen und verfetten, wie die Körper sich rapide verändern, keiner wird schlanker oder bleibt schlank. Übrig bleibt Massik und Fülle, kürzere Hälse, breiteres Becken, große Brüste – wobei ich nichts mehr schätze als Brüste, aber doch nicht bei den Burschen! Anscheinend ist mit 40 der Knochenbau doch noch nicht abgeschlossen. Ich bin ja ein ständiger Voyeur, und bei den Opfern in meinem Alter sehe ich das auch mit klammheimlicher Freude. Wie Kummer und Gram als Dauerseelenzustand die Mimik der 40er verändert, wie Mißgunst die Muskelpartien im Gesicht meisseln – die Mundpartien der 40er sind ein unerschöpfliches Thema. Ich bin ja Menschenforscher; als solcher habe ich natürlich nichts gegen das Altern und die grauen Haare, die sich an meinem Kinn Schlag 40 eingestellt haben. Wenn diese körperliche Verformung nur nicht parallel liefe zur Verformung des Charakters. Das ist eigentlich das Bedenkliche! Ich selbst hab' ja nur Lachfalten. Denn bei mir ist ja alles umgekehrt: *Mich zeichnet das Leben nicht, ich zeichne das Leben!«*
Lacht schallend, rotzig, frech und entkorkt den nächsten Vino rosso.

Wien, Dezember 1990. Wir sitzen in diesem riesigen Atelier, neongrell ausgeleuchtet, tief in der Nacht. Fünf, sechs, sieben Katzen. Streichen um die Beine, kringeln sich ums Telefon, hocken auf dem Faxgerät, haben sich auf meinem Tonband breitgemacht, spielen Maus mit den Kabeln, schnuppern ins Mikrophon und lassen sich nicht von meinen Notizpapieren vertreiben. Graphikschränke. Turmhoch die Belegexemplare der politischen und Zeitgeist-Magazine. Bücher, Blätter mit Skizzen, Entwürfen, Reinzeichnungen. Ein Schrank voller Arbeitsutensilien. Fernseher, Video, Stereo.
Stunden des Wartens liegen hinter mit, denn wieder war Deix unter Druck. Mit mir auf glühenden Kohlen ein Kurier, der die

bestellte Graphik durch die Nacht nach Frankfurt in eine Druckerei bringen muß, auf den letzten, den allerletzten Drücker.

Hinter ihm wieder so eine Horrortour. Er sieht aus wie sein eigener Schatten, tiefe, schwarze Ringe unter den kleinen Augen, wuchernder Bart, unreine Haut, fettiges Haar – ich müsse schon entschuldigen, sagt er klagend-amüsiert, normalerweise sei er ein schöner Mann – aber dieses Neonlicht! Dieses Neonlicht über der erkerfüllenden Arbeitsplatte dahinten, an der ich ihn die letzten drei Stunden habe hocken sehen, die Schultern hochgezogen, den Kopf tief im Nacken drin, buckelt er mit Rundrücken über einer DIN-A3-Zeichnung. Wie eine Katze. Angespannt vom Scheitel bis zur Sohle. Der ganze Raum bebt vor Arbeitsdruck. Der ganze Haus, eine Gründerzeitvilla, vibriert im Streß der rasenden Stunden, und die Spannung überträgt sich, nur nicht auf die Katzen. Die ihn in königlicher Gleichmut umlagern, eine sitzt ihm ewig im Nacken. Wenigstens ist der Rotwein gut, ich darf im Graphikschrank herumwühlen, und im Nebenzimmer dröhnt eine Rolling-Stones-Dokumentation aus dem MTV.

Wieder hat er 24 Stunden nonstop malocht, 120 Zigaretten gepafft, eine Tankerladung Kaffee gesoffen, und »jetzt die Ent-Spannung mit Roos und Vino rosso«. Er weiß, einen Lungeninfarkt hatte er schon, wie er nicht ohne Männerstolz erzählt, er weiß, daß dieses Leben »ungesund, unökonomisch und gschlamperd« ist, er weiß, daß er »die Energien nur so verschleudert«! Aber, stöhnt er, »aber ich krieg' das Leben einfach nicht richtig in den Griff und Ordnung schon gar nicht hinein«! Für seinen gleichaltrigen deutschen Autorenfreund preußischer Prägung in der Pflicht hört sich seine Eloquenz des Versagens an wie ein Szenario des Profi-Horrors, ob er nun »die einmalige Chance versaubeutelt hat, für das Hamburger Nachrichtenmagazin ein »Spiegel«-Bild als Titel zu gestalten, oder ob er, hinten und vorne hofierter Stargast einer renommierten deutschen Talk-Show, einfach den Termin verpennt – da hilft nicht, daß er der womöglichst liebenswürdigste, charmanteste, witzigste 40er der westlichen Welt ist und ein König der Ausreden: Wenn das glückliche Austria einen neuen Kaiser ausrufen wollte, einen Kaiser fürs Chaos,

dann könnte es einzig und alleine dieser Manfred Peter Pan Deix sein. Sag' ich ihm auch, und er läßt seine Ohrwatschln bis auf die Schulter hängen, die Pupillen wollen hinterm Unterlid verschwinden, und gleich heulen wir zusammen. »Ich weiß, ich weiß«, weiß er wiederholt, »und ich weiß auch, liebster Pedro, daß jetzt mit 40 endlich«, ja er schreit fast, »end-lich Schluß sein muß mit dem Trotz. Ich habe doch bewiesen, wie schlimm ich sein kann, daß ich nicht aufsteh', daß ich lang schlaf', daß ich mich nicht waschen tu' – wochenlang hab' ich mich nicht gewaschen, als ich mit 18 und Marietta von zu Haus weg bin. Tagelang war ich nur im Bett! Zehn Jahre hab' ich mich nur gewaschen, wenn's gar nicht mehr anders ging. Dazu 20 Katzen auf 20 Quadratmeter. Pflastermaler war ich in Wien, hab' gemalt und gekritzelt und gedichtet, gezeichnet, und die Zeichnungen hat die extratief dekolletierte Marietta im Kaffeehaus verkauft. Schlendrian und Unordnung« waren gegen die Eltern gerichtet, »lehrbuchhafte Musterbeispiele absoluter Reinlichkeit, Sauberkeit, Ordnung«. Bewiesen doch, »daß ich arbeiten kann wie ein Büffel«!
Und trotzdem!
»Ich bestehe darauf, ein Bub sein zu dürfen. Meine Bilder sind so kindisch wie nur möglich, necken immer noch die Erwachsenen. Ob ich will oder nicht – ich reibe mich programmatisch an der Erwachsenenwelt, die heute schon von diesen 30jährigen Greisen besetzt ist, die früh um sieben mit Anzug und Köfferchen am Flughafen auf den Flieger nach Frankfurt warten – denen möchte ich weh tun, die möchte ich necken und quälen. Und ihnen zeigen, wie widerlich sie sind!
Ich bin ein Lausbub.«
Sagt Manfred Deix mit 41. Und wenn er sagt, er staune über die Karrieren der Generation, dann klingt doch Pein und Qual, wenn auch überspielt mit Süffisanz, unüberhörbar heraus: »Wie früh die begonnen haben, vernünftig zu sein! Ich habe viel Geld verdient, aber alles wieder rausgeworfen, weil ich immer der Meinung war: Wenn ich groß bin, lege ich etwas auf die Seite. Jetzt bin ich groß, soll erwachsen sein und bin's nicht. Wenn ich einmal 30 bin, denke ich mir, dann beginnt der Ernst des Lebens. Aber jetzt, mit meinen 26, 27?« sagt er, guckt mir treu, sanft und un-

schuldig in die Augen, daß ich ihn in den Arm nehmen möchte, den armen Deix. »Drei oder vier Häuser« würde er »lässig« besitzen, wenn er »nicht immer belinkt« worden wäre von verschiedenen Partnern in diversen Geschäften, »wenn ich so ehrgeizig wäre wie mein Exkommilitone Helnwein oder so vernünftig wie mein Freund Gottschalk«. Aber: »Ich mache immer den gleichen Fehler und bring's nicht, aus meinen Fehlern zu lernen; ich kann keine Konsequenz ziehen, weil ich was anderes im Kopf hab'!«

Sein Kopf ist voller Väter und Mütter. Deren Vernunftterror setzt er programmatisch Pubertät und Kindischsein als Prinzip entgegen. Heute noch. Noch heute wünscht sich die Mutter für den hochdotierten Sohn eine Festanstellung. Denn das, was der macht, ist kein Beruf, und Freiberuflichkeit ist Unvernunft. Warum nur ist er kein Gastwirt geworden, Tapezierer oder Fliesenleger?

Rente, Pension, soziales Netz sind ihm »wurscht«, das lenkt ihn nur von der Arbeit ab. Und da es in seinem Wahrnehmungskanal immer diese sogenannten Erwachsenen geben wird, also Themen, also Bilder, also Deix – verharrt Deix da, wo er ist: vor ihm »diese deformierte, vom Krieg zugerichtete, von Hitler gezeichnete, unfrohe, grantige, verspannte, total zu Tode angefressene, kaputte Generation der 60- bis 75jährigen, die kaputtesten Jahrgänge, die ich mir überhaupt denken kann«, mit Biß: »eine einzige Katastrophe, das schlechthin Spießige an und in sich. Die kann man nur noch vergessen, höchstens bemitleiden: Das wird nichts mehr, keine Chance! Je weniger es werden, desto besser! Hoffentlich treten die bald alle zusammen geschlossen ab! Diese total frustrierten Leichen, die sich einen ansaufen müssen, um lustig zu sein, und die sich ärgern, grün und blau, von früh bis spät und zwar über alles, obwohl es ihnen noch nie so gut gegangen ist wie jetzt!«

Deix macht an seinen farbigen Fingern herum und raucht und raucht. Zieht die Brauen hoch, resigniert. »Wenigstens der Wein ist gut!« Und, die nächste Invektive hinterher: »Es kommt ja nichts Besseres nach!« Er habe einen älteren Bruder, weswegen er auch über die Generation der zwischen 1940 und 1945 Geborenen »definitiv etwas aussagen kann und muß. Diese älteren Brü-

der sind so etwas von desinteressiert, katholisch, leistungsgeil, angepaßt und bieder, haben nicht einmal den Elvis mitgekriegt. Aber den Hitler und die Nachkriegszeit. In der Tanzstunde mit Walzer zurechtgestutzt, lieben sie so ungeile Musik wie das entsetzliche ›Anatevka‹ oder ähnlichen Scheiß, die ›West Side Story‹ ist das höchste der Gefühle. Die 50jährigen haben einfach den kulturellen Sprung nicht geschafft!«
Und weil die Struktur die gleiche bleibt, kommt nach den wilden 40ern auch nur das Abziehbild hinterhergeklebt: »Diese yuppieähnlichen Burschen, die schon in der Pubertät die Startlöcher ausgescharrt haben, die 30jährigen, spießig, gedreht, leistungsorientiert; wenn ich nur hinschau', schläft mir reflexartig sofort das Gesicht ein vor Langeweile. Tote Hose und sonst nix. Die haben nichts anderes im Kopf als zu werden wie ihre Großväter, also unsere Väter – eine infantile Generation. Die laufen mir also auch voll ins Messer!« sagt er, kramt ein paar Stifte aus seinem verschlissenen schwarzen Leinenjackett, putzt sich die Nase mit einem Mentholtaschentuch, fährt sich durch schüttere Stirnhaar und fängt an zu zeichnen: Katzen.
Tiefe Lungenzüge, einen Mund voll Toskaner, einen langen, ernsten Blick aus den aquarellblauen Augen.
Als Konsequenz der einzige Trost: Wir, die 40er.
Die zu beobachten, sagt er, ist seine wichtigste, seine Hauptaufgabe: »Wir haben etwas zuwege gebracht!«
Ich stutze, frage, er nimmt einen Schluck. Ich auch. Er auch. So sitzen wir, gucken uns an, wissen irgendwie Bescheid, aber nicht mehr – bis er sagt: »Wir sind die erste Generation, die sich als Generation mit dem Altwerden schwertut. Wir sind die erste Generation, die kindisch geblieben ist. Wir sind die erste Generation, die nicht erwachsen werden will!«
Das ist ihm Verdienst. Nicht so zu werden wie die Alten und nicht wie die Jungen. Zwischendrin, und wild, und pubertär. Und in der Klemme.
Natürlich hat er die Trotzstruktur durchschaut. Begabt nicht nur mit dem bösen Blick. Das soziologische Auge, der siebte Sinn. Trotzdem verharrt er im Trotzmuster, wehrt die nächste Reifephase ab, schafft es musterhaft nicht, sich, die Kraft, die Zeit, das

Geld einzuteilen, und verschleißt sich dabei. Raubbau. Er besetzt die Verweigerungshaltung und schiebt das Erwachsenwerden auf, sosehr ihn dabei ein ungutes Gefühl, eine aber nur theoretische Einsicht plagt: Der Wandel wird verzögert. Denn da ist noch etwas: der Raubbau als kreativer Gestus. Die Pubertät als Produktivkraft. Denn aus welchem anderen Grund sollte er sie, die Pubertät, zum Prinzip erheben?
Als Kindischer, als Pubertierender, bleibt er der Outsider im bürgerlichen Leben. Er verlängert einen Zustand, der längst überwunden scheint, weil er glaubt, nur von hier aus seine Arbeit betreiben zu können. Von diesem exterritorialen Status aus, und sei er mittlerweile nur noch artifiziell. Dahinter steckt die Angst, Schaffenskraft zu verlieren, wenn er das einst produktive Element aufgibt: »Ohne diese unverarbeiteten Reste von früher, diese Infantilität irgendwie, ohne das kriege ich nichts über die Rampe. Aus dem kindischen Spott leben meine Bilder; in meinem Beruf muß man so sein!«

Muß ich denn die Bilder noch beschreiben, die er malt – der Meister der verschissenen Unterhosen, das Genie der Pickel, der Maler der Hängebrüste, das Genius der Erektion, der Vivisekteur der Binkerl, Zumpferl, Duderln und Wammerl, der Diagnostiker der Rotznasen, Triefaugen, Mitesser und Zahnfleischentzündungen? Deix, der Chronist der Schweißränder, Schuppen und der geplatzten Äderchen? Sein Werk gehört längst nicht mehr ihm alleine – weit über die Generation hinaus ist Deix künstlerisch-zeitgenössischer Allgemeinbesitz. Museumsreif.

Museumsreif und sexbesessen. Deix, der Erotomane: »Ich bin wirklich ein ständig geiler Mensch. Auch das steht meiner Laufbahn im Wege: Wenn ich nicht so geil wär', wär' ich beruflich weiter. Meine Geilheit irritiert mich bei der Arbeit. Ich hab' dauernd Sex im Kopf, Thema Nummer eins. Neulich, mit 40 macht man ja Bilanz, habe ich mit meiner Frau im Bett gesessen und mal alle Bücher durchgesehen: Ja sakra! hab' ich gesagt – jedes zweite Bild ist Sex. Das hatte ich beim Malen nicht bemerkt. Sex hält mich jung, bis ins hohe Alter. Sex bestimmt ja alles. Macht die

Menschen deppert, happy, unglücklich, g'scheit. Ich interessiere mich nur für Sex und mich selbst. Der Rest ist Scheiße, ausgenommen Menschen und Tiere. Ich bin ein militanter Tierschützer, deshalb halte ich 66 Katzen. Zyniker bin ich auch, Spötter und Humanist. Politik ist ein Randthema!« behauptet er. Stimmt aber nicht. Kein Österreicher hat die Politiker seines Landes populärer gemacht in Deutschland als Deix – kaum ein Magazin, das nicht seine graphischen Waldheim-Attacken gedruckt hätte. Für ihn ist »das alles Scheißdreck«! Ich solle mir doch nur einmal »diese jämmerlichen Kreaturen ansehen, diese fetten, mausgrauen, schneeweißen Figuren mit ihren dicken Köpfen und dicken Brillen, die grauenhaft gekleideten Widerlinge, diese todlangweiligen, schrecklich anzusehenden Menschen – da kann Politik doch nur Scheiße sein«!
Schon zu Hause, in der Dorfwirtschaft seiner Eltern, sei nicht politisiert worden, 68 habe er distanziert erlebt, »ach du Schreck, wenn ein Bubi der schwerreichen Familie Maoist geworden« sei; nur Kreisky läßt er zu: »Das war wenigstens ein Mensch, lebhaft, quirlig, klug, schön gekleidet, interessant anzusehen.« Trotzdem hat jener Kanzler oder seine Bürokratie ihn verklagt, als ein Deix-Blatt gegen den mit rassistischen Ressentiments geführten Kreisky-Wahlkampf in Kärnten erschien: Kreisky und Hitler haben als Boxer im Ring einen Slowenen k.o. geschlagen. 50 000 Schilling Strafe. »Später hat's dem Kreisky leid getan! Er hat mich öfter angerufen und mir sogar eine Privatbürgschaft von 2,2 Millionen Schilling zinslos angeboten, damit ich mir ein Haus hätte kaufen können, als die Neonazis mich bedrohten und keine Woche ohne Morddrohung, Scheiße im Kuvert und Telefonterror verging!« Fertige Weltbilder lehnt er ab: »Ja bin ich denn damisch! Die Welt ist so ein verrücktes Tohuwabohu, es wäre doch Wahnsinn, da eine Sache rauszupicken und absolut zu setzen!«
Eine Ausnahme macht er. Trotz Pimpern, Pudern, Pimmel, Penis, trotz aller Penetration – wenn er sich's richtig betrachte, sei er »ein rechter Feminist, und ich liebe Alice Schwarzer. Sie ist eine Königin, eine dolle Frau und wie g'scheit, imponierend, blendend. Nur muß sie praktischer werden! Zu intellektuell! Zu theoretisch! Trotzdem ist sie mein Herzbinkerl! Denn was die tut

für die Frauen – Wahnsinn! Ich weiß, wovon ich rede. Mein Schatzerl, die Marietta, stammt aus einer Zigeunerfamilie, meine Schwiegermutter hat Auschwitz überlebt – das sind Frauen, die schon immer das Sagen hatten!«
Und noch eine Ausnahme. Für seinen Pazifismus, er verweigert den Wehrdienst, geht er in den Knast.

Überhaupt. Deix bricht dauernd die Regel. Er *ist* die Ausnahme. Und der einzige meiner Altersgenossen, der, nach einem kurzen, klaren Schluck und einem schnellen Zug aus der Zigarette, unumwunden sagt: »Ich gebe keine Garantie für mich, daß ich nicht ein Nazi geworden wäre!«
Das war ein Hammer. Jetzt nehme ich den Schluck, einen großen. »Warum nicht?« Renitent schaut er herüber. Sicher 60 Minuten, die wir nur über unsere beiden Nazi-Väter geredet haben und wie wir Söhne damit umgehen: »Ich wäre dumm genug gewesen, ein Nazi zu sein! Bin Realist. Ich trau's mir zu! Ich halte mich nicht für klug genug, über den Dingen zu schweben und vorauszusehen.« Daß der Vater, »ein unsensibler, geiler, dummer, hemdsärmliger Landknecht aus einem 300-Einwohner-Dorf ohne Radio und Telefon, zu einem PG geworden« ist, toleriert er nicht, versteht aber, denn »die Nazis haben ihn, weil er Vollwaise war, aus dem Bergwerk herausgeholt, und er durfte in einer Baumschule arbeiten. Von Politik hatte der doch keine Ahnung; den haben Witze und Weiber interessiert. ›Hahaha, Wein, saufa, hollera‹, so ein Typ war das. Einen Arm hatte er verloren, der andere war dick wie ein Oberschenkel, und ich habe heute noch Angst vor ihm.
Heute ist es leicht, ein Antifaschist zu sein, und ich kann als Mann einer Roma leicht gegen Rassismus sein, denn ich habe alle Informationen. Die hatte mein Alter nicht!«
Auch so etwas, wo er das Genuine unserer Generation sieht: in der goldenen Mitte, zwischen den alten Eltern, die zu den Nazis gerannt sind, und den jungen Alten, die in die Discos rennen: »Wir hatten die Möglichkeit!« Trotzdem. Dem Generationswechsel steht er pessimistisch gegenüber, »höchstens skeptisch hoffend, denn wenigstens sind wir die toleranteste Generation im deutschsprachigen Raum seit Jahrhunderten«! Wieso? »Wir haben doch

gelernt aus den furchtbaren 50er Jahren. Da war doch nichts erlaubt und alles verboten, alles stinklangweilig, erzkatholisch und puritanisch; in den 60ern habe ich Prügel gekriegt, weil im Schulranzen ein Mickey-Mouse-Heft steckte, Schmutz, Schund, Sprachverderb. Dafür sind wir mit Mozart gemästet worden bis zum Erbrechen, und alles andere war Negermusik, bis in die 70er hinein. Bei euch in Deutschland gab's wenigstens in den 68ern Rabatz. Bis heute habe ich diesen Ekel vor der Hochkultur und dem öden Umfeld. Und hier ist unsere Generation auch unverwechselbar: Wir haben die Popkultur als Protest gegen die verordnete Kultur getragen. Wir sind die erste Generation weltweit, die von der Musik geprägt worden ist, und als ich 63 den ersten Beach-Boys-Song gehört habe, hat das so eingeschlagen in mein Herz wie nur ein zweites Mal in meinem Leben, als ich nämlich Marietta zum ersten Mal gesehen habe. Wir haben einfach den kulturellen Sprung geschafft. Auch wie wir leben! Soll ich dir erzählen, wie wir geheiratet haben? Just for fun, weil wir eh schon 16 Jahre zusammen waren. Als wir in Las Vegas angekommen sind, hatten wir die Blitzidee, hier ganz ordinär zu heiraten, die billigste, scheißigste, ordinärste Hochzeit runterzureißen in der mickrigsten ›wedding chapel in town‹, nicht mit Pomp, weißem Kleid, Orgel, Kinderchor, Priester und Tränen, wie sich das die beiden Elternhäuser ausgemalt hatten! Nein, 30 Minuten ›cheap show‹ mit Kunstbaum vor der Kirche, tausend Lichter drauf und automatischem Vögelgezwitscher. Sehr kindisch. Aber typisch. Wobei's rein sensationell ist und eine Ausnahme in unserem Alter, daß wir nach so langer Zeit noch zusammen sind, das ist keiner von den 40ern, und wir fühlen uns keine Sekunde verheiratet!«

Auch das Gefälle zur Bundesrepublik ist geschafft: »Ein Anschluß, aber ein anderer, hat geklappt – das Verhältnis zu Deutschland ist heute friktionsfrei. Während meiner zynischen Pubertätsphase fand ich die Deutschen unsympathisch, je mehr meine Mutter lustvoll gestöhnt hat: ›Mein Gott – die Deutschen!‹ Ihr Traum war, daß ich es zu etwas bringe, zu einem Sängerknaben, der im ZDF bei ›Mainz, wie es singt und lacht‹ auftritt. Oder dort sollte ich sein als Gast, als so ein fetter Provinzbauunternehmer mit dickem Kopf und blonder Frau. Es war furchtbar. Während Österreich getrieft hat vor lauter Freddy-Quinn-Import und ›Für Gabi tu' ich alles‹, habt's ihr wenigstens den ›Beat-Club‹ gehabt, von dem aber bei uns nur ein paar saubere, zensierte Minuten ausgestrahlt worden sind, und dann ging's mit unsagbar schlechtem Scheißdreck österreichisch weiter. Wir waren ja so hintendran. Auch die ungeilen Lachnummern von Oswald Kolle! Mit Verspätung. Bei diesem deutschen Oberlehrersex hab' ich einen Nabel bekommen, dort, wo mein Zumpferl wächst – da wächst die Wurst nach innen! Wo doch Deutschland für einen Satiriker immer interessanter ist! Wilhelm Busch zum Beispiel ist für mich der Größte, als Literat und ein Gigant als Graphiker. Und euren Loriot natürlich, und dann die Jüngeren, Waechter, Traxler, Gernhardt, Poth – meine Lehrmeister! Ich war ein rasender ›Pardon‹-Leser während meiner Pubertät.«

Noch pflegt er sie, die Pubertät. Aber er will »mit 40 auch mithalten«, will einsehen, daß »der Zug mit der ewigen Jugend abgefahren ist. Ich bin doch nicht mehr 18, auch wenn's schwerfällt«, und irgendwann ist sein Nachholbedarf und der seiner »Freunde im Profilager, die alle, wann immer es geht, kindisch sein möchten«, gestillt, und sie glotzen nicht mehr von früh bis spät die Musikvideoclips auf dem MTV-Channel.

Glotzen eher »auf die gleichaltrige Konkurrenz« und machen dort *ihre* Figuren aus, den Gauweilers Peter zum Beispiel, der für Deix »so kaputt, fertig, eingleisig ist, Scheuklappen, nie von Zweifeln geplagt, mit allem abgeschlossen, ein uralter Mensch, der schon in der Lebensmitte früh vergreist ist und als 20jähriger bereits älter war, als ich's jetzt leider auch schon bin. Das Erschreckende an Eurem Minister ist nicht, daß er so alt sein soll wie ich! Ärger ist, daß ich so alt bin wie er. Trübsinnig. Das tut weh, und ich als blutjunger Mensch hab' da große Probleme, das einzupacken!«

Wie anders ist da sein Thomas Gottschalk. Da leuchten früh um drei die Augen nochmals ampelhell, und zum Glück sind wir zu zweit, um die letzte Flasche zu entkorken: »Ich bin ja nicht homophil!« sagt er, aber »bei dem Gottschalk geht mir nach zwei Minuten mein Herz auf«! Er rollt die Augen: »Eine seltene Mischung! Nur zu beneiden!« schwärmt er: »Wieviel Glück hat der im Leben schon gehabt! Und klug ist er, charmant, erfolgreich, hat Kohle, ist intelligent, sympathisch, ehrlich. Und groß. Unfaßbar groß!« wundert sich der kleine Deix und stemmt das Glas. »Ein Meter neunzig – der hat ja«, rechnet er vor sich hin, »der hat ja seine Eier dort, wo mein Adamsapfel sitzt! Ein seltener Fall von positiv geraten. Wohlgeraten und schön. Einen Tag nur in meinem Leben Thomas Gottschalk sein. Die Mädels fallen tot um, wenn er ihnen nur in die Augen schaut – Wahnsinn!« sagt er – mit drei »a«. Und »ein schöner Mensch ist der Tommy«, und er ist glücklich über diesen Generationsgenossen, auch wenn vielen seine Nase nicht paßt: »Die vergessen nur das altehrwürdige österreichische Sprichwort, das da lautet: ›Wie die Nase eines Mannes / also ist auch sein Johannes‹!«

Gottschalk und seine Honorare – für Manfred Deix die unsichtbare Richtschnur der Etappe. Er sei höchstens »eine lokale Größe in Wien«, berühmt seien seine Beach Boys und Michael Jackson. In diese Richtung will er peilen. Nicht umsonst hat mitten in der Nacht, als er »fad vor einem weißen Blatt Papier gehockt« sei, der Billy Wilder angerufen und sich als »Deix-Fan« zu erkennen gegeben. »Ja, ich weiß. Mit 40 ist das Vorspiel gelaufen. Ich will jetzt reich werden, mich am liebsten dumm und deppert verdienen!« Pause. Prost. »Und«, Schluck, »internationale Lacher will ich haben. Sei mal still – hörst du's?« Wir lachen nicht schlecht. »Siehst du«, sagt er, »langsam geht's los!«

40er-Splitter 4

Schuhalter

In Wien, den Deix-Besuch hinter mir, betrete ich in der Wiedner Hauptstraße das Schuhgeschäft des Ludwig Reiter. Ich probiere exklusive Wiener Schuh-Klassik. Angesichts eines blauen Modells »Metternich«, der erste Slipper meines Lebens, der sitzt und in dem ich wirklich stehe, entzückt er mich so, daß ich mich zugleich bange frage, was denn nun sei, wenn dieses blaue Paar abgetreten wäre. Im Hinterkopf beginnt auch sogleich die Kleiderhierarchie der 50er Jahre zu toben, der Unterschied nämlich von Sonn- und Werktagsschuh. Ich frage den Verkäufer, eine Inkarnation von Kompetenz und Geduld, ob er ein zweites Paar des gleichen Leistens habe. Er bejaht. Als ich die beiden Paare erwerben will und erstaunt bin über den eigenen Entschluß, sagt jener Herr Kirchbaumer: »Das machen die Damen und Herren Ihres Alters öfters!«

Dieter Müller:

»Gekocht wird im Kopf«

oder

Der McDonald's-Schock

Am Herd. Auch am 40.

Natürlich hat er ihn in schönem Rahmen gefeiert, zu Hause, mit Freunden und seiner Frau Birgit. Fünf Gänge hatte er sich ausgedacht. *Ausgedacht*, auch für diesen Jubeltag, denn gekocht wird bei ihm im Kopf: Badischer Flammkuchen zum Moët-Champagner – ein dünn ausgewellter Brotteig, belegt mit Sauerrahm-Ei-Mischung, violette, dünne Zwiebelringe, Bauchspeckwürfel und Kümmel, auf dem heißen Backstein kroß. Sein zweiter Gang war mariniertes Rohfleisch vom Rind mit Sauce verte, gefolgt vom dritten, Spaghetti mit Langostinos, und dann kam als viertes der Chinatopf: Geschnetzeltes und gewürfeltes Putenfleisch, handgemachte, schmale Glasbandnudeln, chinesische Gemüse wie Chinakohl, Sojakeimlinge, Bambussprossen, Shiitake- und chinesische Baumpilze, Lauchstreifen, gelber und roter Paprika inmitten asiatischer Gewürze, Sesamöl, Soja- und Chilisauce. Weiße Mousse mit Erdbeeren zum Dessert. Dazu badische und fränkische Weißweine und ein Bourdeaux aus seinem Geburtsjahr 1948: Müller heißt der Maestro, Dieter Müller, einer der drei Meister unter Deutschlands Köchen.

Wer den 40er kennt, aus seiner Küche, von Fernsehen oder Video, der kann ihn sich gut vorstellen, den Dirigenten von Messer, Gabel, Löffel, Quirl, der sich in einem Kochkonzert sofort auch zum Mann an der Pauke, zum Perkussionisten der Töpfe, Pfannen, Bräter, Siebe verwandeln kann. Das hölzerne Hackbrett faßt er an, als sei er der Schreiner, das Rehfilet, als wäre er Heger

und Jäger, die Forelle wie der Fischer, das Lamm wie der Schäfer, die Pilze wie ein Sammler, und die Gemüse, die Gewürze, die Salate, das Obst könnten von diesen Händen selbst gezüchtet und geerntet sein.
Aber nicht zum Verkauf. Zum Kochen und zum Essen.
Dieter Müller hat schöne Hände, ausgesprochen schöne Hände, und es ist ein Vergnügen, seine kraftvollen Finger sicher und elegant mit Rohstoff und Geschirr hantieren zu sehen. Zweihändig beherrscht er die Klaviatur der Küche, und pianistisch bedient er den Resonanzkasten des Herdes. Einmal sein Messerstakkato beim Wirsingschneiden auf dem Holzbrett gehört, und man weiß, daß hier nur eins entstehen kann: Kochkunst, Kunst zum Essen.

Dieter Müller ist der klassische Fall des Umsteigers mit 40. Ob Zufall oder Gebot der Stunde – er orientiert sich um, kündigt die bisherige Stelle, verläßt den relativ garantierten Erfolgskurs, macht eineinhalb Jahre Pause, denkt, reist, sammelt Eindrücke, taxiert als einer der besten 16 Köche der Welt seinen Marktwert, der ihm ab 1990 kulinarische Einladungen als »Botschafter der Deutschen Küche« nach Japan, Australien, Nordamerika, Hawaii und Frankreich beschert. Nach der Denkpause die Rückkehr zum simplen Volksvermögen: Eigener Herd ist Goldes wert. Er macht sich selbständig.
Und bleibt auf dem Boden.
Ich habe selten einen Menschen mit Weltruhm erlebt, der seinen Olymp so bescheiden, kühl und glücklich verdaut hat. Nach wie vor spricht er das gehobene Badisch in der freien Rede seiner kulinarischen Rhetorik, ob er es »acht Minuten köcheln« läßt oder den dialektalen Grammatikfehler – »der Gelee« und »das Mousse« – weiterredet, unprätentiös, auch nicht folkloristisch aufgedonnert. Vor allem bleibt er der gute, ruhige Erklärer und Lehrer, der nicht nur macht, der nicht nur denkt, der's in seiner bodenständigen Cuisine-Didaktik auch vermitteln kann, und zwar so, daß einem das Hirn aufgeht und das Maul voll wird mit Wasser.
Wenn man dann noch zusehen kann, wie er eine Ente füllt und mit der Akrobatik eines Schönheitschirurgen den Zahnstocher zum

Verschließen und den Bindfaden zum Dressieren benutzt – in der Küche wird der Müller eins mit dem Material.

Ein sehr lebendiger Mensch. Strahlt ab, strahlt aus. Wache Augen. Kommt er vom Herd und sitzt für 10 Minuten beim Freund oder Gast, verschränkt er gerne vor der Brust die Arme. So, will das sagen, »des habed mir g'schafft«! Und dann strahlt er Birgit an, die Frau, ohne die Dieter nicht Müller wäre. Vor allem jetzt, wo beide das Edelrestaurant des »Schloßhotel Lerbach« in Bergisch Gladbach bei Köln zusammen betreiben.
Die vielen Jahre in den Wertheimer »Schweizer Stuben«, die er zu höchsten Küchenehren hochkochte, liegen für ihn weit zurück; zurückhaltend, wie er ist, äußert sich der zweimalige Koch des Jahres auch über die veränderten Arbeitsbedingungen und die Küchenklimata, die zum Bruch in Bettingen führten. Aber der herbe Abschied hat doch noch tiefere Labialfalten hinterlassen, darüber täuscht die locker geschnittene propere Popperfrisur nicht hinweg.
Jetzt ist sein Ehrgeiz noch einmal gefragt: »Ich bin gerade im richtigen Alter, noch einmal am Nullpunkt anzufangen. Und da ich positiv in die Welt schaue, denke ich mir, daß ich weiter Glück habe – ich hab' ja fast alles erreicht, aber das hat mich nicht satt gemacht. Ich bin sehr ehrgeizig, will immer 110 Prozent erreichen, und es gefällt mir nicht, wenn's wieder mal nur 90 Prozent waren. Dabei ist mir das Team sehr wichtig, ohne Team kein Erfolg, dazu gehört auch die Spülfrau. Die ist so wichtig wie ein Gottschalk draußen am Tisch!«

Müller kommt aus den sogenannten kleinen Verhältnissen, die er im Ruhm nicht vergißt: »Auf dem Acker im Badischen bin ich aufgewachsen, hab' Hauptschulabschluß, Lehre als Koch und kann keine Sprachen, was ich als großes Manko empfinde. Als Kind schon mußte ich in der Küche des elterlichen Gasthofs schaffen, in der Lehre war ich noch so klein, daß ich einen Schemel brauchte, um in die Töpfe reinzugucken. Aber durch gutes Essen bin ich schnell gewachsen. Bei der Bundeswehr habe ich an Krieg nicht gedacht, nur ans Kochen, und weil der Spieß ein Gourmet war, wurde ich zum Schießen gefahren, denn im Kasino war ich ja à la minute unabkömmlich. Die Kindheit der 50er war hart. Noch bis zu meinem 6., 7. Lebensjahr gab's bei uns zu Hause nur einmal in der Woche Fleisch.«

Das prägt. Und festigt die Bodenhaftung. Und wenn ich ihn, was schwer ist, provozieren will mit der Frage, wie er sich denn angesichts der Hungersnöte in der Dritten Welt als Koch der Reichen fühle, dann hat er sich, die Stirn zeigt deutlich Furchen, darüber nicht hinweggemogelt, wie ihn ökologische, vegetarische und politische Fragen nicht unbeeinflußt lassen. Seine Antwort ist: »Die Sparsamkeit!« Wie er sein Leben durchgeplant hat, so kalkuliert er seine Küche. Ob er die Gerichte träumt oder ausrechnet: »Ich achte auf gute Verwertung, und weggeschmissen wird bei mir nichts!« Außerdem: »Ich bin kein Koch der Reichen und serviere ihnen gerne fünf Gänge für 100 Mark, und das ist für die Mark auch die Qualität. Außerdem würde in Frankreich eine solche Frage gar nicht erst gestellt, denn die Kultur rückt dort die Küche an die erste Stelle, während hier Autos geliebt werden!« Jetzt endlich wird er heftig – da packe ich passionierter Nichtraucher ihn beim Qualm: »Der ärgert mich auch, der Rauch. Der paßt mir gar net. Man sollte Rauchen im Feinschmeckerrestaurant verbieten. Tolerieren kann ich's gerade noch, wenn's Essen vorbei ist. Aber zwischen den Gängen – das macht doch alle Geschmacksnerven kaputt!« Doch selbst durchsetzen mag er es auf eigenem Terrain auch nicht: »Wir brauchen die Gäste, und sofort wird der Oberkellner als Oberlehrer beschimpft – da hab' ich schon Schlimmes mitgemacht!«

Schade, denke ich und sag's ihm auch, und trösten kann mich nur, daß er im eigenen Haus Küche zur Kunst, die Kunst zur Küche zusammen anrichten will. Unser gemeinsamer Freund, der italienische Maler Mario Madiai, hat längst damit begonnen, seine traumhaften Tische für Birgit und Dieter in Farbe zu werfen, die Speisekarten zieren sie schon. Ein neuer Anfang.

Pionier war er schon früher. Früher, als er anfing, der Wunderknabe von Wertheim. Was gab's denn schon auf deutschen Tischen außer der landläufigen Gutbürgerlichkeit? Kulinarische Tabula rasa.

Dieter Müller hatte karrieregünstige Ausgangspositionen und konnte am legendären deutschen Küchenwunder mitgestalten. Ihm saßen keine deutschen Vorbilder und Überväter vor der Nase herum und spuckten ihm in die Töpfe: »Wir konnten etwas Neues machen, ohne Druck, ohne Streß, und für die Presse war's eine Sensation.« So ist er an der Sache selbst gewachsen und gehört als 40er mittlerweile selbst zu den Vätern, zur Gründergeneration. Als Bibel höchstens läßt er seinen Escoffier gelten, den berühmten »Kochkunstführer«, das uralte »Hand- und Nachschlagebuch der klassischen französischen Küche und der feinen internationalen Küche«, das jener famose Franzose Auguste Escoffier, 1913 vom deutschen Wilhelm II. zum »Kaiser aller Köche« ernannt, ein für allemal verfaßt hat – Müller schwenkt sein mit Fettflecken übersätes, aus- und zerlesenes, im wahrsten Wortsinn verkochtes Kochbuch. Nicht umsonst ist der Reformator von Kochkunst und Küchentechnik sein Idol. Escoffier hat die alte Küche vereinfacht, verbessert, befreit und industrialisiert und das Muster geschaffen für die moderne Hotelküche.

Ein harter Schlag, den der in die 40er Jahre gekommene einstige Wunderknabe in der eigenen Familie ausgerechnet in diesem wichtigen Lebensjahr erleben mußte: Seine Kinder wollten zu McDonald's! Unvorstellbar. Für die kleinen Gottschalk-Fans konnte der Vater noch so ein Gott der Götterspeisen sein, der Hamburger muß her, und der Vater mußte rein. Mit Gewissensbissen hat er sich da hineingeschoben, wo seine drei Kinder vor Begeisterung toben. »Schnell und zack« sei es gegangen, »und die Kinder waren happy! Na ja, ich hab' schon in mancher Beiz gesessen, die war schlechter. Und diese daatschigen Brötchen werden mir niemals schmecken, aber. Aber die Pommes frites waren einfach supergut. Sehr lecker. Die Hähnchen schmecken nicht nach altem Öl, sind herzhaft, knusprig. Wir hatten gleich einen Platz, der Service gut. Sauberkeit – nichts einzuwenden, vor allem wurde nicht geraucht. Billig ist's natürlich nicht, aber schnell!«
Da sitzt er, der Küchenstar und Spitzenkoch, an seinem eigenen Eßtisch, die Kinder toben, spielen, musizieren, fotografieren, Birgit hat sich fein gemacht, was ihr nicht schwerfällt, er hat mir

extra die beste Suppe dieser Welt gekocht, Selleriecreme mit gebackenem Rinderhirn und rohem Sellerie, ich esse ein, zwei, drei, vier Teller voll, und wir finden das schon irgendwie verrückt, die Story mit McDonald's: »Das war ein Abschnitt in meinem Leben«, lacht der Müller, »das war noch viel gravierender, als 40 zu werden!«

Faltenwurf

Dr. med. Ruth Auth,
Hautärztin,
verheiratet

Fühlen Sie sich wohl in Ihrer Haut, Frau Auth?
»Und ob!« sagt sie rasant. Startschuß für den 90-Minuten-Sprint über die 40er-Laufbahn. Schon wieder auf den üblichen 2000 Touren: »Von früh bis nachts im vollen Saft bis über beide Ohren«, und das zehn Stunden am Tag, 70 in der Woche bei 100 Patienten von Montag bis Freitag, täglich.
Sie ist mit Haut und Haaren Ärztin, und bei ihr ist man nicht gern gesund, denn sie ist göttlich und keine Halbgöttin in Weiß. Hat's Zeug zum Kabarett, die Anlagen zum Original – das, was es in unsrem Jahrgang selten gibt.
Mit Bike kommt sie zu mir geradelt, die 16 Kilometer, und präsentiert sich als gerade 40, »im Originalzustand, mit Falten, nichts gefärbt, Goldzähne, zu trockener Haut neigend mit vermindertem Unterhautgewebe und deutlich abnehmendem Wasserspeichervermögen. Ich benutze keine Schminke und habe keinen Fernseher!«
Was will ich mehr?
40 werden ist ihr »wurscht«; diesen Schnitt, sie lehnt ihn ab, dermatologisch und total. Einschnitt in ihr Leben war, als sie mit 15, »die Party war stinklangweilig«, den Ekkehard getroffen hat, ihren Mann: »No!« sagt sie breit fränkisch und nasal, »is' des kei' Zäsur?«

Skrupulös verweigert sie mir die medizinische Generalisierung: »Es gibt keine Dermatologie des 40werdens!« sagt sie immer wie-

der, bis sie mir dann doch die »mittelalterliche Haut« erklärt, auf der die Sonnenflecken, die Verhornungen, die Warzen und die Falten zunehmen; Krampfadern und Hämorrhoiden; Zellen speichern weniger Wasser, Bindegewebe verliert Elastizität, aber die grauen Haare zum 40. Geburtstag verweist sie ins Reich von Volkskunde und Märchen: »Natürlich läßt die Pigmentbildung nach, natürlich gibt's einen Zusammenhang von massivem Kummer und Stoffwechselstörung, aber das ist altersunabhängig!« Schwacher Trost. Noch eins drauf: »Alle Funktionen lassen nach, physisch geht's bergab!«
Als sie vor langer Zeit einmal ein Mädchen war mit sieben, hat sie den Schularzt angehimmelt. Er war damals 40. Sie kam zu der Entscheidung: »Doch zu alt für mich!« Jetzt ist sie »selber dran«. Will aber keinen Rückblick machen und hat doch alles reflektiert und registriert. Daß sie durch ihre »Dauerleistung zwischen 30 und 40 mental und psychisch erschöpft« ist. Und weiß, »daß es eigentlich so nicht weitergehen kann«. Deswegen auch kein weiteres Programm am Abend, kein TV, sondern die ganz persönliche »Glotzphase« zur Entspannung. So. Sie »möchte noch nichts beurteilen«! Fragt sich aber, »wie ich auf Dauer mit dieser Praxis hier am Ort noch so etwas wie ein Privatleben führen kann. Das hat nichts mit 40 zu tun, sondern damit, daß der Tag nur 24 Stunden hat!« Sagt sie ganz ruhig, resigniert, fast verzagt, wo sie doch schallend lachen kann, daß man sich im Wartezimmer freut, wenn man's aus dem Behandlungszimmer hört. So eine Ärztin habe ich noch nie erlebt. Sie ist aufs Selbstverständlichste sie selbst und so unprätentiös, daß Patienten sie oft mit der Helferin verwechseln. Und weil sie so direkt, spontan und pfiffig ist und keinen Honig hat für des Patienten Bart, habe ich sie nach dem Jahrgang gleich gefragt. Prompt revanchiert sie sich und fragt, ob sie, da ich nicht wegen blauer Flecken, aber ganz in Blau gekleidet hergekommen bin, auf die Patientenkarte für den blauen Jahrgang 50, dem auch jener Ekkehard angehört, schreiben dürfe: »Blue devil«.
Als Patient bewundere ich die Energie, wie sie sich einstellt auf die Menschen, sich zuwendet und sorgt und den Eindruck vermitteln kann, selbst wenn man nur für drei Minuten zur Kontrolle vor ihr sitzt, man wäre überhaupt und einzig ihr einziger Patient.

Dabei liegt sie mit der Zeit im Krieg und hadert mit dem hohen Ethos, »in zeitlich vernünftigem Rahmen eine anständige Arbeit zu machen«! Sie ist noch vom alten Schlag, die junge 1951erin. Sie wollte einmal Klosterschwester werden und schüttet sich vor Lachen aus, als sie mir's begründen muß: »Wegen meinem Helfersyndrom!« Als Kind habe sie es faszinierend gefunden, »den ganzen Tag nichts anderes zu tun, als andere Leute glücklich zu machen«! Was davon ist geblieben?
»Der Wunsch! Aber die Zeit rennt fort!« Einen Blumenladen, ausschließlich für Wiesenblumen, wollte sie auch einmal aufmachen, Schauspielerin wäre sie gern geworden, aber erst einmal hält sie sich »für dermatologisch begabt, weil sehr naturverbunden und ein Augenmensch – ob ich ein Eichenblatt von einem Birkenblatt unterscheide, ist strukturell nichts anderes als einen Pickel von einem Furunkel«. In jedem Fall wollte sie »einen eigenen Laden«, aber nicht den übernehmen, den's für sie, die Kronprinzessin der Familie, schon gab; beim elterlichen Schreibwarenhandel »hat mir das Helfersyndrom gefehlt«! Sie weiß um sich und macht ihr Clownsgesicht. Kein Wunder, daß das Wartezimmer überquillt.

Daß die Fachfrau spezifische 40er-Falten ablehnt, akzeptiere ich mittlerweile mißmutig, ein histologischer Befund hätte mir in mein Generationentheorem gut gepaßt. Warum aber assoziiert der Volksmund Falten und das graue Haar mit 40? Noch einmal, geduldig setzt sie an, erklärt sie, daß »Labialfalten sich im vererbungsbedingten Strickmuster ausbilden«, daß die Sorgenfalten, die sie zwischen den Brauen lokalisiert, durch hohe Konzentration und Anstrengung von Sehen, Denken, Sorgen, Grübeln entstehen: »Mimische Muskulatur wird ständig angespannt, die Scherkräfte wirken beständig auf Haut und Unterhautgewebe ein, und Einsenkungen bilden sich aus.« Aha, »Einsenkungen« – was für ein neutrales Wort für die Horrorvokabel »Falte« oder »Krähenfuß«. Faltenbildung generell geht einher mit der Veränderung im Bindegewebe der Haut, die schrumpft, weil die elastischen Fasern im Alterungsprozeß zugrunde gehen. Wörter wie »natürliches Zugrundegehen« werden ohne Gnade, ohne Zukkung ausgesprochen. Auch die Tatsache, daß faltig nur die Haut

wird, die ständig der Umwelt ausgesetzt ist, ausschließlich und schutzlos der Außenwelt preisgegeben ist: »Natur.« Besenreiser, auch so ein fürchterlicher Begriff. Hängebusen. »Der«, fährt Ruth Auth ungerührt fort, »der Hängebusen ist das traurige Ergebnis von nachlassender Gewebefestigkeit und – der Schwerkraft; und je weiter 's auf die 50 zugeht, lernt die Frau auch noch die Rückbildung der Drüsenkörper kennen!« Und die Pille? Erzeugt eine künstliche Schwangerschaft, und schwangere Frauen sind nicht alt! Sind nicht alt. Synthetische Jugend. Die Akne der Pubertät und Postpubertät bessert sich, und manchmal wird das Hormon als Klimakteriumsblocker geschluckt, als Jugendverlängerer, als Altersvorbeuger und Hinauszögerer der weißen Menstruation. Das sind Perspektiven!
Und die Ernährung? Fleisch und Haut und Haar? »Ach, wissen Sie«, sagt da die Frau Doktor, »da wird soviel Weltanschauung drum herum gemacht, soviel Philosophie ums Borstenvieh ...«, sie hält inne, und während die Fundis diskutieren, läßt sie sich ihren fränkischen Schweinebraten mit halbseidenen Kartoffelklößen erst mal schmecken.

Wenn Ruth Auth schon »den ganzen 40er-Trubel« ablehnt, so diskutieren wir doch den Zustand, mit dem wir aufgewachsen sind, mit dem wir leben, jetzt, und wie es weitergeht. Zum Beispiel auf der Haut, Frau Auth – der Nachname prädestiniert sie zum Beruf, »nur daß ich eben mein ›H‹ nach hinten stelle«. Ihr »Authput« reicht allemal. Denn daß die Leute kränker werden als früher, »das nimmt in den letzten fünf, zehn Jahren zu«. Der Hautarzt sieht das ja! Verändert hat sich auch das Ärzteleben, vor allem auf dem flachen Land, denn sie zum Beispiel praktiziert im dermatologisch unterversorgten Franken, und die Patienten strömen nicht nur wegen ihrer Kompetenz und Komik zu ihr hin – sie brauchen erst einmal die Grundversorgung.

Der Arzt ist für sie heute nicht mehr das Faktotum der Normalität. Veränderte Erwartungen, veränderte Bilder. Er ist natürlich Arzt, aber auch Manager. Vor allem Dienstleister. Arztleben ist für die Ärzte unserer Generation ein betriebswirtschaftliches

Novum. Die Anspruchshaltung des Patienten ist global geworden, ob krank, ob kränklich oder simuliert: »Der Arzt ist heute in erster Linie nur noch Dienstleister und Allgemeinbesitz!« Der Patient, summiert sie, »fordert einen perfekten Praxisablauf, akzeptiert keine Wartezeiten. Er möchte ewig schön sein und ewig jung bleiben, nicht altern und schon gar nicht sterben. Gesundheit sofort und keine Schmerzen, aber auf nichts verzichten. Eine medizinisch gesunde Haut und von 10 bis 18 Uhr auf dem Mallorcagrill geht einfach nicht zusammen. Die ästhetischen Ansprüche sind außerdem enorm angestiegen. Manchmal kommen zu mir Allergikerinnen, die auch zur Kosmetikerin gehen, schleppen 60 Mittelchen an, und ich kann mir nicht einmal vorstellen, wofür man das alles benutzen soll: Larvenpflege. Wenn sich jemand immer schminkt, macht er ständig was aus sich, was er gar nicht ist! Die Tendenz nimmt zu, daß die Leute wegen gelegentlichem Jucken oder einem Pickel in die Praxis kommen, mit Befindlichkeitsstörungen, nicht mit Krankheiten. Wir sind doch früher zum Doktor nur dann gegangen, wenn wir wirklich etwas hatten, wie früher eben auch nicht jeden Tag mit Gel geduscht worden ist, sondern einmal die Woche gebadet, mit einem Stück Kernseife!«

Und dann die Angst. Ruth Auth zählt sie auf, die Krankheitsbilder, die mitverursacht werden von der ökologischen Umwälzung und verstärkt durch psychosomatische Befindlichkeit, die Allergien, die Schuppenflechte, die Ekzeme, der Heuschnupfen und Haarausfall. »Und die Angst nimmt zu, die reale und die eingebildete, die Krebsangst und die Lebensangst. Wenn ich dann für den Pickel, der früh gesichtet wird, nicht am Vormittag schon einen Termin habe, am Nachmittag das Medikament aufgetragen ist und ab abends der Heilerfolg sich einstellt, dann wird sich beschwert!«

So macht der Patient den Arzt zum Gott; er soll allwissend, allmächtig und allgegenwärtig sein, die drei Prädikate des Himmels.

Damit dient sie noch nicht, kichert Ruth Auth. Sie ist erst 40.

Großvieh

Burkard Barthel, Jahrgang 51, praktischer Tierarzt, verheiratet, drei Kinder

»Ein 40jähriges Pferd ist gesund, sonst wäre es tot!« sagt der Veterinär, und ganz Naturwissenschaftler, schränkt er exakt ein: »Falls es einen 40jährigen Gaul überhaupt gibt!« 24 war sein ältester Pferdepatient, aber 40 Jahre seien theoretisch möglich: »Senkrücken, Hängebauch, abgenutzte, abgeschliffene Zähne, die weit aus dem Kiefer ragen; der Gaul ist außer Dienst, steht auf der Weide, kriegt sein Gnadenbrot und braucht nichts mehr zu tun!«
Und wie sieht der Tierarzt den 40jährigen Zweibeiner?
»Ich schaue im Stall nicht auf Menschen, sondern auf das kranke Tier!«
Aber der gleichaltrige Bauer, der gleichaltrige Viehdoktor?
»Beide müssen auf ihrem Gebiet absolut fit sein, müssen Allrounder sein, und doch spezialisiert, wenn sie überleben wollen; der Bauer, der heute ein Landwirt ist, führt einen mittelständischen Betrieb, der Viehdoktor, der ein Tierarzt ist, hat einen Kleinbetrieb, und überhaupt ist der Tierarzt heute dasselbe wie der Pfarrer auch: nicht mehr das, was er einmal war!«

Burkard Barthel beschreibt völlig ungerührt den Strukturwandel in der Berufswelt unserer Generation. Beide sind wir Tierarzt-Söhne, nur ist mein Bild des väterlichen Berufes, den ich lange ergreifen wollte, in den 50er Jahren stehengeblieben. Burkard lebt jetzt und im Jetzt, »die Landwirtschaft hat mit Idylle nichts mehr zu tun, falls sie für Insider jemals idyllisch war; sie ist ein

Teil einer Industrie, ein Wirtschaftszweig, mit dem ich leben muß!« Da ist in seiner Rede kein Raum für Romantik oder Nostalgie, wenn's so ist, wie er's darstellt; weite Strecken von Kindheit und Jugend auf dem Land mag oder kann er nicht erinnern. Gefühle zu zeigen ist seine Sache nicht. Höchstens implizit gibt er da etwas zu, wenn er Technisierung und Rationalisierung, die Entsinnlichung und das Immer-abstrakter-Werden seines Berufes zwischen Besamungstechnologie und audiovisueller Fortbildung beschreibt und zum Schluß bekennt: »Aber eine Geburt bleibt eben eine Geburt. Das macht einen Haufen Spaß!«

Ansonsten hat er seine Arbeit streng unterteilt in »Praxis – draußen auf den Dörfern herumfahren, Tiere behandeln; Büro – drinnen am Schreibtisch sitzen, Verwaltung erledigen; und droben, in der Wohnung – die Wissenschaft, einen halben Tag pro Woche muß das sein, damit ich auf dem laufenden bleibe«! Ohne Computer geht nichts, sagt er, weder beim Tierarzt noch beim Tierhalter: »Alleine die Bodenproben, die heute ein Landwirt regelmäßig nehmen muß, was früher höchstens sporadisch geschah, die braucht er, wenn er auf seinem Grund und Boden langfristig und vernünftig wirtschaften will, um die Datenrelation von minimaler Düngung zu optimalem Ertrag zu errechnen«, stellt der Jugendfreund fest, zieht lange an seiner Zigarette und schaukelt zweimal in seinem Öko-Stuhl, »– ohne PC geht da heute gar nichts mehr!«

Er ist der ganz andere. Während ich mir die Zeitungsartikel aus der »Main-Post« über die jeweils letzten Tage der dörflichen Milchsammelstellen ausschneide, darüber trauere, daß wieder ein Stück dörflicher Kultur, ein Ort des Gesprächs abgeschafft ist, setzt er den »Dorfklatsch« und die »soziale Kontrolle« dagegen, und daß er als heutiger Arzt nie in den damaligen Zuständen, in denen die Väter praktiziert hätten, arbeiten wollte. Während er mit 30 noch intakte Höfe angefahren hat, behandelt er das Vieh heute oft alleine auf dem menschenleeren Gehöft, denn Bauer Bäuerin stehen am Band in der Fabrik. Auch die Tierarztpraxen sterben, die Väter treten klanglos ab, und die Jüngeren sind, trotz erheblicher Fleischbeschau, nur noch Teilzeitveterinäre: »Was Du vom tierärztlichen Leben mitgekriegt hast«, sagt er kühl, »ist

längst Geschichte. Das alte Berufsbild trifft nicht einmal mehr für den Spessart zu – weil's dort kein Vieh mehr gibt. Ein paar Nebenerwerbslandwirte existieren noch. Früher konnte man mit 200 Betrieben à zwei Besuche pro Jahr rechnen, heute sind in den fünf Ortschaften gerade noch 20 Höfe übrig. Es gibt Wochen, da komme ich überhaupt nicht in den Spessart hinein, während mein Vater noch täglich draußen war!«
Und wie erlebt er diese Veränderung? Mit welchen Gefühlen geht er damit um?
»Es war früher schön; aber heute ist es auch schön – vor allem anders. Es ist theoretischer geworden. Die Vielfalt der Tiere hat abgenommen, aber dafür wächst das Spektrum der Krankheiten. Auch die körperliche Arbeit hat sich verringert, aber dafür muß das Hirn mehr diagnostische Arbeit leisten!«

Und der Körper des 40jährigen Veterinärmediziners?
»Früher habe ich meinen Körper einfach eingesetzt, jetzt nehme ich ihn überhaupt erst wahr! Früher bin ich in den Stall hineingesprungen, hab' über ein Gitter gesetzt oder einen Hecht über den Zaun gemacht, heute geht's schön durch das Hoftor. Ich gehe ökonomisch mit meinen Kräften um, habe im Auto für die jährlichen 25 000 Kilometer einen Recaro-Sitz, der so wichtig ist wie perfekte Besamungsinstrumente, denn ich will mit 60 auch noch ein intaktes Rückgrat haben. Beim Volleyball spüre ich am nächsten Tag schon meine Knochen, aber das hindert mich nicht, beim Spiel an den Rand meiner Physis zu gehen.«
Ein intaktes Rückgrat – das braucht er auch, denn er hat noch viel vor. Er träumt, vor allem wenn ihn der Betrieb beutelt, von der Pensionierung oder vorher von der Flucht: Praxis dichtmachen, Haus verkaufen und mit einem omnibusgroßen Megamobil ohne Ziel abzuhauen. Bis dahin bleibt nur der Urlaub für den Campingvagabunden in Jeans und Sportzeug, immer ohne Krawatte.

Burkard ist, denke ich mir, wenn ich ihn so dasitzen sehe in seinem Büro, er raucht, trinkt ein Bier, der Computer summt, ein Telefon geht im Haus, Utas Kopf in der Tür – seine Frau, die Kleintierpraktikerin, die irgendwo in die Nacht fahren muß zu

einem angefahrenen Hund –, Burkard ist im philosophischen Sinn *ein moderner Mensch:* realistisch, rational, mit ungebrochenem Vertrauen zur Vernunft, zu den Versprechen von Rationalität, Wissenschaft und Aufklärung. Nüchtern und entmystifiziert. Streng sieht er mich manchmal an, oder bilde ich mir's ein, mathematisch und mönchisch. So stelle ich mir einen modernen Franz von Assisi vor: tierlieb, sozial und christlich. Ein Techniker des Lebens, Funktion und Struktur im Blick, ein Ingenieur der Generation, mit schweren 40er-Furchen auf der Stirn und einem mittlerweile gewachsenen Bewußtsein für den eigenen Leib. Lacht nicht, wenn ich ihn nach der Menstruation des Mannes frage. Stimmt zu, ergänzt: »Ich ziehe den Begriff ›Ich habe meine Periode‹ vor, weil ich in den letzten Jahren an mir selbst beobachtet habe, daß ich zyklisch ablaufend in eine Defizitphase gerate, in der ich mit meinen Stimmungen völlig anders gelagert bin als normal. Das fiel mir irgendwann dumpf auf, dann habe ich es systematisch ein halbes Jahr beobachtet und den drei-, vierwöchigen Zyklus registriert. Ob das mit dem Biorhythmus zusammenhängt, weiß ich nicht, aber ich habe daraus profitiert, diese regelmäßigen Schwankungen zu beobachten.«
Ansonsten fühlt er sich wie 30. Und ist genervt »von den dummen Sprüchen, die von außen auf mich niedergegangen sind, als ich 40 wurde: ›Von nun an geht's bergab.‹ Das wollen wir doch erst mal sehen!«
Das ist ihm alles Ideologie, und der totale Ideologieverdacht gehört zu seiner Sachlichkeit.
So realisiert er die sozialen Vorteile, die die Frauenbewegung für unsere Altersgruppe gebracht hat – Überlebenskonstruktion auch für die Tierarztpraxis. Denn die ist heute ein Mischbetrieb für Groß- und Kleintierbetreuung, wo der Mann fürs Großvieh zuständig ist und bundesweit mittlerweile schon 20 Prozent Frauen die kleinen Kreaturen versorgen. Aber sofort zieht er mißtrauisch die buschige Braue, wenn's um feministische Theorie oder Strategie geht. Gibt aber zu: »Es muß das Extrem, die Spitze geben, damit Breite möglich ist und das Realisierbare in die Bevölkerung einsickern kann!«
Der Nonkonformist, streng katholisch erzogen.

Burkard bekennt sich nach wie vor zwar zum christlichen Glauben, »aber Kirchen als Institutionen lehne ich ab. Katholisch oder evangelisch ist blau oder grün. Ich möchte in kein Schema gepreßt werden, denn mein christlicher Grundgedanke, der verschiedene moralische Vorstellungen toleriert, läßt sich nicht einpferchen in Konfessionen. Nach dem Abitur – für mich übrigens ein viel wichtigerer Einschnitt, als 20, 30 oder 40 zu werden – wollte ich erst einmal überhaupt nichts mehr von der Kirche wissen, aber Uta hat mich behutsam wieder an meinen Glauben herangeführt. Daß ich aus der Kirche austrete? Bisher nicht, aus Rücksicht auf die Eltern und auf Rücksicht auf mich, weil ich dann überhaupt nicht mehr weiß, wo ich hingehöre, in welche Gemeinde ich gehöre. Vielleicht verdränge ich das alles!« Burkard weiß, daß er etwas tun müßte, aber die Bilanz:
»Ich bin wahrscheinlich doch zu lasch, um mich zu engagieren. Und ich fühle mich eben von allem abgestoßen, was in althergebrachte Normen gefaßt ist!«
So hat er auch nicht den ängstlichen Respekt dem Tod gegenüber, vielleicht, weil er dauernd mit ihm umgeht. »Jajaja!«, ein Testament sollte er schon gemacht haben. Und seine Beerdigung? »Rein in die Bananenkiste und mit Rolling Stones unter die Erde!«
Wir lachen, lachen laut, erleichtert und erschreckt.

Gabriele D. Willner:

»Die setzen an zum nächsten Sprung«

oder

Führungskräfte um 40

Gabriele Willner gehört zu den Orchideen ihres Fachs. Die 1950 geborene Juristin mit Doktortitel ist die Geschäftsführerin der TASA Deutschland Consulting Partners, eine weltweit operierende Organisation für Executive-Search-Beratung, Suche, Pflege und Vermittlung von Führungskräften für die Wirtschaft – Gabriele Willner ist, neudeutsch ausgedrückt, eine »Headhunterin«. Auf internationalem Parkett gehört sie selbst zu den ganz wenigen Frauen, die die absolute Spitze im Wirtschaftsleben erreicht haben – bei TASA eine von drei Geschlechtsgenossinnen, die sich »Partner«, nein: die sich »Partnerin« nennen dürfen.

PETER ROOS: *Wie sieht der Prototyp, das Standardprofil, die Idealfigur eines »Karrieristen« um 40 im Wirtschaftsleben dieses Landes aus?*

GABRIELE WILLNER: 40jährige Führungskräfte definiere ich so: Sie haben schon einen gewissen Abschnitt im Berufsleben zurückgelegt, sie haben schon etwas erreicht; jetzt überlegen sie sich, daß damit die erste Lebenshälfte vorbei ist. Man fängt an, sich für die zweite Lebenshälfte vorzubereiten, das heißt: Kann ich noch mal einen Sprung machen? Sollte ich noch mal einen Sprung machen? Den meisten geht es in diesem Alter schon recht gut; sie haben Familie, die Kinder sind meist um die 15, also aus dem Gröbsten raus; sie haben genug Geld, um Reisen, sich das Leben angenehm zu machen. Die harten Jahre des Aufbaus sind vorbei – aber jetzt kommt doch schon der Blick auf das nächste Jahrzehnt: bis zum

50. sich vorzubereiten auf diesen bevorstehenden beruflichen Sprung, und rückblickend in Wehmut auf das letzte Jahrzehnt – daß ab nun die 3 nicht mehr davorsteht. 40 ist ein Einschnitt.

ROOS: *Was hat der 40jährige Generationsgenosse aus dem Wirtschaftsleben in einer normalen branchenüblichen Erfolgskarriere erreicht?*
WILLNER: Die Unternehmen sind inzwischen bereit, jüngere Leute schneller hochkommen zu lassen. Dieser Trend ist seit etwa 5 Jahren erkennbar. Ich weiß von einem Vorstandsmitglied von Karstadt, der ist mit 37 Jahren in den Vorstand gekommen; bei Rosenthal sitzt auch ein junger Mann im Vorstand, der ist 39. Ich meine hier »junger Mann« im Verhältnis zu den 50jährigen. Normalerweise wird man Vorstand mit 45, 50. Das verlagert sich derzeit aber nach vorne, so daß jüngere Leute schneller in verantwortungsvolle Positionen kommen.

ROOS: *Also Vorstände?*
WILLNER: Das sind Vorstände, Geschäftsführer; das sind durchaus auch junge Leute, die ihre eigene Firma gründen, so der Otto Kern, der die Hemden macht – solche Karrieren sind das. Sie haben mich allerdings nach den Normalkarrieren gefragt.

ROOS: *Otto Kern ist keine Normalkarriere?*
WILLNER: Otto Kern ist keine, auch dieser Vorstand von Karstadt ist eher eine außergewöhnliche Erscheinung. Die Normalkarriere sieht so aus: Mit 40 hat man, wenn man studiert hat, rund 13 Jahre Berufstätigkeit. Ich gehe davon aus, daß sie mit 27/28 ins Berufsleben einsteigen. Manche hängen dann immer noch in der ersten Firma, was nicht so gut ist. Normalerweise wären das also zwei oder drei Firmen, und je häufiger man wechselt, ohne Jobhopper zu sein, um so höher kommt man. Wer also 12 Jahre immer noch in derselben Firma klebt, wird's nicht so weit gebracht haben wie jemand, der ein- oder zweimal gewechselt hat. Ich gehe also hier von den Wechslern aus. Die können Geschäftsführer einer kleinen Tochtergesellschaft eines Großkonzerns sein, die können in der Direktionsebene sein, also durchaus schon in

Leitungspositionen. Die setzen aber noch an zum nächsten Sprung.

ROOS: *In den Etagen, auf dem Level, den Sie im Auge haben und bedienen, ist das noch nicht der letzte Schritt?*
WILLNER: Mit Sicherheit nicht. Aber jetzt kommt das Stichwort »Wertewandel«, und das ist mit Bestimmtheit ein Thema bei der Generation, die jetzt Anfang/Mitte 30 ist – viel deutlicher als bei denen, die jetzt Anfang 40 sind. »Wertewandel« heißt ganz konkret: Wenn Sie solchen Leuten eine Position anbieten mit einem höheren Gehalt, wird erstens immer die Frau in die Entscheidung mit einbezogen – die kriegt sie nicht mehr fertig präsentiert. Zweitens: Die lassen sich heute nicht mehr für mehr Geld locken, wenn die Lebensqualität am Wohnort – eigenes Haus, Tennisplatz, Kindergarten – so hoch ist, daß das nicht kompensiert werden kann durch 20 000, 30 000 Mark mehr pro Jahr in einer neuen Stadt. Ich rede hier über Leute, die jetzt mit 40 ein Einkommen von 150 000 bis 300 000 haben. Die mit 300 000 Jahreseinkommen können Sie mit 40 000 Mark mehr kaum noch von München nach Buxtehude locken. Das wird mit Sicherheit nicht gehen.

ROOS: *Wie hoch ist der Anteil von Frauen in diesen Positionen in der Bundesrepublik?*
WILLNER: Frauen in Führungspositionen sind selten und kostbar wie Orchideen, obwohl zirka 40 Prozent aller Erwerbstätigen weiblichen Geschlechts sind. Von den Spitzenjobs der deutschen Wirtschaft befinden sich ganze 3,6 Prozent in weiblicher Hand. Auf der Ebene darunter sind es kaum mehr als 5 Prozent, und in den Vorstandsetagen der Aktiengesellschaften liegt ihr Anteil bei kläglichen 0,3 Prozent. Für diese Minorität bedarf es keiner Statistik. Diese Damen lassen sich noch einzeln zählen.

ROOS: *Obwohl ich Sie nach 40jährigen Frauen und Männern fragte, haben Sie mir unbefragt nur die männliche Seite beantwortet. Wie sieht die 40jährige Karriere*frau *aus?*
WILLNER: Meist ist sie alleinstehend.

ROOS: *Liiert?*
WILLNER: Ich kann darüber gar keine Statistik führen, weil ich bisher nur *eine* weibliche Kandidatin hatte, die deshalb einen neuen Job suchte, weil ihr Freund in eine andere Stadt versetzt wurde. Das heißt, sie ist ihm gefolgt.

ROOS: *Ist das umgekehrt denkbar?*
WILLNER: Es wird immer denkbarer.

ROOS: *Aber nicht mehr in unserer Generation. Oder noch nicht?*
WILLNER: Noch nicht! Ich hatte bisher nur eine einzige Kandidatin, die mobil und flexibel war, aber ihr Mann war Hausmann und hatte keinen Beruf, also war sie der Ernährer der Familie. Aber das ist wirklich ein Ausnahmeprofil! Vielleicht kann es in 10, 20 Jahren tatsächlich zwischen Eheleuten oder Partnern eine Vereinbarung geben, daß der, der den besseren Job hat, auch den Lead für Ortswechsel gibt. Aber im Moment ist das noch sehr schwer vorstellbar.

ROOS: *Es fängt aber in unserer Generation erst an, daß die Kandidaten für solche Jobs nicht mehr autokratisch entscheiden, sondern ihre Frauen und Kinder mit einbeziehen?*
WILLNER: Seit 5 Jahren sagen die 40er Kandidaten: »Ich frage meine Frau. Aber letztlich entscheide ich.« Die neue Generation, die 30- bis 35jährigen, die sagen: »Das entscheiden wir alles ganz demokratisch.« Und die scheuen sich auch nicht, abzusagen mit der Begründung: »Meine Frau möchte nicht.« Da sehe ich den Wandel.

ROOS: *Worauf führen Sie diesen Wandel zurück?*
WILLNER: Die nachkommende Generation, die zirka 30jährigen, hat erkannt, daß das Leben nicht nur aus Arbeit besteht, sondern daß Frau und Kinder vielleicht auch noch eine schöne Ergänzung zum Berufsleben sind. Das mag auch was mit Angst, Bedrohung, damit, was mit der Umwelt passiert, zu tun haben, daß man einfach bewußter lebt.

ROOS: *Hat das auch etwas mit Feminismus zu tun, daß solche Fragen überhaupt ins Bewußtsein von Wirtschaftskreisen geraten?*
WILLNER: Fairerweise muß man sagen, daß Frauen zunehmend berufstätig sind, zwar in der Mehrzahl nicht in den Spitzenjobs, aber sie tragen zum Unterhalt der Familie bei, so daß ein junger Mann gar nicht darüber hinweggehen kann, seine Frau zu fragen, die ihren Job aufgeben oder zusehen muß, daß sie in einer neuen Stadt auch eine Anstellung findet. Durch die zunehmende Berufstätigkeit der Frau muß also in der Familie mehr abgestimmt werden.

ROOS: *Die Quotenregelung wird kommen!*
WILLNER: Vielleicht in der Politik, aber in der Wirtschaft sehe ich das nicht. Denn eine Quotenfrau, die aufgrund der Quote und nicht aufgrund ihrer Leistung in diese Position gekommen ist, ist auch schnell wieder weg. Wenn es also wirklich eine Quotenfrau ist, die beruflich gar nichts taugt, wird sie das nicht durchstehen.

ROOS: *Wie sieht das Profil der 40jährigen Karriere*frau *aus? Alleinlebend?«*
WILLNER: Die ist meist alleinlebend. Und wenn sie einen Lebenspartner oder Lebensabschnittspartner hat oder verheiratet ist, wird sie meist keine Kinder haben.

ROOS: *Warum?*
WILLNER: Die klassische Rollenverteilung in der heutigen Familie ist so, daß die Frau nach wie vor die Verantwortung für Haushalt und Kinder hat, selbst wenn sie berufstätig ist. Und ich möchte die Frau sehen, die ihren Mann zu Hause läßt, wenn die Kinder krank sind! In der Regel wird sie zu Hause bleiben. Wenn sie aber Kinder hat, dann wird sie Haushälterin und Kindermädchen nehmen. Das ist eben die Kehrseite. Sie muß das organisieren und muß auch ganz sicher sein, daß sie's richtig organisiert hat, daß sie die richtigen Erzieher oder Hausmädchen hat für die Kinder. Das ist eine Organisationsfrage, die gleichzeitig immer voraussetzt, daß genügend Geld da ist – was dann meistens auch der Fall ist.

ROOS: *Was bedeutet eine weibliche Karriere in unseren Jahrgängen?*
WILLNER: Verzicht.
Verzicht auf ausreichendes Privatleben – vielleicht eine geschiedene Ehe, vielleicht keine Kinder und vielleicht, weil sie alleine lebt, geringerer sozialer Status. Also heißt es: »Die ist ja nicht verheiratet!« Da kommt dann leicht das Vorurteil »Karrierefrau«, und da wird »Karriere« dann besonders zackig ausgesprochen à la: »Die ist ja eigentlich gar keine richtige Frau. Die ist ja fast wie ein Mann!«

ROOS: *Bei der männlichen Karriere führen Sie ja keine Verzichtsleistung an. Warum? Worauf verzichtet denn der Mann? Oder spürt er das nicht?*
WILLNER: Der spürt das nicht. Der hat die Frau im Haushalt, sie kauft ein; er kommt abends nach Hause, der Tisch ist gedeckt, die Hosen sind gebügelt, die Hemden frisch im Schrank, die Socken gestopft – der Mann genießt das. Er kann das doch. Er hat seine Arbeit, da muß er zwar gut sein, aber die Rückfront zu Hause, die funktioniert. Irgendwie wird für Männer immer gesorgt!

ROOS: *Wie stehen Sie denn dazu?*
WILLNER: Da kuck' ich neidisch, da kuck' ich neidisch hin. Komisch – mein Mann hat Karriere gemacht, ich bin voll im Berufsleben, und auch bei uns ist die Rollenverteilung nach wie vor so, daß ich für den Haushalt zuständig bin.

ROOS: *Auch wenn Sie ihn nicht selbst betreiben, müssen Sie für die Organisation sorgen?*
WILLNER: Ja. Er sagt zwar, wenn dann abends nichts im Eisschrank ist: Gehen wir essen! Er wird vielleicht auch mal sagen: Ich kauf' ein. Aber das ist dann regelmäßig das Falsche.

ROOS: *Können Karrierefrauen einen Weiblichkeitsbonus ausnützen, oder haben sie ein Handicap?*
WILLNER: Als Frau im Job die Weiblichkeit überbetonen heißt, die Bluse zwei Knöpfe zu weit aufmachen oder den Rock zu hoch rut-

schen lassen. Das ist schlecht, da geht die Seriosität flöten. Das ist eine Gratwanderung zwischen Blaustrumpf und Rüschenbluse. Die Mitte zu kriegen zwischen weiblich sein, weiblich wirken und andererseits glaubhaft im Job – das ist schwierig für eine Frau, da hat sie's schwerer als die Männer. In den ersten Jahren der Berufstätigkeit meinen Frauen daher, sie müßten viel besser sein, und halten sich strikt und männlich nur an die Arbeitsregeln. Aber irgendwann entdecken sie ihre Weiblichkeit, Weiblichkeit im Job, und daß sie eigentlich erst dann gut und stark sind, wenn sie diese Komponenten einbringen.

ROOS: *Welche Studienrichtungen muß ein 40jähriger Karrieremann oder das weibliche Pendant abgeschlossen haben? Abgebrochenes Studium kommt wohl nicht in Frage!*
WILLNER: Abgebrochenes Studium sehen wir immer sehr kritisch: Da hat jemand was nicht fertig gemacht. Es gibt natürlich immer besondere Umstände, Todesfälle in der Familie, wo das Unternehmen übernommen werden muß. Aber über diese Fälle rede ich nicht. Ich rede über die Fälle, in denen jemand studiert und dann, wenn er ziemlich weit in den Semestern gediehen ist, gemerkt hat, daß es doch nicht das Richtige war und dann anfängt zu jobben. Die werden es schwer haben. Dann lieber gar kein Studium, statt dessen Lehre und Ausland – das ist eine klare Sache. Es gibt durchaus diejenigen, die so Karriere gemacht haben, aber die meisten haben ein Studium.

ROOS: *Welche Fachrichtung?*
WILLNER: Jetzt muß ich meinen Vater zitieren, der mir gesagt hat: »Juristen können alles. Wenn du Jura studierst, kommst du überall an.« Das hat sich gewandelt. Mittlerweile geht's sogar wieder zurück zu Jura, vielleicht auch nur, weil der Numerus clausus bei Betriebswirtschaft so groß ist. Betriebswirtschaft hat Jura abgelöst. Jura war in den 50er, 60er, 70er Jahren vorherrschend; die 80er Jahre sind von der Betriebswirtschaft geprägt.

ROOS: *Welche Abschlüsse? Diplom oder Promotion?*
WILLNER: Es promovieren relativ wenige. Das ist zeitaufwendig.

Manche gehen dafür lieber nach USA, machen ihren MBA – Master of Business Administration.

ROOS: *Gehören auch Auslandsaufenthalte – Studium oder gleich Praktikum – auch zu den Indikatoren der Biographie der 40jährigen Führungskraft?*
WILLNER: Studium ist gut, auf jeden Fall ein Studium und dann Promotion; ich persönlich rate immer zur Promotion. Oder eben im Ausland auf einer Business School obendrauf noch einen Studiengang setzen, der nicht mit Promotion endet, sondern mit einem »Master of Business Administration« oder »Bachelor of Arts«.

ROOS: *Wie kleidet sich der 40jährige Karrieremann?*
WILLNER: Korrekt. So wie Sie heute, ganz in Blau, in Hellblau und noch dazu mit blauer Brille, das würde nicht gehen – allenfalls in einer Werbeagentur als Kreativer, da wäre das wieder hochwillkommen. Aber in der Stahlindustrie oder bei Thyssen – ich wüßte nicht, ob Sie die Pförtnerloge passieren würden. Es herrscht immer noch die Flanellhose und der dunkelblaue Blazer, vor allem in den hanseatischen Bundesländern; bei der Krawatte wird schon mal das Tüpfelchen gesetzt. Aber der 40jährige Karrieremann kleidet sich nicht ausgeflippt.

ROOS: *Stange oder Maß?*
WILLNER: Maß? – Glaube ich nicht in diesem Alter. Das sind dann wieder die 50jährigen. Die 40jährigen kaufen von der Stange – Sie kriegen ja von Boss Dinge, die sehr schick und modisch sind –, die Stange hängt also schon ein bißchen höher.

ROOS: *Autos?*
WILLNER: Autos! Oh! Auto ist Status! Wichtig! Läßt jetzt vielleicht ein bißchen nach. Hauptsache Firmenwagen, aber trotzdem wird genau hingeguckt, ob es denn nun ein BMW ist oder ein Ford.

ROOS: *Und die Frau hat dann den Golf GTI Cabrio?*
WILLNER: Mehr den Golf GTI.

ROOS: *Eigenheim? Das gehört ja wohl dazu?*
WILLNER: Ja. Viele fangen an, im Alter von Mitte/Ende 30, Anfang 40, sich das Nest zu bauen. In der ersten Phase ist vielleicht das Geld nicht da, man braucht auch noch eine gewisse Mobilität. Aber dann wird das Nest gebaut – das heißt entweder Kauf oder selber bauen. Und damit ist die Immobilität da.

ROOS: *Das bedauern Sie?*
WILLNER: Nein, ich habe Verständnis dafür; aber es macht unsere Arbeit als Headhunter schwieriger.

ROOS: *Wann fängt es an, daß diese Männer Freundinnen haben? Neben der intakten, relativ emotional stabilen, organisatorisch perfekten Zwei-Kinder-Familie?*
WILLNER: Das ist schwierig zu sagen. Wenn die Frau mitwächst, selbst berufstätig ist und damit auch mehr zum Sparringspartner des Ehemannes wird, als das Pampers-Gespräch zu führen, ist die Gefahr nicht mehr ganz so groß. Auszuschließen ist sie nicht. Am Arbeitsplatz ist die Versuchung da, daß die Männer links und rechts gucken – die Frauen ziehen sich ja auch schick und flott an, und Betriebsfeiern gibt's auch: da kann es schon mal sein, daß – !

ROOS: *Ich meine nicht den Seitensprung, sondern –*
WILLNER: Die richtige Steady.

ROOS: *Die mitfinanzierte?*
WILLNER: Oh, das ist aber noch zu früh. Da müssen wir uns in 10 Jahren noch mal hier treffen.

ROOS: *Vom Einkommen her ist das erst ab 50 möglich?*
WILLNER: Der 40er baut ja noch auf. Der steckt das Geld lieber ins Haus als in die Wohnung der Freundin.

ROOS: *Derjenige, der 1990 als 40jähriger 150 000 Mark hatte, wird – wenn er die vorgezeichnete Laufbahn weitergeht – im Jahr 2000 als 50jähriger über 400 000 oder, sagen wir, über 'ne halbe Million*

verfügen, wenn man die Entwertung mitrechnet. Ist er dann in der Lage, sich eine Freundin zu finanzieren?
WILLNER: Ja, finanziell ist er dazu in der Lage. Und die Ehe – da ist vielleicht schon die silberne Hochzeit gefeiert worden, da prikkelt's nicht mehr, so daß schon eher die Bereitschaft da ist, noch eine Zweitwohnung zu finanzieren. Aber unsere Generation – die sind noch in der Aufbauphase: Eigenheim, vielleicht mal ein Seitensprung, und vielleicht wird über den zu Hause auch diskutiert, warum das passiert ist.

ROOS: *Ist das was Neues?*
WILLNER: Früher wurde das eher als Kavaliersdelikt gehandhabt – ein Gentleman genießt und schweigt. Heute setzen sich die Ehepaare zusammen und versuchen herauszufinden, warum das passiert ist. Man geht Beziehungen bewußter an, geht mehr aufeinander ein als noch die Generation unserer Eltern. Da war das Rollenverhältnis klassisch: Der Mann hat aufgebaut, und die Frau hat dabei geholfen, und die drei K oder die zwei K – Kirche will ich gar nicht mal nennen –, aber Kinder und Küche, das war vorgezeichnet.

ROOS: *Muß dieser Karrieretyp, den wir da gerade entwerfen, irgendeiner Kirche angehören oder politischen Parteien? Ich beispielsweise käme jetzt zu Ihnen und wollte einen Job haben, sie sind völlig weg von meinen Qualifikationen, und dann sage ich: Ich bin aber bei den Grünen.*
WILLNER: Mitgliedschaft in einer politischen Partei ist schicker, als in der Kirche zu sein. Ich sag' das jetzt mal etwas flapsig. Man redet sicherlich in einem Interview eher darüber, daß jemand in einer politischen Partei ist, als daß er aus der Kirche ausgetreten ist. Das ist eigentlich noch nie ein Thema gewesen. Die Mitgliedschaft in einer politischen Partei schon eher.

ROOS: *Was ist da wählenswert?*
WILLNER: Ich glaube, rechts und liberal; grün – wäre schwierig. Ich hatte durchaus auch schon mal Aufträge, wo gefragt wurde, weil der Job in die politische Richtung ging: In welcher Partei ist

er denn? Ich suchte damals einen Geschäftsführer für einen Verband, und da war das ein Thema. Ich glaube, wenn ich reinschreiben würde in den Lebenslauf »Grün« – dann gäbe es Probleme.

ROOS: *Und politische Vergangenheit? Jemand, der – was in unserer Generation nicht verwunderlich wäre – 1969/70 angefangen hat zu studieren, in der KPD/ML oder in der DKP-Studentenorganisation war oder glasklarer Maoist oder ein Wortführer der SDS gewesen und damit auch durch die Presse gegangen ist – was passiert dann? Ist dieses Vorleben hinderlich?*

WILLNER: Von Bismarck stammt wohl der Spruch: »Wer in der Jugend nicht links gewesen ist, hat kein Herz, und wer es später immer noch ist, hat keinen Verstand.« Ich glaube, es wird nicht negativ gesehen, wenn jemand früher als Student oder als Spätschüler einer extremen Partei beigetreten ist, dann aber gemerkt hat, daß er auf dem falschen Weg ist, jetzt entweder parteilos ist oder sich einer liberalen Partei angeschlossen hat. Nur, wenn er jetzt immer noch in einer extremen Partei ist, würde ein Arbeitgeber sagen: No. Es sei denn, ich such grad jemand für den Umweltschutz, da wär ein Grüner natürlich gerade passend.

ROOS: *Was für einen Lebensstil, was für einen Alltag hat dieser 40jährige Erfolgsmann?*

WILLNER: Er muß 14 Stunden arbeiten!

ROOS: *Da hat der kaum Zeit für dauernde Arbeitsessen.*

WILLNER: Sie meinen, ob jetzt alle dicke Bäuche haben? Nee! Die gehen sehr bewußt mit ihrer Gesundheit um – weniger Alkohol, weniger Zigaretten, mehr Sport.

ROOS: *Wann will unser Mister Forty denn Sport treiben?*

WILLNER: Es gibt Leute, die joggen um 7 Uhr morgens durch die Straßen, um um 9 gestriegelt und gebügelt im Kontor zu sitzen!

ROOS: *Ich war neulich ganz überrascht – im Zürcher Hotel »Storchen« lag auf dem Nachttisch ein Faltblatt »Mit dem Hoteldirektor joggen morgens um halb sieben«.*

WILLNER: Das ist gar nicht so außergewöhnlich. Die knapsen sich Schlafzeit ab, um sie in Laufzeit umzuwandeln.

ROOS: *Das kann man aber nicht ewig. Und mit fortschreitendem Alter?*
WILLNER: Viele werden mit 45 »gesetzter«, wie das so schön heißt, sie werden ein bißchen stabiler. Aber ich glaube wirklich, daß meine Klientel im 40er Alter heute körper- und gesundheitsbewußter ist.

ROOS: *Wie hoch ist denn der Anteil der Alkoholiker oder geheimen Alkoholiker in unseren Jahrgängen in diesen Top-Positionen?*
WILLNER: Das sind dann sehr anonyme Alkoholiker. Ich hatte vielleicht mal einen Mann mit einem Alkoholproblem, mehr nicht.

ROOS: *Es geht ja auch oft lange gut.*
WILLNER: Ich kann nur aus meiner eigenen Erfahrung sprechen, es ist auf Null reduziert. In den Positionen, von denen wir hier sprechen, ist es nicht der Fall. Auf der Baustelle wird ordentlich gekippt, 'n Bier oder auch mal Schnaps – aber in diesen Positionen nicht.

ROOS: *Trinkt unser 40jähriger Bilderbuch-Vorstand tendenziell eher Veuve Cliquot als Carstens SC?*
WILLNER: Ja! Der Hang zu Luxusgütern ist absolut da!

ROOS: *Wie ist dieser Mann zu Hause eingerichtet?*
WILLNER: Wahrscheinlich ist er aus dem Ikea-Alter rausgewachsen. Davon hat man vielleicht noch 'n Weinregal im Keller, aber wahrscheinlich kein Bücherregal mehr.

ROOS: *Firmen! Marken! Thonet? Knoll? De Sede? Cassina? Designer- Generation?*
WILLNER: Er ist kurz vor De Sede.

ROOS: *Und die Frau hat eine Bulthaup-Küche!*

WILLNER: Ja, und Gaggenau-Geräte, genau! Der Trend geht nach oben, es wird exklusiver.

ROOS: *Wie steht's mit Feriendomizilen?*
WILLNER: Oh, es wird immer schicker. Mit kleinen Kindern fährt man nach Juist oder baut 'ne Sandburg auf Norderney, fährt vielleicht mal in das Ferienhaus in der Toscana.

ROOS: *In das gemietete?*
WILLNER: Na klar! Dann sind die Kinder 15, 16 – die gehen vielleicht schon in eigene Sprachurlaube, und bei Eltern wird's dann schick. Das wird Mauritius, das wird exotisch!

ROOS: *Fangen die an, sich die Cantina in der Toscana zu kaufen oder in der Bretagne oder in Irland?*
WILLNER: Dauert noch 'n bißchen, glaube ich.

ROOS: *Mit 50?*
WILLNER: Ich kenne Leute in unserem Alter, die schon die Finca auf Mallorca haben. Bei vielen besteht jedenfalls der Wunsch. Vielleicht ist es finanziell noch nicht machbar, oder man weiß noch nicht genau, wo der nächste Schritt beruflich hingeht. Aber der Wunsch nach einem eigenen Feriendomizil ist da.

ROOS: *Worauf führen Sie das zurück? Statusehrgeiz?*
WILLNER: Status nicht, eher Eskapismus und der Wunsch, etwas Eigenes zu schaffen, sich von seinem verdienten Geld sichtbar etwas zu bauen. Vielleicht hat man ja schon in Deutschland was, zumindest eine Eigentumswohnung – da kann man jetzt mal über die Grenzen gucken.

40er-Splitter 5

Ein Unternehmer-Statement

KUNDEN / FRAUEN

Dr. Matthias Kierzek, Jahrgang 1950,
Druckerei- und Verlagsbesitzer

Entscheidend war nicht der 40. Geburtstag selbst, sondern in den Monaten nach dem Geburtstag, daß man sich mehr orientiert »aus der Mitte des Lebens heraus« als »in die Mitte des Lebens hinein«. Man kann ab jetzt nicht mehr davon ausgehen, Jugendlicher zu sein, der ein Erwachsener wird, sondern ich bin mitten im Erwachsenenleben drin. Vorher hat man sich mehr als junger Mann gefühlt – das hat sich massiv geändert.
Ich bin nachdenklicher geworden, habe gemerkt, daß ich an Grenzen stoße, daß nicht alles gestaltbar ist, daß nicht alles in meiner Macht steht.

Was geblieben ist von 68? Ohne Krawatte, das war schon immer so. Im Zweifel gegen die Krawatte. Ich habe keinen Smoking, besaß über viele Jahre hinweg nur einen Anzug, jetzt zwei. Wenn's meinen Kunden auf die Krawatte ankommt, bin ich der falsche Gesprächspartner. Ich bin kein Dressman.

Was ich sonst noch aus der Vergangenheit gerettet habe: Ich nehme mir die Freiheit, Dinge nach persönlichen Überzeugungen zu entscheiden, auch gegen wirtschaftliche Interessen. Wenn mir ein Kunde nicht schmeckt, dann verzichte ich darauf. Das sage ich ihm auch. Das ist das Mindestmaß an Selbstachtung – ich schlucke keine Kröten. Also keine Zusammenarbeit mit rechten Verlagen. Ich drucke nichts Judenfeindliches.

Wie ich zu der Geschlechterrollen-Diskussion in unserer Generation stehe?
Was sich Jahrtausende bewährt hat, kann nicht falsch sein. Ich hab' kein Problem damit. Meine Frau meint, ich muß mehr an Haus und Garten tun. Ich sage: Ich hab' meinen Job hier. Sie fühlt sich in ihrer Rolle festgelegt, Hausmanagement zu machen. Ich kann nicht mal einen Nagel in die Wand schlagen. Ich hab' hier meinen Job, der hat absoluten Vorrang, der schafft die wirtschaftliche Sicherheit. Sie muß Zeit haben für die Kinder.
Wenn sie ein Geschäft aufbauen will, um ein eigenes Einkommen zu haben, bin ich nicht ablehnend. Ich kann gut damit leben, daß im Moment noch keine Lösung da ist, weil es für mich so das Angenehmste ist – sag' ich ganz egoistisch. Ich hab' sie dann, wenn ich sie haben will, greifbar. Sie hat aber auch genug Freiheiten – Tennis, Aerobic und so weiter.
Eigentlich bin ich ein Einzelgänger. Ich lebe allein, trotz Familie.

Otto Kern:

»Die Generation, die jung bleiben will«

oder

Mode, Machen, Management

Ein schöner Mann!
Und jeden Morgen um 8 fragt er erst einmal bei seinem Finanzmanager den Dollarkurs ab. Dann legt er sich, war die Nacht kurz, schon mal wieder ins Bett.
Vor zehn Jahren noch hat er durchgemacht in der Frankfurter Szene, ist früh um 7 in seinen Flitzer gestiegen, um Punkt 8 in Kaiserslautern die Firma zu leiten.
Diese Zeiten sind vorbei.

Otto Kern ist über 40, und das weiß er ganz genau.
Sich kennt er und die Seinen; im Blut, im Blick, im Bauch und in den Fingerspitzen sitzt ihm das absolute Gefühl für alle, die 1950 geboren sind: »Das ist was ganz Spezielles. Die glatte Zahl, die Jahrhundertmitte, die Zahlenmystik – das ist psychologisch sehr wichtig.«
Und was das Paradigma bedeutet, er hat es haargenau im Hirn.
Ein schöner Mann, aber kein Beau. Wie ein Popstar, zwischen Brian Jones und Sting. Die 40 sehe ich ihm an, aber aufs Angenehmste. In 10 Jahren wird man sagen: Eine gepflegte Erscheinung.

Heute, im Düsseldorfer Hilton: schwarzer Anzug, weißes Hemd mit breitem schwarzen Band und weißer Kragen; schwarzer Edelwollpullover, schwarzer, knöchellanger Mantel, Cowboystiefel schwarz.

Die Frauen drehen sich im Foyer des öd-edlen Hotels um, wenn er mit seinen eins neunzig und der leicht wehenden blonden Mähne durch das Heer der austauschbaren, metallbebrillten, diplomatenkofferbestückten, salzundpfefferanzugbehängten, geschlechtslosen Marionetten des modernen Busineß – geht.
Er hat das Bewußtsein dieser Schneise und kennt die Konsequenz: »Als 40er sollte man gelernt haben, sein Leben zu steuern!« Er tut's. Und was er vorher schon probiert, gelebt hat, wenn auch nicht mit ganz bewußter Klarheit, an seinem 40. Geburtstag hat sich ihm das Erlebnis zu Erkenntnis und Bewußtsein verdichtet: »Jetzt isses soweit!«
Arrival. Die 50er sind angekommen. Wenn er »von den Fuffzigern« spricht, mit verhalten pfälzischem Anflug, meint er die 1950 Geborenen – für ihn, er sagt es öfters und nicht unironisch, eine Auslese, als spräche er, der Rotweinsammler, von einem besonders gelungenen Jahrgang.

Was also ist soweit?
Das Gefühl für die Zeit und das Gefühl für sich. Reife. Ohne Beigeschmack. Aber mit Gusto und Entschiedenheit.
Das heißt?
Bewußt leben, verhalten leben, ökonomisch mit sich und der Zeit umgehen. »Die Woche ist zum Arbeiten da, am Wochenende wird entspannt, gefeiert aus Freude über das geschaffte Pensum, gut essen, gut trinken. Während der Woche konzentriert: Nerven einteilen, Arbeit einteilen, möglichst kein Alkohol und viel schlafen. Vor allem: positiv denken!«
Natürlich Sport, Schwimmen, Gymnastik, Geräte, Sauna, Massage – er hat sich eigens dafür in seinem Pariser Stadthaus ein kleines Fitneßcenter eingerichtet. Und, er hebt die buschigen Brauen: »Die Ernährung: keine Schokolade. Kein Fett. Kein Schwein. Viel Gemüse. Noch mehr Obst!«
Und vor allem: »Positiv denken!«
Positiv denken, auch bei Rückschlägen, auch im Alltag. Autogenes Training, Selbsttraining, Selbsterkenntnis – das hat sich der erfolgreichste Unternehmer seines Jahrgangs allein beigebracht. Und gibt es weiter, an Freunde und Angestellte; auch als er 1980

mit 30 plötzlich mit einer millionenschweren Krise konfrontiert war – da ging die ihm zuarbeitende belgische Großschneiderei mitten in der Auslieferung hops. Konsequenz: »Sich schütteln, denken, Strategie wechseln und weitermachen. Morgen ist ein neuer Tag!«
In der Zeit um 40 die Konsequenz beherrschen, Konzentration und Kondensation; Quantitäten in Qualitäten umwandeln, auch im Privatleben: »Ich habe weniger Zeit, aber ich nutze sie intensiver. Der Freundeskreis schrumpft, aber das Vertrauen wird größer, die Nähe kompakter. Meine Zeit als Hobbytherapeut ist vorbei, um den ewigen Jammerer, um die Neider und Schnorrer mag ich mich nicht mehr kümmern. Früher bin ich auf jede Party gerannt, heute sag' ich ab; gestern mußte ich jeden kennenlernen, jetzt suche ich mir meine Leute aus. Damals war in der Nacht der nächste Tag ganz weit weg, gerade denke ich an halb in der Früh, wenn ein Arbeitsessen abends länger dauert. Und das schlechte Gewissen, etwas zu versäumen, ist weg.«

Pasta mit Lachs und Lamm, wir sitzen bei seinem Italiener. Zwei Termine hat er bereits abgesagt. Wir essen und reden und trinken, lustvoll und angespannt, als machten wir zusammen Hausaufgaben in unserem Lieblingsfach und hätten dabei etwas entdeckt, was unseren Volksschullehrer vom Katheder hauen würde, morgen. Ein genußvolles Erörtern, Abstecken, Rahmenzimmern, Pfähleklopfen, denn wir wissen, wovon wir reden. Schauen uns an und auf die Uhr. Ich heute Swatch blau, er Rolex rotgold: »Wenn die Zeit schon schneller wird, muß der 40er einfach besser sein im Planen«, seine Finger formen etwas Unsichtbares. Otto Kerns Hände schaufeln die Fülle der Erfahrung, kämmen durch das Haar und landen wieder in einer anderen Choreographie digitaler Argumente, oft bräuchte es das Wort nicht, es genügte seine manuelle Sprache: schöne, klare, entschiedene Hände.
Macht die Sonnenbankbräune das Gesicht zu glatt? Die Minifältchen holen an den Augen das Alter zurück, horizontal sind die – ja, es sind Schneisen in der Stirnhaut, eine tiefe Vertikalfurche zwischen den Augenbrauen, Labialfalten, Halsringe, Geheimratsekken. Wunderbare wasserblaue Augen.

Irgendwie, denke ich mir, stimmen alle Fotos nicht.

Otto Kern. Jahrgang 50. Der erfolgreichste Unternehmer seines Jahrgangs. Mit 30 hat er 10 Millionen Umsatz, 130 Millionen setzt er mit 40 um. 250 Angestellte in Deutschland, 3000 weltweit. 2500 Geschäfte führen Kern in Europa, 500 in Übersee. In 20 Länder der Welt wird exportiert, in Europa, Afrika, Übersee, produziert: 1 000 000 Teile pro Jahr in 180 Formen und 200 Stoffen. 70 Prozent für Frauen, 30 für Männer.
Otto Kern – den Männern geht er ans Hemd, den Frauen an die Bluse. Diese Zielgruppe ist zwischen 20 und 50 Jahre alt.
Das Unternehmen, sagt er, sei »kerngesund« und er, Otto K., wie sein Kürzel eben: o.k.
Im Taxi erzählt er mir von seiner Mutter, »der lustigsten Person« seines Lebens; leider, sagt er leise, ist sie seit 18 Jahren tot, hat aber, sagt er lauter, den Beginn des kernigen Erfolgs noch erlebt.
Zwei Kapitalien hat sie ihm mitgegeben: den Optimismus und den wirtschaftlichen Grund. Im Dorf ist er aufgewachsen, eine wohlhabende Textilunternehmerfamilie, geordnet, liberal, nicht spießig. Sieben Jahre Internat bei der Zinsendorfer Brüdergemeinde folgten, frei, religiös, total behütet. Sein Traumberuf – Musiker. Bachtrompete als Kind, Schlagzeug als Jugendlicher, Posaune. Abi mit 18 in Kaiserslautern, dann ab nach Frankfurt in die Freiheit: 1968. Vierfach leben: Student der Jurisprudenz tagsüber, Sympathisant der Studentenbewegung abends, Aushilfsverkäufer in »anna's menshop« am Wochenende und nachts Drummer in den Bars und Clubs in und um Frankfurt, wenn's sein mußte, bei den deutschen »Lords«, eigenes Apartment, eigener Sportwagen, britisch.
Wie er zum Hemdenkönig wurde, ist Legende: Der Boutique, in der er jobbt, gehen die Hemden aus, die Firmen können nicht liefern, er springt ein: tailliert noch enger, färbt noch poppiger, setzt dem Kragen Dackelohrspitzen an und wird zum Renner. Die Mutter nimmt Ottos Prototyp in Serie. Später erfindet er noch die gewaschene Seide. Und so fort.
Otto Kern, Baujahr 50.

68 fing sein Leben an. Otto, gerade 18, startet durch, mitten in die Bewegung. Bis heute ist ihm seine ApO-Zeit zentraler Impuls. Kern ist ein Solitär, für mich einer der wenigen des Jahrgangs, der die Integration der Revolte gewollt und geschafft hat, ohne politische Probleme, ohne soziale Skrupel, ohne moralische Fisimatenten. Wie ihm das gelingen konnte? Eigentlich war er ja noch zu jung, um voll integriert zu sein in der tragenden Altersgruppe der Agitation, und der zweite Distanzfaktor war Kerns Art, das Wesen, Temperament und Standing. »Ich bin ein sauberer Typ!« sagt er klar. »Und das war ich schon immer!«

Er hat sich nicht verkleidet, ist nicht getrampt oder schwarzgefahren, und seine Haare waren frisch gewaschen und geföhnt, als er mit seinem frischpolierten chromglänzenden knallroten Augapfel, den TR-6-Traum von Triumph vor dem linken Café Voltaire vorfuhr, wo er die Baaders, Meinhofs, Cohn-Bendits, die Wolffs und Krahls hören wollte. Auch zu den zahllosen Demos fuhr er vor. »Keine Komplexe. Ich war damals sowieso der erste deutsche Mann, der zu Jeans einen zweireihigen Blazer trug.« Und die Genossen? »Blöde Anmache habe ich eine Zeitlang verkraftet, aber wenn schmierige Jeans und fettige Haare zur Eintrittskarte der Revolution gehören sollten, man mich ausgrenzen wollte, wurde ich aggressiv: ›Was interessieren mich deine Sackratten!‹ Und notfalls gab's Ohrfeigen. Die saßen. Jetzt war ich akzeptiert.« Wichtig für ihn. Denn er wollte dabeisein und an seinem Weltbild arbeiten. Hat nach etwas gesucht, was ihn neben dem öden Jurastudium geistig ausfüllen könnte.

Ohne Atem zu holen, mit unfrisiertem Drive, ohne SDS-Romantik und aufgeklärte Verklärung erzählt er, als käme er gerade von einem Sit-in: »Ich bin total eingestiegen in die Diskussionen, ins Neue, die Philosophie, die Ethik, die Politik; Leben, Leute, Lesen – ich leugne keine Stunde dieser Zeit. Ich habe das Wichtigste gelernt damals: soziales Gefühl, soziales Denken, soziales Verhalten, Unterschiede machen und Differenzieren! Daß alles anders wird, das war natürlich auch meine Hoffnung. Toll, daß ich das miterleben konnte!«

Als junger, distanzierter »Zuhörer und Lerner«, der nie eigentlichen Zutritt zum harten Kern hatte, dem »Handgreiflichkeit und Gewalt zutiefst zuwider ist«, hat er sich 70 dann, als die antiautoritäre Bewegung in anarchistische und kommunistische Gruppierungen sich aufsplitterte, in kühler Draufsicht distanziert, nicht ohne Trauer, denn »das Offene, das Lernenwollen gehörte für mich zu den Charakteristika meiner Generation.«

Er ist nicht getürmt, nicht geflohen und hatte nichts, was zu verraten gewesen wäre. Im Gegenteil. Er hat aufgegriffen und angenommen, was diese Jahre an Anlagen aus ihm herausgetrieben haben, und noch heute bilanziert er, mit dankbarer Referenz, exakt die Einflüsse dieses Umbruchs und extrapoliert vier Grundsätze als die Kern-Folgen der ApO: Erstens haßt er es, »den Chef zu spielen«, versucht, sozial sich zu verhalten, antiautoritär und gegen Hierarchie. Er hat 68er-Postulate als postrevolutionäre Software in autonomen Führungsstil umgesetzt. Lieber argumentativ arbeiten statt autoritär bestimmen. »Mehr Freiheit den Mitarbeitern«, rechnet er, »erhöht ihre Produktivität und senkt die Betriebskosten.« In der eigenen Firma mit 7700 Quadratmetern leistet er sich kein eigenes Arbeitszimmer, er praktiziert »Management by walking around«, hat die Reports beim Boß abgeschafft, sucht selbst, je nach Sachfrage, den jeweiligen Spezialisten am eigenen Schreibtisch auf.

Daß die Revolte Anfang der 70er kollabierte, führt er zurück auf den Verrat der ApO-Prinzipien: statt radikaldemokratischer Basisbewegung plötzlich Halbgötter des harten Kerns, die mit Autorität, Herrschaftsattitüden, Sprachgewalt, Frauenverachtung die Grundideen nicht straflos desavouieren.

Aus Sozialisten wurden Spießer! Kern zeigt's am Zeigefinger. Sein zweiter ApO-Impuls: gegen das Spießertum dieser Welt. Nicht umsonst will er gelitten haben unter dem Kurzhaargebot des Vaters, der Nachbarn, Onkel, Tanten, Lehrer. »Lange Haare verbinden bis heute und der Kampf gegen Intoleranz!«

Am Mittelfinger hängt der dritte Posten. Es sind seine drei Grundwerte: gegen Neid und Eifersucht; gegen Geiz; gegen Rassismus. Heißt: noch einmal Toleranz. Heißt: Achtung vor anderen und allem. Und zum Schluß das Lob der Phantasie, der Kreativität, der Gegensätze.

Daß die von ihm favorisierte Gruppen- und Teamarbeit sich einem

genuin demokratischen Impuls verdankt, gehört zu Arbeits- und Lebensstil.
Dazu paßt sein Verhältnis zum Geld, in Ex-ApO-Kreisen prekär, wenn nicht tabu: »No problems! Geld ist eine Rechnungseinheit, von der ich nicht abhängig bin, die ich beherrsche. Geld ist zum Verdienen und zum Verbrauch da, schlimmstenfalls kann man's verlieren. Aber Verluste darf man nicht beweinen. Sorgen und schlaflose Nächte machen Krebs – das nächste Ding wird dafür doppelt gut.«
Fuchsig allerdings kann er werden und sich wahnsinnig aufregen, wenn er für sein Geld nicht den entsprechenden Wert bekommt. Pasta mit Lachs und Lamm, dazu aus dem Lautsprecher schmalzige Veroneser Schmetterarien – »prima qualità« in Kerns Trattoria »La Ruchetta«. Das Taxi ist bestellt, Kern zahlt, der Tip ist üppig. Nach Oberkassel, dort warten schon das 50er-Team, die Kollektion, das Set, die Models: Das Shooting für die Zukunft hat begonnen.

Schöne Körper, junge Körper. Sarah melancholisch und Melanie asiatisch. Signalrote Lippen, cellulitefreie Schenkel und ein makelloser Busen. Es wird Licht gesetzt, das Set jongliert, Marienkäfer, schokoladensüß, krabbeln auf Doppelklebeband am holzbockzerfressenen Baumstamm in die Höhe. Kleiderstangen, strahlend verchromt. Die Kollektion in Samt und Seide. Telefon, Sekt, Shooting.
Im Taxi hergefahren, über Mütter, Väter, lange Haare, Farben, Formen, Nazis geredet. Lange genug hat er sich Hitler-Mode angesehen, Kern, der Augenmensch. Hat sich mit dem PR-Genie Goebbels befaßt. Fasziniert, erschreckt. Erschreckt über die Faszination. »Wieviel Kraft eine Uniform aus einem Menschen holt!« sagt er. Aber keine Frage: Nichts wird adaptiert, kein SS-Schwarz, kein Zitat aus der Uni-Formen-Sprache der Faschisten. Respekt – die Opfer.
Gearbeitet wird hier wie nebenbei.
Kerns wohlgefälliger Blick über die Kleider und Körper.
Musik von irgendwoher, Otis Redding. Soul hört er heute noch. Und die »Animals«. Schnell fahren, powerlaut, die Erinnerung an

die alten Autoradios der 50er, die »full blast« aufgedreht, doch nur das Motorengeräusch spielten. »Die schlechte alte Zeit«, sagt er, lacht, sieht zur Uhr, gegen 18 haben wir's, öffnet einen »Schampus«. Ein 50er-Jahre-Schemel mit ausgestellten goldenen Beinen und Tigerfellbezug. »Ich hab' in meinem Hirn ein spezielles Fach für die Fifties«, sagt er, läßt das Auge wie beiläufig übers Set streifen. »Der Kampf um Aufstieg und Wohlstand, diesen Pioniergeist der Eltern, den haben wir einfach drin. Muttermilch. Erst wollte ich mit 40 aufhören, mich zur Ruhe setzen, ein Segelschiff kaufen und zweimal um die Welt damit. Aber mit 35 kam plötzlich ein solcher Schub in mich, eine solche Kraft! Ich spüre heute keinen Verschleiß, obwohl ich das Vielfache arbeite. Beruflich fängt's bei mir erst an. Der Erfolg macht einfach Spaß. Es ist nicht nur das Geld, das Freude macht. Gut sein, top sein, an der Spitze bleiben wollen!« Schluck, schmecken, grinsen. Und wieder rüber mit den Augen auf die Mädchen: »Die Fuffziger lieben Strapse!«
Kern streicht herum. Hier ein Wort, da der anerkennende Blick, dort die Handbewegung der Wohlgefälligkeit. Gleich kommt er wieder bei mir vorbei mit einem Blouson, demonstriert den Reißverschluß und erzählt die Geschichte seiner Entstehung. Nachher greift er in eine Seide, als griffe er ins Haar seiner Sarah, das Model und die Frau seiner Wahl. Die stülpt sich gerade eine Perücke über, silbergrau, Marke »Raumschiff Orion«. Wie er das Nappa streichelt! Man möchte die Haut sein, die er liebt. Blau, sagt er, »Blau ist meine Lieblingsfarbe!« sagt er und will sie einmal aufsetzen, meine Brille, die blaue Brille.
Keine Hektik. Kein Superstargetue. Arbeitsatmosphäre, überzogen mit einem transparenten Film kreativer Nervosität: »Wer hat gezittert? Wer hat gewackelt?« kichert Horst Wackerbarth, der preisgekrönte Photograph, der, mit Recht, auf seinen beiden »ph« besteht. »Ich bin der Hansdampf, und der Horst ist mein Kopf!« So stellt Kern ihn mir vor, den Erfinder der legendären »Roten Couch« des ZDF, das internationale Enfant terrible einer neuen Bildersprache. »Natürlich Jahrgang 50!« Mit ihm zusammen realisiert er all seine Kampagnen.
Und Wackerbarth stellt sie mir vor, Hedy Valencise: »Natürlich Jahrgang 50!« Muse, Managerin von Make-up, Styling, Casting,

Haar. *Team 1950*. Eingespielt, produktiv, effizient, easy. Rasch bringt die Valencise Lockenstab und Konturstift mit zwei Ratschlägen an den Schminktisch, wo eine Visagistin diesmal Melanie ins Melancholische zieht. Horst wirft eine Idee zum Lichtsetzen aufs Set, Set wird umgebaut, schenkellanges Seidenhemd für Melanie gesucht und die Motorradkappe von 1955. Schon reden wir über unsere Tretroller, Dreiräder, Mofas und natürlich Vespas. Eine stilisierte Harley Davidson hat Kern auf den Crêpe de Chine gesetzt, so eine fährt er, auch Baujahr 48, und auch seinen Indianerhäuptling von früher hat er seidig verewigt – Imago der Kindheit: »Das ist keine Mode«, erklärt er, »das ist Selbstverständlichkeit; das leben wir, das haben wir gelebt – ›back to the future‹ des 40jährigen. Deswegen heißt die neue Kollektion ›gen.er.a.tion‹!« Er läßt Farbmuster durch die Finger gleiten und trennt ein Etikett für mich aus einem Hemd: »Das sind wir doch, die Generation, die jung bleiben will!«

Fundstück aus der Requisite: Thomas Bernhard, »Claus Peymann kauft sich eine Hose und geht mit mir essen«:

»PEYMANN
Wenn wir über vierzig sind,
kaufen wir nur noch erstklassige
gutsitzende Hosen.

ICH
Vor vierzig sind Sie in Fetzen herumgelaufen,
im Winter bei zweiundzwanzig Grad minus
haben Sie nur ausgefranste Bluejeans angehabt
und ein sogenanntes Coca-Cola-Leibchen.«

Textilwirtschaft

Walter Väthjunker, Jahrgang 50,
Textilkaufmann,
verheiratet, drei Kinder

Auf Walter bin ich stolz.
Er hat's geschafft.
Mit 40 hat er seinen Sprung gemacht.
Wir kennen uns seit 32 Jahren, und wie lange habe ich gebraucht, um anfangen zu können, ihn zu verstehen. Ist es mit 40 nun geglückt?

40. Er stemmte sich mit allen Fasern gegen diese Zahl. Walter möchte jünger sein, als er ist.
Ewig das Bild von ihm mit Badehose. Immer ist mit ihm verbunden der sorgenfreie Endlossommer der 60er, das Bild vom heißgeliebten Alten Schwimmbad in Marktheidenfeld, vom Fahrradfahren, Zelten, vom Kirschenklau und Tonbandspiel, vom ersten, zweiten, dritten Kuß, vom Schmusen, von der Schule, von den schlechten und den Dreier-Noten. Aber immer Badehose. Erst mit Wolle, die nie trocknet, dann die Elastischen, die Slips mit dem weißen Futteral für den Bubenpenis, dann die Shorts mit Innenhose. Und der magische Sprung vom Einmeterbrett, fünfzig-, hundert-, hundertfünfzigmal.
Walter ist für mich *die* Jugend.
Für mich war's schwer erträglich, daß er älter wird. Mein Älterwerden konnte ich schon kaum ertragen. Aber er, der Sonnenkerl, der Mollige mit der knuddeligen Anfaßhaut und dem Lachgesicht?
40? Niemals!

An seinem Geburtstag gab es ein gigantisches Dessert-Buffet aus dem Sterne-Restaurant, an dem wir selig uns die Nacht durch labten. Aber die Beatles-Texte und die Songs der Kinks haben wir einfach nicht mehr alle wortwörtlich mitsingen können.
»Mit 40 bist du auch nicht älter als mit 39!« hat er zu sich zu mir an jenem Jubeltag gesagt, aber in den Wochen drauf! In den Wochen drauf wurde er heimgesucht von Wehmutswellen, Altersängsten, Konkurrenzgefühl. Ein Graben tat sich auf zwischen 20 und den 40, und der Kaufmann rückte dieser Kluft erst einmal mit seelischem Kalkulator an die Bilanz: Körper, Sex, Sport, Geschäft und Tod.
Von Walter, unsrer Jugend, unsrem Alter, könnte endlos ich erzählen. Und vieles, was er sagt, ist meins. Obwohl meins anders ist. »Ich will nicht schwächer werden, ich will am liebsten stehenbleiben, zumindest nicht altern. Aber plötzlich tut was weh. Nie Schmerzen, früher diesen Leib nie gespürt – plötzlich ist da ja ein Körper!«, schaut mich böse, schaut mich traurig an, »der auch einmal stirbt!« sagt er und fährt fort: »Ich bin überzeugt«, dann »ich glaube«, dann »ich hoffe«, »morgen nicht tot zu sein!« Den verdrängt er aggressiv, den Tod. Und die Toten: »Mit 40 ist der Weg zum Sterben näher als mit 20. Der Lebensweg wird immer kürzer«, stellt er halb verwundert, halb empört oder halb wissend, halb ungläubig fest, »mit 20 war er länger, ach was – er war ewig«!
Zweimal hat er zugeschlagen und mitten in Walter sein Ziel erreicht. Er sagt nur: »Schmerzlich!« Das genügt. 24 war er, als der Vater, der verehrte, starb und das Textilgeschäft cheflos hinterließ, und 36 war er, als die geliebte Tante Lina ging, »Oma-Figur und Mutterersatz«.
Wenn ich diese Tante Lina, Archetyp einer Tante, mochte, dann hat er sie geliebt, ihre Küche, ihre Pflege, ihre Sorge, die Toleranz auch und das ewige Stück Schokolade, der immer frische Kuchen, die nie endende Götterspeise, das blondierte hochgesteckte Haar, und der Wackelkopf, der sich zwar die Beatles und die Kinks zu Gemüte führte, aber schwang in einem andren Rhythmus. Beide Gräber kann er nicht besuchen, erträgt kaum die Erinnerung.
Es war ein Schock und »absolute Krise, als der Vater starb – mit

einem Schlag war es dahin, das unbeschwerte Leben. Wie sollte es denn weitergehn? Geschäft? Verantwortung, 25 Angestellte und die Tante?«

Das alles schreckt ihn heute noch, und der Horror ist für ihn: »Jeden Tag ein bißchen schwächer werden, und zum Schluß bist du dann weg vom Fenster!«

Leise, laute Panik vor dem körperlichen Abbau.

Keine straffe Männerhaut, schrumpelig wird's überall, Vaters Glatze kommt, körperlich gestreßt und müde, »und beim Volleyball fehlt mir seit einiger Zeit immer genau die halbe Sekunde. Reaktion läßt nach, Sprungkraft versackt – es ist wie verrückt. Mit 40 weiß ich aus Erfahrung, warum der Ball wohin fliegt, ich krieg' ihn aber nicht mehr; mit 20 kriege ich den Ball, weiß aber nicht, wohin er kommt!« Und als er neulich heimkam, sagte Tochter Eva, ein alter Mann sei zu Besuch gewesen. Alter Mann? »Halt so alt wie du!« Schock.

Dabei »fühle ich mich wie zwischen 20 und 30, so Studentengruppe, Sparte lockerer Typ«!

War einmal. Schöne Zeit. Hat nichts anbrennen lassen, das Leben genossen, fast frei von Sorgen, ohne Familie und spontan zum Abendessen samstags schnell nach Amsterdam gedüst. »Ich habe nichts versäumt, möchte auch nicht noch mal 25 sein; das Liebesleben war ja doch auch eine riesige Arbeit. Aber trotzdem!«

Flirten kann er heute nicht mehr: »Je älter, desto plumper!«

»Du bist einfach nicht mehr der flotte Jüngling, der straffe Boy, der in der Badehose kraftstrotzend durchs Schwimmbad stolziert; du hast schon ein bißchen Hängebauch, Hexenschuß, Geheimratsecken, Goldzähne und kaschierst mit der American Express Gold Card und einem tiefergelegten Mercedes die Jahre auf dem Buckel. Die Zuckerpuppe schleppst du vielleicht noch zu einem Weekendtrip in ein besonders teures Hilton ab, aber das kannst du ja nicht mehr mit jugendlicher Frischheit tun!«

Es interessiert ihn auch nicht mehr, den verheirateten Jugendfreund, denn er glaubt an den gemeinsamen Generationsfundus: »Ein 40er, der sich heute scheiden läßt, kann sich wohl eine 20jährige angeln – aber was, außer ein paar schöne Stunden im Bett, kann er mit ihr anfangen? Er wird es schwer haben mit dem Kom-

munizieren, die Altersdifferenz ist zu groß – wie sollen die beiden denn zueinanderkommen? Wenn er Beatles sagt, meint sie doch etwas ganz anderes. Von den Kinks hat sie gleich gar nichts gehört. Das ist es ja gerade, wenn Thomas Gottschalk Platten aus den 60er Jahren auflegt, dann spüre ich sofort: Das ist einer von uns. Dann schwingt dem das Herz mit genauso wie mir; wenn ich das im Autoradio höre, bin ich so begeistert, daß ich am liebsten rechts ranfahren würde, um zu tanzen!«
Walter hatte übrigens die erste Beatles-Platte in town.

Sexuell »ist der 40er ein Topmann«! Auch hier zieht Walter Parallelen: »Der 20er ist physisch fit, aber erfahrungsarm, der 60er hat viel Erfahrung, aber schwache Physis – mit 40 ist mann auf dem Gipfel und liegt nicht wie ein Hase, der ausgehüpft hat, schon nach den sprichwörtlichen sieben Minuten auf dem Bettvorleger!«
Fragt sich nur, wie lange. Denn die Zeiger drehen sich, und Walter weiß, was wir zu verlieren haben. Zwar behauptet er keß, daß er das Zeitraffersyndrom vieler Gleichaltriger nicht kenne, aber dauernd spricht er nur davon: »Ich habe in meinem Leben nicht mehr viel Zeit!«
Nicht viel Zeit, dafür »unheimlich viel Arbeit, unheimlich viel Ärger, unheimlich viel Streß – wo bleibt denn da der Genuß, frage ich mich seit dem 40. oft«!
Er hat nicht vor, so früh zu sterben wie der Vater; diese Krise sitzt massiv noch in den Knochen. »Mit 50 aufhören«, war sein Lebensziel, »dann heute Hongkong, morgen Holland, übermorgen eine Insel, den Jugendtraum nachholen«!
Die Kronprinzenzeit war knapp bemessen, und seit dem 23. Lebensjahr steht er ohne Unterbrechung im Geschäft, kennt die Grenzen und den Punkt, »an dem ich nur noch aussteigen und abhauen will, Köfferle packen, an die Autobahn stellen, Richtung München trampen, sich absetzen nach Schwabing, weil mir alles stinkt, weil alles Scheiße ist und ich von nichts mehr etwas wissen will«!
Hört sich salopper an als gemeint. Jetzt sitzt er gegenüber in seinem busineßweißen Hemd mit lila Streifen, der lila Seidenkra-

watte und dem Pepitaanzug. Reibt sich die Hände, mehr zum Halt denn aus Genuß. Rastlos ein bißchen, aber klaren Blicks. Vorhin, als wir in meinem Keller einen Wein für unsere Rede ausgesucht, fing er unvermittelt an, unser Alter auszumalen: »Wenn ich manchmal so am Zebrastreifen stehe und ein alter Mann klapprig und am Stock sich kaum über die Straße traut, die Welt und den Verkehr nicht mehr versteht, die jungen Mädchen unbeschwert und fröhlich an ihm vorbeigehen, als gäbe es ihn schon nicht mehr, dann denke ich mir: ›Mensch, der war doch bestimmt auch einmal 40!‹«

Ich hab' im Dunkel meines Kellers das Gesicht des Freundes nicht gesehen, aber gespürt, daß es schwer war.

Walter glaubt an Gott.

»Das Gebet ist auch eine Frage des Alters«, bekennt er, »je näher du an dein Lebensende kommst, desto mehr bist du bereit, dich Gott wieder anzunähern!« Er verblüfft mich. Ein Mann des Geldes, ein Mann des Geschäfts, und nun diese Geschichte mit Gott.

Natürlich kennen wir uns seit 32 Jahren. Natürlich hatten wir zusammen Religionsunterricht, den evangelischen Religionsunterricht in der Diaspora, in der katholischen Monokultur außenrum, zusammen waren wir in der Konfirmandenstunde und haben aus Gesangbuchblättern Papierflieger gemacht, Richtung Kanzel starten lassen und von der Empore runter auf den Damenhut »gespetzt«. Natürlich haben wir über die Einflüsse des Glaubens auf uns immer mal wieder gesprochen. Für mich hatte das aber nicht einmal die Aktualität einer Erinnerung an »Sha La La La Lee« der »Small Faces«. Und jetzt sagt er mir in meinen perplexen Blick hinein: »Ich bete seit immer!« Vielleicht denkt er an Gott ein halbes Jahr nicht, aber: »Ich glaube an Gott!« sagt er. »Das sagst du so flott!« sage ich. »Aber du bist nicht da, wenn's mir schlechtgeht, auch Friderike«, seine Frau, »ist fort, wenn es mir nicht gutgeht – denn in der Krise bist du allein, da hilft dir kein Partner und kein bester Freund!«

Wie wenig wir voneinander wissen.

Da radeln wir zusammen, gehn zum Schwimmen, fahren fort, telefonieren, essen, feiern, hocken im Garten oder am Kamin;

natürlich machen wir Fez und lachen, und sehr seriös sprechen wir über Probleme, wir vier, Friederike mit »e«, die »meine«, Friderike ohne »e«, die »seine« – aber im Alltag geht es doch oft am Eingemachten vorbei.

Zwei Kinder haben die zwei adoptiert, und wenn er von der Zeit davor spricht, als sie selbst Kinder, leibliche, sich wünschten, sagt er nur: »Schlimme Zeiten«, und das kommt dann dreimal. Er schüttelt den Kopf: »Fortpflanzung nach Uhr und Kalender, anstrengend, nur noch anstrengend und deprimierend, und irgendwann wirst du einfach wahnsinnig!« Schmerzerfahrung und Krise: »Da hilft mir einfach Gott! Das ist für Dich vielleicht konservativ, für mich ist das normal. Du bist im entscheidenden Moment nicht da, aber Gott ist im Raum. Ich fühle mich in seiner Hand. Daß es mir gutgeht, ist Bestimmung, daß wir keine eigenen Kinder haben, auch. Das Gebet schon ist für mich eine Bezugsperson: Ich kann mich an jemanden wenden, in gewissen Situationen. Und im Kirchenschiff tanke ich Ruhe!« Und die Institution selbst? »Mit der will ich nichts mehr zu tun haben! Die Amtskirche lehne ich ab! Die Kirche – nicht den Glauben, nicht die Religion!« Seine Kinder wachsen katholisch auf, seine Friderike, auch bald 40, ist eine *wilde Katholikin*, eine Böll-Katholikin, die die Bibel, die Bergpredigt, das Christliche ganz christlich und wörtlich nimmt, unbequem jedenfalls und lebendig. Aber beim derzeitigen Papst »stehen mir die Haare zu Berge«, die Evangelischen findet er einfach moderner, und mit dem Priester scharmützelt er sich schon einmal, wenn er unter »Buße eine langweilige Predigt« versteht und die Meinung vertritt, daß er manchmal mehr für Glück sorgt, wenn er die zehn Mark nicht dem Klingelbeutel anvertraut, sondern nach der Kirche der Kasse des »Venezia«: Zwei große Eis für Eva und Tobias.

Walter hat sich verändert. Er hat keine Angst mehr.

Was habe ich in den letzten vier Jahren über ihn nachgedacht. Irgendwie war er mir weg. Abhanden gekommen. Unfaßbar. Die Furie des Verschwindens. Entzieht sich, statt sich zu stellen. Harmonie statt Konflikt.

Aber, jetzt ist er ganz neu. Er hat's geschafft. Ich bin stolz auf ihn.

Walter hat sich entschieden.
Aus dem ewigen Knuddeltyp, dem verehrten Damenmann, aus dem lockeren Sportskameraden und dem unverbindlichen Tresenkumpel, dem einst unerträglichen Harmonisten ist ein entschiedener Mann geworden.
Ich hatte irgendwie Angst um den Freund. Daß er versackt in der Pose der Posse der Provinz. Da ist doch mehr! Der kann doch viel! Gelähmt kam er mir vor. Und jetzt die Kraft, plötzlich eine Kraft! Biß hat er gekriegt. Raus aus dem Schwammigen. Entschiedenheit.
Wie hart der weiche Walter sein kann!
Das macht Spaß.

Was für eine Freisetzung!
Die Sütex, Walters Textileinkaufsverband, in dessen Jeans-Abteilung ich als Student die Semesterferien jobbte, die Sütex war pleite. Schock. Schock für ihn und Chance. Aber erst einmal Bestürzung, daß der angeblich kerngesunde schwäbische Dachverband Konkurs anmelden mußte. Schlüsselerlebnis: die Demontage der beiden Direktoren. Der sogenannte »Doktor« Willeitner und Rolf Kaiser, fachliche Vaterfiguren und Big Names der Kleiderbranche, stürzten, stürzten. Eben noch hatte er sie, wenn sie ihn überhaupt beachteten, mit feuchten Händen begrüßt: »Sie waren doch die Götter, und ich war für sie der kleine Macker aus Marktheidenfeld!« Willeitner führte Betrieb und Kundschaft einschüchternd autoritär, und Kaiser schüchterte rhetorisch ein, stellte sich selbst phantastisch dar und den kleinen Konzern noch acht Tage vor dem großen Konkurs als brillantes Unternehmen im Weltmaßstab. Die Mißwirtschaft, die Kungelei hatten horrendes Ausmaß, das Chambre séparée für den dritten Direktor und seine Sekretärin, nicht einmal auf dem Bauplan des Gebäudes verzeichnet – alles fliegt auf. Walter Väthjunker wird Aufsichtsrat in der neuen Sütex. Der jüngste.
Der unterforderte Textilkaufmann mit der vierstelligen Postleitzahl, dem es graute vor weiteren 20 Jahren Bestellung von Herrenunterhose Makrodoppelripp mit Eingriff Größe 7, war gefordert. Drei Geschäfte, ein Full-time-Job – aber Routine; der ein-

stige Reiz des Neuen war verblichen. Was zwischen 20 und 40 war, das war.

Lange genug schon hatte er die Alten im Visier, die alles taten, um die Jüngeren nicht hochkommen zu lassen, und lange genug hat er schon die nachwachsende Konkurrenz im Auge, die in die Hierarchie drängte. Wo war da überhaupt noch Platz für ihn? Den Praktiker aus der Provinz? Den Nichtakademiker? Jetzt, nach dem überstürzten Einstieg ins Geschäft, eine zweite Chance. Wie er beim ersten Beginn mit 24 nach seiner Abschlußarbeit über modernen Führungsstil an der Textilakademie sofort demokratischen Stil, die Selbststeuerung des Personals, im Geschäft einführt, wie er mit erfolgreichen Mitarbeitern erfolgreich sein will, wie er den Einkauf seinen Verkäuferinnen überläßt, weil er ihnen ja auch den Verkauf überlassen muß, wie er Identifikation mit Haus, Ware, Kunde schaffen will und sich Leistung wünscht ohne Knüppel – »denn mit Knüppel Leistung zu kriegen, bringt keine Leistung und ist keine Führung, aber Führung muß sein« –, so sah er klar und deutlich seine zweite Möglichkeit. Und die dritte kam dazu. Auf die Chance nach dem Kollaps des Sütex-Kaisers folgt die Chance nach dem Kollaps des Ostsozialismus.

Die Anfrage an den Quereinsteiger, ob er als Blitzmanager und Troubleshooter eine Kleiderfabrik in Ungarn sanieren will. Er nimmt an. Fliegt hin und her, und: »Jeder Tag ist ein Traum!«

Natürlich operiert er oft an der Grenze seiner Kräfte, aber das gibt ihm die Kraft. Und wenn ich mit ihm rede, ihn bilanzieren höre, beruflich und privat, kann ich ihn nur bewundern, diesen Freund, die Schärfe seiner Entscheidung. Walter ist anders geworden. Walter ist klar geworden, schwindelerregend klar.

Jetzt verstehe ich auch, woher dieses Diffuse oftmals kam, wenn er zu Hause war. Das sind seine Prioritäten. Die Power geht ins Professionelle, und daheim hat er keine Kraft für Konfrontation: »Dann soll der Tobias in Gottes Namen eben mit Sand auf dem Teppichboden spielen, wenn er mit Sand auf dem Teppichboden spielen will. Ist doch unwichtig, und man kann's wieder wegsaugen. Aber in geschäftlichen Dingen kann ich«, sagt, er, »kann ich sehr knallhart sein!«

Das hätte ich ihm vor vier Jahren nicht geglaubt.

Es sind die Entscheidungen, die man mit 40 trifft: »Auch wenn sie weh tun!« Das steht für ihn fest: »Mit 20 leistest du körperlich natürlich das Doppelte. Aber dir fehlt die Erfahrung. Ich habe in meinem bisherigen Leben viel Erfahrung gemacht, weil ich viele Fehler gemacht, weil ich viele Entscheidungen getroffen habe. Der größte Fehler ist es nämlich, überhaupt keine Entscheidung zu treffen. Deswegen ist der 40er gut für Fehlerdiagnose und Vorfeldanalyse!« Das kommt sehr präzise, überzeugend, aus gewachsenem Erfahrungsschatz, nicht zusammengelesen, nicht zusammenstudiert, sondern erlebt und ausprobiert. Selbstbewußt.

Entscheidungen – exzeptionell und mutig: Die beiden Kindernarren haben ein kaffeebraunes Baby eines schwarzen US-Soldaten als Pflegekind angenommen und warten auf die Adoption von Jessica.

Walter hat keine Angst mehr und die Scheu vor den großen Tieren abgelegt: »Für mich gibt es keine ›besseren‹ Menschen mehr!«, heißen sie Kaiser oder sind sie Papst oder kommt ihm irgendein lokaler Oberstudienrat beim Wein, der ihm eine Sentenz in Latein vor die Nase setzt. Imponiergehabe imponiert ihm nicht mehr. Das Ende der Unterordnung: »Entweder von gleich zu gleich oder nicht!«

Folgen des Umbruchs, Konsequenz aus dem Verlassen seines Horizonts. Vom Draußen sieht er kühl zurück. Aus der Entfernung atmet er freier. Marktheidenfeld? »Schnurzegal!« Keine Götter mehr, auch hier. Mit scharfer Distanz und fassungslos blickt er auf seine ehemalige »Profilierungssucht« als Stadtratskandidat und mag nicht mehr teilhaben an den Verteilungskämpfen im Parterre der Stadt, am Verschiebebahnhof der Partialinteressen, am Gekungel der Auftragsvergabe unter den örtlichen Unternehmern, am Gezerre um die Selbstverständlichkeit einer Fußgängerzone. »Schnurzegal!« Nicht aber die Heimat, »die Familie, Wein, Wurst, Schwarzbrot«. Und »das Herzblut« hängt ihm an den Freunden.

Keine Götter mehr. Nur noch Gott.

Mit 40 ist der Walter zu sich selbst gekommen.

40er-Splitter 6

Statements der SchriftstellerInnen

AUSSTIEG / EINSTIEG

Ursula Adam, Jahrgang 1950, Schriftstellerin

Als *Frau* geht's mir im Moment mit 40 am besten. Als junges *Mädchen* ist es mir immer schlechtgegangen – immer der Kopf voller Probleme und alles so unlösbar und so schwierig und so ausweglos, und was muß man da tun und wie. Jetzt sind die Probleme für mich etwas Reales geworden: meine Lebenssituation mit zwei Kindern und wieder, Gott sei Dank, Einstieg ins Berufsleben. Das erlebe ich als schwierig und oft nicht vereinbar. Aber es läßt sich machen.
Jetzt wachs' ich wieder aus der Familie heraus in einen eigenen Bereich hinein. Den muß ich mir ganz neu schaffen, das fängt mit 4 Quadratmetern an. Das ist vielleicht für meinen Innenraum eine Metapher; es ist gerade das, was ich für mich haben kann. Mehr ist es noch nicht. Das seh' ich auch ganz klar. Und selbst das ist noch gefährdet, immer wieder, durch Übergriffe und Anforderungen von außen. Das ist für mich jetzt der Ausgangspunkt, wo ich arbeite an meiner Eigenständigkeit, was wirklich mich betrifft, wo man Familie hat, aber wo sie nicht immer reinsplittert.
Die Frauengeneration der 40jährigen ist das Überbleibsel von denen, die noch den elementaren Konflikt Familie, Kinder, Beruf, Karriere ausbaden müssen. Für uns ist immerhin schon ein bißchen möglich; aber Frauen, die 10 Jahre jünger sind, also die 30jährigen, die können viel besser damit umgehen. Die sagen viel klarer und viel zielbewußter:

»Was ich einmal erreicht habe, gebe ich nicht auf, und ich überlege mir, ob ich beides kann«, und dann entscheiden sie sich. Ich war da anders. Ich möchte beides tun, und beides geht nicht. Ich möcht's aber trotzdem, und dann geht's schon irgendwie – aber immer auf Kosten von irgendwas. Man muß wirklich sagen: Gut, 10 Jahre opfer' ich. Ich habe meine Produktivität in meine Kinder investiert. Das ist ja auch nichts Unwichtiges. Das bin nicht *ich,* das sind *andere* Menschen, aber es ist nicht so, daß das verloren ist. Das ist es mir wert. Wenn ich abwägen tu', dann ist es mir das schon wert. Ich will es nicht beschönigen, daß sehr viel auf der Strecke geblieben ist, daß es mir um sehr viel anderes auch leid tut, aber ich kann das so nehmen, wie es war. Das war drin, und mehr war halt nicht drin.
Ich gehe oft im Kreis. Weil ich nicht meinen Platz hab'. Ich geh' oft wirklich wie ein Wolf in der Wohnung herum, schrei' die Kinder zusammen und muß mich abgrenzen. Ich habe nicht das Gefühl, ich kann wo hingehen und das ist meins. Das macht mich ganz ... nicht immer, aber oft.

Ich fühl' mich nicht alt. Ich schau' mich einfach an, und eigentlich denk' ich mir gar nichts dabei.
Ich fühl' mich in meinem Körper so zu Hause und so wohl, der kommt mir nicht anders vor oder gebrechlicher. Weil ich das früher gar nicht gekannt hab', so in mir zu Hause zu sein. Das ist es, was wirklich Neues für mich, mit zunehmendem Alter eher verstärkt: das Wirklich-in-mir-daheim-Sein.
Deshalb habe ich meinen Körper so richtig gern.

DDR / BRD

Luth Rathenow, Jahrgang 1952, Schriftsteller

Ich habe mich in den letzten Jahren mit so viel anderen Dingen beschäftigt, daß ich keine große Gelegenheit hatte, über das Älterwerden nachzudenken. Ich muß zugeben, ich habe sogar manchmal vergessen oder muß erst einen Moment drüber nachdenken, wie alt ich genau bin. Mein 40. Geburtstag ist ein Einschnitt, der zusammenfällt mit einem gesellschaftlichen Einschnitt, mit dem Verschwinden des Staates, in

dem ich geboren bin. Insofern findet für mich momentan ein immenser Alterungsprozeß statt in dem Sinne, daß man vom jungen Autor, vom ungebärdigen, dissidierenden jungen Autor plötzlich zum Veteranen eines ehemaligen Staates wird, der nicht mehr da ist und der das meiste, was er erlebt hat, nur »noch« geschichtlich reflektieren kann.
Was hätte ich weiter gemacht, wenn die DDR weiter existiert hätte? Ich hätte versucht, an ihrem Verschwinden mitzuwirken. Das war eine meiner emotionalen Ambitionen.

Phobien? Ja, sind geblieben. Sind ganz klar geblieben.
Zum Beispiel: Ich möchte nicht, daß jemand in meinem Rücken sitzt und mich beobachtet.
Oder eine andere Phobie: mich so ans Fenster zu setzen, daß ich nicht von anderen Fenstern beobachtet werde. Das kommt aus sichtbaren Beschattungssituationen. Über die Phobien müßte ich näher nachdenken. Es ist sicher auch der Wunsch, allein sein zu wollen. Die Einzelhaft – bei mir waren es nur 10 Tage, bei anderen, wie bei Jürgen Fuchs, habe ich das über einen längeren Zeitraum analysiert gesehen. In Einzelhaft gewesen zu sein erzeugt den Wunsch, wiederum allein sein zu können auf eine Art und Weise, die man selbst bestimmen kann, in der man nicht beobachtet und kontrolliert wird. Das Alleinsein als Schutz, als Höhle nicht mehr zu haben, das ist ja das entscheidende bei der Haft, das entscheidende auch der psychologischen Beeinflussung, die man durchaus Terror nennen kann, von seiten der Staatssicherheit; daß man einem diese Zuflucht genommen hat. Daß alle 10 Minuten nachts das Licht kurz angeschaltet wird, um zu kontrollieren, ob man noch schläft. Daß so jede Regung unter sichtbarer oder unsichtbarer Observation steht. Das erzeugt sehr viel stärkere Bedürfnisse, allein zu sein, als es zum Beispiel hier bei Jugendlichen ist, die in Wohngemeinschaften leben. Ich könnte nicht in einer Wohngemeinschaft leben.

Durch das Verschwinden der DDR ist die DDR nicht erledigt. Die lebt in uns fort. Aber in einer bestimmten Form habe ich eben von 72 ab, spätestens ab 75 versucht, die Dominanz der Ideologie in mir zu bekämpfen, so daß ich jetzt das Absterben des Staates letztlich als relativ unwesentlich empfinde. Ändert zwar mein ganzes Leben, aber damit bin ich einverstanden. Aber deswegen ist die DDR nicht verschwunden in mir. Der Staat ist nur ein Teil. Deswegen sind diese Lebenserfahrungen, diese Mentalitäten nicht verschwunden. Und wenn ich in 10 Jahren einem Gleichaltrigen oder einem etwas Älteren begegnen werde, vielleicht in der Bundesrepublik oder sonstwo in der Welt, und wir werden über unsere Vergangenheit reden, da wird ein lauerndes Abtasten sein. Was hat man vor 89 gemacht? Wo hat er gearbeitet? Beim Fernsehen? So, beim Ministerium? Aha, beim Ministerium. Und schon wird dieses alte Mißtrauen wieder dasein.

Ich hab' mich irgendwann mal entschieden, so viel zu essen, daß ich auch dick werde, weil mir das Essen einfach sehr viel besser schmeckt und ich das für genußreicher halte als den ständigen Streß, körperlich fit zu bleiben und einen jugendlich vorzeigbaren Körper zu haben.
Natürlich belastet einen das auch – man muß sich nun damit abfinden, daß man kein Schönheitsideal darstellt. Aber das ist im Unterbewußten eine bewußte Entscheidung gegen Mode und gegen Zeitgeist.

BRUCH / SPRUNG

Hanns-Josef Ortheil, Jahrgang 1951, Schriftsteller

Abschied von der Jugend genommen? Ich glaube, inzwischen schon. Ich merke das ganz deutlich daran, wie ich mich zu Jüngeren verhalte. Die Zusammenarbeit mit Studenten in der Universität war früher ganz eng, ich habe die sehr gut verstanden. Die Beziehung zu Studenten, die heute so 20, 22 sind, ist dagegen so, daß ich mir überhaupt nicht mehr einbilde, das nachvollziehen zu können, was die denken. Das ist ein entscheidender Generationsbruch. Und früher war ich fast so alt wie die, ich war vielleicht drei, vier Jahre älter als die Studenten, mit denen ich gearbeitet habe! Aber das waren ähnliche Interessen, und es waren auch ähnliche Themen, an denen wir gearbeitet haben. Jetzt ist das nicht mehr da. Ich sehe den gemeinsamen Fundus nicht mehr, auf den man sich beziehen könnte. Die interessieren sich ja auch nicht mehr primär für Literatur, und es sind ganz andere Themen in den Vordergrund gerückt – Filme, andere Medien, andere Lektüren, die ich zum großen Teil gar nicht verfolge und kenne. Das ist ein Umbruch. Aber nicht resignativ gesagt, sondern das stelle ich nur fest. Ich kann's nicht mehr einholen.

Verhältnis zur Zeit geändert? Ganz bestimmt. Und zwar so, daß ich – wie ein alter Mann – schon das Gefühl habe, ich muß die Stunden nutzen, was ich früher für die Perspektive eines Greises hielt, aber es ist so. Ich habe ganz starke Gefühle für die Wertigkeit der Dinge, die ich mache. Bringt das jetzt was oder nicht? Und wenn's nichts bringt, mach' ich's nicht. Ich geh' zum Beispiel nicht in ein Lokal, hol' mir die Zeitung und sitz' da zwei Stunden und les'. Was ich früher gerne gemacht habe. Oder mich bewußt lange Stimmungen hingeben, Atmosphären einsaugen, wo man sagt: Man fährt jetzt nach Paris und läuft mal nur drei Tage spazieren und läuft mal hierhin und dort, hat aber nichts vor. Würde ich jetzt nicht mehr machen. Würde ich nervös. Die Dinge müssen für mich jetzt klarer strukturiert sein. Ich muß das deutlicher sehen, was ich will, und ich kann nicht so daherbäbeln, das geht nicht.
Ich war früher immer so begeistert, in Kneipen zu sitzen und mal zu gucken, das fand ich immer ganz geil. Ich hab' mich einfach hinreißen lassen davon.
Ja, das Gefühl ist weg. Das hängt damit zusammen, daß der Wille, sich auf alles einzulassen, schwächer geworden ist. Die Palette dessen, was man so blind Geschmack nennt – das ist eng geworden, das ist viel enger geworden.

Ich empfinde unsere ganze Generation als experimentelle Generation. Mit allem experimentieren – mit den Lebensformen, mit den Geschlechterverhältnissen, alles steht auf der Probe und muß erst ausprobiert und definiert werden, neu festgelegt werden. Und das empfinde ich als gut, als sehr gut. Für mich bedeutet das einen ganz großen Fortschritt gegenüber meiner Elterngeneration. Und der Sprung von meiner Elterngeneration zu mir ist mir überhaupt nicht erklärlich. Das ist eine Mutation, das ist abgrundtief verschieden.
Ich denke: So, jetzt sind wir dran. Jetzt müssen wir was bieten. Jetzt werden wir gefordert, jetzt steht das so richtig auf dem Spiel. Jetzt müssen wir mal zeigen, ob wir da mithalten können. Ich habe das lange Zeit als sehr eingeschränkt empfunden, die Behinderung zum Beispiel in der Literatur, die Belastung der literarischen Diskussion durch das

lange Nachwirken der Gruppe 47. Das ewige Diskutieren in diesen literarischen Leitvokabeln und Großvorbildern, die doch wirklich 67, 68 spätestens aufgehört haben, die dominierende Rolle zu spielen. Das habe ich lange Zeit als wirklich idiotisch empfunden und auch als belastend. Da wird einfach künstlich unterdrückt, was nachkommen würde.

Die Hauptsache meiner Arbeit liegt vor mir. Ich meine, daß ich noch nicht das gemacht habe, was ich machen will. Daß das eigentlich erst losgeht.

KRIEG / KRITIK

Martin Grzimek, Jahrgang 1950, Schriftsteller

Ich bin in der Entwicklungsetappe eines 41jährigen Menschen und Schriftstellers. Ich möchte einfach weiterarbeiten und versuche das auch zu tun.
40 bedeutet für mich gar nichts! Alterungsprozesse? Ich habe nicht das Gefühl zu altern. Noch nicht. Sondern im besten Falle, mich zu entwikkeln. Etwas, was ich erlebt habe, anders umzusetzen als vor soundso viel Jahren. Wenn man das als Alterungsprozeß beschreibt, beschreiben will, dann kann man das gerne machen.

Qualitative Veränderungen? Das, jedenfalls soweit es meine Arbeit betrifft, müssen andere beschreiben. Im Zusammenleben mit anderen Menschen kommt es auch immer auf den anderen Menschen drauf an, ob das an Qualität abnimmt oder nicht. Das heißt, das ist ja 'ne Situation, die man nicht alleine entscheidet. Man versteht zum Beispiel vielleicht ältere Menschen etwas besser, weil man selbst älter geworden ist. Es hat dann auch keinen Sinn mehr, sich gegen sie aufzulehnen in dem Sinne, wie man das als Jugendlicher gemacht hat, um eben zu provozieren.

Interessant an der Studentenbewegung war die Auseinandersetzung mit der Staatsgewalt, daß man in 'ner Demonstration war und flüchten mußte, weil 'n Polizist hinter einem her war und man dann clever genug

war, um schnell in irgendein Haus zu rennen, und mit klopfendem Herzen im Hausflur stand und der eben vorbeirannte in Berlin-Wilmersdorf. Oder daß plötzlich Steine flogen, ich hab' nie einen geschmissen, muß ich ganz ehrlich sagen, weil ich das nicht wollte, ich hab' das abgelehnt. Aber das war sehr aufregend. Und das prägt einen natürlich, weil man plötzlich etwas erlebt hat, was man nur vom Krieg her kannte, und den Krieg kannte ich nicht, sondern den kannte ich nur aus Erzählungen und Berichten oder Fernsehfilmen oder Spielfilmen, das heißt, Brutalität in dem Sinne, wie sie stattfand, war etwas Neues. Und daß sie tatsächlich auf der Straße stattfand, nicht weil der eine dem anderen etwas stehlen will, sondern weil zwei verschiedener Meinung sind über ein System, in dem sie leben. Was mich am Nationalsozialismus beschwert, ist auf jeden Fall die Kenntnis davon, nicht die unmittelbare, weil ich ja nach dem Krieg geboren wurde, aber die Kenntnis davon, daß es möglich war, eben einen Massenvernichtungsstaat aufzubauen, und in welcher Form es möglich war. Und das ist eine Belastung oder eine Stelle in mir, ein Fleck, den ich nicht irgendwie wegwischen kann, niemals. Das liegt auch daran, daß ich mich damit beschäftigt habe und Orte wie Auschwitz oder Birkenau gesehen habe und mich das immer wieder interessiert hat, diese Verbrechen, die haben stattfinden können, übrigens auch ein Resultat der Studentenzeit in Berlin, weil dort eben die Auseinandersetzung mit dem Massenfaschismus besonders stark war.
Diese Stelle ist schwer zu lokalisieren. Sie ist eigentlich einfach da, ein Fleck sozusagen. Wenn ich mich als einen großen Fleck betrachte, der aus vielen Flecken besteht oder aus mehreren, dann ist es einer von diesen Flecken, der schwimmt; weil er auftaucht, wenn ich merke, wie Menschen miteinander umgehen, wie sie sich zermürben zum Beispiel, oder wenn ich bestimmte Schroffheiten erlebe oder wenn ich auf Literatur stoße, die mich daran erinnert und in die ich hineinlese oder die ich verfolge. Das ist es nicht, daß ich nun jeden Morgen aufwache und sage: Daran mußt du auch noch denken. Das ist es nicht, sondern es ist eine Gegenwart, die zwar nur angeeignet ist, weil ich sie ja selbst nicht erlebt habe, aber eine Gegenwart, die in mir herrscht als ein kritisches Wahrnehmen. Ein Auslöser von kritischem Wahrnehmen.

KRIEG / FRIEDEN

Karin Petersen, Jahrgang 1950, Schriftstellerin

Ich habe erst in letzter Zeit festgestellt, daß mein Leben nicht gradlinig in der Form verläuft, daß ich, um Neues zu erreichen, etwas Altes hinter mir lassen muß; ich nehme immer stärker wahr, daß mein Leben in Spiralen verläuft. Das heißt, ich breche auf an einem Punkt und bewege mich scheinbar von dem Ursprungsort weg, nur um jetzt, nach soundso viel Jahren, auf eine andere Art und Weise wieder anzukommen. An diesem gerade anfangenden Krieg, Golfkrieg, interessiert mich die Frage: Was tragen wir als einzelne dazu bei? Wie sieht unsere Art von Kriegsführung aus in unserem mikrokosmischen Leben? Wie weit bin ich bereit, jemandem, der mich angreift, in Liebe zu begegnen? Insofern sehe ich diesen Krieg als etwas, das wir alle austragen. Der alltägliche Kampf mit der Verkäuferin, die patzig ist, oder dem Partner, der einem übern Mund fährt? Diese Miniaturkriege? Man kann auch noch eine Stufe eher anfangen, ganz bei dir selber. Wie gehe ich mit mir selber um? Wie beschimpfe ich mich? Wie bekämpfe ich mich? Wo bin ich liebevoll zu mir? Wo führ ich Krieg gegen mich? Wo bin ich ständig im Konflikt und im Krieg gegen mich und meine Gefühle, meine Impulse, meine Gedanken, meine Äußerungen? Wo bin ich eigentlich wirklich mit mir im Frieden und in dem, was ich mache? Wo lasse ich mich in Frieden? Wenn du da anfängst, dann siehst du: du bist ständig im Krieg. Da sind ständig diese Stimmen in deinem Kopf, die dich nie, nie in Frieden lassen.

Unglaublich viele von uns, gerade in unseren Beziehungen, sind eher auf der Ebene von Vierjährigen. Ich weiß nicht, ob ich schon wirklich 40 bin. Ich glaube, mir fehlt noch einiges. Aber es gibt Dinge, die sich abzeichnen. Dazu gehört ein Bewußtsein meines Alleinseins, in dem ich mit anderen auf eine reifere Art verbunden sein kann als aus der Bedürftigkeit des Kindes heraus. Es gibt ein Maß an Akzeptanz, das ich früher nicht hatte – was ich auch mit Älterwerden, Reiferwerden Erfahrungmachen verbinde.
Was ich auch als sehr befreiend und als einen Punkt von Reife empfinde, ist eine Entwicklung, die mich mehr und mehr entscheiden läßt, was für

mich im Leben wichtig ist. Und darin eine gewisse Gelassenheit – daß ich mich nicht furchtbar abgrenzen und abkämpfen muß, sondern ich weiß: Bestimmte Dinge sind mir einfach nicht wichtig, andere sind es mir. Das empfinde ich als sehr befreiend. Und auch im Bewußtsein dessen, daß 40 so was ist wie Halbzeit.

Die ideale 40jährige Frau ist für mich eine Frau, die bestimmte Bereiche weiblicher Erfahrung ausgelebt hat. Das betrifft einmal die Sexualität, die, so wie ich das erlebe, einen Höhepunkt erreicht. Ihren Körper zu kennen, zu wissen, was sie braucht, was ihr guttut, und darin eine Sicherheit zu haben, die auch ausstrahlt: das gehört zu meinem Idealbild einer Frau von 40. Sie muß nicht mehr kämpfen. Sie hat vielleicht auch die Erfahrung von Mutterschaft, von diversen Partnerschaften, von allem, was Weiblichkeit ausmacht. Sie hat den Arbeitsbereich und darin eine innere Sicherheit entwickelt, die sie das Leben mehr genießen läßt als früher. Ohne daß das Leben für mich immer einfach ist – ich genieße es mehr denn je aus dieser Selbstkenntnis heraus. Und ich glaub', das ist das Wichtigste, diese Selbstkenntnis. Zu wissen, wer ich bin, was ich brauche, worauf ich reagiere, auch offen zu bleiben, nicht in Rigidität, das empfinde ich als etwas sehr Beglückendes. Dagegen die Zeiten, wo ich rumgelaufen bin wie ein großes Fragezeichen, an andere und vor allen Dingen an Männer: »Sagt mir, wer ich bin?« spiegelt mir das. Das empfinde ich als etwas sehr Befreiendes am Älterwerden und an diesem Lebensalter: diese Selbstkenntnis, aus der heraus Frauen in dem Alter einfach nicht mehr alles mitmachen – im Vergleich zu Frauen, die noch mit einer Frage an andere durch das Leben laufen. Und die noch viel mehr, auch von ihren Beziehungen her, in der Bedürftigkeit sind, etwas zu bekommen – unter anderem auch ihre Identität. Das ist ja nun nicht zu Ende durch die Frauenbewegung, daß Beziehungen für Frauen eine große Qual sind und waren, um sich zu erkennen, sich zu begreifen. Ich sehe mehr und mehr Frauen in meinem Alter, für die »Beziehung« weniger ist, etwas rauszuholen für sich, und sich fühlen zu lassen, als daß sie selber für sich in ihrem Leben eine bestimmte Fülle entwickelt haben, die sie mit einem Menschen teilen können. Das ist eine völlig andere Position. Und sehr viel beglückender.
Mein Leben ist bei weitem nicht mehr so leidvoll wie in der ersten Hälfte. Was nicht heißt, daß es jetzt nur sonnig ist oder daß ich nicht

auch schwere Zeiten habe. Aber da ist irgendwas gewachsen untendrunter, wie eine Sicherheit, die mich nicht mehr so schnell verläßt.
Konkurrenz zu jüngeren Frauen empfinde ich nicht mehr in dem Maße wie früher. Ich empfinde manchmal etwas Mütterliches und Warmes für die jungen Frauen; und ich kann mich erfreuen an so einem jungen Aussehen, an einer jungen Schönheit. Aber ich möchte nicht jünger sein als die, die ich bin jetzt in diesem Leben. Es gibt keine Zeit in meinem Leben, wo ich mich jetzt zurücksehne, daß ich die sein möchte.
Für mich gehört das alles mit zu dieser Idealvorstellung vom Altern. Auch Sexualität in ihrer Fülle gelebt zu haben und dann frei davon zu werden. Das heißt, bewußter damit umgehen zu können, so daß ich nicht mehr jeder sexuellen Regung und Anziehung nachgehen *muß,* weil sie so verführerisch und stark ist, sondern daß ich andere Aspekte mit einbeziehen kann – will ich das? –, freier damit umgehen kann, dem nicht mehr so ausgeliefert bin.
Ich habe das Gefühl, daß Männer um 40 länger in dieser Sexualität, also einer primären Antriebs- und Anziehungskraft, der sie unbedingt nachgeben *müssen,* verfangen sind als Frauen, die ich kenne. Ich weiß nicht, ob das geschlechtsspezifisch ist oder weil Männer noch immer viel mehr nachzuholen haben – es fällt mir auf. Ich kenne weniger Männer, die auf die reife Art und Weise mit Sexualität umgehen, wie ich es eben beschrieben habe. Sie sind abhängiger und unfreier. So als müßte man dem immer nachgeben. Ja: *unfreier.*

JÜDIN IN DEUTSCHLAND, 40

Ein Jude verändert mich sofort.
Ich werde ängstlich, schuldbewußt, aggressiv und devot.
Ich kontrolliere mich, verkrampfe mich und spüre meine Lachmuskeln einfrieren. Der Atem geht kurz, die Scham sitzt im Nacken, und schuldbeladen schmälert sich sofort mein Glück.
In Habtachtstellung. Ich benehme mich nicht mehr normal.

Ein Jude verändert mich sofort. Eine Jüdin erst recht. Nein. Ich habe weniger Angst. Aber immer noch genug.
Die größte Berührungsnot verspüre ich bei gleichaltrigen jüdischen Männern. Habe ich mir deswegen für mein Generationspanorama fünf jüdische Frauen gesucht?
Mir fällt es leichter, mich mit der jüdischen Elterngeneration zu konfrontieren. Ihren Schuldgegner, stelle ich mir vor, finden sie unter meinen Eltern, Verwandten, Lehrern, bei all den Deutschen, die bewußt das sogenannte Dritte Reich getragen haben. Kein Rückzug auf die dumme Position einer spätgeborenen Gnade. Trotzdem. Sie können nicht mich meinen, sie dürfen mich nicht meinen. Der Adressat ist mein Onkel, mein Nachbar, der Statiker, der Papierhändler, der Hausarzt. 1950 geboren, bitte sehr: Was habe ich mit all dem zu tun? Mit dem konkreten, einzelnen, individuellen Detail aus Dachau? Mit den Augenblicken in Auschwitz, wenn den Brillenträgern auch noch die Gläser von der Nase gerissen wurden? Ich kenne die Bilder vom Brillenberg, Mauthausen 1945.

Es sind meine Bilder, sie gehören zu meinem fotografischen Horror-Haushalt. Speisen immer wieder den Haß auf die Urheber solchen Leids. Den Haß auf die Erbschaft solcher Zeit. Eine Erblast, die Schatten wirft über meine Existenz, am Tag es Nacht werden läßt, die Adern füllt mit schwarzer Tinte, den Atem mit Ruß. Warum ich? Warum nicht mein Vater?
Meine Bilder sind es nicht. Aber den Bilderberg solcher Erbschaft kann ich nicht verweigern. Ich wehre mich. Ich ziehe mich zurück in den Schatten des Geburtsjahres 1950.

Der alte Jude weist mir keine Schuld zu, vielleicht. Aber da gibt es den gleichaltrigen Juden.
Der macht mir Angst.
Wir hatten nie die gleichen Chancen.

Wie also geht wer mit welcher Hypothek sein Leben lang um?

Rachel Heuberger:

»Ich stehe dazwischen!«

oder

Unjüdische Fragen

Abwehr von Anfang an: Rachel Heuberger, Frankfurt, Jahrgang 1951, Geburtsort Tel Aviv. Historikerin, Magister artium, Studium der jüdischen Geschichte an der Hebräischen Universität in Jerusalem. Ehemalige Leiterin der Jüdischen Volkshochschule Frankfurt, verheiratet, zwei Kinder, freiberuflich, arbeitet an einer Dissertation über Frankfurter Juden.
Abwehr, von Anfang an: Meine Anfrage müsse eine Verwechslung sein. Dann: Das Thema sei ihr fremd. Weiter: Terminprobleme. Jetzt doch: Ich sitze ihr gegenüber, auf der Sesselkante. Sie wie eine Festung auf der schwarzen Ledercouch, ich wie ein Bittsteller. Sie offiziell; ich frage, nein, viel defensiver – ich würde gerne etwas wissen wollen. Sie möchte eigentlich nicht antworten. Und doch. Gespanntes Klima. Eine Konfrontation.
Tee, Wasser, Obst als Angebot, aber frostig bleibt die Atmosphäre – der Eindringliche wird auf Distanz gehalten. Gepflegte Altbauwohnung in angegammeltem Gründerzeithaus des Frankfurter Westends. Linksintellektuelles Ambiente, gehobene Ikea-Kultur mit Lederzeug, Schleiflackstellagen, Stereo, Benjamini, Büchern, Bildern, Schallplatten und einem Telefon, das unentwegt in den Raum hineinruft und dann doch irgendwo von irgendwem auf irgendeinem anderen Apparat beantwortet wird.
Mit dem 40er beginnen wir – heute ist der 29. November 1990 – und sind schon am Ende. Sie will die Ausnahme sein in diesem Zirkel, als Jüdin in Deutschland und als Orthodoxe unter den Juden. Zweimal das Unnormale. Leben in der Dissonanz: Die polnischen

Eltern haben den Holocaust überlebt, überlebten Auschwitz. Heimat für sie gibt es nicht, höchstens ideell. Die BRD? »Ich besitze einen deutschen Paß.« Punkt. Ansonsten Minderheitengefühl. Und Wohlfühlen? »Nur im engsten Kreis von Familie und Freunden, vielleicht bei einer Aktion, in einer Vorlesung und beim Gedanken, daß die BRD russischen Juden auf der Flucht vor dortigem Antisemitismus Asyl gewährt!« Ansonsten Skepsis: Vergangenheitsbewältigung als bloßes Plakat, Wiedervereinigung als Ende der Nachkriegszeit, als Ende der NS-Aufarbeitung, das Wort Aufarbeitung setzt sie verbal in Anführungszeichen. Die Berliner Mauer als »Symbol der Strafe für den Nationalsozialismus, für den Krieg, der die halbe Welt in Ruinen gestürzt hat, für das Judenpogrom«, ist gefallen, dieses deutsche Land, zumindest die BRD, ist aus der Katastrophe erstarkt als Wohlstandsstaat hervorgegangen – jetzt, wo das Symbol fort ist, ist ihr »unbehaglich« ob der neuen Großmannssucht, Angst vor erneut erstarktem Nationalgefühl, Schrecken über frischen Antisemitismus aus der DDR plus Rechtsruck.
Konsequenz: »Aufmerksam und sensibel beobachten!«
Folge: »Mehr Distanz!«
Fazit: »Weniger Identifikation!«
Programm: »Abwarten!«
Das Lebensgefühl der knapp 40jährigen? »Mittellage, zufrieden, nicht schlecht fühlen, weniger euphorisch!« Als Jugendliche habe sie kein »Sowohl-Als auch« akzeptiert, radikal die Eltern kritisiert für deren Rückkehr in dieses Deutschland. »Heute kompromißbereit, aber an Radikalität eingebüßt!« Das bedauert sie, die Karriere des Cohn-Bendit mit Argwohn im Auge: »Aber auch der eigene Idealismus ist weg, wobei die idealistische Radikalität viel Realität ausgeblendet hat!« Verrat am alten Ideal oder Modifikation? »Ich habe keine alte Position aufgegeben, aber mich innerhalb der alten Position verändert. Die Einsicht in die Veränderbarkeit der Verhältnisse ist gewachsen, der Glaube geschrumpft.«

Nicht aber der Glaube ans Jüdische, ihr jüdischer Glaube.
Sie ist eine stolze Jüdin. Ich frage sie, und sie ist verblüfft.

Zögert, pausiert, fixiert mich. Dann das entschiedene »Ja!« Stolz, einer alten Religion anzugehören, stolz auf deren Überlebenswillen. Sie nimmt mich ins Visier. Natürlich sei sie Jüdin per Zufall, sie will auch »nicht eingebildet, überheblich, arrogant klingen«, aber das Judentum gäbe ihr »Kraft, Selbstsicherheit: Ich denke, daß man mich nicht unterkriegt als Jüdin, nach so vielen Jahren der Existenz dieser Religion und trotz der Verfolgungen!«
Wie mißtrauisch sie ist. Sie kann sich nicht vorstellen, daß ich lauterer Absicht bin. Ich frage, weil ich nicht weiß. Und sie mauert. Will mir das Endmanuskript abhandeln, Einsicht erwirken, weil sie nur mit dieser Art der Kontrolle frei reden würde. Renitente Abwehr. Immer wieder fällt sie mir ins Wort, und ich lasse mich immer wieder überreden, und wenn ich mir rasch nebenher ein Stichwort notiere, das zu thematisieren ich nicht vergessen will, erschreckt sie mich mit der Frage: »Was notieren Sie da?« Als liefe nicht das Tonband. Gereizte Grundstimmung, Aversion, feindliche Aversion, wenn auch nicht offen; offen aber das Mißtrauen dem Nichtjuden gegenüber, als führte ich etwas im Schilde. Irgendwann bin ich ihr »ein querulantischer Frager«!
Dabei wollte ich nur wissen, ob es für sie denkbar gewesen wäre, sich in einen nichtjüdischen Mann zu verlieben, und warum sie bei all dem Grauen in ihrer Familiengeschichte und ihrer Glaubensgemeinschaft zwei Kinder auf *diese* Welt gebracht habe. Sie blockt mich ab: »Das ist eine unjüdische Frage!« Mir bricht der Schweiß aus.

Die jüdische Fraktion. Die deutsche Fraktion. Wir kommen nicht zusammen. Entweder bin ich hier der Spion oder der Ignorant, der keine Ahnung hat von dem, was er erfragt. Dauernd in eine klassisch schizoide Double-bind-Situation manövriert und letztlich verletzt, notiere ich mir unter ihren großen Augen: »So kommt nie etwas ins reine!«

Sie ist eine schöne Frau, eine klassische schöne Jüdin. Sie trägt keinen Schmuck. Jeans, Turtle-neck-Pulli, drüber einen schwarzgrundigen Wollpullover mit lila-gelb-roten Flächen. Sommer-

sprossen. Kräftige Zähne, volle Lippen, hohe Stirn, schweres Haar, schöne Augen, große Augen, volle, alte Augen in einem 40jährigen Gesicht.
Sie ist nüchtern, ernüchtert ich. Beim Stolz waren wir verblieben. Sie mag nicht mit ihrem Judentum hausieren gehen, nicht protzen; diese einklagende Kompensation ihrer Leute lehnt sie ab, wie sie den grassierenden Philosemitismus kritisiert, auch die positive Stigmatisierung einer überschwenglichen Verehrung der Adorno, Bloch, Horkheimer, Marcuse und Nobelpreiskapazitäten. »Das ist unnatürlich!« sagt sie – und bringe für die Juden nichts, außer angestammte Rechte. Durch die Nazis sei so viel Wissen und Tradition verlorengegangen, »daß das ›Ich bin Jude‹ in unserer Generation oft nur Schale ohne Kern« ist. Hier registriert sie ausschließlich Verluste: »Der innerjüdische Pluralismus ist kaputt!«

Der geheime Wunsch der Rachel Heuberger ist vielleicht die Sentenz: »Es sollte wieder normal sein!« sagt sie leise, nebenbei. Die positive Kraft ihrer Religion, die Regeln, Bräuche, Gebote, die Gelehrsamkeit, der Gestus, das, was ihre Eltern trotz KZ, im KZ gerettet habe – die Orthodoxie als Gegengewicht, das proklamiert sie. Jüdischer Trauerritus, Fest- und Feiertage, der Gang zur Synagoge und nicht die immergleiche Definition des Jüdischen vom Holocaust her als Leiden, als ewiges Opfer. »Wir sind nicht nur Juden, weil wir verfolgt wurden – das war bei mir anders. Ich gehöre nicht zu den Generationsgenossen, die das Leiden der Eltern auf sich nehmen, um selbst als Helden dazustehen. Natürlich bin ich erschüttert über das Leid meiner Eltern – mir bleibt dazu die Sprache weg. Als Kind habe ich das Deutsche allgemein gehaßt, bin in der Straßenbahn nicht für Ältere aufgestanden, sondern habe überlegt, was die im Krieg wohl gemacht haben. Natürlich ist mir aufgefallen, daß niemals Nichtjuden oder Deutsche in unserem Haus waren, Geschäft und Familie waren getrennt. Und ich habe als Kind immer gewußt, daß meine Eltern Überlebende des Konzentrationslagers sind, obwohl sehr, sehr wenig darüber gesprochen wurde – das ist ein Tabu. Das hat natürlich Spuren in die Psyche geritzt, und wahrscheinlich rührt mein Gerechtigkeitsgefühl daher. Gerade deswegen habe ich Kinder. Nach 45 war das für Juden der einzige Weg des Neuanfangs, über Kinder; außerdem gilt für uns das alte biblische Gebot: ›Seid fruchtbar und mehret euch!‹ Das gehört zum inneren Überlebensdrang des Judentums, das ist ein positiver Wert, auch wenn ich weiß, daß ich als Frau mit zwei Kindern keinen Vorstandsposten von der Deutschen Bank angeboten bekomme. Mich erschüttert natürlich, daß meine Eltern bei Kriegsausbruch ungefähr das Alter meines zwölfjährigen Sohnes hatten! Furchtbares Parallelisieren! Auch deswegen: Kinder gehen vor Karriere!«

Die Ausnahme sein, das Unnormale und nicht dazugehören. Als sie von Israel spricht, fällt der Kernsatz: »*Und dann stehe ich dazwischen* und kann meine Position nicht einbringen!« Als Studentin aktiv im israelischen Feminismus, kann sie sich dort – als Jüdin selbstverständlich – um die Frauenrechte kümmern, hier muß sie sich erst einmal als Jüdin definieren, und die Frauenrechte bleiben auf der Strecke. Das ist Grunderfahrung. Auch in der Israel-PLO-Diskussion. Auch im deutsch-jüdischen Diskurs: »Es ist für uns moralisch leichter in dieser Auseinandersetzung, wir stehen auf der Seite der Gerechten, als sei uns ja nichts anzulasten!« sagt sie und lacht fast ein bißchen, ein bißchen distanzierend.
Die deutsche Front, die jüdische Front. Leichtes Aufweichen. Sachte Annäherung.

Was verbindet den deutschen 1950er mit der jüdischen 1951erin? Die gemeinsame Geschichte des Landes, das mich beheimatet, das sie bewohnt? Mit dem ich, aus dem ich lebe in der Nähe, das sie beobachtet als eingebürgerter Gast aus der Ferne?
Beide haben wir deutsche Schulen besucht, Karl May geschmökert, »Bravo« gelesen und die Beatles gehört; Adenauer mochten wir nicht, erst recht nicht seinen Nazi-Globke; und als Rudi Dutschke starb, hat's uns ziemlich mitgenommen! Der Feminismus ist uns beiden wichtig, das erste Heft der »Emma« deutlich in Erinnerung und die Aufregung, die die Alice Schwarzer schuf; nicht, daß die die Frauenfrage erfunden hätte. Sie hat sich an die

Spitze gesetzt und zur Symbolfigur gemacht. Aber heute, endlich sind wir einig, ist dies alles schon Geschichte. Die bewegten 60er, 70er und mitt80er Jahre sind vorbei, der Rückfall in die 50er hat längst begonnen, ob Aids die freiere Liebe unserer Pille eingeholt und zurückgenommen hat oder ob der Neokonservativismus-Import aus der DDR das Rollback füttert – wir sind 40 und treffen uns des Morgens, jeder vor dem eigenen Spiegel. Sie zur »Doppelkinnkontrolle«, ich zum »Graue-Haare-Check«. Angst hat sie, »im Alter nichts mehr zu können«, als »krummgebücktes Mütterchen« auf fremde Hilfe angewiesen zu sein. Den 40er-Markierungspunkt lehnt sie als für sie fremd ab: »Dieses Datum wird so lange von außen an einen herangetragen, bis man nicht mehr anders kann!« Trotzdem, seit ungefähr 35 bilanziert sie herum, liest die Stellenanzeigen und denkt: »Wer mit 40 noch keine Karriere gemacht hat, der schafft es eh nicht mehr!« Außerdem ist da der zwölfjährige Sohn, der über »die unsportliche Mama klagt und – ›Du hast keine Ahnung!‹ – darüber, daß ich die Popgruppen des Tages nicht kenne«! Den Schrank verrückt sie nicht mehr solo, die Sprudelkiste nicht mehr solo vom Keller hoch, das Treppensteigen spürt sie, »und jeder Schnupfen ist mit 40 eine Krankheit«!

Abwehr von Anbeginn. Strapaziöse 120 Minuten. Seelisch macht sie zu und bleibt zu. Die verletzende Reserve gibt sie fast auf. Aber Vertrauen hat sich kaum eingestellt. Ein erster Schlagabtausch. Sie hat die Position markiert, mehr als Politikerin gesprochen denn als Person – so hält sie sich, im Bonner Jargon, »bedeckt«. Ob Schutz, Kalkül oder Unsicherheit, ich weiß es nicht. Mit Mühe, ich versuch's, will ich das Positive retten und betonen – abgeschlagen, deprimiert verlasse ich die Auseinandersetzung mit Frau Heuberger. Wenigstens hat sie ihre Selbstaussage über mich, die vom »querulantischen Frager«, von oben herab gemildert. Jetzt bin ich in der Widmung ihres Buches »Heraus aus dem Ghetto« der »hartnäckigen Frager«.
Was, frage ich mich in Schal und Mantel auf der Treppe, was hätte ich mit ihr zu teilen? Oder auch nur entgegenzusetzen, diesem jüdischen Elitebewußtsein der Orthodoxie?

Gabriela Pagener-Neu:

»Ich bin die kleinste Jüdin, die ich kenne!«

oder

Angst, Altern, Assimilation

Ich treffe sie kurz vor dem Niedergang. Denn Altwerden ist das Schlimmste. Mit 30 beginnt der Verfall, mit 40 ist man restlos abgeschrieben, und der Tag beginnt mit einem Schock vor dem Spiegel: »Fürchterlich!« bricht's aus ihr heraus – Gabriela Pagener-Neu, 38 Jahre jung und noch 24 Monate bis zur Deadline 40. 1952 kam die Jüdin in Düsseldorf auf die deutsche Welt, verbrachte die Schulzeit in der Schweiz, studierte Germanistik, Romanistik, Philosophie und Hebräisch, Magisterexamen in Düsseldorf und seither als freie Übersetzerin und Journalistin vor allem für die jüdische Publizistik tätig, verheiratet, ein Kind. Der Umzug nach Monaco, berufliche Gründe des Ehemanns, steht bevor, als wir uns im Dezember 90 auf Zimmer 510 des Kölner Hotels »Europa am Dom« treffen.

Eine Frau mit 40 ist nichts mehr wert. Keine Frage von Sexualität, es ist ein ästhetisches Problem. Vom Schrecken der Physis: Im Alter ist man nicht mehr attraktiv. Wer sollte sich heute noch in sie verlieben? Theoretisch gesprochen. Sie ist verheiratet. Über kurz oder lang wird sie unterm Messer des Schönheitschirurgen liegen, Oberschenkel straffen, Bauch straffen und alle Fettpölsterchen weg: »Zack, weg!« sagt sie, schnell, rasch, entschieden. »Radikalkur.« Liften hat sie ins Auge gefaßt, der Fältchen wegen, und schon als Teenager – »Ich bin die kleinste Jüdin, die ich kenne!« – war sie sich zu klein, wollte sie sich Knochen zur Verlängerung der Beine einsetzen lassen. Ihr Ideal ist die Barbie-

Puppe, und als sie zwanzig war, hat sie sich entsprochen: hochhakkige Stiletto-Pumps, knallenge Jeans, Décolleté. Niedergang von da an: Abschied vom poppigen Outfit, schmerzliche Trennung vom »Teenymäßigen«, immer weniger auffällig, immer mehr moderat und klassisch gekleidet, Jammer über die Jahre, Wut übers Erwachsenwerden und Haß auf den Zwang, »irgendwie ein seriöser Mensch, eine gestandene Frau« zu werden.

Drei Stunden reden wir über zwei Probleme: Älterwerden und Anti-, Philo-, Berufssemitismus. Zwei Stunden Altern, eine Stunde Judentum – das entspricht ihrer Befassungsenergie: 70 Prozent der Seelenarbeit sind gebunden von Gabrielas lebenslangem Ringen um das äußere Erscheinungsbild. Darüber und überhaupt, sie redet völlig ungeschützt und offen, gibt sich preis. Das war mein Wunsch, und so war auch das Miteinander.
Natürlich ist sie wirklich klein. Sie ist zierlich, filigran, mit Wespentaille, porzellanener Haut und leicht hervortretenden Belladonnapupillen. Natürlich graumeliert das Haar. Perlenkette, Ringe und eine Uhr in Herzform. Stark geschminkt, die Unterlippe knallrot verdoppelt, und wie zum Abgesang hat sie sich noch einmal in eine knallenge Jeans gegossen.
Sie hat es aufgegeben zu versuchen sich abzufinden. So wie dieser Satz klingt, so hat sie wohl gekämpft. Jugendkult nennt sie's, und ich traue meinen Ohren nicht, wenn sie so klar und dezidiert ihre Lage mit einem heftigen Ernst präsentiert, der nicht überhört werden darf. Druckreif redet sie, als habe sie sich alles schon vielmals solo gesagt. Bilanz. Natürlich, stellt sie sich vor, gewinnt sie an geistig-seelischer Reife, aber der Preis ist ihr zu hoch: »Die Physis kann durch Altern nur verlieren!« Was ist denn das für eine Problematik? »Emma« hätte kein passenderes Exempel finden können für den Weiblichkeitswahn.
So ohne Schonung das Gespräch, so disparat die beiden Themen, eins neben dem anderen. Sie jagt ihren ästhetischen Idealen nach und hat bereits verloren. Alle Männer, die aussahen wie römisch-griechische Götter, waren Beziehungsflops. Ihr jetziger sei stattlich, und eilig fügt sie »gutaussehend« zu.
Die Etappen ihres Lebens? Die Träume haben sich erfüllt, das

Wesentliche ist passiert: Berufswahl, Ehe, Kind und Wohlstand. Reiches Bürgertum vom Rhein und aus Riga mütterlicherseits. Großer Immobilienbesitz, auch an der Kö. Keine Sorgen. Und doch Schmerzpunkte. Zwei Suizid-Versuche wegen Liebe. Vom Tod des heißgeliebten Vaters erzählt sie, als sei er gerade erst gestorben. Und altern will sie nicht: »Ich will doch keine 80 werden! Wenn ich die Welt gesehen, ihre Probleme zur Kenntnis genommen habe und mit meinem Selbstbild nicht zu Rande komme, setz' ich meinem Leben selbst das Ende!« Aus. Pause. Schweigen. Was soll ich da noch fragen? Für solche Sätze brauche ich eine Stunde, bis ich sie aus dem Ohr getrieben habe. Und nicht einmal das Kölner Domgeläut springt christlich bei, kein Telefon – nur dieser Antiterror gegen den Terror des Alterns.
Es klopft. Zum Glück. Der Zimmerservice bringt Wasser, Tee und Milch und reichlich Kuchen von den Backgenies des Café Reichartz.

»Was kann ich denn fürs Judesein?« fragt sie. »Nichts!« Und was sie ist, ist ihr egal. Leben kann sie überall, nur möchte sie die Sprache sprechen und das Klima lieben. Lokalpatriotismus hielt sie bislang in Düsseldorf.
Ihr Judentum hat sie im Griff, entwaffnend unbefangen, und selbstverständlich geht sie damit um. Stolz darauf sein? »Auf was? Ich kann doch nichts dafür – Jude sein ist weder Schande noch Verdienst. Ich möchte einfach, daß Juden mit den gleichen Maßstäben gemessen werden wie alle anderen Menschen auch – und damit fertig!« Philosemitismus ist ihr peinlich. Das »Ach wie toll, daß Sie Jüdin sind!« kann sie nicht mehr hören. Sie gäbe brav Auskunft und willig Information. Aber auch nur einen Job mehr habe sie deswegen nie bekommen, der Philo sei eh nur Papier und schlechtes Gewissen. Und für diese Spielart der Partyattraktion stünde sie nicht mehr zur Disposition.
Und überhaupt! Was ist da so anders?
Es gab Phasen im Leben, in denen sie sich heftig für jüdische Belange interessiert habe; heute ist sie »eine ganz normale Staatsbürgerin mit Spezialinteresse Israelpolitik. Ansonsten habe ich die gleichen Probleme wie Roos auch.«

Im Gegenteil. Sie habe als Kind unterm Judentum heftig gelitten: Immer war sie die Außenseiterin. In der Schule bekamen alle Mädchen goldene Kreuze, sie nicht. Alle hatten Kommunion, sie nicht. Für jede ein weißes Kleid – nicht für sie. Alle durften zur Fronleichnamsprozession – ohne sie. Als die Mutter ihr mit 9 einen besonders wertvollen, gewölbten Davidstern schenkte, hat sie ihn mit dem nächsten Hammer plattgeklopft, platt wie ein christliches Kreuz. Später... aber konvertieren wollte sie auch nicht, nicht für den Ehemann katholisch werden: »Von einer Fessel in die nächste? Ich bin doch überzeugter Atheist!«

Dem offiziellen Judentum kann sie ebenfalls nichts abgewinnen. Solange der Zentralrat die besten Köpfe wie die Professoren Schoeps und Alphons Silbermann ausgrenze, solange in der Öffentlichkeit das falsche Bild eines homogenen BRD-Judentums propagiert werde, statt Liberalität und Vielfalt zuzulassen, solange Kritik totgeschwiegen und Selbstkritik geächtet, solange persönliche Interessen als allgemeine verkauft würden – was habe sie da zu suchen?

Die jüdische Lobby geht ihr zu weit: »Galinski hier, Galinski da, dauernd rücken die Berufsjuden die jüdischen Interessen in den Mittelpunkt und verstehen dabei gar nicht, daß vieles nicht in den richtigen Proportionen gesehen wird. Natürlich ist eine Friedhofsschändung schlimm. Aber genau so, wie sie mich traurig macht, so macht mich die Überreaktion der jüdischen Repräsentanten aggressiv. Ich mag nicht in den Chor von Gejammer und Empörung einstimmen. Antisemitismus – *auch das gibt es!* Jeder Einzelfall ist schlimm, jedes Flugzeugunglück, aber im Kontext verliert sich der Schrecken. An der allgemeinen Panikmache ist die jüdische Seite sehr wohl beteiligt. Ich wehre das ab, unbewußt, und ich lehne das ab, bewußt. Und mag mich manchmal nicht als Jüdin bekennen.

Intellektuell und affektiv kann ich mir einen zweiten Holocaust nicht vorstellen, so schnell passiert das nicht noch mal. Ich jedenfalls fühle mich als Jüdin in Deutschland nicht gefährdet!«

Das kommt alles schnell und scharf und überlegt. Nicht kaltherzig, aber aus einem kühlen Hirn. Versiert. Jede These ist belebt, die Kritik plausibel. Bin ich froh, denke ich erleichtert,

daß die Pagener als Jüdin solchen Unmut äußert und nicht irgendeiner, ein Nichtjude.
Natürlich, die Gründe für all die Idiosynkrasien, Überempfindlichkeiten, kennt sie, versteht sie, wir wissen es alle; die Folgen aber sind fatal: Abkapselung, Selbstghettoisierung, geistiger und seelischer Inzest.
Über den spricht sie mit altem, aber besonderem Schmerz, wenn sie über die Liebe spricht. Mit Blick auf die jüdische 40er-Generation. Wie oft hat sie den Eltern ihrer jüdischen Lover nicht ins Bild gepaßt, ins Bild der jüdischen Schönheit: »Dunkler Typ, gebärfreudiges Becken, bestimmtes Alter, solvente Kreise, gute Familie. All das konnte ich nicht bedienen – wir haben uns heimlich getroffen. Die gleichaltrigen Juden empfinde ich als zerstörerisch«, und sie würde niemals mehr eine Beziehung zu einem Juden eingehen: »Neurotisch ist man selbst, und mit einem jüdischen Partner potenziert sich unsere spezifische Pathologie. Ein nichtjüdischer Partner ist normaler und gleicht aus. Alle meine jüdischen Liebhaber waren neurotische Persönlichkeiten, und wenn die Eltern das KZ überlebt haben, war's noch schlimmer – diese Kinder sind psychisch wirklich gestört.
Selbstzerfleischung und ein selbstquälerischer Zug – das sind Charakteristika meiner Generation!«
Erfahrungssatt sagt sie das und ungerührt.

Ihr Vater hat nie darüber geredet, ihre Mutter nur so, »daß die Kinder nicht verkorkst wurden!« Beide Eltern konnten fliehen, die Großeltern, die Verwandten nicht. In Palästina haben sie sich kennengelernt, eine Familie gegründet, 1950 zurück nach Deutschland, um »die jüdischen Angelegenheiten zu regeln«, und sind regelrecht hängengeblieben, bis 1960/61 die Mutter in die Schweiz floh aus Angst vor der erstarkten NPD. Der Vater ist ihr Vorbild, » ein perfekter Jude, Pianist und Rechtsanwalt, geistige Potenz und Lebensart, souverän, elf Sprachen, das orthodoxe Leben war ihm lästig. Seine ironisch-parodistischen Bibellesungen waren Aufführungen!«
Das Elternhaus war liberal, die Partnerwahl stand frei, der Auserwählte kommt aus jesuitischer Schulung. Und ihrem kleinen

Sohn hat sie »das grausame Ritual der Beschneidung erspart, mit dem Segen der Mutter – wir wollten keinen neuen Außenseiter produzieren!«
Denn jüdische Identität ist ihr heute »eh Fiktion«, und Begriffe wie »Seelengemeinschaft« hält sie für schöne Worte – die Bildung einer kollektiven Mentalität sei Einbildung: »Wo ist sie denn, die gemeinsame BRD-Geschichte, die gemeinsame Kultur in der BRD? Ich habe doch mit deutschen Nichtjuden mehr gemein als beispielsweise mit Ostjuden! Eine soziokulturelle Entität westeuropäischer Juden leugne ich nicht ab, aber mich verbindet mit dem Judentum weder die Religion noch der Staat Israel. Jüdische Identität in der Bundesrepublik ist nicht gewachsen, nachgereicht und künstlich, Wunschdenken!«

Abgeklärt. Wie aus weiter Ferne spricht sie übers Judentum, engagiert, aber – ein Kapitel von früher, abgelegt.
Vital dagegen die Politik der BRD. Da ist sie nahe dran, das ist ihr Jetzt, selbst wenn die 68er Erfahrung zur Sprache kommt. Fasziniert damals, und aus der Ferne der schweizerischen Provinz vernommen – eine Tele-Erfahrung, ein Medienereignis, aber mit Durchschlagskraft. Vor allem die neue Pädagogik hat sie aufgegriffen, der eigene Sohn wächst antiautoritär auf. Mit scharfem Blick läßt sie die 68er-Propagandisten und ihre Karrieren nicht aus dem Auge, ärgert sich über »die Komik dieses neuen Establishments«, und »das penetrante ApO-Duzen nervt« sie! In der Folge, hautnah ihr Befassen mit der RAF: »Das hat mich lange sehr beschäftigt, gedanklich und gefühlsmäßig. Habe gut die große Wut auf alles verstanden, daß die zum Beispiel ein Kaufhaus anzünden. Ich habe versucht, mich in deren Lage zu versetzen: Warum machen sie das, wie machen sie das, was geht da vor? Wie leben die, wie kommunizieren die, wie sehen die Seelen aus, die Gefühle? Viele waren ja so alt wie ich. Ich habe nie große Angst gehabt, daß die mich ›zufällig‹ erschießen könnten. Die Panik der Bürger konnte ich nicht nachvollziehen. Ich war eher auf der anderen Seite. Mitgemacht hätte ich nicht, niemals die Courage besessen, eine Waffe in die Hand zu nehmen. Aber die RAF ist für mich eines der zentralen politischen Probleme, das interessante-

ste Phänomen der Zeit bis heute – es hört sich blöd an, aber ich war ihr Sympathisant. Bis zur Schleyer-Geschichte. Die war schlimm. Aber mich hat nicht der Arbeitgeberpräsident interessiert, es war Ulrike Meinhoff, die mich interessiert hat, die Meinhoff, ihre Motive, ihr Hintergrund, Familie, Aufwachsen und dieser deutsche Werdegang.«

Weil sie eine Frau war?

Wir sprechen über Weiblichkeit, und sofort ist sie aufgebracht: »Wenn ich schon das Wort Frauenbewegung höre!« Die hat sie abgestoßen. Ob sie einen Büstenhalter trüge oder nicht, dazu brauche sie kein Plakat. Spezifische Frauenprobleme kenne sie nicht, »außer der Forderung nach gleichem Lohn und Paragraph 218 alles Scheinprobleme« und: »Als ginge es ohne Männer! Ich muß mir nur die Frauen an der Front ansehen, diese ungepflegte Alice Schwarzer«, ihr »Antiideal, die ganze Erscheinung überhaupt, der Dogmatismus, die Aggression, das Unfeminine – so paradox das klingen mag!« Hätten andere Frauen, die ihrem Ideal entsprochen hätten, diese Bewegung getragen, sie hätte sich wohl eher identifizieren können. Wer? »Gertrud Höhler zum Beispiel – obwohl die sicher keine Feministin ist. Die Höhler finde ich bewundernswert, obwohl ich der CDU nicht einmal nahestehe. Die Art und Weise, wie diese Frau an Problematiken herangeht –«. Sie bricht ab.

Wir sind zurückgekehrt zur Weiblichkeit, ich bin verwirrt. Wo ist die Klammer, die die beiden Gesprächsthemen zusammenhält? Was haben die Frauenfragen zu tun mit einem Judenleben hier seit 1952? Erratische Blöcke. Was hat der Holocaust der Eltern mit diesen Kindern angerichtet? Die Nazizeit mit uns?

Mit welcher Power diese Pagener ihr Judentum abwehrt und weg davon will. Aber wo will sie denn hin? Das Lebensrecht den Juden immer wieder entzogen, die Identität perforiert, Selbstwert und Lebensgefühl gestört: Will sie deswegen sein wie Puppe Barbie? Ein Ideal? Vollendet? Makellos? Schön? Begehrt, geliebt, umschmust? Gebadet, bekleidet und umkämmt? Millionenfach vorhanden? Und in jeder Kinderstube ganz normal. Ganz normal.

»Ich bin ein Herdentier!« hat sie mir heute irgendwann einmal gesagt. Ein Herdentier, sein Lebensrecht geschützt in der Anonymität? Bestätigt von außen, frei Haus, als Gruppe. Integriert? Was larviert unter der Maske dieses Wahns?

Als ich damals in der »Jüdischen Allgemeinen Zeitung« in einem Aufruf nach gleichaltrigen Juden fragte und um Auskunft bat über ihre Befindlichkeit, hatte ich umgehend ihren Brief im Kasten, und alles schien mir klar. Jetzt höchste Rätsel, Unruhe.

Seit Stunden ist sie fort, weg zum Bahnhof, dann nach Hause. Auf dem Hoteltischchen, auf Glas und Tasse noch die breite, rote Lippenspur, das Kaffeehauszuckerchen, Kaffeehauslöffelchen, Kaffeehausgäbelchen, die Krümel und die angenagten Petits fours – und nach dem Domgedröhn muß ich hinübergedämmert sein in einen Halbschlaf und schrecke hoch mit der Vision: Sie ist gewaltsam transportiert worden zu jenem Zug –.

Ich rufe bei ihr an. Sie ist daheim.

Esther Dischereit:

»Alles war man, hauptsächlich leise, vor allem keine Jüdin!«

oder

Heimatlos

Daheim ist *sie* nicht. Nicht in Deutschland, nicht in Berlin, nicht in ihrer Wohnung. Nicht in der Linken. Nicht im Judentum. In ihrer Haut? Bei sich?

Was darf ich schreiben?
Es fällt mir schwer!
Ich möchte schreiben, wie ich es empfunden habe, aber. Ich möchte sie nicht verletzen.
Der Rücksichtsreflex.
Schon im Vorfeld wird er reklamiert: Der Verlag legt mir nahe, sie als Verfasserin literarischer Bücher anzusprechen und nicht als Jüdin. Sie selbst bittet um Referenzen, und zum Glück kann ich ihr meinen Essay über Hermann Gradl, den Lieblingslandschaftsmaler Adolf Hitlers, schicken, der in meinem Wohnort Marktheidenfeld geboren wurde und den man immer noch mit Ehrenbürgerschaft, Straßennamen und eigener Rathausgalerie feiert.
Nirgendwo ist sie zu Haus, und sie sagt Sätze, die einem die Tränen in die Augen drücken, die Gänsehaut über den Rücken jagen: »In einer normalen Familie wird geboren und gestorben. Bei uns wurde nicht gestorben – wir waren ja alle schon tot. Etwas ganz Verrücktes: Nie erfahren zu können, wie normal gestorben wird. Alles, was eine Sippe so ausmacht, kenne ich nicht, eine Tante im KZ vergast, jemand nach Argentinien geflogen, irgendwer im amerikanischen Exil. Keiner, der einem als Kind mal etwas zu-

steckt. Da ist immer niemand.« Lange Pause. »Ich bin ungeborgen in mir!«
Ich bin tagelang verstört.

Esther Dischereit. Jahrgang 1952. Kindheit in Hessen. Abitur am Weilmünsterer Gymnasium, das auch Ulrike Meinhoff besucht hatte. Studium und Examen für das Lehramt, Deutsch, Sozialkunde, Philosophie. Aktiv in der Studentenbewegung, Studentenparlamentskandidatin der »Roten Zellen«, Radikalenerlaß – keine Übernahme in den Schuldienst. Sie prozessiert, gewinnt und geht trotzdem in die Industrie als an- und ungelernte Fließband- und Akkordarbeiterin. Schriftsetzerlehre. Schicht- und Nachtarbeit am Bildschirm bis 1985. Journalistin, Autorin. Unverheiratet, zwei Kinder. Lebt in Berlin, arbeitet als gewerkschaftliche Bildungssekretärin in der Ex-DDR.
Ein magerer Mensch. Eine hohe Person. Seemannspullover marine-weiß horizontal, abgewetzte Cordsamthosen aus den 60ern, Gymnastikschläppchen. Ein dicker Ohrring: Ein fetter Messingreif umgreift einen Mercedesstern. Eine leidende Physiognomie, verhärmt und ohne Trost. Tiefe Sorgenfalten. Soviel Nacht in diesen Augen. Eine spitze Nase, knochige Hände, hohe Stirn, krisselige, lange, schwarze Haare.
Ein herrliches Gesicht, wenn sie lacht; und jung. Ein altes, wenn sie's nicht tut, das tut sie meistens, und sofort fällt wieder dieser Schatten über sie her. Wenn sie lacht, ist sie schön, offen und neu. Aber, sie schützt sich lieber. Und immer vibriert die Haut unter den vollen Lippen, das Kinn weint schon, und die Lippen werden gebissen, um die Tränen zu stoppen, ihre Tränen vor mir.
Aber warum? Ich heul' doch auch schon.

Ich bin ungeduldig, und wir sitzen in der Küche. Ärmliches Ambiente. Studentische Atmosphäre, unetabliert, vorläufig, nicht zu Hause. Küchenzeile, Obstkistenmobiliar à la 68 ff., 50er-Jahre-Sperrgut-Blumengondel, und wie sie mit der Espressomaschine auf dem Tisch umgeht, daneben holländische Matzes, eine Tüte »Lavazza« –, jedenfalls nicht wie jemand, der in Bistros und bei ›seinen‹ Italienern ein und aus geht.

Ungeduldig, weil dieses Gespräch sich so qualvoll dahinschleppt. Ungeduldig, weil wir nichts gegeneinander haben. Ungeduldig, weil mir alles so einfach erscheint. Ungeduldig, weil sie alles so kompliziert macht. Ungeduldig über meine Ungeduld.

Die Mutter Jüdin, Nichtjude der Vater. Sie hat die Nazizeit überlebt, nicht im Exil, nicht im KZ; in den Wäldern um Berlin, in Verstecken, im Untergrund – mitten unter Nazis. Vom ersten Ehemann getrennt, das gemeinsame Kind als vorgeblich arisch von einer Helferin angenommen, aber im Schrank versteckt, die Mutter sieht es als vorgebliche Tante nur für Kuß-Sekunden. Die Ehe scheitert. Auch die zweite.

Fast nichts ist bekannt.

Für die Tochter ist die Mutter »der goldene Engel«, ein »Heros«. Herzkrank war sie und ängstlich bei jedem Türklingeln. Über Nazis wurde nicht gesprochen, sonst war die Mutter gleich krank – umfassende Liebe der Schonung. Die Tochter ließ keinen die Mutter kritisieren. Schon gar nicht ihren zweiten Ehemann, den Vater, den sie endlich haßt.

Der offenbart ihr im Streit, daß seine Frau den Faschismus als Prostituierte überlebte.

Für seine Eltern ist sie ein Bastardkind.

Und die Schuldgefühle der Mutter hat sie übernommen:

Warum überleben? Warum gerade sie?

Warum unter Nazis und nicht im Exil oder im KZ, wohin sie als anständige Jüdin eigentlich gehört hätte, das Schicksal der Ihren zu teilen?

War die Mutter gar Kollaborateurin?

Warum ließ sie die Tochter taufen? Tauft eine anständige Jüdin ihr Kind? Warum hielt sie sich fern von der jüdischen Gemeinschaft?

Fragen. Schuldzuweisungen.

Zehn Jahre habe sie gebraucht, »um sich von der pathologischen Beziehung zur Mutter zu lösen«. Die Mutter stirbt, als die Tochter 14 ist, in einem Autounfall: »Bin ich daran schuld?«.

Als Kind immer nur Ahnungen, Bemerkungen aufschnappen, Fetzen auffangen, die sie nicht richtig versteht; als Kind spürt sie die existentielle Bedrohung: »Die machen den Tag trübe!«

Fortan lebt sie als Identifikation mit der Frau, die sie gebar: »Meine Mutter hat überlebt in einer Form des Alleinseins, die nicht mehr zu überbieten ist. Es ist ein kaum zu begreifendes Schicksal – da gibt es dann keine Gemeinschaft mehr mit irgend jemand!«

Sie raucht, sie raucht ewig. Sieht dauernd zur Zimmerdecke oder aus den Fenstern, die Türhöhe haben und vergittert sind. Draußen rattert im Fünfminutenrhythmus die S-Bahn vorbei, jemand läßt Flaschen in einem Container zerschellen, und immer wieder bleibt ein Klavier bei dem Bachschen »Ave Maria« am Triller hängen. Zum Glück. Wir *müssen* lachen.
Die 50er-Jahre-Kindheit war danach: Armut, Sorgen. Kein Anschluß ans Wirtschaftswunder. Die Mutter hatte noch nicht einmal den Status der Kriegerwitwe. Dann als geschiedene Frau, als Jüdin, mit zwei Kindern, unbekannt, an einem fremden, kleinen Ort. Und als Mutter arbeitet man doch nicht: So eine gehört nicht dazu. Zur Vorsicht wird Esther getauft und erhält einen nichtjüdischen zweiten Vornamen. Tarnung. Nur leise sein, nur unauffällig sein, nur normal sein, nur nicht zeigen, daß man anders ist oder gar jüdisch. Einmal wird auf ihre Schulbank ein Hakenkreuz geritzt: »Es ist natürlich unangenehm, ein lebendiges Opfer vor sich zu sehen!« Die Philosemiten haben's da leichter, »denn ihre Sympathie gilt nur den Toten!« Keine Besuche, keinen Anschluß in Sportverein, Partei oder Pfadfinder, nirgendwo organisieren, auf Nichts einlassen – die Mutter ist heftig und überall dagegen, aber keine Erklärungen dafür. Schweigen, Tabus, und das Kind weiß nicht warum: »Alles war man, hauptsächlich leise!« Schweigen, langes Schweigen: »Wahrscheinlich wächst jeder Mensch lieber auf ohne soviel Angst!«

Ich komme mir vor wie das fette deutsche Nachkriegsschwein, das komplette Juden-Gewicht der Welt auf den Schultern, und bislang fröhlich pfeifend mit buntem Outfit und blauer Brille straflos auf den Boulevards des leichten Sinns dahinflanierend.

Freundlich war der Mädchenname ihrer Mutter. Warum nimmt sie ihn nicht an? Als jüdisches Programm? Sie hat sich offiziell zu

ihrem Judentum bekannt! Warum benutzt sie ihn nicht als positive Stimulanz? Sie wird doch, wir treffen uns im März 1992, heuer noch 40!
Das Alter hat sie nie beschäftigt: »Es ist mir nicht gelungen, älter als 17 zu werden, keine Reife, kein Ziel, keine Karriere. Ich lebe in einer nichtsituierten, unetablierten, antiautoritären Situation. Nur langsam kann ich den Zustand annehmen, daß ich mit dem Leben nicht zurechtkomme. Ich lebe im Vakuum, als Frau, als Mutter und beim Schreiben. Identität? Bei mir haben die Bilder nie gestimmt und nie zueinandergepaßt: Evangelisch getauft, aber nie in die Kirche gehen. Mit sieben zur jüdischen Gemeinde, aber nicht dazugehören. Von 1968 nur Fernsehbilder und so herumgehampelt, aber: Da muß ich hin. Nur zu Zeiten des »Kommunistischen Bundes Westdeutschland« (KBW) hatte ich den unbedingten Drang, mein Leben sinnvoll zu vergeuden. Wir standen ja kurz vor der Revolution. Da kann man wenigstens mal wo dazugehören. Straff organisiert im Frankfurter Häuserkampf, auch wenn er gegen jüdische Hausbesitzer ging.«
Und warum alleinerziehende Mutter? »Weil ich einen Knall habe!« Der Mann sei nämlich kein Ekel, aber trotzdem. Und warum Kinder? »Waren nicht mein Ziel.« Pause, Pause, Pause: »Ob ich wohl alles weitertransportiere?«
Unendlich erschöpft.
Die ganz normale, kaputte, verzweifelte, politische Normbiographie des linken Spektrums dieser Generation.

Das Gespräch steht, das Tonband läuft, das Telefon geht.
In ihrem Arbeitszimmer – die Garderoben-Diele der Hinterhofwohnung – hängen auf einer Wäscheleine an Holzklammern Manuskriptseiten. Bücherregale übermannshoch, die linke Bibliothek dieser Jahrgänge. Eine automatische Schreibmaschine. Eine cordüberzogene Matratze auf dem Boden, Jeans drauf, ausgewaschen und verschlissen, über dem Knie der obligate Riß.
Als vorhin die Türklingel ging wie jetzt das Telefon: Erschreckt fährt ihre Rechte ans Kinn.
40. »40 Jahre hat es gebraucht, bis über die Nazi-Zeit geredet

wurde. 40 Jahre steht die Mauer, und die Mauer stand zu Recht. Die Teilung des Landes war eine Strafe. Das tut mir überhaupt nicht leid, denn wenn man einen solchen Krieg macht, muß man auch dafür bezahlen!«
Es ist ganz still. Und wir hören dann auf. Sie seufzt nicht mehr. Fahrig greift sie zum Studentenfutter, das neben einem siebenarmigen Leuchterchen steht. Beide angestrengt, ausgelaugt, belastet und geschwächt. Ich bin entsetzt über dieses Schicksal, aber plötzlich stark. Ich fühle mich nicht elend, sondern anders: seelisch anders, geographisch anders, politisch anders. Ich fühle mich nicht national anders als die Dischereit, ich fühle mich überhaupt national: Aha – diese Biographie definiert dich! Ihr Leben ist auch meines! Und beide Laufbahnen sind deutsche.

40 Jahre wird sie alt und will nicht nach der Mutter fragen. Die Mutter selbst hat sie nicht gefragt, sie wollte sie schonen und war zu jung; jetzt ist sie alt genug und schon sich selbst: »Ich fürchte, die Wahrheit nicht auszuhalten!« Aber die Wahrheit ist eine Heimsuchung. Magisch zieht sie die Nachrichten auf sich und studiert die Akten der Berliner Oberfinanzdirektion: Minuziös kann sie die Wohnung ihrer Großeltern rekonstruieren und kriegt Bescheid über die pekuniäre Situation ihrer Mutter mit dem ersten Mann. Die Etappen und Details der Verfolgung im Detail. Doch: »Wahrheit bringt keine Erleichterung!« Zögernd und trotzig: »Warum soll ich das alles überhaupt wissen wollen!«
Sie stockt. Ich stocke. Wieder klemmen wir in dieser entsetzlichen Pause, und gleich, fürchte ich, hört jeder des anderen Tränen fallen. Und keiner, der uns tröstet.
Aber, stürzt mir der Gedanke ins Herz: Will sie denn überhaupt getröstet sein? Will sie nicht aktiv im Leiden belassen werden? Irgendeinen seelischen Wert wird dieses Verharren im Schmerz doch für sie haben. Ich halte an mich. Bin 40 und kein Missionar. Hätte auch keine Handhabe, laientherapeutisch an ihr, in ihr herumzuwerkeln. Und Schmerzverbote schon gar nicht! Aber auffällig, dieses Sichdrücken, Ausweichen, diese Schonhaltung, diese Defensivstrategie. Anstatt offensiv gegen Knoten anzugehen.
Wir reden über solche Möglichkeiten. *Ich* rede darüber, weil ich

sofort den Vorsatz, es nicht zu tun, auch schon gebrochen hatte – wie ich mit der nazistischen Familienfolie umgehe und welche Klarheit mir das verschafft und wie es mich freisetzt für Neues.
Sie: »Ich fahre nicht nach Auschwitz!«
Jetzt darf ich nichts mehr sagen.

Schwierig. An diesem Märznachmittag in Berlin. Fahle Sonne in den Scheiben, das S-Bahn-Geratter, das nasale Hessisch, diese Stippvisite in ihr Leben, die Spannung irgendwie unerträglich, wie sie pafft, wie ich mich klammere an mein Selterswasserglas.
Nachts wieder die traumatische Rasanz der amerikanischen KZ-Fotos. Halbschlaf nur, der mir fortlaufend von einer zu schnell oder zu langsam abgespielten Schallplatte Goebbels- und Hitlerreden vorführt, oder waren es wir Kinder, die an der Stereoanlage herumhantieren. Hochschrecken, zum Fenster rennen, schließen, ins Haus, das Ohr an der Tür, ins »Literaturhaus« hinunterhören, wo ich in Berlin wohne, den Schlüssel ein zweites Mal im Schloß drehen.
Bei der Rückfahrt im Zug durch die Wälder um Berlin sehe ich mich öfters am Fenster stehen mit der Vision, Esthers Mutter zu sehen und Tage nach der Rückkehr noch, beim morgendlichen Mountainbikefahren durch den Spessart die Vision, Hella Freundlich zu finden, zu befreien.

Ich möchte mehr wissen.
Darf ich weiterfragen? Esther Dischereit bedrängen? Wie weit noch eindringen?
Deutscher Voyeur.
Der sich weidet am Unglück eines Opfers der zweiten Generation? Ich spüre eine nahezu lustvolle Kraft, die Dischereit-Situation zu klären, den Fall zu lösen. Wie einfach das wäre, plane ich, und projektiere gleichzeitig die Generationsaufgabe: Recherche und Psychotherapie. Nur so werden wir die psychohistorische Altlast erfahren, damit umgehen und sie benutzen können für das Neue, für etwas Neues, das nur uns als Geburtsgruppe angeht, das nur wir gestalten können – was immer es sein mag. Der Blick

ist so eng und trübe durch diese braune Terror-Scheiße, schon falle ich wieder in die Paralyse, diese verdammte Stagnation, die mir den Atem nimmt.
Ich *muß* mehr wissen.

Hieß nicht der Held in Anna Seghers' Roman »Das siebte Kreuz«, er ist aus dem KZ geflohen und hat sich ortlos durch die Wälder versteckt, hieß er nicht Henseler?
Was unternimmt sie gegen die alte Angst, ihre Ihrer-Mutter-Angst und gegen die neuen Ängste vor dem wiedervereinigten Anti-Semitismus? Sie kontrolliert den Paß, packt ihre Gedanken und ist froh über Berufsabschlüsse und -erfahrungen, die von der deutschen Sprache unabhängig sind: »Juden sollen wissen, daß Orte immer vorübergehender Natur sind!«
Was für eine schnelle Symbiose der Qual! Voll Angst denke ich an den toten Vater, der sich von mir verraten fühlen würde, betrogen um den Tabu-Erfolg. Und schon überfällt mich schwere Erleichterung, kein Jude zu sein. Privilegiert, froh.
Vielleicht komme ich auf die Idee, sie larmoyant zu nennen? Weil sie ihren Schmerz so ostentativ macht, so demonstrativ leidet? Meine Ungeduld bricht wieder vor. Das Unentschiedene macht mich nervös. Daß sie alles so im Diffusen, in der Schwebe hält! Wie sie in diesem Leben herumschlingert und, ich spüre es in den Fingerkuppen, wie ihre Kraft dabei verströmt, Energie aus einer lecken Leitung. Exakt kehrt der Eindruck wieder, den ich beim Lesen ihrer Bücher »Joemis Tisch« und »Merryn« hatte: diffus, verwirrend, fahrig. Glänzend formulierte Splitter, messerscharfe, verrückte, tonnenschwere gute Sätze, aber die gesamte Organisation des Materials ist ästhetisch unbewältigt, völlig ungelöst. Auch als Autorin unberaten, denke ich. Oder fehlt ihr die Kraft, den zugegeben gewaltvollen Akt des In-eine-Form-Zwingens zu vollziehen? Sich zuzumuten, sich abzuverlangen, sich zu trauen?
Esther Dischereit als Autorin wagt nichts. Daß sie als Mensch schreibt, macht sie noch nicht zu einer Dichterin – Befindlichkeits-Texte sind lebenswichtig und als Grundlage für Literatur unumgänglich. Aber mehr als andere verlangen ›Stream-of-con-

sciousness‹-Texte literarische Konzeption, braucht Collagen-Literatur jenseits traditioneller Erzählformen ästhetische Disziplin. Heißt auch: Entschiedenheit.

Ich gehe. Ihre Kinder kommen.
Freundlich ist der Abschied. Traurig.
Unendlich mein Weg über die Treppen, Gänge, Torwege zum Taxi. Und mit jedem Schritt wird mir elender zumute, mir selbst und wegen ihr. Woher nehme ich das Recht, im Schmerz einer Gleichaltrigen herumzustochern? Habe ich sie verletzt? Steht sie am Fenster und weint und verflucht mich und ihre Zusage? Jetzt liegt die Wunde wieder offen und sie ist allein.
Am liebsten würde ich mich in den Taxi-Kofferraum legen.

Beim Abschied habe ich vergessen zu fragen, was sie manchmal glücklich macht.

Risa Kes:

»41 Jahre. Besitzt Katze.«

oder

Das jüdische Herz

Sofort reden wir über die Liebe, über Männer und übers Herz. Warum ist sie nicht glücklich?
Risa Kes, Jahrgang 1950.
»Ich lache gern, ich bin fröhlich, aber nicht glücklich. Es ist die Vorgeschichte. Bis zum 20. Lebensjahr nichts realisiert, bis zum 30. Lebensjahr von nichts gewußt, bis 30 auch nicht krank. Nie pur gespürt, nur – daß ich sehr, sehr unglücklich war. Mir vorzustellen, daß ich glücklich wäre? *Nee!* Aber verwundert, daß man trotzdem lebt!«

Sie lebt in München. Betreibt ein Büro für Besetzungsberatung von Spiel- und Fernsehfilmen, kooperiert mit internationalen Kinoproduzenten, von 20th Century Fox über BBC zu Telecip Paris oder Warner Brothers; sie hat an den Rollenbesetzungen der Filme »Zauberberg«, »Monaco Franze«, »Die unendliche Geschichte«, »Wilder Westen inklusive«, »Pizzaexpress«, »Sekt oder Selters«, »Werner« mitgearbeitet und schlägt Stars vor wie Mathieu Carrière.
Nach der anthroposophischen Steiner-Schule Auslandsjahre in Israel und England, Reisen, Jobs und Hospitanzen, am Residenztheater zum Beispiel, dazwischen Studium: Theaterwissenschaften, Anglistik, Abschluß Magister.
Wieder eine Vorgeschichte. Vater und Mutter auf der Flucht vor der Liquidation in Litauen versteckt, die Mutter im Wald, der Vater zwischen zwei Wänden. Seine erste Ehefrau von den Nazis

in den Tod getrieben, der Sohn bei einer SS-Kinderaktion geraubt, getötet.
Nie darüber geredet. Ihre Eltern kannten sich schon im Ghetto, trafen sich nach 45 wieder. Heirat, Gründung einer Fabrik für Trikotagen, ein Kind, Risa.

Sie ist elegant, stark und schön. Sie hat Kraft, Aura und wirkt. Wie sehe ich eine Frau an? Dickes, graumeliertes Haar, zum Hineinfassen. Oder Löwenmähne. Ich kann mir vorstellen, wie schlecht es ihr gehen kann und: daß sich die Männer reihenweise in sie verlieben.
Darüber reden wir. Liebe mit 40. Unter Juden und Nichtjuden. Deutsche Liebesgeschichten seit 1950.

Der erste Mann in diesem Leben war der Vater. Eine traumatische Beziehung. Vergeblich ist sie seiner Liebe nachgejagt, »und in der Folge rennst du jedem Mann hinterher – keine jüdische Spezialität«. Jungfrau, den ersten Freund mit 20. Liberal, doch behütet aufgewachsen. Aber dann: »Ich habe mich nie emphatisch für etwas interessiert – außer für Männer!« Es waren »Horrorgeschichten.« Folge: »41 Jahre. Besitzt Katze.« Jetzt wisse ich alles.
Die erste Liebe ein Nicht-Jude, Sohn eines Nazis, rauschgiftsüchtig, schizophren: »Der Prototyp des 68ers – Vaters großer Schlag. Ich habe fortan nicht das Leben einer jüdischen Tochter geführt, ich bin abgedriftet.« Bis heute ist sie die einzige in ihrem jüdischen Umfeld, die nicht liiert ist, keine jüdische Familie gegründet, keine jüdischen Kinder aufgezogen hat. Immer alleine gelebt, aber nicht als Jüdin. Nicht gläubig. Traditionsfrei, aber wertebewußt. Assimiliert.
»Man braucht die Liebe«, sagt sie, und sie sei gerne mit Männern zusammen. Aber »der Konflikt ist immer der gleiche: Der deutsche Ehemann ist tabu. Erst recht verliebt man sich in Nicht-Juden, der Vater recherchiert, die Gegeneltern garantiert SS-verdächtig, man trifft sich heimlich, trotz allem Sex und innerlich abhängig. Mit den gleichaltrigen Juden ist man höchstens geschwisterlich verbunden, keine erotisch-sexuelle Anziehung. – So!« sagt sie und ein zweites Mal: »Jetzt wissen Sie alles!«

Unschlagbar offen. Ein fast fröhliches Gespräch übers Schlimmste: Da sitzt eine begehrenswerte 41erin im schwarzen Mini auf einer weißgrün gepolsterten Rattan-Couch, ihre kleine Katze auf dem Schoß, spürbar die Antennen auf Gefühl, auf Suche ausgerichtet; Wärme, Kraft und Sehnsucht strahlt sie ab, und wir sprechen über nichts als übers Scheitern: »Sie sind eine Liebes-Person!« sage ich und will wissen, ob sie vorbehaltlos lieben könne. »Irgendwann muß das jetzt ja mal passieren!«
Der Vater des ersten Freundes war ein Kollaborateur, der einen Juden umgebracht und seinen Namen angenommen hatte; der letzte Lover sagt ihr im fünften Jahr der Beziehung, daß sein Vater als Assistent von Speer die Goebbelssche Wohnung eingerichtet habe, er selbst sei aufgewachsen in der Zehlendorfer Villa eines Berliner Juden: »Diese Männer ziehen mich an – das Verbot macht heiß!«
In jede Beziehung trägt sie als Hypothek das elterliche, das religiös, politisch-ethnische Verbot. Der Holocaust als Hypothek der Liebe: »Das kann nicht gutgehen!« hat sie resigniert. Die Diagnose: »Ein kaum begreifbarer psychologischer Unterschied. Der Holocaust ist nicht mehr Politik. Er steht darüber. Jeder Jude trägt ihn in sich, wirklich tief, tief, tief in der Seele; auch die Seelen unserer Jahrgänge sind davon durchtränkt. Meine jüdische Generation, in Deutschland aufgewachsen, ist stigmatisiert von einer unglaublichen, von einer lebenshemmenden Angst. Verlustangst. Im Vergleich mit meinen deutschen Freunden und deren Seelenlage ist unsere Furcht viel eingreifender, viel existentieller: Panik. Und deswegen stimmt es bei uns nicht. Wir sind schräg, beziehungsunfähig, deformiert, gebrochen. Stellen Sie sich vor: Nur fünf Jahre vor meiner Geburt werden meinem Vater die erste Frau und das erste Kind weggerissen und getötet! Welche Schuldgefühle muß er sein Leben lang mit sich herumgeschleppt haben! Und wir Kinder haben eben unglaublich viel Gefühl von diesen Eltern mitgekriegt, aufgesogen. Was mir erst später und heute immer dringlicher klar wird. Ich selbst habe keine Flugangst, ich gehe nachts durch den dunklen Wald oder ins Parkhaus, ohne die geringste Angst – aber wenn mein Partner nur fünf Minuten später kommt als ausgemacht, raste ich aus. Nicht, weil er vielleicht fremdgeht. Nein. Für mich ist er bereits

tot. Autounfall, verblutet auf der Landstraße. Kein Helfer, kein Arzt, nichts. Grauenvolle Phantasien permanenter Todesangst.«

Dauernd geht das Telefon. Graziös turnt sie in ihren Lackballerinas über die Hockerchen, über die Stapel Bücher, Platten, über die Videobänder, Kassettentürme, Fax- und Fernsehanlage. Fortan sprechen wir im Versteck des Anrufbeantworters.
Mitgemacht hat sie gleich, ohne weiteren Vorbehalt, nur, und der kam heftig und impulsiv: »Mit Gauweiler, nein, mit Gauweiler nicht in einem Atemzug, schon gar nicht zwischen zwei Buchdekkeln!« Ich beruhige sie. Sie ist sie und er ist er; wir sprechen kurz über seinen Philosemitismus, und daß sich kaum einer von uns nicht mit ihm hat befassen müssen.

Wir, um die 40. Für sie kein Problem: »Mit 20 habe ich mich älter gefühlt, war weniger bei mir, und überhaupt ist es mir damals schlechter ergangen. Meine Haare färbe ich mir trotz Nachdrucks meiner Freundinnen nicht, schauen mich halt ein paar Männer weniger an. Was soll's? Was sich ändert mit 40, ist der Anspruch, mein Anspruch an Männer!« Wobei sie unter den Gleichaltrigen kaum einen potentiellen Partner sichten mag: »Ich bekomme von diesen Männern kein Feed-back – die hören nicht zu, die können nicht mehr zuhören, weil sie Angst haben vor uns 40jährigen Frauen. Denn uns macht so einer doch nichts mehr vor. Deswegen haben wir's schwer miteinander: Wir kennen uns zu gut, und diese Art der Kenntnis ist nicht erotisch anziehend. Außerdem will der 40jährige Mann Sex und zwar sofort, und Sex verändert die Beziehung. Und wenn sie eine Frau wollen, dann soll's ein Teenie sein. In der virilen Alterspanik wollen sie etwas Junges; aber nicht, weil diese Mädels erotischer sind! Die Männer denken, das sei formbareres Material, da könnten sie noch einmal etwas basteln, Gefühle aufdrücken, Einfluß haben. Das ist jetzt nun mal bei mir nicht mehr so. Mit 40 ist man in unserer Generation fertig. Punkt. Die Männer auch, aber sie realisieren es nicht. Wollen nicht, können nicht. Natürlich ist das desillusionierend!«
Wie sie spricht. Leichter Münchner Akzent. Sehr schnell, mit kehligem Ton. Zwischendurch Angliziosmen. Dort würde man sie

»outspoken« nennen und »to the point«. Deutsch-jüdische Verklemmung kommt nicht auf. Am 24. 3. 1992. Wir wollen etwas klären und haben dazu zwei Stunden Zeit. Die wir nutzen. Ich mit wachsender Begeisterung und voller Respekt. Sie bereit und immer weiter offen. Erleichtert von ihrer Souveränität. Irgendwann kommen die faulen Hunde eh zum Vorschein.
Siebter Sinn. Psychisches Wissen. Die Seele ausbilden. Überlebensstrategien.
Wie geht es weiter?

Sie ist seit zwei Jahren in einer Therapie. Der Vorgeschichte wegen, der Geschichte, der Herzensangelegenheiten halber. Das hilft, und wenn ich mir ihr »handling« ansehe, was sie weiß, wie sie spürt, gearbeitet hat und umgeht mit Erfahrungen, dann denke ich mir, daß ihre Therapeutin stolz sein kann auf diese Patientin und die auf sich selbst.
Es ist nicht nur die Liebe. Die Angst geht auf's Herz, und »Herzkranzgefäßverengung ist eine jüdische Krankheit, eine statistisch ermittelte jüdische Krankheit, unter der in Israel jeder Dritte leidet«. Acht Bypässe hat sie, und sie weiß, warum: »Die Eltern waren die Opfer, und wir sind herzkrank.«
An diesen Rändern des Lebens, mit dem Bewußtsein der Grenzen, macht man sich nichts mehr vor. Die Kenntnisse der Seele angewandt, weiß man eh mehr: »Ich sehe alles, und das nervt mich. Wenn wir mit 40 fertig sind, innerlich ausgebildet, dann hilft nur therapeutische Arbeit, noch ein Stück fertiger zu werden.« Wissen, was man will, und wissen, was einem gut tut.
Was sie von den deutschen Altersgenossen noch wissen will, das sagt sie fast hart: »Wie geht ihr mit euren Frauen um?« Nickt sich zu: »Wobei ich die Antworten mittlerweile kenne oder schon vorher weiß!«
Und sonst?
»Ich habe keine Fragen mehr!«
Wie bitte?
»Soll ich denn jeden Generationsgenossen bis ins Altersheim hinein fragen: Wo waren Ihre Eltern ab 33? Was haben Ihre Eltern ab 33 gemacht? Wie sind Sie groß geworden? Geschichte, Judentum/

Deutschtum – spielen für mich keine Rolle mehr. Erst gestern abend wieder, wie ein Pawlowscher Reflex dieses verdammte Thema, mitten ins köstlichste Essen hinein. Wie oft schon habe ich diesen Entschluß gefaßt: nie wieder mit Deutschen über Judentum, über die Geschichte, insbesondere über Israel diskutieren. Ich weiß eh alles. Ich weiß, was kommt. Als ich mit 20 in Israel war mit diesem durchgeknallten Deutschen, hat es mir nicht gefallen. Auch die Situation nicht, denn der obligate Israel-Jugend-Aufenthalt steht in unseren Kreisen unter dem Druck, den jüdischen Partner zu finden. Da hängen ganze Clans drin, da wird gekuppelt und gekungelt und gemacht. Ich hatte ja aber meinen Liebsten, und Babys gehen mir entsetzlich auf die Nerven. So. Außerdem schloß ich mich der Linken dort an. Aus Abkehr auch von der deutschen Linken, die versteckt antisemitisch ist – Henryk Broder hat das so glänzend beschrieben. Broder, früher wie ein älterer Bruder, heute geht er mir nur noch auf den Wecker. Ich kenne ihn nicht, aber ich weiß genau, was kommt. So auch bei diesen wohlfeilen Gesprächen. Wenn ich's nicht aus Erfahrung und Intelligenz heraus weiß, dann sagt's mir meine Intuition. *Ich will es einfach nicht mehr!* Der gleiche Entschluß in Sachen Liebe: *Nie mehr mit einem deutschen Mann!* Warum sollte ich aus meinen Erfahrungen keine Konsequenz ziehen? Kapitalien an Lehrgeld habe ich bezahlt, mich zwar äußerlich gefügt an das Verdikt ›jüdische Frau geht nicht mit deutschem Mann‹, aber innerlich nichts begriffen, daß es nämlich wirklich nicht geht!
Es sind immer die gleichen Konflikte. Das ist nicht nur langweilig, das ist auch schädlich. Und damit ist Schluß.«

Wir haben über die Liebe gesprochen, liebevoll und hart. Daß sie nicht geht. »Die Erfüllung des Lebens hatte ich mir in einer wunderbaren Liebesbeziehung gewünscht. Das ist nicht möglich. Ich habe gelernt, damit zu leben.«
Pause.
»41 Jahre, besitzt Katze. Damit wissen Sie doch schon alles!«

Also haben wir über das Unmögliche gesprochen. Über den wichtigsten Irrealis nach 1945.

Rachel Salamander:

»Der jüdische Witz ist schon sehr gut!« oder Die Normalität des Unnormalen

Sie ist die Integrationsfigur und kümmert sich um die Realien: Frau Dr. Rachel Salamander. Und dennoch ist mir bange.
Am Tage unseres Treffens ist mir schwarz zumute, doch vor dem Kleiderschrank pole ich mich um. Schwarz – nein; erinnere den Eklat, den ich ohne Wissen vor Jahren, als Student der jüdischen Washington University St. Louis/USA, bei der Bar Mitzva erregt habe mit meinem eleganten schwarzen Leder-Sakko. Charles, der jüdische Freund und Gastgeber, der einzig überlebende ehemalige Karl seiner Berliner Sippe, verwies mich düpiert auf Leder und Farbe der SS. Heute, 17 Jahre danach, stellt sich die fremde Assoziation wieder ein. Und als ich im Taxi zur Münchner »Literaturhandlung«, Salamanders auf Schriften des Judentums spezialisiertes Buchgeschäft, sitze, sehe ich im Rückspiegel am Revers der blauen Jacke meinen Designerschmuck aus dem New Yorker Museum of Modern Art: auf der schwarzen Ansteckklammer ein auf die Spitze gestelltes Quadrat, gelb. Der Stern.
Die Assoziation verschwindet in der Tasche.

Zögerlich war sie und streng von vornherein. Befragt sofort die Konditionen. Wer ich sei, ich nenne Referenzen. Dann geht es um Termine und um's Tonband, auf das ich keinesfalls verzichte. Das Manuskript am Ende will sie sehen, und wen ich sonst gesprochen habe. Natürlich fällt das Herz mir in die Tasche. Feindlich ist sie nicht, ihre Reserve, aber spürbar. Und als ich zehn Minuten vor der Zeit erscheine, heißt es: »Sie sind zu früh!«

Kühl, klug und kompromißlos. Ein gezähmter Lockenkopf, herbe leptosome Züge, klassische Schärfe. Schwarze Jeans, schwarzer Rollkragen, flache schwarze Schuhe. Um den hohen hageren Körper eine weite Dreivierteljacke, Karo weinrot. Finger und Hände, die ich mir dauernd ansehen möchte; ein Ring in Herzform.
Das Gespräch soll mitten in der Buchhandlung stattfinden? Nicht in der Wohnung, nicht wenigstens in der Ruhe ihres Büros? In der Öffentlichkeit ihres Geschäftes, wie seine Gründerin streng, sachlich und kühl – weiße Regale, weiße Decke, schwarzer Boden, Neonlampen: »Ich habe nichts zu verbergen!« Und zwischen Yucca-Palme und Sackkarre beginnt die Auseinandersetzung. Walter Benjamin, vom Plakat herab, schaut zu.
Das Examen beginnt, brottrocken. In höchster Anspannung ich, und sie keine Miene zuviel. Dabei assoziiere ich ihren Namen mit dem Fröhlichsten – mit dem »Lurchi« meiner Kindheit und der Freude, endlich neue Schuhe, Sonntags-Schuhe zu bekommen, natürlich von »Salamander«.

Salamander. Ab 40 ist man sattelfest in der jüdischen Tradition, kennt die Bibel und den Talmud und darf deshalb erst jetzt, mit diesem gesicherten Glauben, die Kabbalá studieren, die mittelalterliche jüdische Mystik – ich weiß davon natürlich nichts. »Abwegige Schriften, die die Gläubigen verrückt machen können«, sagt sie, nicht ohne Ironie – sie, die schon vor diesem Mittelpunkt des Lebens gefestigt war in ihrem Gott. Aus traditionellem jüdischen Elternhaus, aufgewachsen im Rhythmus jüdischen Lebens, hat sie ihre Religion wirklich *erlebt*. Mit den Jahren aber und der Werteverschiebung um die 40, mehr Verantwortung und weniger Zeit, muß sie die Gesetze lockerer nehmen: Koscher ißt sie heute nur noch zu Hause beim verehrten Vater.
Zur Bibelfestigkeit tritt jetzt, mit 40, »innere Ruhe« nach dem turbulenten Jahrzehnt ab 30, die Aufbauarbeit ist beendet. Natürlich graue Haare, Krähenfüße, aber sie fühlt sich jünger, als sie aussieht, hat »viel Energie, und ich wundere mich, woher ich die nehme und wie ich sie freisetze«. Die Physis – wie sie sich verändert, registriert sie wie ihre Registrierkasse; auch, daß sie

zeitgleich nun eingebürgert ist, nimmt sie gelassen, pragmatisch als Erleichterung.
Die BRD ist wie die jüdische Existenz ein Provisorium und: »Ich liebe Provisorien!« Heimat ist da, wo sie sich verwirklichen kann, wo sie sich gut fühlt – New York, Toskana, eine bayrische Beiz. »Keine Blu-Bo-Gefühle«, vielmehr das trainierte Bewußtsein der Beweglichkeit, Flexibilität und des schnellen Umsteigens. Sie zuckt die Schulter: »Der jüdische Kontext.«

1949 wird Rachel Salamander in Deggendorf im Lager für »Displaced Persons« geboren. Eine arme jüdische Handwerkerfamilie aus Polen, die vor den Nazis von Warschau aus nach Rußland geflohen war und nach Kriegsende über immer neue Lager in die Bundesrepublik kam. Als die Tochter fünf war, starb die Mutter. 1956, nach sieben Jahren Camp, wird sie – jetzt Schülerin, spricht nur Jiddisch – in den BRD-Alltag katapultiert. Kulturschock: »Diese nichtjüdische Welt war mir *total* fremd und ich für sie *total* anders. Es war etwas Unheimliches zwischen uns.« Ein ganzes Jahr spricht sie nichts, bis sie Deutsch sprechen kann. Die Bildungs-Biographie endet mit einer philosophischen Dissertation über den ›Verstehensbegriff nach Kant und Hegel‹.
Wo steht sie jetzt, gerade 41? Auf dem Gipfel?
Zehn Jahre »Literaturhandlung«, Lehrauftrag an der Münchner Universität, Beraterin des Jüdischen Verlages Frankfurt, Deutsch-jüdische Veranstaltungsengagements, Arbeit in Verbänden, Vereinen, Jurys, Beiräten, immer wieder als Münchner Kulturdezernentin in der Diskussion, Autorin, Editorin.
»Gipfel?« fragt sie, und keß: »Ham Sie 'ne Ahnung!« Gerade ist in Berlin die zweite jüdische Literaturhandlung eröffnet worden – von ihr.
Sie lacht. Endlich.

»40 Jahre danach kann man nicht von Normalität sprechen.« Wenn *sie* sich diskontinuierlich verändert hat, mit 41 aufgreift, was sie mit 14 hat liegenlassen, wenn sie sich aus ihren vielen Personen, die sie früher war, vereindeutigt hat, dann ist doch eins konstant geblieben in ihrem Leben: »Das deutsch-jüdische Pro-

blem ist halt immer noch ein Thema!« Kein sensationelles, nicht spektakulär, aber regelmäßig und täglich als Anomalie spürbar.
Und spürbar für sie, jeden Tag in ihrer Kultur-Arbeit konfrontiert, »die Mißbildungen im Beziehungsgeflecht zwischen uns, vor allem in unserer Generation: Wissen ums Judentum ist nicht mehr vorauszusetzen. Und ich befürchte, daß die dritte deutsche Generation noch weniger wissen wird und wissen will. Auschwitz rückt immer ferner«, und in ihrem Joseph Roth-Seminar kann anfänglich für die Studenten »Galizien« eine Kuchensorte sein oder eine Ortschaft.
Zehn Jahre Arbeit an der Vermittlung jüdischer Kultur haben ihr gezeigt, »daß das Problem nicht einfacher wird, aber Niveau und Intensität werden besser. Das Vertrauen untereinander größer, der Umgang einfacher – aber es läßt sich nicht lösen. Unser Miteinander«, sehr ernst, »wäre einfacher, wenn wir die große Verschiedenheit in Rechnung stellten: Wir Juden haben eine andere Geschichte, wir haben eine andere Vergangenheit, wir haben eine andere Mentalität, eine andere Sprache. Es *sind* andere Lebenswelten, in denen wir uns bewegen. Das darf nicht vermischt und verbreit werden. Über diesen verschiedenen Hintergrund muß erst einmal Klarheit herrschen – wir sind eben nicht alle gleich! Aber diese Prämissen werden nicht akzeptiert.«
Darunter leidet sie.
»Ich bin zwar 49 hier geboren, aber ich bin keine Durchschnitts-Deutsche. Als Kind, in der Schule, während des Studiums, mit 30, mit 40 – immer habe ich gewußt, daß ich einer anderen Kultur angehöre. Seit ich denken, sprechen, begreifen kann, weiß ich von Auschwitz. Ich bin mit Auschwitz groß geworden, ich habe in den Lagern mit den physisch und psychisch Gebrochensten der Überlebenden gelebt, habe von jedem seine Geschichte mitbekommen, und je älter diese Menschen werden, desto stärker bricht das Redebedürfnis heraus, Langzeitgedächtnis, Spätfolgen. Wer hört ihnen denn noch zu? Die nichtjüdische Seite glaubt doch, ›es‹ mit der sogenannten Vergangenheitsbewältigung erledigt zu haben!
Unsere Generation ist wichtig für sie, wir leben mit den Erlebnissen der Alten, sie leben in mir weiter, und ich«, sie zögert,

preßt ihre Finger und faßt sich an den Mund, »und ich – wie werde ich mit den Erlebnissen und dem Leiden dieser Menschen fertig?«
Ach wäre doch der Druck weg.
»Jude sein bedeutet für sie eben, vernichtet zu werden«.
Jetzt, paradox, entlastet die Härte dieser Frau. Da ist kein Zentimeter Raum für Sentimentalität. Eine Rechnung wird aufgemacht, die Summe gezogen – aber was weiter wird, »weiß ich auch nicht«.
Der stattfindende Generationswechsel stimmt sie nicht euphorisch – noch mehr Gnade späterer Geburt? R. S.

Ich würde gerne lachen, über etwas anderes mit ihr reden. Oder rausrennen aus diesem Laden und sie mit einer endlosen Bandschleife da sitzenlassen neben Bücherstoß, Sackkarre, Yucca-Palme und Walter Benjamin. »Unangenehm« ist nicht das Wort. Ich bin in Not.

»Es ist schwierig zu sagen, was jüdisch ist!« sagt sie. Wehrt sich gegen Definitionen, plädiert für Pluralismus, Vielfalt; die Suche nach dem typischen Juden mit 40 lehnt sie ab als eine Form der Aussonderung. Es muß das Eine geben und das Andere auch. Sie, Rachel Salamander, zweisprachig, bikulturell, als Mittlerin im Kulturen-Transfer. Aber macht »die andere Seite« mit?
»Unbefangen ist niemand. Geht auch gar nicht. Wäre verlogen. Aber wie innerhalb einer Generation tabuisiertes Leiden und tabuisiertes Tätertum auflösen, ohne zu nivellieren, ohne neue Tabus zu schaffen?«
Trotzdem – wie erfährt sie die Typik einer 40jährigen nichtjüdischen Reaktion?
»Es ist nicht die Typologie. Es ist die Bandbreite von persönlicher Ergriffenheit, Kenntnis, Abwehr, ehrfurchtsvoller Haltung; ich kenne den Hochsensiblen wie den Ignoranten. Helfen kann nur der Umgang: Je mehr, desto normaler wird der Austausch übers Unnormale. Natürlich kenne ich den verläßlichen Nichtjuden, der mir ans Herz gewachsen ist!«
Die Spannung löst sich.

Die Figur, die Kontur des 40jährigen Juden in Deutschland?
Sie verweigert das generalisierende Profil, sie spricht über sich. Über ihre Angst, den einen bestimmten Zeitpunkt zu verpassen, an dem noch Lebensrettung möglich wäre; die Sucht, die politischen Realitäten realistisch einzuschätzen, »und natürlich bin ich wahnsinnig hellhörig, zucke zusammen, wenn Minderheiten diskriminiert werden, denn dann bin ich mitgemeint«. Mißtrauen und permanentes Hinterfragen, der Zwang zur Interpretation: »Wir können nicht mehr naiv sein und Dinge einfach so stehenlassen. Wo im Judentum eh alles immer mehrdeutig ist – ein jiddisches Wort ist immer viele Wörter. Also: Zu den normalen Makken, die man mit 40 eh drauf hat im Generationen-Schnitt, kommt dieses jüdische Paket dazu!«
Ich sehe sie an und entdecke Charme in der Kälte. Warmherzige und weiche Züge steigen auf. Aber zwei Stunden sind keine Zeit für Nähe. Das Gespräch kippt, und weil sie mich nicht danach fragt, erzähle ich ihr von meinem Anti-Semitismus, vom leisen und lauten, vom bitteren und bösen, vom unbewußten und gezielten – damit bin *ich* von früh an aufgewachsen: Ob es um irgendeinen jüdischen Ururgroßvater ging, den die Rassisten im Clan anläßlich der Ahnenforschung schnell wieder verbuddeln wollten, der aber Väter und Mütter bis heute beunruhigt; ob es der Lehrer war, der immer »Judenschule!« schrie, wenn ihm die Pause im Klassenzimmer zu lärmig wurde. Und daß ich mir keine armen Juden, keine dummen Juden, nur reiche, geile und durchtriebene Juden vorstellen konnte. Und als Gymnasiast überhaupt nicht wußte, *daß es Juden wirklich gibt.* Nur wußte, daß Juden auch nicht gerade Unschuldslämmer sind; denn, so redete der Religionsunterrricht, denn wer hat schließlich unseren Herrn Jesus ans Kreuz geschlagen, wer hat Gottes Sohn umgebracht? Dafür mußten sie ins KZ. Außerdem ist es eh nur eine falsche, eine Krypto-, eine Rumpf-Religion, die nur die halbe Bibel anerkennt!
Und für den Polsterer der Eltern waren die lederbezogenen Chesterfields aus den Zwanzigern eben »Judensessel«.
Ohne Ende kommen mir die Einzelheiten, drängen heraus, und je schneller ich sie los werde an die Salamander, desto – ich spüre

den Kloß im Hals rutschen, die Schultern leichter werden, und diese Spannung, diese Spannung, der Streß läßt nach.
Vom 20jährigen SS-Treffen in Marktheidenfeld, von der Hitlermaler-Gradl-Verehrung dort, von den antisemitischen Fäkal-Drohungen auf meinem Anrufbeantworter. Vom Willkommen einer Sturmartillerie-Panzer-Einheit im Rathaus der nahen Kreisstadt Karlstadt. Und vom Umgang mit Synagogen hier und da – der ganze Kosmos und die Genese eines Vorurteils. Rachel Salamander löst sich aus der autokratischen Starre.
Ich hatte ein Miteinander längst – Luft holen, umsehen, die bunte Kundschaft, das Telefon, die Registrierkasse, und die Heizung höre ich sogar wieder rauschen hinter mir. Kalt war's. Auch der Gedanke, daß ich nachher einen Hunderter hier lassen müßte! Solidaritätskauf und Sedierung des schlechten Gewissens. Der Minderwertigkeitskomplex des »Ariers« gegenüber der jüdischen Intelligenz, die sexuelle Konkurrenz, meine Ignoranz im Jüdischen, die flache Schäbigkeit meiner religiösen Herkunft aus dem Protestantismus, »Martin Luther / wichst sein' Arsch mit Butter«, kindliches Volksvermögen aus dem Schülergottesdienst. Und an Fasching haben wir unsere Knallfrösche als »Judenpförz« gekauft und als »Judenpförz« explodieren lassen.
»Warum sagt mir niemand so etwas«, fährt sie auf. »Nie, meine Gleichaltrigen haben *nie* von solchen Sachen erzählt. Ich habe schon immer geahnt, ich weiß es, daß die andere Seite die Karten in der Hand behält, und wir hatten unsere immer gleich auf dem Tisch. Wie sollen wir denn die gemeinsame Erfahrung mit dem Nationalsozialismus – die Nazi-Zeit war doch das prägende Element für beide Seiten unserer Generation –, wie sollen wir damit zu Rande kommen, wenn nicht alle Karten offen auf dem Tisch liegen? Es gibt ja genug Menschen, die den Kontakt zu Juden suchen, aber sie sind nicht bereit, unter den gleichen Bedingungen anzutreten.«
Sie wird heftig. Ihre maßgebliche Erfahrung mit uns.
Sie geht aus der Reserve. Ich seh' sie an. Ob wir heute noch einmal zusammen lachen?
Aber lachende Juden? Judentum und Glück? Nicht existent in der verzerrten Demagogie meiner Vorurteile. »Glück«, sagt sie, »ist

für den Juden immer nur der Augenblick – so die historische Erfahrung. Und das Lachen ist nie ohne Berechnung«, lacht sie.

Ein prüfender, ein burschikoser Blick.

Als wir vorhin bei den Aktualitäten auch auf den bundesdeutschen Feminismus kamen, von dem sie profitiert habe, dem sie sich jedoch nicht anschließen konnte – »ich war früh selbständig, bin ausschließlich unter Männern aufgewachsen, traumhaft gefördert worden und habe gelernt, mich durchzusetzen!« –, weiß sie grinsend einen Grund: »Kennen Sie eine Frauengruppe, die sich Witze erzählt? Nein! Das tun nur Männer. Das fand ich immer herrlich, egal welche Witze, denn der jüdische Witz ist schon sehr gut!«

Sagt's, sieht auf die Uhr, und ihr Gesicht strahlt.

Die Karten liegen auf dem Tisch.

Die Normalität mit dem Unnormalen kann beginnen.

Ein Jude verändert mich sofort. Ich weiß nicht warum.
Ich war ängstlich, schuldbewußt und aggressiv gegen mich. Devot.
Ein bübischer Blick von der Salamander: Ihr Vorbehalt war weg, neben der Sorgenfalte am Mund die Lachfalten. Aus der reservierten Busineßwoman war eine Kombattantin geworden: »Wir telefonieren!« ruft sie mir noch zu.
Im Taxi erst fällt mir eine Zeile aus dem gemeinsamen Kinderbuch der 50er ein: »›Seid willkommen und berichtet / was ihr alles neu erdichtet.‹ / Und bis in die späte Nacht / haben sie gezecht, gelacht. / Lange schallt's im Werke noch: / ›Salamander lebe hoch!‹« Lurchis gesammelte Abenteuer, Lurchis Glück: »War die Freude riesengroß / solch ein Jahrgang ist famos!«

Ich habe die schlimmsten Assoziationen. Und beherrscht werde ich vom Tabu. Strafangst nach beiden Richtungen: Die Rache der Jüdinnen an mir – sie rächen sich am Mann, am »Arier«, am Deutschen. Und womit hat der Deserteur der Familie zu rechnen, womit der Dissident der Normalität, der Verräter des Nuschelns, Mauschelns, Verdrückens und Verdrängens? Mit Rache hat er zu rechnen. Die Angst vor dem Ausschluß von beiden Seiten, das schlechte Gewissen nach links und rechts.

Es war eine Tortur. Lange Zeit habe ich mich einfach nicht getraut. Abwehr, Ekel. Ekel vor philosemitischer Ranschmeiße, vor der Attitüde der selbsternannten Büßer, vor Betroffenheitssülze und Aufarbeitungsgewäsch. Keine Hilfe auch durch das in desinfizierte Historiographie ausgelagerte Stellvertreterleiden.
Dabei will ich *nur* über fünf jüdische Frauen meiner Generation schreiben.
Die Expedition in Sachen Lastenausgleich beginnt. Wie nähere ich mich dem weißgehaltenen Fleck auf der seelischen Landkarte der Nation?
Es war ein Kraftakt. Aber wie glücklich sich die Chronologie der Treffen gefügt hat: von der Angst zum ängstlichen Respekt – Angst, Verwunderung, Verzweiflung, Glück, Katharsis: aus ängstlichem Respekt wird Klarheit. Vielleicht ein Miteinander?

Was wird, weiß ich nicht.
Irgend etwas habe ich dingfest gemacht, etwas voller Grauen. Aber in dieses Grauen ziehe ich die exakte Grenzlinie eines Horizontes ein, jetzt.

Ein Jude verändert mich sofort. Eine Jüdin erst recht.
Ich weiß, warum.

Naturschutz

Uschi Knahn, Jahrgang 52,

Hausfrau,

verheiratet, zwei Kinder.

Sie ist eine geborene Grünwald und liebt jeden Baum. Als Kind konnte sie noch im Main schwimmen, und ihr Lieblingsbuch hieß »So schön war's nur im Försterhaus«.
Heute ist die gelernte Verwaltungsangestellte mit einem Gymnasiallehrer für Biologie und Sport verheiratet, hat zwei knackige Söhne und leitet den Bund Naturschutz in Marktheidenfeld.
Sie ist eine ungewöhnliche Frau, zart und zäh. Sie ist eine burschikose Frau, eine sportliche, eine starke, eine absolut ernsthafte, begabt mit einer Ausstrahlung von Sympathie und Seriosität, der man sich schlecht entziehen kann und von der man sich nur allzugerne anziehen läßt. Sie glaubt verzweifelt an das Gute im Menschen und kämpft ums Überleben. Sie kämpft um ihr Überleben, um das ihrer Söhne Ivo und Johannes, sie kämpft ums Überleben überhaupt. Zum Glück weiß sie nicht wirklich, daß sie auf verlorenem Posten steht, daß sie Angst davor hat, es zu spüren. Unverbesserliche Hoffnung trägt sie durch den Tag, Ethos beflügelt sie. Ethos für Gerechtigkeit, Ethos für die Natur, Ethos für den Einzelgänger – Ethos ohne Schminke, ohne Pathos.
Sie ist keine dieser Gattinnen, die sich mit Kaffeekranz und VHS-Klöppelkurs beschäftigen müssen, sie ist keine schnieke Tennisqueen, die ihre Zeit an Pool und Court verplempert, aber fighten kann sie. Und Kondition hat sie und Kraft.
Sie nimmt nichts hin, sie steckt nichts weg, sie gibt nicht nach: sie will es wissen. Unter den Teppich gekehrt wird bei ihr schon gar nicht.

Sie hat etwas Unerbittliches, etwas Stures, sie ist bockig und beharrlich, aber keine von der Zack-zack-Fraktion. Sie fragt, sie zweifelt, sehr ungern ist sie mißtrauisch. Lieber tut sie niemandem weh. Sie leistet sich nicht den Luxus der Geduld, sie ist geduldig, obwohl ein schneller Typ. Sie leistet sich nicht den Luxus der Wahrheitssuche, sie ist die Suche nach Wahrheit. Polemik scheut sie und die Provokation, aber nicht den Streit. Obwohl: Der Skrupel ihrer politischen Langmut grenzt an Harmoniesucht. Sie ist integer. Sie ist eine Integrationsfigur, sie ist eine Figur, die geliebt wird – angenehm unbequem.
Wer sich so auf dieser Welt dem Naturschutz verschreibt, steht auf verlorenem Posten, in Bayern erst recht. Der unsägliche Würzburger Doktor Wolfgang Bötsch, Chef der CSU-Landesgruppe im Bundestag, denunziert den »Bund Naturschutz« im Kampf gegen des Verkehrsministers Krause Autobahnbauwut als Neinsager, und wer in Franken vor zehn Jahren ein Grüner war, war so schlimm wie ein Kommunist oder »wie Aussatz«. Ein Veranstaltungslokal für die Ökos? Nicht zu kriegen, weil, so schreibt »Main-Post«-Journalistin Susanne Geyer, die Wirte begründeten: Wenn die Grünen hier tagen, kommt keiner mehr zum Essen!
Verlorener Posten.

Hier hat Ursula »Uschi« Knahn Position bezogen. Klipp und klar. Mit den Kleinen fängt sie an und gründet eine grüne Kindergruppe, organisiert Freizeiten draußen, begeistert die Schüler mit Exkursionen. Sie hadert mit dem sozialen Sinn und dem ökologischen Unsinn eines Golfplatzes für die höheren Stände. Sie setzt sich für jeden Quadratmeter der klassisch-fränkischen Streuobstwiesen ein, die dem Straßenbau ersatzlos geopfert werden. Sie engagiert sich bei der »Aktionsgemeinschaft zur Rettung des Hafenlohrtals«, einer der ältesten Bürgerinitiativen Deutschlands, die sich seit fünfzehn Jahren gegen den Bau einer gigantischen Talsperre sperrt, um die ökologische Rarität dieses Tals zu retten, für das 400 Farn- und Blütenpflanzen kartiert sind, 31 von der Roten Liste, 18 Vogelarten der Roten Liste, Amphibienarten, Insekten, Käfer, Schmetterlinge, die man nur noch aus dem Biologiebuch kennt. Sie schreckt morgens über der »Main-Post«

hoch, wenn dort der Chef des Verschönerungsvereins, sinnigerweise auch gleich Chef eines Pflanzencenters, fordert, man müsse die herrlichen, gesunden, großen, alten Platanen am Adenauerplatz fällen, »da sie schon sehr alt« seien – als ob man seinen politischen Freund Adenauer nicht auch im hohen Alter hoch geehrt hätte. Sofort schreibt sie einen Protest- und Leserbrief. Überhaupt: Stellungnahmen, Gutachten, Dokumentationen, Petitionen, Einsprüche, Ausstellungen, Versammlungen, Veranstaltungen, Fortbildung, Fachbücher, Telefonate müssen geführt, geschrieben, organisiert, gelesen und studiert werden – sie macht es sich nicht leicht. Und ist einmal ihr Mißtrauen geweckt, was sie erst lange nicht wahrhaben will, dann macht sie sich nicht nur sachkundig – sie entwickelt den beharrlichen Ehrgeiz journalistischer Recherche, detektivischen Spürsinns und forscht akribisch nach den Fakten. So konnte unter ihrer Mitarbeit Wasser- und Intrigenwirtschaft um den Neubau einer Schiffslände mitten im malerischsten Maintal aufgedeckt werden, die – wie die lokale »Main-Post« mutmaßt – der Bürgermeister der Stadt von langer Hand eingefädelt hatte. Der Ausbau unseres Flusses für noch größere Binnenschiffe und die gnadenlosen Uferbegradigungen, die die Natur, die Altwässer und die tradierte Fischereikultur zerstören werden – Konsequenz des Rhein-Main-Donau-Kanals, Lieblingsspielzeug des verstorbenen Ministerpräsidenten Strauß –, dieser irreversible Eingriff bringt sie eh zur Verzweiflung.
Und wenn es, Politik ist für sie nicht nur die Natur, um die Nazizeit geht, faßt sie sich jedesmal mit beiden Händen wie im Reflex an die hohe Stirn, als könne sie das alles immer noch nicht fassen und begreifen.
Die Nazis. Da hat Ursula Knahn ein Schlüsselerlebnis, das sie prägen wird fürs Leben. 1960, sie ist gerade acht Jahre alt, wird Adolf Eichmann nach Israel entführt, und sie beginnt von Stunde an, täglich die Zeitung zu lesen. Sie geht aber auch täglich, ohne Aufforderung und mit Inbrunst, in die Kirche: »Ich war wahnsinnig fasziniert von allem, was mit der Kirche zu tun hatte, und wenn ich dann frühmorgens in diesem großen Raum saß und mir eben, wie man das als achtjähriges Mädchen spürt, diese Liebe, diese Nächstenliebe vorgestellt und auf mich hab' einwirken las-

sen – ich muß jetzt fast wieder heulen, wenn ich Dir das erzähle. Ich war voll erfüllt. Und dann wird Eichmann getötet, und der Pfarrer hat gepredigt: Du sollst nicht töten. Was jetzt? Ich seh' noch heute Eichmann ganz frisch in diesem Zeitungsbild in seinem Glaskasten sitzen – ich habe das Zeitungsbild und die Fernsehbilder nie mit dem Bild christlicher Nächstenliebe zusammengebracht. Das ist prall aufeinandergestoßen! Und ich habe bisher diesen Widerspruch nie auflösen können.«

Als Kind schon geprägt »von einem antifaschistischen Impuls«, früh erfährt sie von den grauenhaften Zweifeln in der Verwandtschaft gegenüber Naziterror und NS-Krieg, und wie verzweifelt ein Onkel sich aus den Verstrickungen zu lösen versuchte; früh erfährt sie von Onkel Robert, der ein Gymnasiumsdirektor war und als strenger Katholik »seine Fronleichnamsfahne herausgehängt hat, egal, zu welcher Zeit, wofür er schikaniert und drangsaliert worden ist; aber trotzdem hat er aus wirklicher christlicher Nächstenliebe mehrere Juden versteckt und gerettet!« Das hat Uschi geprägt. Und geprägt hat sie das christliche Wort vom »Du darfst nicht töten!« Warum aber hat dann Gott Eichmann gewähren lassen?

Als ich in einem »TransAtlantik«-Essay Dokumente veröffentliche, mit denen zweifelsfrei bewiesen ist, daß der in Marktheidenfeld offiziell immer noch ungebrochen verehrte Maler Hermann Gradl, Sohn der Stadt, ihr Ehrenbürger zusammen mit Hitler, und Ehrenbürger immer noch bis heute, eine lupenreine nazistische Künstlerkarriere von Führers Gnaden gemacht hat, greift sie ein und macht die Affäre zu ihrer Sache. Eine Herausforderung. Alles will sie genau und noch einmal wissen, holt sich Dokumente ab, geht nach Hause, weil sie alles »noch einmal konsequent durchdenken muß!« So hat sie sich auch, ich erfahre das erst viel später, eigens zum Thema Gradl einen Termin beim Bürgermeister geben lassen, der, ehemaliger Geschichtslehrer und Heimatpfleger, bis zu diesem Punkt durch einige, zwar historiographisch unverbindliche Veröffentlichungen zur jüdischen Kultur in der Region als seriös galt. Sie will seine Argumente gegen meine Dokumente prüfen. Aber wenn es um Wählerstimmen und die Nazi-Gradl-Aufarbeitung geht, hängt des Bürgermeisters

Ehrgeiz am Amt und an ungetrübter Popularität, nicht an Vergangenheitsbewältigung. Er ist promovierter Historiker und vom Jahrgang 1944.

»Mit 40«, sagt sie, »mit 40 muß man's langsam wissen!« Man muß wissen, was man will, was man kann. Die Zeit wird knapp, der Tod rückt näher, Konsequenzen sind zu ziehen: »Konzentrieren und beschränken!« heißt ihre Devise.

Die Erkenntnis, daß die Lebenszeit so kurz geworden ist, und daß ihr die Kraft nicht mehr unendlich zur Verfügung steht, macht sie ungehalten über Macho-Faxen und Machtgeplänkel. Sie möchte zur Sache kommen, denn ökologisch ist es für sie 5 vor 12: »Die *können* doch nicht so taktieren!« ruft sie völlig entgeistert ins Telefon – das ist politische Unschuld, grüne Naivität und kindliches Staunen über die lokalen Matadoren der Macht, über die Dorfkaziken, die im Kleinen krude die große Politik einzig nach Interessen machen: »Opportunismus lehne ich vollkommen ab!« Und wenn sie böse wird, das kann sie zum Glück werden, kriegt sie enge Katzenaugen. Doch sie verzehrt sich in der Anempfindung. Ständig liegt sie im Clinch mit ihrer Liebeskraft, ihrer Identifikationsfähigkeit, ihrem Verständnis für die Situation des Politisch-anders-Denkenden. Bemüht sich um die Menschen, wägt hin, wägt her, wägt ab und weiß nicht, daß eine Würdigung solch christlichen Umgangs in christlichsozialdemokratischliberalfreibürgerlichgrüner Politik nicht stattfindet.

Es gab eine Zeit, wo wir uns beide den Kopf über den Kopf unseres Bürgermeisters zerbrochen haben. Er ist ein ehrenwerter Mann, ein intelligenter und fleißiger Mensch, aber ein Taktiker der Opportunitäten. Mit Zivilcourage der Bürger kann er nicht umgehen – immer noch ist er der Be-Lehrer vorne an der Tafel. Wenn jemand wie Uschi oder ich mit offenem Visier, frontal und ohne Hinterhalt für eine Sache eintritt, schlingert er, bricht mimosenhaft, wie diese Menschen sind, den Dialog ab, sieht nach der Wetterfahne, richtet sich windschlüpfrig nach dem Mainstream und rettet sich in Beredsamkeit. In der Schule war er der »Laber-Leo«, im Amt nennen sie ihn »Ayatollah«. Und wenn ein Objektiv eines Lokalreporters irgendwo in Sicht ist, setzt der an sich Scheue sofort eine dröhnende Theaterlache ins Gesicht. Schade.

Von solchem Strickmuster ist die 40jährige nicht. Im Gegenteil. Sie besteht auf ihrem Eigen-Sinn und nützt damit dem Gemein-Sinn. Ihre Querdenkerei ist eine Bereicherung für das kümmerliche diskursive Leben dieser Stadt. Und wenn es gar zu hart kommt mit den Widerwärtigkeiten, den Rückschlägen, Mißerfolgen, Anfechtungen und Angriffen, dann tröstet sie sich mit der Sentenz: »Wer in Marktheidenfeld nicht umstritten ist, den kannst du sowieso vergessen!«

Sie setzt sich aus.

Mit 40 ist sie dazu stark genug.

Die Kinder werden immer selbständiger, und leise kündigt sich der Schmerz der Mutter an, sich von den Söhnen abzulösen. Das tut sie. Setzt sich dabei frei und lernt auch mit ihrem Hartmut wieder neue Zweisamkeit. Aber wenn sie doch noch einmal zu viert beim Skifahren sind, fährt sie ihren beiden jungen Männern die sechs Schnee-Stunden hinterher, »und am nächsten Tag liege ich flach. Dazu habe ich einfach nicht mehr die Kraft!« Das Alter holt sie ein. Auch hat sie neulich die Augen nicht mehr zugekriegt, als Johannes eines Abends, den er mit Fotoalben der Familie verbrachte, so im Vorbeigehen zu ihr sagte: »Mama, früher warst Du richtig hübsch!« Dabei ist sie gerade am schönsten.

Einmal nach China will sie noch in diesem Leben, einmal den Jakobsweg nach Santiago de Compostela, einmal zu Fuß über die Alpen und einmal einige Wochen alleine mit Mann auf ihren beiden Pferden irgendwohin reiten.

Wie lang das Leben noch ist? Ihre Mutter ist quicklebendig und 81, und wenn sie über den frühen Tod des Vaters spricht, dann kneift sie die Augen zusammen und streicht die lila Platzdeckchen zurecht. Vorbilder hat sie keine, aber wenn sie an ihr Alter denkt, möchte sie nicht wie eine graue Maus daherschleichen; eher möchte sie daherkommen wie Käthe Langefeld, die Buchhändlerin unserer Stadt, die in ihrem siebten Lebensjahrzehnt adrett, gepflegt, bunt und aktuell gekleidet täglich noch an Regal, Computer und der Kasse steht.

Mit 40 geht die Uschi alles noch etwas an. Sie kann sich noch aufregen. Und erfreulich undogmatisch ist sie auch. Wenn ich sie politisch definieren müßte? »Realo« ist ein krüppelhafter Begriff. Und mager für sie; unzweifelhaft grün – aber »nichts geht über einen guten Schweinebraten!« Was soll ich da noch sagen?
Wenn sie sich mit 38 der Lokalpolitik verschreibt und sich in die Öffentlichkeit wagt, dann weiß sie und hat es mittlerweile hautnah erfahren, daß sie keine Metropolökologin ist, die in Frankfurt leicht und anonym große Töne spucken kann. Uschi Knahn ist grün; sie ist grün vor der eigenen Haustür, und wenn sie eh schon auf verlorenem Posten kämpft, handelt sie sich den zusätzlichen Konflikt ein, daß sie ihre Kontrahenten beim Metzger, Schuster und beim Bäcker trifft.
»Aber mit 40«, sagt sie und holt tief Luft, »mit 40 sollte man sein Innenleben kennen!« Sie jedenfalls läßt sich nicht mehr einschüchtern und vertritt ihren Eigensinn mit Bürgerstolz, auch gegenüber dem Stadtoberhaupt, der viele Sympathien durch seine autoritäre Rhetorik eingebüßt hat. Ursula Knahn aber läßt sich nicht abspeisen; sie kennt die Menschen zu gut. Und sie weiß, was sie will, was sie nicht will: »Machtstrukturen ausgeliefert zu sein – nichts Schlimmeres!«
Sie schaut mich plötzlich an mit sorgenbereiten Augen. Ich schau' zurück und sage: »Mensch, bist du grau geworden!« Und übrigens trägt sie einen Rock. Seit wann trägt sie einen Rock? Seit wann lila Strümpfe? Seit wann in dieser sorgsamen Feinabstimmung T-Shirt dazu, Strickjacke und Schal? Jahrzehntelang ist sie sicher nur in Hosen herumgelaufen. Und ihr klares Gesicht, ihr makelloses Profil mit der edlen Nasenlinie, ich seh's plötzlich ganz anders. Nicht minder gern und ohne weniger Genuß, aber wie plötzlich registriere ich das feine Geflecht aus Falten und Fältchen. Sie lacht.
Das ist eine Frau, die mir gefällt. Eine Frau ohne das weiblich Gefällige, unkokett, direkt. Mit Charme jenseits des Lächelzwangs. Herb vielleicht, aber herzlich.

Gänseblümchen

Michel Carl, Jahrgang 50,
Gärtnermeister,
verheiratet, drei Kinder.

Am liebsten wäre er ein Gänseblümchen. Ein winterannuelles, das gleich zweimal blüht während seiner Existenz. So eins wäre er am liebsten, antwortet er, als ich ihn nach seiner Lieblingsblume frage und nach dem Etappenstand, die 40 hat er hinter sich. Verwelkend oder was? »Immer noch in voller Blüte, mit leichten Kreuzschmerzen«, grinst er, als Gänseblümchen habe er den ersten Winter hinter sich, und jetzt beim zweiten Mal nach der Mitte des Lebens »ist die Blüte etwas kleiner!« Vom Setzling zum Kompost? »So richtig reif!« ruft er mir über seinen Couchtisch rüber und greift sich an den Kopf, den markanten, braungebrannten, auf dem die Haare grau und schütter werden, aber »als graumelierte Herren werden wir ja endlich interessant« – und lacht schon wieder. Und wie 's morgens vor dem Spiegel sei? »Grausam!« Kein Wort mehr. Der Sprachspieler hat wieder seinen Punkt gesetzt. Man holt Luft, will ein bißchen Zeit gewinnen zum Kontern. Kaum ist man dran, hat er die nächste Pointe schon placiert, frech und schlagfertig. Gewitzt, das »Michele«, wie der Liebe-Volle liebevoll genannt wird von Freunden. Schlau. Schlau war er schon immer. Und wendig. Auf dem Schulhof, bei der Keilerei. Er wußte sich zu schützen; das wissen die Verletzlichen. Heute hält er sich die Welt vom Leib mit Lachen, die Ironie ist ihm Distanz, die er listig einzusetzen weiß. Das macht ihn unfaßbar.
1950 kam er auf die Welt. »Und ich werde 100 Jahre«, sagt er stark und fest. Ich glaube ihm, denn er hat's ja mit Natur, bis er nachschiebt: »Wenn ich nicht vorher sterbe!«

Was kommen wird? Er weiß es nicht, lebt »in freudiger Erwartung« und ist »furchtbar neugierig auf das, was kommt – deswegen muß ich 100 werden!« Mehr Falten als mit 20 hat er, damit lebt er: »Ich bin ja ein Naturmensch.« Im Festzelt bei der geliebten lokalen Laurenzimesse sitzt er seit zwei Jahren, seit dem 40., nicht mehr in der ersten Reihe, direkt vor dem Verstärker; und letztes Jahr war es das erste Mal, daß er nicht achtmal, nein, nur dreimal kontrolliert hat, ob's Bier noch trinkbar sei: »Früher konnte ich das mehr genießen – so ist es nicht mehr!«
Die Zeit um 30, 35, das waren seine Jahre: »Da hätten schon mal ein paar Tage stehenbleiben können!« wünscht er sich, wünscht er vergebens. »Damals hatte ich noch Zeit«, und seine Augen liegen gleich noch tiefer. Der Witzbold, der Rabauke, der Filou wird zum Melancholiker, der keine Angst hat vorm Tod, keine Angst haben will. Daran sei er schließlich lange schon gewöhnt. Wohnt direkt am Friedhof und ist mit seinem Großvater bereits zum Leichenschmücken hinübergegangen. Das Testament hat er mit 30 schon gemacht, und »das Sterben kommt, wenn's kommt – da können wir zwei nichts dran ändern!« sagt er, faltet diese guten Hände, die zu seinen guten Augen passen. Jetzt ist die Haut auf einmal ledern, wächsern, aber nur für einen Atemzug, und über uns hinweg kratzt ein Düsenjäger schräg den Himmel. Eine Großmutter zu schmücken ist für ihn Routine. »Da denke ich mir: Die Oma hat ihre Zeit gelebt. Aber wenn ein Kind daliegt, geht's mich schon was an!« Vor allem, wenn es einer aus der Klasse ist. Fünf hat er schon ins Grab geschmückt. »Die Leichen liegen da so schön im Kissen, wie du schön im Bettle liegst.« So einfach sagt er es. Das greift ans Herz und an die Angst. Der letzte aus der Schule war Freund »Fletscher« – hier haben alle noch die alten Bubennamen, der »Fetsch«, der »Catcher«, das ist nicht vergessen, auch wenn zu Walter heute keiner »Fetsch« mehr sagt. Jedenfalls war Werner Jahrgang 1951, und sein Tod war nur ganz schwer zu ertragen. Auch für'n Michel, der den Freund jetzt »von der Unterhose bis zum Leichenhemd begleitet« hat: »Da habe ich schon nachgedacht, mir meine Gedanken gemacht zum Lebenswandel, zu den Zigaretten, zu den Bierchen.« Denn rauchen tut er, unser Gärtnermeister, »wie ein Gewächshausschlot im Winter, vor

allem, wenn ich mich ärgern muß«. Muß er demnach häufig, scheint's. Man bildet sich ja immer ein, die Komödianten hätten immer nur Grund zum Lachen. Und mit dem Qualmen aufhören kann er auch nicht. »Denn jedesmal, wenn ich aufhören will, schmecken sie besonders gut!«

Auch sein Vater ist Charmeur, ein beliebter grüner Grandseigneur, der mit seinen knappen 80 täglich an der Blume steht. Ein Damenmann mit anziehender Ausstrahlung und einer erotischen Rhetorik, die auch tieftraurig grummeln kann. Wenn er solche Reden hört, pflegt der »Alterspräsident«, wie ich den Senior der 110 Jahre alten Gärtnerei nenne, schelmisch zu schimpfen: »Sie Loser!« Pause. »Sie Tuberkuloser!« So etwas kann ich nicht oft genug hören. Die Augen hat der Michel von diesem Vater; nur daß dessen Augen noch tiefer im Kopf drinsitzen und einem direkt in die Seele sehen können. Und den Stolz hat er von der Mutter, die aufrecht und ein bißchen adlig mit weißem Haar und mit imponierender Haltung Haushalt und Enkelkinder mitversorgt.

Wie's eigentlich mit Frauen sei, in unsrem Alter, riskiert er noch den Blick? »Aber sicher!« Guckt er den jungen Mädchen nach? »Na klar!« Von Auge zu Hühnerauge, alles auf die holde Weiblichkeit. »Wobei ich nicht viel rumzugucken hab', denn ich habe lauter junge schöne Mädchen im eigenen Garten.« Erst 15 Jahre ist er mit seiner starken Erika, der Floristin, ehelich verbandelt. »In unsrem Alter wird der Sex ein bißchen ruhiger, und alles andere«, sagt der Liebhaber burschikos und keß, nicht mal unverbindlich, ginge mich nichts an: »Daß ausgerechnet du das fragst, habe ich erwartet!«

Das Alter. Natürlich bleibt der Michel jung. Das macht er seinem Vater nach, mit Mutterwitz und Mutterboden. Er ist schon auf dem besten Weg zum Lokaloriginal, ohne daß er seinen Senior irgendwo kopieren müßte. Er ist der Sohn, aber kein Abziehbild. Er ist ganz anders. Und für beide war es sicherlich nicht leicht, den neuen Weg des modernen Gärtnereibetriebs aus dem alten Gartenpfad zu finden und zu gehen.

Gärtnerei und Generation: das Geschäft hat sich so grundlegend

gewandelt, daß dem handwerklich umfassend gebildeten und erfahrenen Seniorchef ein Techniker als Junior folgen mußte.
Wie sollte es auch bei ihm anders sein: Hektik, Druck und Konkurrenz sind gnadenlos, auch im Gärtnereigeschäft; eine blühend-duftende Idylle war es nie und heute schon gleich gar nicht: »Die Lorbeeren, auf denen man sich angeblich ausruhen kann, müssen erst noch gezüchtet werden!« sagt er ganz unschalkisch und öffnet mir den Blick in die Buchhaltung der Blumen. Die Betriebswirtschaft heißt heute Selbstausbeutung und »Beschaffungskriminalität«, und wenn der alte Herr humorig sagt: »Das haben wir doch neulich vor 40 Jahren schon so gemacht!«, dann mißt Michel am Meßband der eigenen Biographie ein unüberbrückbares Stück Generationengefälle in der Geschichte deutscher Gartenwirtschaft.

Es sei Schluß mit der Romantik, sagt er so scharf und klar, als gäbe es nichts zu bedauern. »Beschaffungskriminalität« heißt für ihn: »Mehr Maschinen, mehr Personal, mehr Gewürg, mehr Gaudi!« Vor zehn Jahren waren es sechs, heute sind es zehn Leute. Mit 30 hat er für eine Geranie 3 Mark 50 gelöst, mit 40 – auch: »Was sind denn das für Geschäfte!« motzt er. Auch den Motz hat er nicht aufgegeben: »Immer mehr arbeiten, immer mehr machen, aber nicht viel mehr dabei erlösen – das ist Landwirtschaft!« Er kann dieses Gefälle ausgleichen und überhaupt nur noch mit Masse und Maschine überleben. Von 6000 Geranienstöcken produziert er 6000 Stecklinge, von denen er in zwei Tagen 2000 setzt. Als 30jähriger hat er 7000 umgesetzt, jetzt verkauft der 40er 20 000, aber der »Profit macht den Sprung nicht mit, denn ich brauch' mehr Erde, mehr Dünger, mehr Wasser, mehr Töpfe und mehr Maschinen.« Mehr Kopf- und weniger Handarbeit. »Wer schiebt denn heute noch die Erde mit der Karre? Also kleinen Traktor angeschafft, und das Eintopfen geht nur noch maschinell: »Da kannste nicht mehr einfach abhauen auf ein schnelles Helles – da gibt die Maschine den Eintopftakt an. Jaja«, knirscht er, der Produktionsgartenbau-Unternehmer, »früher war es nicht so hektisch!«
Das alles muß ein Horror für den Senior sein. Ist es auch. Und was sagt die gute graue Eminenz, »der Herr Kommerzienrat« oder

»Graf Gärtner« oder »Herr Großgrundbesitzer«, mit dem wir schnell mal eine Salve Sprache – »Tuberkuloser, Herbstzeitloser, Vaterlandsloser, Altersloser« – spielen: »Man müßte doch noch einmal seinen Eltern schreiben können!« Der Unerschöpfliche hat noch Blumenkohl und Mangold, Lauch und Wirsing, Rhabarber, Kohlrabi und Karotten angebaut, was der Kunde heute mit holländischem Pappmaché-Geschmack im Supermarkt mitnimmt. Mault der Filius, daß man »heute ach so grün eingestellt ist, aber wehe, eine Laus sitzt im Salat!« Auch die Kundschaft hat sich stark verändert: »Die sind so fern von der Natur. Beim ersten Sonnenschein muß alles blühend sein, an Weihnachten will man Erdbeeren und im Sommer Weihnachtssterne. Vom Lebenszyklus keine Ahnung mehr.« Ungeduldig seien sie, die Menschen, und viel Wissen sei verlustig gegangen, was das Draußen betrifft. Dafür beklagten die Städter den Verfall der Dörfer, »aber ob die in der intakten Unannehmlichkeit auch nur einmal für Weihnachtsferien überwintern würden, darf ich doch bezweifeln!«
Doch das ist Politik. »Und die tu' ich mir nicht mehr an!«
Sagt er, die Krafthand auf dem starken Schenkel, weißgescheuerte Jeans, die schweren schwarzen Arbeitsschuhe mit den Stahlkappen, und in seinem luftgetrockneten Gesicht alle Falten und Fältchen verzogen.

Alter. Noch mal 20? »Muß nicht sein!«
Körper? »Kreuzweh, Krampfadern«, die Berufskrankheit.
Leistung? »Die bring' ich locker noch, die Leistung eines 30jährigen; ich brauche aber länger, um mich zu erholen!«
Arbeit? Welche vermeidet er, um sich zu schonen? »Am liebsten alle!«
Zeit? »Ist Geld, und beide sind fort, bevor du in die Kasse und auf deine Uhr guckst!«
Und die Kinder? »Werden heut zum Glück nicht mehr geschlagen. In unserer Generation sind wir doch alle noch verdroschen worden. Wenn wir um 5 Uhr nicht pünktlich am Gartentörle war'n, hat's was gesetzt; in der Schule für 5 Fehler gab es Prügel; bis in die Lehrzeit, ich war 17, hab' ich Ohrfeigen und Schellen abgekriegt. Das ist vorbei. Wobei die Kinder auch nicht böser sind

als wir. Wir haben Erdlöcher im Beet gegraben, und der Vadder ist mit seiner Fräse drin versackt. Heute spielen die mit dem Telefon herum und machen Terror, dafür gibt's dann kräftiges TV-Verbot!« Also Politik doch!

»Keine Schläge mehr für Kinder!« war eines der ersten ApO-Gebote aus der Kinderladenzeit, der antiautoritären Erziehung. Kannst du dich entsinnen? Und erinnerst du dich an Adenauer, Heuss und Brandt? »Du kannst ruhig auf der schwarzen Seite bleiben!« muffelt er mir rüber und grinst ertappt, weil ich ihn diesmal doch dorthin gefragt habe, wo er nicht richtig reden will: »Das weißt Du doch, daß ich da nur unartikulierte, unflätige Äußerungen loslasse. Politiker – das sind doch alles Stinker, die dem Kleinen an den Kragen gehen, und kriegen tun sie die Großen eh nicht, nicht bei der Steuer, nicht beim Dreckmachen. Und selbst bestimmen sie sich dicke Diäten, kassieren Ruhegelder, für den Umweltschutz sind sie natürlich alle und sitzen dann im Aufsichtsrat der RWE, die Stinkerli. Ich sach' dir eins«, sagt er mir breit fränkisch, »Politiker sind wie Narzissen – oben duften, unten schleimen. Da kannst du nichts dran machen. Irgendeiner muß dieses Geschäft schließlich ja betreiben, oder sollen wir zum Faustrecht zurück?« Auf der schwarzen Seite. »Aber keine CSU«, darauf legt er Wert. »Auch die Schwarzen haun das Geld raus, aber halt nicht so unsinnig wie die Roten!« Uwe Seeler war ihm immer wichtiger als Adenauer, Strauß ist ihm »mit einer der Größten«, er pausiert und kneift sein Pokerauge zu, ». . . falls er nicht doch ein ausgemachter Gauner war!« Und Gauweiler? »Was issen des schon wieder für ein Stinker?« fragt der alte Stammtischtaktiker, wirbelt mit Witz und Tücke sämtliche CSU-Affären durcheinander.

»Hat der nicht im Suff die Oma umgefahren«, macht er rum, tut zerstreut und fragt mich theaterreif naiv: »Ist das der, der Aids hat?« Komödienstadl. »Michel!« ruf' ich laut hinüber, »mach kein' Scheiß, und gib mir eine Antwort!« – »Eine nur?« scheinheilig zurück. »Sonst willst du immer zwei!« Waffenstillstand. »Wenn's nix kost'!« setzt er einen drauf.

Natürlich muß er immer den letzten Witz haben, ich sage nur noch

»Carlauer«. Zotig ist er nie, und Herrenwitze kenne ich zum Glück von ihm nicht. Das hat auch seinen Grund: »Ich bin kein Herr. Ich bin ein Gärtner, und sieh Dich vor – der Gärtner ist immer der Mörder!«

Selbst wenn ich nicht über Michels Carlauer lache, über den er herzhaft lachen kann, aber ich lache, angesteckt oder entwaffnet, über sein Lachen mit.

Gauweiler, zum letzten Mal: »Verdammt!« Jetzt holt er Luft, hebt an: »Ich halt' von diesem Stinker erst mal nichts!« Und er erklärt mir im Detail, wie Gauweiler den Grünen, er sei schwarz, aber immerhin, das Müllkonzept der Grünen runtergebügelt habe und warum und wie, weshalb. Das tut er fachkundig und im Detail, unparteiisch, blitzkompetent und blitzgescheit. So wie er virtuos mit seinen Wörtern spielt und vom Stammtisch springt ins Philosophische, alles dicht beieinander, locker, leicht, verletzt. Und selbstironisch. »Und war doch nur auf der Baumschule beim Fräulein Ast!« frotzelt er herum, immer Understatement, und hätte Abi, Uni doch mit links gemacht. »Wenn ich nicht ein Schwarzer wäre!« Ein Helles und ein Pils, das trinkt er gerne, aber bierernst ist er nicht: »Schließlich habe ich drei Silvester Bierologie und Hektoliteratur studiert. Da weiß mer so was halt!«

Was ihm wirklich stinkt, ist die lokale Politik. Da raunzt er herum: »Die Stadt gehört schon lange nicht mehr uns, uns Hädefeldern«, wie sich die Marktheidenfelder nennen, denn »nur die Zugereisten diktieren, was wir zu tun und zu lassen haben!« Und dann kommt ihm und seinen Kumpels »mitten im Spessart auf der Karlshöhe so ein Frankfurter Wochenendwanderer in der Wirtschaft mit ›Isch begrüße Eusch in *unserm* schönen Schbessardwäldschen!‹« Da platzt ihm der Kragen.

Aber rot sieht er nur bei der Feuerwehr, wo er seit seinem 35. löscht: »Das mußte einfach sein! Wer von den Männern ist denn hier noch abkömmlich unter Tag, wenn's brennt oder wenn der blaue Peter in dem blauen Polo beim Unfall eingeklemmt aus dem Blech geschnitten werden will, he?« Ein C-Rohr hält er allemal, die Kameradschaft tut ihm gut und der Kontakt zur Jugend. Und, gibt er zu, »es hat auch seinen Reiz, mit Tatütata einmal durch die Stadt zu fahren!«

Es ist ein lustiges, ein männliches Gespräch.
Als wir unten auf dem Hof stehen, natürlich begleitet er mich runter, sagt er todernst: »Das ist doch Ehrensache. Ich muß doch sicher sein, daß du auch wirklich weg bist!« Neben ihm wartet diese Sargattrappe auf das nächste Bouquet. Jetzt legt er kraftvoll seine Hand auf meine Schulter und packt plötzlich fest zu: »Vergiß mir nicht, Herr Peter«, sagt er , »jetzt kommen wir langsam in das Alter, wo man wieder Pampers braucht oder eine Klingelhose!«

Michel, war das ernst?

DIE POLITIK WIRD 40

Jutta Ditfurth feiert nicht, Gauweiler hatte »ein gutes Fest«, Frau Minister Hasselfeldt – traut im Familienkreis. Doktor Krause, Verkehrsminister, will in zwei Jahren, wenn's bei ihm soweit ist, nur noch Deutsche kennen, will nichts mehr hören von Wessis und Ossis. Ossie Brie, PDS-Vize, verschiebt die Feier wegen Wahlkampf. Und »die schönste Fete« richtete sich der wirtschaftspolitische Sprecher der CDU aus – Matthias Wissmann hat »mit Freunden zu Hause in Ludwigsburg kräftig gefeiert: eine italienische Nacht«. Der vierzigste Geburtstag.

Vierzig: So alt wie das Land ist diese Generation. Sie ist jetzt dran. Generationswechsel und Machtübernahme im satten Schwabenalter.
Vierzig – die Lebensmitte. Midlife-crisis oder Bilanz? Die Alten, die Gründungsväter der Republik, gehen. Die Nachrücker kommen. Wie sieht es aus in ihrem Seelenhaushalt, in ihren Büros, in ihren Kleiderschränken, in ihren Köpfen?
Vierzig sind sie – Bestandsaufnahme.

Matthias Wissmann:

»Die Droge Politik«

oder

Weisheit des Schwabenalters

Einsam sitzt der 42jährige Bundestagsabgeordnete Wissmann aus dem schwäbischen Ludwigsburg in seinem Bonner Büro. 4. 12. 1990. Um ihn herum weiße Wände, Gitterstores, taubenblauer Teppich und eine zwölftürige Schrankwand in Mahagoni. Benjamini. Telefon-Anlage, Sprech-Anlage, Computer-Anlage, Video-Anlage mit TV und obendrauf zwei Modellflieger. Aus dem Bundesfundes eine 60er-Jahre-Wohnzimmerstehlampe mit grüner Inventarnummer, darüber gerahmt wie ein Meisterbrief das Diplom der »Würde eines Tiroler Schilehrers h.c.«. Ein Werbeplakat aus Ludwigsburg. Elf Vorlagemappen.
»Es ist schon schmerzhaft, wenn man spürt, daß man die Jugend endgültig hinter sich läßt!« Der Baby-MdB, der schwäbische Smarty, der christdemokratische Karrierist, der »Bild«-Zeitung »feste Größe in der Bundespolitik«, der ewige Minister-im-Gespräch – das polierte Image hat Knitter bekommen. Wenn er morgens beim Rasieren in den Spiegel schaut, registriert er »natürlich immer mehr Runen im Gesicht und immer weniger Haare auf dem Kopf«. 1949 geboren, seit dem 16. Lebensjahr politisch aktiv, agiert er seit 1976 im Bundestag, und ohne den schicksalsträchtigen November 90 wäre er heute wahrscheinlich Minister.
Seine Biographie liest sich wie ein Bilderbuch des akademisierten deutschen Mittelstandes der Nachkriegsgeneration: In seinen 20ern eine solide juristische Ausbildung, mit 30 Abschied vom Uni-Leben, Abschied von den Eltern, Anfang der Anwaltstätig-

keit. Mit 35 Jahren etabliert; seitdem und seit dem Tod von Vater und Mutter spürbare Irritation.
»Etwas«, sagt er ganz unalert, »etwas ist unwiederbringlich verloren, man spürt und sieht, daß man in eine Entwicklung hineinwächst, in der man an Tiefe gewinnen könnte, wenn's gutgeht!« Jetzt muß Wissmann »nicht mehr ums politische Überleben kämpfen – sicherer Wahlkreis, große Mehrheit, keine Konkurrenz«. Und gleichzeitig die Verluste: kein Bundesligahockey mehr, Kreuzbandriß beim Fußballmatch, Schluß mit dem Tiefschneeschuß: »Ha no, sportlich war i früher scho sehr!« Das ist vorbei. »In Altherrenmannschaften Jugend simulieren« ist seine Sache nicht.

Symptome. Die Defizite werden spürbar. Der ständige Kampf um mehr Zeit für sich selbst, für Bücher, für Konzerte, für Menschen. »Homo politicus allein« will er nicht länger sein, der unfreiwillige Single. Die selbstbewußten Frauen seiner Generation, die er sich politisch und persönlich wünschte, machten das öffentlich aufgefressene Wochenendleben nicht mehr mit, sie »haben unter der Politik zu sehr gelitten«. Denn: »Ich bin vom Typ her alles andere als ein Macho!« Also, er lagert aus, habe die Karriere die Beziehungen gekillt. Was nichts mit Machismo zu tun hat, meint er. Das spürt er, das weiß er, das gibt ihm zu denken. Und dennoch: »Keine Midlifecrisis, kein Gefühl, etwas versäumt zu haben!« Aber das Clownsgesicht fällt zusammen, übrig bleibt die Knollennase, und bei diesem Thema sitzt er, der Erfolgspolitiker, ganz weit hinten in seinem Stuhl, ganz still, eine Hand vor dem Mund, die andere zwischen die Beine gepreßt, und dann knetet und knäult er seine Finger.
Wissmann zieht Bilanz und verneint die Krise.
Ehe- und Kinderwunsch lagert er aus, in die Zukunft, in sein fünftes Lebensjahrzehnt. Den Luxus des Mannes, dessen biologische Uhr anders tickt als die der gleichaltrigen Frau, reflektiert er nicht. Mit 70 möchte er einmal sagen können, wenn die Familie gelungen sei, »ist das ein großes Glück!«.
Weisheit des Schwabenalters?
Nein. Beispielhaft liefert Wissmann den Beleg für die These des amerikanischen Generationssoziologen Richard Braungart, daß

die existentielle Herausforderung des 40jährigen die Orientierung auf seinen eigenen Tod sei. »Mittagsumsturz« nannte schon 1930 der Psychoanalytiker C. G. Jung diese »bedeutende Veränderung der menschlichen Seele« in der Lebensmitte:
»Um zwölf Uhr mittags beginnt der Untergang.«
Und draußen fahren auf dem Rhein lautlos die Schiffe aneinander vorbei. Wissmann preist den Panoramablick.
Grau im Haar, Hinterkopfglatze, Seidenkrawatte, weißes Hemd mit feinem blauen Streifen, Boss-Jackett – der Abgeordnete läßt die Gitterstores wieder vor's Fenster fallen. Was er fühle, wenn die ›alten Säcke‹ in Bonn endlich die Fliege machen? Er reißt die Augen auf, atmet durch, und Licht geht über sein Gesicht: »Bei einigen Abgängen war es Zeit, und ich hatte ein befreiendes Gefühl!« Sagt der Adenauer-Adept, dem der Alte Vorbild war mit dem Mix aus »Grundsatzfestigkeit und Weltoffenheit«. Die »Droge Politik« hat ihn wieder.
Ich empfinde Mitleid mit dem erstarrten Wunderknaben. Er sitzt da so deplaciert wie in einem Vakuum und gehört doch in einen schwäbischen Vorgarten. Dieses politisch Sportive, das Startblockpolieren, ist erstarrt. Er sieht auch ein bißchen aus wie sein Jahrgangsgenosse in Great Britain, der ewige Kronprinz Charles. Unerlöst, unbefriedigt, deplaciert, irgendwie nicht ausgelastet, mit Aktivitäten angefüllt, aber nicht ausgefüllt mit Amt, mit Würden. Nicht umsonst ist seine standardisierte Redeformel: »ein Stück weit«. So hat er, wie unter Gleichaltrigen wohl unumgänglich, auch die ApO wahrgenommen und sich »an ihr ein Stück weit geformt«: 68 ist er in die CDU eingetreten, »ein Stück weit als Antithese zum Sozialismus«.
Seine Droge, die Politik.
Aber sie hat ihn auch porös gemacht, Leiden ermöglicht und Selbstreflexion. Wissmanns Politikereitelkeit fördert unter den Bonner Bedingungen auch Introspektion zutage und die Fähigkeit, ihr Sprache zu geben – er kann über sich reden, und er läßt es zu.
Angesprochen, redet er auch über Konkurrenz und den Personalmarkt der Hauptstadt.
Auf dem ist ihm jüngst die ein Jahr jüngere, unprofilierte, bundespolitisch unerfahrene und kompetenzschwache Frau Gerda

Hasselfeldt in Ministerämter davongelaufen. Tut das weh, Herr Minister in Reserve? »Glauben Sie, daß es zur ausschließlichen Erfüllung eines Lebens gehört, daß man Minister sein muß?« Ha scho, Herr Wissmann, in Ihrem Fall natürlich. Jetzt wird es zäh, das Gespräch. Und wird auf einer substantielleren Antwort insistiert, wehrt er sich und wehrt er ab. Natürlich weiß er sich ministrabel. Und redet über die Frage weg, ungeduldig, laut und schnell. Ein Loser.
Man möchte ihn in den Arm nehmen und »Mensch, du!« zu ihm sagen. Nur geliebt will er werden, wenn er kokett von seiner »Dünnhäutigkeit« schwäbelt. Und dauernd die mitleidige Sympathie meinerseits. Wie er wirkt! Wie er die Augen stellt, wie er meine Augen und Ohren haben will, wie er mit Händen und Füßen wirbt, die Pupillen rollt, der visuelle Greifer, sobald ich Tonband oder Skript kontrolliere. Angst vor Zuwendungsverlust. Ein Loser-Typ. Und deswegen ein sentimentaler Haptiker. Trotzdem: Auch so einer von uns, dem die Zeit davongelaufen ist, dem windkanalgestylten Innovateur und Ingenieur der Integration frisierten alternativen Gedankenguts. Er hechelt hinterher. Mir wär's lieber, er wäre kein Politiker.
Ob er manchmal in die Stores reinweint?

»Der Schwab, der wird mit 40 gscheit, / die andern nicht in Ewigkeit!«
Schwabenalter. Was so folkloristisch daherkommt, als Spätzleswitz und Ländles-Geschmäckle über die tumben Sueben zwischen Bopfingen und Tuttlingen, ist ein ernstzunehmender Topos in Generations-Forschung, Psychologie und Volkskunde. Vom »Simplicissimus« über Luther, von Goethe bis Heinrich Heine hat sich diese Kategorie seit dem 16. Jahrhundert auch in der Literatur etabliert. Daß nämlich die dummen Schwaben erst mit dem 40. Lebensjahr klug würden. Schwabenalter – eine Metapher für generationelle Reifung, Symbol für Gipfel, Höhepunkt und Abschluß einer biographischen Entwicklung – »akmé« nannten es vor 2500 Jahren schon die Griechen.

Gerda Hasselfeldt:

»Ich möchte mir kein Urteil erlauben!«

oder

Die Ministerin auf dem Schleudersitz

Schwabenstreiche auch für Bayern?
Über Deggendorf, Regen, Straubing, Regensburg und München ist Gerda Hasselfeldt nach Bonn, ins 40. Lebensjahr und in Ministerämter gekommen.
»Wenn auch der uralte Traum vom Jungbrunnen seit Jahrhunderten die Menschen fasziniert hat – er bleibt doch nur ein Traum ... Es ist nun mal ein biologisches Gesetz, daß wir alle älter werden!« So luzide, so originell äußert sich die damalige Wohnungsbauministerin, die Ex-Bundesgesundheitsministerin, mittlerweile mit einem »golden handshake« von 250 000 DM Abfindung wieder in der bayerischen Versenkung verschwunden, über die Gesetze des Generationenwandels. Ihr Ort als 40jährige im Wandel der Zeiten?
Ihr Ort war und ist die CSU. Frau Hasselfeldt ist ein Prototyp. Geboren 1950, aufgewachsen in einer Gastwirtsfamilie im Niederbayerischen. Erstes Vorbild war der Vater, der es zum CSU-MdB gebracht hatte. Vorbild Numero 2: der »große Parteivorsitzende, der ganz große Staatsmann Franz Josef Strauß, den ich sehr, sehr schätzte im unermüdlichen Einsatz für dieses Land in harten Zeiten«. Seinen Parlamentsstuhl hat sie beerbt. Selbstverständlich Adenauer in der Galerie der Köpfe, die Ikone des Nachkriegs-Konservativismus, und Kennedy als generationsspezifisches Leitbild für den Modernisierungsschub der 60er Jahre. Nicht einmal Bilderrahmen an der Wand gibt es für Theodor Heuss und Willy Brandt oder gar – »Huch!« – Daniel Cohn-Bendit: »Ich ken-

ne die Herren persönlich nicht... ich möchte mir kein Urteil erlauben!»
Die innere Möblierung dieses niederbayerischen CSU-Produkts wurde komplettiert durch ein Studium der Volkswirtschaftslehre in München; noch vor dem Abitur war die Gymnasiastin »im von der ApO nicht beleckten Straubing« 1968 der Partei beigetreten wie ihr Generationsgenosse Wissmann in die CDU. Während Wissmann sich »ein Stück weit im Widerspruch zur Studentenbewegung geformt hat«, wehrt schon die Schülerin Gerda alles, was jenseits der mentalen weiß-blauen Grenzpfähle liegt, als anarchisch und bedrohlich ab: »Die ApO hat mich persönlich zu noch stärkerem politischen Engagement in der CSU bewogen, weil ich der festen Überzeugung war und bin, daß die politische Arbeit sich in den Gremien vollziehen soll, die uns unsere Verfassung gebietet – da bedarf man dieses Instruments der außerparlamentarischen Opposition nicht!«
Und heute? Am 6. 12. 1990? Auch 20 Jahre später ist der Wohnungsbauministerin eine Hausbesetzung von Grund auf suspekt: »Ein Gewaltakt, illegitim und mit neuen Wohnformen nicht in Beziehung zu bringen.« Sowenig sie je ein besetztes Haus von innen gesehen hat, so wenig setzte sich die oberste Wohn-Chefin dieses Landes jemals der charakteristischsten Lebensform ihrer Generation aus: der WG. Keine Originaleindrücke, aber die Ministerin kennt Leute, versichert sie, die »so was kennen«. Ähnlich rechnet sie es sich auch als Verdienst an, daß sie so kontroverse Organe wie den »Spiegel«, sogar die »taz« liest, im Ausschnittdienst, versteht sich.
60 Minuten läßt Frau Minister sich am 6. Dezember befragen zum 40er Paradigma, das für sie keines ist. Wenn sie morgens vor den Spiegel tritt, schaut sie sich »auch nicht anders an als mit 30«. Die Haare sind jetzt grau. Kunst- oder Sorgengrau? Sie sagt: »Veranlagung.« Und: »Gott, wenn die Haut arg unrein ist, weil man zuwenig schläft, denke ich mir schon: ›Du mußt ein bißchen besser aufpassen.‹ Aber das sind Kleinigkeiten, die ganz nebenbei laufen.« Abschied von der Jugend? Angst vor dem Alter? »Es belastet mich nicht, sagen wir einmal so – es belastet mich nicht.« Kontinuität statt Krise: »Ich nehme mich so wie ich halt bin!«

Bei derartigen Positionsmeldungen im vierten Lebensjahrzehnt sitzt die Diplomvolkswirtin im cognacbeigen Mohairjackett über der Seidenbluse auf der vordersten Stuhlkante, immer auf dem Sprung. Damenhaft dressed-up. Für Sekunden nur sind ihre Augen noch jung, spitzbübisch, frech. Neues Design – hat sie 's sich deshalb zugelegt für Kopf, Brille, Schopf? Die dirndlfähige ausladend barocke Dior-Creation ist im Bonner Windkanal durch eine coole Designerbrille ersetzt, der brave Wellenpony durch einen igelig-pfiffigen Salon-Punk, asymmetrisch geschnitten.
Da sitzt sie, immer auf dem Sprung, diese zierliche Person mit den dick wattierten Schultern. Und außen rum der riesig ovale Staatssalon mit zwei Erkern; zwischen Rosenthal, Knoll und Corbusier der monumentale Teakschreibtisch samt Beistelltisch voll Kommunikation. Benjamini. Alles überblickt schwarz-weiß der Bundespräsident, und schwarz-rot-gold schlappt die Bundesfahne vom mannshohen Stander.
Einsam in Bonn auch Frau Hasselfeldt, gerade wenn die persönliche Referentin in diesem sogenannten »Leitungsbereich Ministerbüro« stenographisch Wache hält über den Generations-Diskurs. 40 werden – kein Problem. Kein Problem.

»Gruppen, die mich unheimlich fasziniert haben, die ... die ... eh ... die ›Stones‹«, und die Beatles hört sie heute noch gerne; aber die Zeit der Klassenpartys ist für immer vorbei, und auf die Frage nach dem Verbleib ihrer Träume von damals kommt stokkend: »Ich weiß gar nicht, ob ich irgendwelche Träume hatte!«
Dafür steht sie heute ihren Mann: »Dankbar«, daß sie »das Riesengeschenk der politischen Verantwortung tragen darf«, sagt sie soldatisch: »Wo man mich hinstellt, versuche ich, meine Arbeit so gut wie möglich zu machen!« Und zwar »bis an den Rand der physischen Erschöpfung!«
40, keine Probleme, aber, unter dem tadellosen Make-up unendlich erschöpft. Und dann noch diese Fragen! Ob sie eine christlich-soziale Rabenmutter sei mit Telefonkindern weit weg und mit einem Mann, den sie auf seine Karriere verzichten lassen muß? Ob sie eine Alibifrau sei, die von ihrer Partei als Vorzeige-Quotierung und ministeriale Springerin verschlissen wird? Die Antwort

auch auf die Frage nach Sex um 40 kommt von den Fingern, die klammern und sich verknoten.

Irritiert, zutiefst erschrocken, verlasse ich fluchtartig den Ort dieses Geschehens in der Vorortpampa von Bonn. Das also sind unsere Politiker! Der Taxifahrer fragt, ob er etwas für mich tun könnte. Nein. Auf der Höhe von Bad Godesberg fragt er nochmals, mitfühlend, nach dem Anlaß meiner absoluten Verzweiflung. Und ich erzähle ihm, gleichaltrig, wie er ist und wie's der Zufall will, erzähle ihm, immer aggressiver, von der gerade erlebten exemplarischen »Vertotung« – Felix Droese, Jahrgang 50, würde es so nennen.
Das Gespräch blieb kalt, kalt, kalt. Sie war zu, zu, zu. Beton. Und hilflos wie die ganze Person, hilflos, ein historisch ausgelaufenes Modell von Weiblichkeit, hilflos mindestens die Hälfte ihres Lebens hintendran, hilf- und heillos überfordert, spüre ich, selbst hilflos geworden, wie ich langsam während ihrer Info-Absonderung gefriere und immer sicherer sterilisiert bin. Wir haben uns nichts zu sagen. Nein: Sie hat mir nichts zu sagen, will mir nichts sagen, kann mir nichts sagen – gibt Auskunft.

Obwohl kein Verwaltungsjurist, kein Städtebauer, auch ohne Beweis, aber das dröhnende Gefühl, im Lehrbeispiel schiere Inkompetenz zu treffen, fachlich und menschlich.
Nichts als Musterbuch-Antworten. Lebendigkeits-Mimikry. Streß. Sie geht mit unbewegtem Gesicht vom Schreibtisch zum Gespräch und geht mit unbewegtem Gesicht vom Gespräch zum Schreibtisch zurück. Meilenweit weg.
Als ich, nach Begrüßung und ihrer messerscharfen Gesprächsdauerangabe »1 Stunde«, noch 45 Sekunden lang das Tonband aufbauen muß, hektikt sie zu den Akten retour, für 45 Sekunden. Angespannt und arm dran. Die knochigen, alten Finger, die den irrsinnigen Druck in den Händen kaum auskribbeln können, tough und tense in den Schultern, der streßrote Hals –: Hast du jemals einen so unglücklichen Menschen erlebt, der es nicht einmal weiß?
Und welche Politik kommt da heraus?

Bin verzweifelt. Eine Woche jünger als ich. Sagt's ihr denn niemand?
Erschrocken über meine Sicht, befrage ich das Recht auf meine Wahrnehmung. Die Hoffnung, daß dieser Generations- als Machtwechsel etwas Genuines, etwas Neues brächte, auch im Lager der Konservativen, erlebt jaulend den Absturz.
Ich schau ihr immer wieder in die Augen, die panisch-depressiven Schreckpupillen, schau ihr ins Gesicht, das hinter der seelischen Taubheit und der Desensibilisierung – Valium? Barschel-Tavor? – dauernd changiert vom Hamster zum Breitmaulfrosch, vom aufgeschreckten Küken zum muffligen Maultier, dann gleich wieder das bayerisch-metzgerische Wurstgesicht, Bugs-Bunny-Nagezähne und kuhig-stieriger Blick. Was ist mit ihr? Dem Arbeitstier? Wo sie ist, ist sie nicht da.
Ganz fleißiges Lieschen und Parteisoldat, intoniert der Workaholic auch noch stolz die Liturgie der Überarbeitungsreligion. Die Hasselfeldt, die bayerische Ausgabe des ostdeutschen Importministers Krause – als Frau ein schlimmer Mann.

Mehrfach beginne ich meine Geschichte, und immer wird sie gleich. Kann kaum umgehen mit dieser Bonner Erfahrung. Eine Erfahrung der dritten Art. Träume, Fernsehbilder. Fotos lasse ich mir schicken, um meine Meinung zu überprüfen. Aber in allen sehe ich nur die Panik in den Augen, selbst wenn sie lacht.
90 Minuten hat sie gemauert hinter der Schicht der kosmetisierten Maske, vertrocknet, angestrengt und starr. Was hält diese enge Person zusammen außer dem Krampf? Die Ökonomistin der Uhr betreibt eine unsouveräne Sekundenmathematik; kraftvoll ist das nicht, allenfalls rigide.
Ein psychischer Hardliner ungewußter Verzweiflung.
Kontinuität statt Krise: Die 40er Jahre sind für die Hasselfeldt keine Schwelle auf der ununterbrochenen Lebenslinie der politischen Pflicht; sie konstatiert nur abnehmende Vorräte von Gesundheit und Belastbarkeit. Genuin unverändert und alterslos geht die bayerische Nesthockerin diesen Weg und blendet rigid rechts, vor allem links, all das aus, was Irritation bedeuten könnte. Vor dem »Mittagsumsturz« rette sich, so C. G. Jung, »wer das

Gesetz des Morgens ... in den Lebensnachmittag ohne Not hinüberschleppt«. Aber: Er »muß es mit seelischen Einbußen bezahlen«. Solche Menschen »retten ihre Bewußtseinsenge, anstatt sie durch den Kontrast der Gegensätze zu sprengen«.

Die 40jährigen, eine Generation für sich, eine soziale Gruppe, eine Alterskohorte. Sie hat gemeinsame Erfahrungen, sie ist so alt wie das Land, Wirtschaftswunder, die 50er-Jahre-Pubertät der Republik war ihre Kindheit, die eigene Pubertät fiel zusammen mit weltweitem Auf- und Umbruch Mitte der 60er. Das schafft Identität, das macht sie zu jener »eigenen, erlauchten Minderheit«, als die der spanische Kulturphilosoph Ortega y Gasset eine Generation beschreibt; das kreiert ihre unverwechselbare »Generationsgestalt«, wie der Soziologe Karl Mannheim definiert.

40 – anthropologisch-biologisches Fatum oder kulturelle Erfindung?

»Das schicksalshafte Geschick des Daseins in und mit seiner ›Generation‹ macht das volle eigentliche Geschehen des Daseins aus«, raunte einst Martin Heidegger zum Thema. »Um 40 werden wir nicht alt, sondern lediglich Opfer einer uralten Zahlensymbolik!« hält der Berkeley-Anthropologe Brandes dagegen.

Was nun?

Die 40er-Mystik hat es immerhin in sich.

Ein gefährliches Alter.

Mit 40 empfing Moses die zehn Gebote Jahwes auf dem Sinai, mit 40 erlebt Mohammed die Offenbarungen Allahs; Dante sieht sich mit 40 verwirrt: »Auf halbem Wege unseres Erdenlebens / Mußt ich in Waldesnacht verirrt mich schauen, / Weil mir der rechte Pfad entging«; Shakespeare dichtet: »Belagern vierzig winter deine braun. / Ziehn gräben tief in deiner schönheit flur«; handfest heißt es im Spanischen: »Mit 40 ist vorbei der Tanz / rechne nicht mehr auf den Schwanz!« Trost bringt da doch eine alte arabische Kodex-Weisheit: »Mit 40 Jahren wird der Verstand vollständig; außerdem heilen in diesem Alter Wahnsinn, Krätze und Aussatz!«

Das hält sie im Innersten zusammen, diese 40er. »Einheitsstrom« einer Generation nannte das der Phänomenologe Husserl, »innerliches Identisch-Bestimmtsein« der Philologe Dilthey, und Karl Mannheim präzisiert soziologisch, Generationswechsel sei dadurch gekennzeichnet, »daß die Träger eines jeweiligen Generationszusammenhanges nur an einem zeitlichen begrenzten Abschnitt des Geschichtsprozesses partizipieren«.

Eine knappe Million 40jährige meldet das Statistische Bundesamt nach den neuesten Zahlen, 392 539 Frauen, 412 853 Männer. Das war 1988. Ein vereintes Deutschland gab es damals noch nicht. Aber auf dem Stand vom 31. 12. 1990 verzeichnen die Statistiker 1 125 167 Menschen des Jahrgangs 1950, Frauen sind mit 553 755 dabei, Männer zählen mit 571 412.

Günther Krause:

»Ehe Deutschland«

oder

Wiedergeburt mit 40

Generations-»Genossen« lehnt er ab, der Herr Verkehrsminister, Professor Dr. Günther Krause aus der ehemaligen DDR, Jahrgang 1953. Er spricht statt dessen emphatisch-bürokratisch von Generations-»Kollegen«, lieber aber noch von Generations-»Mitstreitern«.

Was verändert sich mit dem Begriffswandel? Was verändert sich, wenn man so stramm auf die 40 zugeht und wenn Generationswechsel und Geschichtsumbruch so hautnah im eigenen Leben zusammenfallen?

Alles und nichts.

Alles, denn die Wiedervereinigung ist dem 37jährigen die »Wiedergeburt«. Nach dem ersten Leben hinter der Mauer »in bitterer Zeit und verlorenem Lebensglück« ist jetzt für ihn das zweite Leben in der Freiheit angebrochen: Heilserwartung, Parusi.

Nichts hat sich verändert, denn für den Informatiker »regiert Evolution das Leben«, und Generationswechsel sind folglich normal.

Und wenn er jetzt in der Frühe in den Spiegel schaut? »Für mich war es immer wichtig, daß ich morgens beim Rasieren sagen kann: ›Auch diesen Tag werde ich heute so abschließen, daß ich mich als Christ zu diesem Tag bekennen kann!‹« Trotz bleibender Werte für die Seele – der Körper altert.

Krausens Wiedergeburt hat ihre Spuren hinterlassen. Wie er im ministerialen Sofa hängt, schwarze Ringe um die Augen, grau im Gesicht, das Hemd spannt bedrohlich – das dokumentiert sein gläubiges Bekenntnis zum 18-Stunden-Tag und zur strukturellen Überarbeitung. Die 2 x 30 Minuten Schwimmen pro Woche im Kanzlerpool werden mühevoll herausgerechnet, und der einst begeisterte Kicker schafft es heute nicht, in der Bundestagsmannschaft mitzuspielen. Noch hat der Bonner Babyminister mit den geänderten Spielregeln zu schaffen. Der Ende des dritten Lebensjahrzehnts Wiedergeborene »versucht, den Nuckel wegzulegen« und als »Nesthäkchen« den Kulturschock in den Griff zu kriegen.

Wir sprechen über Verkehr: Westverkehr, Ostverkehr, Ostwestverkehr, Verkehrsprobleme Ost-West, West-Ost. Promille, Ampeln, Verkehrszeichen. Wohnungsfrage West. Wohnungsfrage Ost. Marktwirtschaft, Planwirtschaft, Duden West, Duden Ost, Karriere Ost, Karriere West, Sozialcharakter Ost und West. Sprechen? Zum Stichwortgeber degradiert – der Herr Minister pflegt die Rhetorik der Unterbrechung, unhöflich, autoritär und eitel –, muß ich mir 60 Minuten lang die selbstgerechte Absonderung von Phrasen anhören. Selten an einer so drögen, fruchtlosen Angelegenheit teilgenommen. Lebenszeitvergeudung. Höchstenfalls Auslöser einer politischen Depression.
Ich bin nicht gekommen, ihn unsympathisch zu finden. Aber was macht er mit mir? Bringt mich auf.

Der Minister-Salon, verschwenderisch wurde hier mit Raum und Verkehrsfläche umgegangen, ein mittlerer Saal. Hier ist er nicht zu Hause, hier ist er zu Besuch. Die Einrichtung aus dem Möbelhaus für die gehobenen Stände, Kommode mit Messingtrulla, und der Aktenbock ist getarnt als Chippendale-Beistelltisch. Benjamini als die obligate Bonner Zimmerpflanze mit und ohne Bundesinventarnummer. Teppichzeug. Akten ostentativ arbeitsam ausgelegt, Herrenzimmertinnef auf dem Kristallglastisch mit Facettenschliff, ein goldener Schlüssel, ein Flugzeugmodell, ein CDU-Bierkrug im Bücherfach.
Hier sitzt der Zweireiher auf seinem Plüschsofa, fängt vergeblich die extrabreite Seidenkrawatte mit dem sphärischen Muster auf, die ihm beständig zur Seite rutscht; mit 50er-Jahre-DDR-Ele-

ganz hievt er die stämmigen Pepitabeine übereinander, und seine Kurzsocken geben den Blick frei auf zwei madenweiße behaarte Männerwaden.
Aber woher habe ich das Recht zum bösen Blick? Hilflos sehe ich mich meiner Polemik ausgesetzt. Nicht fehlende Sympathie ist mein Problem, ich registriere galoppierenden Empathieschwund.
Alles weiß er oder glaubt's zu wissen, und das besser: »In Bonn wird auch nur mit Wasser gekocht!« Ich will sie jetzt auch nicht mehr bremsen, die westtypische Allergie gegen dieses Sächseln. Da kann man unvoreingenommen kommen wie man will, die 50er-Jahre-Erziehung im antikommunistischen Teil des Landes schlägt durch. Wie diese Selbstdarstellung als grenzenloser Gesamtdeutscher doch nur nach Plaste und Elaste riecht und den Verrat freigibt, den er an Land, Leuten und Identität begangen hat. Der Peinlichkeitseffekt jenseits der nun nur noch gläsernen Mauer stellt sich ein, und die BRD-Mimikry des Superassimilierers wirkt lächerlich: »DäDäRä« – Anpassung im Eilverfahren. Mit dem Starfighter durch 40 Jahre BRD-Geschichte. Und mit bleihaltigem Diskurs will mich der BRD-Neuling über unsere Verkehrstechnik belehren, der wachstumsgläubige Autofetischist, der nicht nur ökologisch realsozialistisch-notwendig 40 Jahre zurück ist und sein ungeliebtes automobiles Entwicklungsland nicht schnell genug hinter sich lassen kann. Wäre er doch nur fachlich inkompetent! Nein, seine Sensibilitätslücke offenbart, daß er die kulturelle Differenz, die sich in unserem Lebensalter jenseits von Oder und Neiße entwickelt hat, nicht faßt.
Borniert im Sinn des Wessi-Dudens Nr. 10: »Engstirnig, unbelehrbar und dabei noch eingebildet«. In der Schule hätten wir zu so einem »Angeber« gesagt. Und wie alle Halbstarken kennt er seine Grenzen nicht. Er ist ja seelisch noch das Kind, der sächsische Provinzbub, der's Mutter und Vater Staat einmal richtig zeigen will – koste es an Identität, was es wolle. Da er nicht nur »dieses Wort Genosse haßt«, sondern auch »geheilt ist von jeder Version des Sozialismus«, hat er auch das leninistische Prinzip von Kritik/Selbstkritik umorganisiert in Lob und Selbstlob.
Das peinliche Ausstellen seiner Religiosität in jedem zweiten

Psalm, sein christliches Getue, bitterernst und mit protestantischem Eifer – ich nehme es ihm nicht ab. Hellhörig wird der Instant-Wessi nur einmal, als ich, generationsspezifisch GB- und US-orientiert, meine Anglizismen einflechte: »handling«, »standing«, »melting pot« – das nimmt er begierig auf und versächselt's schon im nächsten Atemzug. Ein »overachiever«! Macht's aber gleich wieder und übereifrig kaputt, weil er es wagt, von den Beatles als »Tanzmusik« zu reden: VEB-Geschmack. Ach was, denke ich, »illegal Radio Luxemburg« hören, elender Aufschneider, und wenn ich das schon höre: »Ich habe mich am Durchschnitt der Ostjugend westorientiert!« Man möchte davonrennen. Kultur-Schock auch bei mir.

Was mag bei all dieser Phraseologie sein brandneuer Pressesprecher Mertens denken, den mein Katastrophen-Krause just in diesen Minuten erstmals zu Gesicht bekommt. Mit Jet-lag noch, gerade aus den USA eingeflogen, wurde er hinzugebeten. Alert, smart, elegant, angenehm duftend und angenehm anzusehen, urban und floridabraun: Amerika, hurra! denke ich, als ich diesen Weltmann grazil neben dem überforderten, unerlösten, dampfenden Paket sitzen sehe. Kein Hemd spannt, keine Krawatte rutscht, keine Socken-Sights ins Hosenbein.
Ich nehme ihn mir offensiv ins Visier und registriere lustvoll, daß er nur mühsam und mit nobler Energie und Pressesprecherdiplomatie seine Züge zügeln kann. Denn gerade hat der Krauses Günther tief aus abgestandenem Macho-Mief der DDR die Bankrotterklärung herausgezogen, er habe »drei Söhne, einen Hund und eine ordentliche Frau dazu!« Im übrigen sei die Familie Nazi-resistent.
Vor der Wiedervereinigung hat er sie in einem Lada-Kombi durch die Staus der DDR gesteuert, heute chauffieren sie in einem VW-Kleinbus auf allen guten Straßen dieses wunderbar vereinigten Landes, denn: »Ich kenne nur noch Deutsche!« setzt er neowilhelminisch nach, eins seiner Ohren immer rot.
Ein Ministerialadlatus, eine graue Flanellmaus, sieht zur Tür herein und deutet mit Oberlehrerzeigefinger verabredungsgemäß dorthin, wo er keine Uhr anhat.

Ratlos erst bleibe ich zurück. Nicht einmal Mitleid mit diesem unbefriedigten, alterslos uralten Gleichaltrigen.
Ohne Blut, ohne Glut, alles synthetisch, ein trockenes, protestantisches Feuer. Was für ein fremder Mann, und ist doch fast so jung wie ich. Er tut so, als spräche er meine Sprache! Tut, als sei mein Land sein Land. Ihm ist doch alles fremd hier, das spüre ich, und Wut steigt auf – er redet über uns wie von einem Negerland.
Kulturschock? Der soll fortan gegenstandslos sein. Denn »aus den gemeinsamen Erfahrungen von roter und brauner Diktatur« will Mitstreiter Krause das neue Deutschland schmieden, das verführungsimmun und totalitarismusresistent sein soll. Da kann nur das heilige Sakrament helfen: »Ehe Deutschland« predigt der Missionar.
Der wiedervereinigte Krause imaginiert, nein deklariert als Generationsaufgabe den alltäglichen Vollzug der Wiedervereinigung »im wechselseitigen Voneinanderlernen«. Er verkündigt die Überbrückung einer Distanz, in der der idealtypische 40jährige DDR-Akademiker sein Auto selbst reparieren können mußte, während sein gleichaltriger »West-Generations-Mitstreiter« unbelastet von solchem »Überlebenstraining sich den Vorsprung der Spezialisierung« erarbeiten konnte.
Verglichen mit seinen Partei-Mitstreitern Hasselfeldt und Wissmann, wirkt er, der sich noch heute beim Öffnen des Geldbeutels über die fremden Münzen und Scheine wundert, nicht nur verloren, er lebt wie auf einem anderen Planeten. So ist es ja auch. Denn stellvertretend für alle, die so alt sind, wie sein ehemaliger Staat es war, soll er jetzt eine Wirklichkeit regieren, die er allenfalls als Phantom aus den Medien kannte. Als an diesem Verkehrsknotenpunkt immer wieder meine Frage nach seiner West-Kompetenz gestellt wird, gerät die pastorale Choreographie seiner Finger, die sich beständig wie zum Gebete falten und entfalten, in Unordnung.

Normalerweise können die 40er-Gespräche mir nicht lang genug dauern, aber heute, am 2. Mai 1991, will ich hier nur weg und nehme sofort den nächsten Zug. Erst als ich im Intercity-Speisewagen sitze und am Rhein entlangfahre, bin ich froh. Es regnet.

Trotz schlechten Wetters Wäsche im Wind, Wildwasserfahrer auf dem Fluß, die Flagge weht auf der Loreley; grauschmutzig sind die Wolken, der Speisewagen ist verpafft, der Kellner muffig, die Suppe lau, aber trotzdem kommt mir alles nur noch schön vor – selbst die Campingwagenkolonie vis-à-vis der Loreley, sogar der pissige Nieselregen. Fröhlich bin ich und nur froh, erleichtert und dankbar, nicht aus der DDR zu sein.

Peter Gauweiler:

»Ich will kein Held sein!«

oder

Machtgestöber

»Ein eigentliches ›Deutschland‹ haben wir bis zu jener Nacht, da die Mauer fiel, nie erlebt.« Das ist die Perspektive West des Peter Gauweiler, Jahrgang 1949. »Die Mehrheit der Deutschen in Ost und West ist – wie ich – nach dem Ende des Zweiten Weltkriegs geboren. Für uns war das unnatürliche, gewaltsam erzwungene und auf Unrecht beruhende Teilstaatenverhältnis das ›Normale‹ und eine selbstverständliche Gewohnheit.«

Der nachgeborene Staatsminister aus München begreift seine Jahrgänge als Luxusgeneration, denen »Kollektivkatastrophen« erspart geblieben sind. Die Kontur dieser Kohorte bestimmt er als Erben von Eltern und Großeltern, »ausgeblutet in zwei Weltkriegen«; er bestimmt sie als Erben des Wiederaufbaus: Erstmals »seit den zwischen 1871 und 1890 Geborenen« hat jetzt wieder »unsere Generation ... mehr Zeit zur Selbstbeschäftigung«. Entlastet und freigesetzt für Reflexion und »Alternativen«, verfügen die 40er habituell über einen Freiraum, der den Vätern nicht zur Verfügung stand. Zu deren Mitgift gehört aber auch das Erbe des Nationalsozialismus. Gauweiler attestiert seiner Altersgruppe zwar »gute und natürliche antifaschistische Reflexe«, exkulpiert aber die Deutschen von 1933 als »in die Irre geführt«, als Generation, die »fürchterliche innere und äußere Verletzungen« erlitten habe. Aus Tätern macht er Opfer.

Warum? Er, Sohn des führenden Nazi-Juristen Otto Gauweiler, Reichsamtsleiter im Reichsrechtsamt unter Reichsminister Dr.

Hans Frank, promoviert zum Dr. jur. mit einer Dissertation über »Rechtseinrichtungen und Rechtsaufgaben der Gesamtbewegung«, SA-Sturmführer, Reichsredner, Stoßtruppredner, Gauhauptstellenleiter.
Wie geht ein Sohn um mit solcher historischen Hinterlassenschaft, mit dieser generationsspezifischen Altlast, mit dem Stigma der Vergangenheit, wenn er gleichzeitig das erste Forum der Bewältigung des NS-Staates, die außerparlamentarische Opposition der 68er, zusammen mit den »weltanschaulichen Fehlprogrammierungen der 30er Jahre« unterschiedslos unter »der Spannbreite menschlicher Irrungen« rubriziert? Immerhin war Gauweilers Vater ein Nazi der ersten Stunde, mit entsprechend niedriger Mitgliedsnummer, 174289, PG bereits 1929, in seiner Personalakte beurteilt als »organisatorisch in hohem Maße befähigt; begabter Redner«.
Aufgewachsen wie Tausende seiner Gleichaltrigen, im Augenschein der Kriegsfolgen, auf dem Schulweg die Ruinen, zu Hause einen Vater, der den rechten Arm verloren hat, erklärt der 41jährige promovierte Jurist die Welt heute immer noch biologistisch. »Unabänderliche ... Vorgabe der Natur«: das sind ihm, mit Vorbild Konrad Lorenz im Gepäck, die »guten und natürlichen antifaschistischen Reflexe« statt sozialer Analyse des Faschismus; das gleiche Denkraster stülpt er über den feministischen Umbruch seiner Jahrgänge: »Nicht ... austauschbares Rollenspiel«, sondern »unabänderlich ... wie die Gestirne des Weltalls« ist das Verhältnis von Frau und Mann.
Gauweiler ist 40. Mit einer »Mischung aus Panik, Selbstironie und Freude« verließ er das vierte Lebensjahrzehnt, »und natürlich auch Neugierde auf das, was noch kommt!« Die Arbeit für die bayerische Umwelt nämlich. Trotz Strauß-Verehrung und Hemingway-Hommage »in einer heldenlosen Zeit .. in unserer emanzipatorisch durchsäuerten Gesellschaft« – er »selbst will kein Held sein, sondern in der nächsten Zeit ein Verbot von Überverpakkungen und Getränkedosen durchsetzen!« Die Grünen, auch ein Phänomen seines Altersumfelds, sind ihm dabei »als Forderungsorganisation« unübertroffen; als »Durchsetzungspartei« hält er sie für ähnlich potent »wie eine Schülermitverwaltung, die nach

langem Gezerre den Wandertag endlich organisieren darf und schon bei der Kartenvorbestellung an der Bundesbahn scheitert!« Persönlich hält er die Grünen für »unterschiedlich nett« – mal mehr, mal weniger. Im Fall der Jutta Ditfurth, gerade zwei Jahre jünger, wohl eher weniger, wenn er sie 1990 als Politschlampe titulierte. Zwei Fundis – die eine bleibt dem anderen nichts schuldig, wenn sie den Staatsgrünen als Zwangscharakter und saubergewaschenen Schlips-und-Kragen-Rechtsradikalen etikettiert.

Peter Gauweiler – die Schreckfigur der Generation.
Programmatisch oder symptomatisch evoziert er den Versprecher »Gauleiter«.

Mit akribischem Interesse beobachte ich seine Biographie. Und es war härteste Prüfung meiner Ausdauer, mit ihm über die 40er ins Gespräch zu kommen.
Über neun Monate lang habe ich über mehr als einhundert Telefongespräche geführt, habe gefaxt und Briefe geschrieben, um die Verbindung herzustellen – ich habe ihn weder zu Gesicht noch zu Gehör bekommen.
Meine Anfrage wurde als »Gesuch« behandelt und erfuhr Ablehnung, Zusage, Rücknahme der Zusage, Verschiebung, Vertröstung, Verlegung, Vertagung, um mir dann eine Papieraudienz zu gestatten: »Zehn, zwölf Fragen schriftlich einzureichen« war genehmigt worden. Die Prozedur ist einmalig. 37 Telefonanrufe alleine in den Hochsicherheitstrakt des inneren Ministerbüros. Je unnahbarer seine Ferne, desto persönlicher wird die Nähe zu seinen Damen und Herren, mit denen ich dann wie selbstverständlich über Diät, Föhn, Vanilleeis, Lieblingslektüre und Urlaubspläne parliere.

Das Wichtigste an Gauweiler ist die Macht, und was an Atmosphäre über jene immaterielle Verbindung herüberschwappt, was diese Art gewalttätigen Umgangs abstrahlt, hat mir lange genug den Atem genommen.
Presse-Monopoly einer Primadonna, die machiavellistisch die

Spielfiguren der Publizistik auf dem Brett setzt und verschiebt.

Programmatisch, wie bei allen Treffen und Gesprächen, ging es mir nicht um Detektei und Enthüllung. Ich wollte wissen und verstehen. Kein Vorurteil und keine Verurteilung.
Den immer wieder geäußerten Homosexualitätsverdacht gegenüber dem Generationsgenossen zu überprüfen, fehlte mir der Apparat und lange genug auch die Legitimation, denn Sexualität hat nicht zu interessieren. Zunächst. Da Peter Gauweiler jedoch programmatisch und rigide Politik betreibt mit und gegen Homosexualität, muß sein Impuls dazu und der Antrieb untersucht sein. Ob Peter Seewald in seinem zweiteiligen Gauweiler-Porträt mit Fremdstimmen, abgedruckt im Magazin der »Süddeutschen Zeitung«, Homosexualität insinuiert, ob Rosa von Praunheim im RTL-Fernsehen es offen ausspricht, ob Volker Elis Pilgrim ihn als »kompletten Berührungsdilettanten« diagnostiziert – es darf unwidersprochen publiziert werden. Selbst hat er letztmalig 1987 in »Ja« Kenntnis dieses Vorwurfs abgelegt: »Manche sagen, ich sei Homo.« Es blieb dabei.
Aber da ist noch etwas.
Pilgrim rubriziert ihn unter »Muttersöhne« – und doch hatte er diesen Vater. Der war mir Schlüssel zur Nazi-Nähe, die habituell und strukturell zum politischen Naturell des 1949ers gehört. Wie geht er um mit diesem Testament? Gauweiler läßt sich dazu nicht befragen – die Intuition, der lange Recherchen folgten, gab mir recht: Die Vergangenheit des Vaters als seine eigene erstmals recherchiert. Der virulente Nazismus wird manifest, ist nicht integriert. Und meine Neugierde an dem gleichaltrigen Sensationisten, meine Lust auf die nächste Gauweilerei, das Draufwarten auf die nächsten Coups, die nächsten Übergriffe, Übertritte, ist Teilhabe an seiner Gewalttätigkeit, also potentiell meine: Diese Erkenntnis zumindest verdanke ich meiner Beschäftigung mit ihm – man hat nicht ungestraft einen Nazi-Vater.
Dabei ist er wahrscheinlich nur ein gefährdeter Mensch, morbid, porös, unsicher und offen. Der zur Tarnkappe greift und das Allzuviele, Allzugefährliche in Extremismen von sich abspalten

muß. Die disparaten psychischen und politischen Potentiale in seiner Person, von denen, ich wette, er ein Wissen hat, kann er nur mit parzelliertem Bewußtsein ertragen. Daher das Amokische, das Vorpreschen, das Naßforsche, Aggressive, das Kneifen, Sich-nicht-Stellen, der Unterschlupf im krachledernen Männerbund von Tuntenhausen.

Ambivalenzen – weichliches Gesicht, harte Worte. Vor der Kamera der bayerischen »Abendschau« oder in den Nachrichten: Verschämt dreht er den Kopf zur Seite, aber unverschämt stößt er die Worte hervor, meidet verklemmt den Blickkontakt mit der Journalistin, zuppelt am Trachtenjanker, faßt sich an die Glatze auf dem Vorderkopf. Unsicher und unstet die Motorik, aber um so stämmiger will er dastehen als ein rechter Mann. Welke Melange aus Burt Reynolds und Rock Hudson, Omar-Sharif-Charme mit levantinischen Augenschatten.

Ließe er die divergierenden Wesenszüge zu und brächte er das ihm offensichtlich nicht mehr Beherrschbare seiner seelischen Energie durch Offenlegung unter Kontrolle, wäre er vom politischen Untergang bedroht, der Machtkarriere beraubt. Als Hemingway-Adept und ideeller Adoptivsohn des Übervaters Franz Josef Strauß beugt er sich unter den Wertekosmos von Männerreligion und panisch-paranoider Homosexualitätsfurcht seiner beiden Idole: »Lieber ein kalter Krieger« zu sein »als ein warmer Bruder«!

Nicht umsonst schützt sich der Yellow-Press-Minister deshalb auch mit den News eines genealogischen Beweises in der Boulevard-»tz« München: »Respekt! Ein strammer Bub für Gauweiler – Sohn des ›schwarzen Peter‹ kam per Kaiserschnitt.«

Wie lange eigentlich dauert diese Krise von Desperado-Aktionen und Rambo-Reaktionen schon? Ein typischer Fall von verschleppter, von unterdrückter, von Dauerkrise – voller Energie, aber unter ungeheurem Druck: pubertäres Machtgestöber.

Die zwölf Antworten auf meine zwölf Fragen, die mir der freundliche, ebenfalls gleichaltrige Ministerialrat aus dem Hofstaat am 21. Mai 1991 herunterfaxte, werden nur gegen Knebel gewährt: Ganz muß der Text abgedruckt werden und unverändert: Ostentation von Macht und Vorzimmer. »Eine Staatsaktion!« sagte der Ministerialrat.

PETER ROOS: *Thema sind die Jahrgänge 1948–1952, eine Zwischengeneration. Sehen Sie eine Spezifik dieser Altersgruppe in der Geschichte der Bundesrepublik und des vereinten Deutschland? Diese Generation ist so alt wie das Land selbst.*

PETER GAUWEILER: Die Mehrheit der Deutschen in Ost und West ist – wie ich – nach dem Ende des Zweiten Weltkriegs geboren. Für uns war das unnatürliche, gewaltsam erzwungene und auf Unrecht beruhende Teilstaatenverhältnis das »Normale« und eine selbstverständliche Gewohnheit. Ein eigentliches »Deutschland« haben wir bis zu jener Nacht, da die Mauer fiel, nie erlebt; wie manche Kinder, die von frühester Jugend an ihren Vormund, aber nie Vater und Mutter kennengelernt haben. Jeder weiß, daß dies nicht immer das Schlechtere sein muß. In manchem gleicht die Aggressivität, die viele Angehörige meiner Generation gerade in der 68er-Zeit gegen »die BRD« entwickelten, dem Verhalten von Scheidungswaisen, die sich gegen ihr Ersatzelternteil auflehnen, obwohl dieses ihnen oft viel mehr an Zuwendung und Fürsorge zukommen läßt als manch leibliche Väter oder Mütter.

ROOS: *Welche historische, soziale, politische und kulturelle Stellung im Generationsgefüge und der Abfolge der Altersstufen nehmen diese Jahrgänge ein?*

GAUWEILER: Es ist die erste Generation in Deutschland seit den zwischen 1871 und 1890 Geborenen, die von Kindheit an bis hin zur Volljährigkeit von Krieg, Hungersnot und einer anderen vergleichbaren Kollektivkatastrophe verschont wurde. In der Rückschau ist die Entwicklung der Bundesrepublik so geregelt, kontinuierlich und erfolgreich verlaufen, daß uns Jüngeren alles ganz selbstverständlich, manchmal sogar langweilig und unaufregend vorkommt. Nur widerwillig will man zugeben, daß unsere Bundesrepublik – die derzeitigen Auflösungserscheinungen an den Rändern einmal nicht betrachtet – ein Land extremer politischer Stabilität und unvergleichlichen sozialen Ausgleichs geworden ist. Weltoffen bis zur Selbstverleugnung, ein verläßlicher und kreuzanständiger Partner für alle anderen Staaten in der Welt.

ROOS: *Gefährdung, Leistung, Chance, Aufgabe: Mit was speziell sind die heute zirka 40jährigen konfrontiert?*

GAUWEILER: Allgemein vermutlich mit dem, womit schon vor 700 Jahren Dante Alighieri die Menschen »in der Mitte ihrer Lebensreise« konfrontiert sah: »in einem dunklen Wald, vom rechten Wege abgekommen«, aber angesichts der neuen Lage auch mit einem starken Willen zum Aufbau und zum Erfolg. Und – nachdem unsere Generation eben doch mehr Zeit zur Selbstbeschäftigung hat als ihre Vorgängerinnen – in sich immer auch mit der Ahnung einer großen Alternative.

Im Negativen sind bei zu vielen der heute 40jährigen jene Funktionsstörungen aufgetreten, die der Nobelpreisträger Konrad Lorenz im Jahre 1972, kurz nach den 68ern, als »Todsünden« der zivilisierten Menschheit beschrieben hat, so »das Abreißen der Tradition« und der »Wärmetod des Gefühls«: Mit dem ersten meinte Lorenz die Unfähigkeit zum Festhalten des einmal Erprobten, mit dem letzteren das Schwinden der Fähigkeiten, jene Freude zu erleben, die nur durch herbe Anstrengung beim Überwinden von Hindernissen gewonnen werden kann.

ROOS: *Ist der Generationswechsel als Machtwechsel verspätet oder augenblicklich zur rechten Zeit? Die ersten Landes- und Bundesminister (Gauweiler/Hasselfeldt/Krause), die ersten wichtigen Chefredaktionen (Stern), erste Aufsichtsratsmitglieder (BMW), Medienstars (Eichinger/Gottschalk/Carrière)?*

GAUWEILER: Machtwechsel sind heute keine Generationswechsel mehr: Angesichts der Langlebigkeit der Menschen und ihrer guten Verfassung bis ins hohe Alter gilt die alte Regel »They never come back« jedenfalls in den hier genannten Bereichen nicht mehr. Die Einfluß- und Machtfrage in Deutschland stellt sich nicht zwischen den Generationen.

ROOS: *Die Mitglieder dieser Jahrgänge haben und hatten Eltern, die direkt mit dem Nationalsozialismus – um das mindeste zu sagen – konfrontiert waren. Wie gingen die Kinder dieser Eltern mit diesem Erbe um? Haben sie den Nationalsozialismus aus zweiter Hand miterlebt oder nacherlebt? Inwieweit bestimmt diese Vergangenheit das politische und persönliche Handeln? Wie stehen Sie dazu? Erkennen Sie Begriffe wie Verpflichtung der »Kollektivschuld« an?*

GAUWEILER: Die alte Generation, von der hier gesprochen wird, ist in zwei Weltkriegen ausgeblutet, wurde in die Irre geführt, erlitt fürchterliche innere und äußere Verletzungen und hat gleichwohl – nach alldem – in Westdeutschland blühende Länder und Städte aufgebaut. Zu Recht schreibt über sie der Journalist Wolfgang Venohr:

»Wahrscheinlich hat es in der gesamten Weltgeschichte noch niemals einen solchen Arbeits- und Aufbauwillen gegeben wie damals im total zerstörten Deutschland. Diesen Jahrgängen, die schon sechs Jahre Krieg durchgestanden hatten, verdanken die heute in beiden Staaten Deutschlands Lebenden schlechthin alles.«

Diese Überlebenden haben im Westen durch ihre Vita und was daraus fast zwangsläufig gelernt werden mußte, ihren Nachkommen die Unabdingbarkeit freiheitlicher Gesellschaftsformen und die Vorzüge eines toleranten Umgangs zwischen den Menschen und den Völkern eingeprägt. Jeder aus der jungen Generation der nach dem Krieg Geborenen spürte – wenn er nur einigermaßen normal dachte – in sich eine wache Gegnerschaft gegen jede gegenläufige Entwicklung. Leider wurden diese guten und natürlichen antifaschistischen Reflexe dadurch entwertet, daß man ziemlich unverblümt versucht hat, sie für die Sache der Linken nutzbar zu machen, obwohl dieser – für jedermann sichtbar – die Berechtigung dazu gefehlt hat.
Die gerade seit der 68er-Bewegung zu beobachtende Reideologisierung von Heranwachsenden und ihre zunehmende Indoktrinierbarkeit, die erneute Verherrlichung des Kollektivs plus eine Strategie diffamierter Negativgruppen haben gezeigt, daß die weltanschaulichen Fehlprogrammierungen der 30er Jahre in der Spannbreite menschlicher Irrungen – leider – nicht einmalig gewesen sind. Dies ist keine Entlastung für die Älteren, aber eine Belastung für ihre Söhne und Töchter.

ROOS: *Ausgehend von Ihrer Hemingway-Hommage und Ihrer Reverenz an F. J. Strauß und H. Wehner: Kann man(n) heute in seiner Generation noch ein Held sein? Wollen Sie in Ihrer Generation heute (politischer) Held sein? Ist für Sie eine Heldin vorstellbar? Gibt es eine konkrete Heldin? Wie sähe eine Traumheldin aus? Und wie der Traumheld von 1990/91?*
GAUWEILER: In Siegfried Lenz' Nachruf auf den toten Hemingway heißt es nicht nur: »Ein Mann muß tausend Tode sterben vor seinem eigentli-

chen Tod, das gehört zum Codex des Helden«, sondern – in bezug auf Held oder Heldin ganz neutral –: »Es gibt keine Sicherheit, keinen dauernden Frieden, sondern nur die Gefahr, die eine glänzende Gelegenheit zur Würde ist.«
So ist es keine Frage der Vorstellbarkeit, sondern einfach nur wahr, daß eine solche Gravur nicht nur auf das Leben vieler Männer, sondern auch zahlloser Frauen paßt. Und um noch einmal Siegfried Lenz zu zitieren: »Nicht der Ort oder der Gegner sind entscheidend, sondern das waltende Gesetz. Die Wahrheit der Narben gilt überall.« Meine politische Heldin (wenn Sie so wollen) ist bis heute die Antigone des Sophokles mit ihrem zeitlos alle Ränken der Welt entwaffnenden »Nicht mit zu hassen, mit zu lieben bin ich da«.
Ich selbst will kein Held sein, sondern in der nächsten Zeit ein Verbot von Überverpackungen und Getränkedosen durchsetzen.

ROOS: *Held und Heldin: Was halten Sie in der von Ihnen sogenannten »emanzipatorisch durchsäuerten Gesellschaft« von Heldinnen bzw. von der Frauenbewegung oder, globaler gesprochen, von der Veränderung des Rollenverständnisses?*
GAUWEILER: Frauenbewegungen sind keine Besonderheit unserer Zeit, und mir ist neu, daß weibliches Heldentum die Mitgliedschaft in einer dieser Bewegungen voraussetzt. Golda Meir, die Israel im 6-Tage-Krieg rettete, oder Margaret Thatcher, Trägerin der konservativen Revolution in Großbritannien, hätten sich eine solche Annahme jedenfalls verbeten (und ein Großteil ihrer männlichen und weiblichen Anhänger vermutlich auch). Natürlich müssen Frauen und Männer ihre Aufgabe je nach ihren Lebensumständen immer wieder neu definieren. Das, was sie unterscheidet oder, besser gesagt, ergänzt, ist nicht mit einem austauschbaren Rollenspiel vergleichbar, sondern eine Vorgabe der Natur, die so unabänderlich ist wie die Gestirne des Weltalls – allen menschlichen Manipulationskünsten zum Trotz.

ROOS: *Welche herausragenden Menschen sehen Sie in dieser Zwischengeneration? In Ihrem positiven wie in Ihrem negativen Sinn – von Jutta Ditfurth bis Thomas Gottschalk, in Sport, Kultur, Politik, Wirtschaft? Warum finden Sie diese Generationsgenossen herausragend?*
GAUWEILER: Ich nenne drei aktuelle Namen, die allerdings schon wieder (etwas) zu jung oder zu alt sind:

- Václav Havel, der auch schon 1967/68 demonstriert und eine neue Oppositionspartei gefordert hat, allerdings nicht gegen eine bürgerliche Demokratie, sondern gegen die kommunistische Diktatur. (Ob manches nicht ganz anders und viel früher gekommen wäre, wenn die Masse der akademischen Jugend 68 sein Porträt und nicht die Bilder der stalinistischen Führung Rotchinas vor sich hergetragen hätte, wäre einer Untersuchung wert.)
- Kevin Costner, mit seiner in einem wunderbaren Film (»Der mit dem Wolf tanzt«) erzählten Geschichte von der Begegnung zwischen Weißen und Indianern – zwischen denen, die zuerst da waren, und den anderen, die eingedrungen sind. Ein phantastisches Dokument, wie Heimat auch Freiheit bedeutet und daß gerade die alten Themen, welche jahrelang als naiv belächelt wurden, auch heutzutage wieder mit Leben erfüllt werden können: wenn sie nur aufrichtig gemeint sind.
- Bernhard-Henri Lévy, der schon in den 70er Jahren als einer der »Neuen Philosophen« Frankreichs bekannt wurde. Ein Mann, der von links kam und trotzdem, so der »Spiegel«, »die marxistische Theorie als Quelle des Totalitarismus brandmarkte«.

Herausragende Namen im negativen Sinn möchte ich nicht nennen, weil diejenigen, die mir einfallen, mir persönlich nichts getan haben, weswegen ich auch nicht über sie irgendwelche Unverschämtheiten in die Öffentlichkeit bringen will.

ROOS: *Wie sehen Sie politische Wirkung und allgemein-kulturelle Funktion der 68er-Bewegung? Welchen Einfluß hatte die ApO auf Sie?*

GAUWEILER: Bei allem Negativen und Überpsychologischen, was zur Funktion und damit zu den Motiven in der ApO gesagt und geschrieben wurde – es hatten sich vor allem deshalb so viele unserer Altersgenossen zu dieser Bewegung und auf diese Weise zugleich zum Marxismus bekannt, weil sie damit ihre Solidarität mit den Unterdrückten dieser Erde zum Ausdruck bringen wollten. Dieses war ihr eigentliches und ehrlich gemeintes Verlangen.

In dieser Feststellung liegt freilich auch das Dilemma der Bewegung und, wenn man so will, auch ihre geschichtliche Schuld: Die gute Absicht so vieler junger Deutscher hat den Marxismus – leider – nicht besser gemacht. Im Gegenteil: Daß ihm nicht schon zum Ende der 60er

Jahre die Stunde geschlagen hat, obwohl vom Anfang des Jahrzehnts (Mauerbau) bis zu seinem Ende (Interventionen in der ČSSR) sein mißratender Charakter offenbar war, hat auch mit den historischen Fehlurteilen der 68er-Generation zu tun. Wer sich korrekt zurückerinnert, weiß, daß es diese Bewegung war, die im Westen und vor allem in der politischen Klasse jenes sich als »aufgeklärt« mißverstehende Meinungsklima befördert hat, welches dem GULAG durch »Entspannung« und »Sicherheitspartnerschaft« für weitere 20 Jahre einen billigen Status quo verschaffte – mit allen nunmehr vollständig bekannten fürchterlichen Folgen für die von ihm versklavte Menschheit.

Zur »allgemeinkulturellen Funktion« der ApO fällt mir zunächst – unangenehm – die in diesen Zeiten an der Uni kultivierte Freude am Auslachen, Hänseln und Niedermachen der Leute ein, die nicht sofort gleicher Meinung waren oder gar widersprochen haben oder denen sonstwie die nötige Linkheit abging. Ich weiß noch gut, wie sie versuchten, mir eine RCDS-Veranstaltung mit dem israelischen Botschafter Asher Ben Nathan kaputtzumachen – was ihnen aber dank der Solidarität der gesamten Studentenschaft in München nicht gelang. Wenn sie auf den großen Veranstaltungen in der Aula oder im Audimax ihre Thesen entwickelten, kamen sie in eine Art Trance und brüllten jede andere Meinung nieder. All dies hat der Bewegung manchmal etwas Minderwertiges gegeben.

Aber natürlich gibt es hinsichtlich der Wirkungen auch gute Erinnerungen: Die bis heute anhaltende Freude am Happening stammt aus dieser Zeit; vieles war eulenspiegelhaft witzig und gut. Nächst manchem Bösen und zahllosen öffentlichen Streitereien gab es außer unverzichtbaren Erfahrungen auch herrlichen Spaß: Tatsächlich bestand diese Zeit ja nicht nur aus einer Abfolge vieler Feten – das gesamte Geschehen hatte den Charakter einer durchgehenden, aufregenden Politparty, die keiner, der einmal daran teilgenommen hat, jemals vergessen wird.

ROOS: *Ihre Generationsgenossen und Jahrgangskollegen Silke Maier-Witt, Susanne Albrecht, E. v. Dyck, Friederike Krabbe, Juliane Plambeck, Angelika Speitel, S. Sternebeck, Christian Klar, Brigitte Mohnhaupt, Rolf Heißler, Christoph Wackernagel, W. P. Stoll, Werner Lotze gehören/gehörten der sogenannten »zweiten RAF-Generation« an. Diese Mitbürger sind einen anderen Weg gegangen als Sie, obwohl sie die zeitgeschichtlich gleichen Ausgangsbedingungen hatten.*

Worauf führen Sie das zurück? Gibt es, auch hier, was die menschlichen und politischen Konsequenzen der RAF für die Geschichte dieses Staates angeht, für Sie eine generationsspezifische Kollektivschuld?
GAUWEILER: Nein, jeder trägt seine Schuld für sich allein. Ich persönlich glaube trotz aller Bekennerbriefe nicht, daß die Genannten aus weltanschaulichen Gründen zu Verbrechern geworden sind, sondern vielmehr und vor allem aus Trotz: Terror machen war für sie ein Mittel, den maßlosen Selbsthaß, welchen sie gegen sich und ihre Herkunft empfanden, zu überwinden. Und was die »Radikalität« angeht: Wenn schon einem Irrweg verpflichtet, dann wenigstens konsequent – schließlich war man ein deutscher Terrorist.
Daß sie sich selbst als verlorene Generation empfanden, erklärt einiges, aber entschuldigt nichts. Daß zahllose Schreibtischtäter ihnen für den langen Marsch in die Sackgasse die Stichworte und das intellektuelle Geländer geliefert haben, steht auf einem anderen Blatt. An ihrer persönlichen Verantwortung für ihre Taten ändert das nichts. Das menschlich Verschlagene und die persönliche Feigheit, welche für ihr Tun und Handeln kennzeichnend waren und sind, schlägt einem auf den Magen.
Wichtig an ihnen sind letztlich nur ihre Opfer, die – man muß es so nennen – für die Bundesrepublik Deutschland gefallen sind.

ROOS: *Was bedeuten die Grünen für Sie? Paradiesvögel? Parasiten? Revolution? Veränderung? Innovation? Modernisierungsschub? oder lediglich Ideensteinbruch für die Lösung ökologischer Probleme durch die traditionellen bürgerlichen Parteien?*
GAUWEILER: Im Parteispektrum sind die Grünen als Forderungsorganisation unübertroffen; als Durchsetzungspartei dort, wo sie richtige Regierungsposten bekommen haben – sind keine wirklich durchschlagenden Erfolge sichtbar, die ihrem selbstbewußten Anspruch, alles anders und ganz neu regeln zu können, entsprächen. Persönlich (soweit ich dies beurteilen kann) unterschiedlich nett (vor allem wenn ihre Parteifreunde nicht dabei sind), in der Sache aber unkonzentriert und kraftlos, sobald es statt um Worte um Taten geht. Wie eine Schülermitverwaltung, die nach langem Gezerre den Wandertag endlich selbständig organisieren darf und schon bei der Kartenvorbestellung an der Bundesbahn scheitert.
Gleich den 68ern sind die Grünen die Partei des Generationenkonflikts und der Nichtübereinstimmung mit allem, was vor ihnen gelernt und gelebt worden ist.

ROOS: *40 werden! Ist das für Sie wichtig? Gar entscheidend? Eine Zäsur? Hat sich etwas verändert in der letzten Dekade? Wenn ja, was? Schreckt Sie, die Hälfte des Lebens überschritten zu haben? Gibt es bereits ein politisches und persönliches Testament? Fühlen Sie sich älter oder jünger als Ihr tatsächliches Alter?*

GAUWEILER: Das Gefühl, 40 zu werden, habe ich schon fast zwei Jahre hinter mir. Wenn ich mich richtig erinnere, war es die gleiche Stimmung wie vor zehn Jahren beim Wechsel auf die 30er: eine Mischung aus Panik, Selbstironie und Freude auf ein gutes Fest. Und natürlich auch Neugierde auf das, was noch kommt.

Ob es mich schreckt, die Hälfte des Lebens überschritten zu haben, und ob ich mich älter oder jünger fühle?

Daß sich nicht nur die Zeiten, sondern wir uns in ihnen ändern, wußten schon die alten Römer. Ganz stimmt es nicht (meine jedenfalls ich): Man muß sich nur ganz weit zurückerinnern an die ersten bewußten Gedanken, Gespräche und Fragen mit und an sich selbst, dann in diesen Erinnerungen bis heute weitergehen – wie man beim Durchstudieren von Jahrgängen einer periodisch erscheinenden Zeitschrift immer mehr an Aktualität und Zeitnähe gewinnt –, um feststellen zu können, daß man in all den Jahren gegenüber sich selbst letztlich der gleiche geblieben ist – allen eigenen Irrtümern und Erfahrungen zum Trotz. Insofern gibt es kein Älterwerden – nur die Reihe der Jahresbände wird länger.

Jutta Ditfurth:

Streßfest, powermäßig und selbstgesteuert

oder

Die Generation in Grün

Als Marx – Groucho Marx – in einer Talkshow einmal eine Frau nach ihrem Alter fragte, sagte sie: »Ich gehe auf die Vierzig zu.« Groucho: »Aus welcher Richtung?« Das hätte der Namensvetter von Karl die linke Ökofundamentalistin nicht fragen müssen. Streßfest, powermäßig und selbstgesteuert kommt die knappe 40erin mit Schreibbrett, Farbstift, Rucksack und Fahrrad zum Diskurs. Der gerät am 21. 1. 1991 sofort zum Parcours durch das Inventar der typischen Erlebnisse und Erfahrungen unserer Altersgruppe: NS aus zweiter Hand, 50er-Jahre-Alptraum, 60er-Aufbruch, ApO, Utopie, Ernst Bloch, Lebensstile, Lebensziele, Wohngemeinschaft, Feminismus, Abtreibung, Anti-AKW, die Grünen, die Realos, die Fundis.

Generationswechsel ist für sie – mit Gauweiler d'accord – Quatsch, weil sich dadurch strukturell nichts ändert. Knochentrockene Alte wie Herbert Wehner oder Karola Bloch sind ihr lieber als die 40jährigen Junggreise der Boss-Generation im Großraumwagen des IC – ohne Phantasie, ohne Utopie, nur noch Karriere und Konsum im Kopf. Mit 40, diagnostiziert die Spezialistin für Nichtanpassung, mit 40 ist der Anpassungsdruck schon zehn Jahre älter als mit 30; ein schleichender Prozeß der Entradikalisierung weiche Person und Politik auf, wenn biographisch und politisch versäumt worden sei, Gegenstrukturen zu entwickeln, die den Sog der Normbiographie konterkarieren. Die Gegenstruktur: feste Partnerschaft, stabiles soziales Umfeld, kein Schuldendruck, kein Bausparvertrag, Verzicht aufs Reihen-

haus. Sie hat immer noch keins und empfindet keine Panik. Sie ist nicht abgeklärt, sie ist nicht hoffnungslos, sie ist nicht zynisch. Und morgens im Badezimmer? Immer weiterpowern ginge nicht, zehn Jahre habe sie durchgeknallt, mit Spaß zwar, aber jetzt geht sie lieber um 11 ins Bett als um 1, und das physisch schlechtere Draufsein gleiche ich mit extrem viel Fahrrad aus. Rauchen hat sie schon lange aufgegeben, Fleisch schmeckt nicht mehr, Fisch wenig, Wein wenig, dafür Tees aller Sorten, und trotzdem ißt sie gern. Streßbremse ist Malen, Zeichnen, der Umgang mit Farbe und Papier. Sie, 1951 geboren, braucht jetzt mehr Zeit für sich selbst und will alt werden, alt wie Ernst Bloch. Schon um dann zu sehen, was aus ihrer politischen Potenz geworden ist. Derweil zieht sie Bilanz. Statt linker Resignation, die erfolgsfixiert die Enttäuschung programmiert, mache sie überall Umwegswirkungen aus, mit denen ihre Generation heute schon die Welt verändert habe. Gegen die SDS-Fürsten, die sich kaderförmig, zentralistisch, männlich und arbeitsteilig kaputtgemacht hätten, setzt sie als Verdienst ihre 70er Jahre: Ohne Basisdemokratie, ohne Frauen, ohne Selbstorganisation laufe heute nichts mehr! Auf kulturelle Distanz zu den ApOs der Vorgeneration ging sie schon damals; ihr hätten die verqualmten Räume, in denen die Macker die großen, langen, arroganten Reden hielten, sich von den gleich alten und gleich kompetenten Frauen anhimmeln und danach den Nacken kraulen ließen, gestunken!
Immer noch hat sie dauernd Krach, und immer noch ficht sie das nicht an; nur wisse sie inzwischen, daß das, was ihr im Leben schlüssig erscheint, von anderen immer radikal genannt werde! Dafür kriegen die die Magengeschwüre, die sie auch bekäme, wenn sie den bequemen Weg genauso mitliefe.
Unverändert unbequem die Utopien: der Traum von Selbstverwaltung und Selbstbestimmung, kein Staat und kein Rassismus, anderes Wirtschaften und herrschaftsfreies Leben.
Tollkühn, mit 40. Halt!
Alles toll? Alles grün? »Lebe wild und gefährlich?«

Selbststilisierung. Und wo, hinter diesem Stil, finde ich die Per-

son? Jutta Ditfurth gibt es nicht. Sie ist ein grünes Phänomen. Nur eine Funktion? Nur ein politischer Faktor?
Sie kommt daher, als hätte sie sich das Leben pur bewahrt und gerettet den pubertären Trotz des Widerstands, den die anderen schon mit dem Vordiplom vor 15 Jahren verraten hatten.
Charme, Verve und Power professionell und politisch kalkuliert eingesetzt, reagiere ich nach ihrem Plan, bin eingenommen und begeistert. Den Provopoly-Spielregeln hatte ich mich schon vorab gebeugt, daß ich dies nicht dürfe und nicht jenes: nicht über ihren Freund zu schreiben, Michael Zieran, als ihr Assistent und Koautor bundesweit bekannt, nicht über ihren antiadeligen Affekt, nicht über ihr Zuhause, das zu sehen mir verwehrt ist – statt dessen vorgeschlagener Treffpunkt im vegetarischen Restaurant »Paradies-Gärtchen«.
Über mich hatte sie sich natürlich bereits erkundigt.

Was ein 40er-Gespräch unter gleichberechtigten Gleichaltrigen hätte werden können, wurde zu einer politischen Wahlrede, in der Image produziert und ein gutes grünes Bild abgegeben werden soll. Pfiffig und fetzig, locker und frech, ein bißchen Szenensound, die gesammelte linksintellektuelle Generationsfolklore – dafür von keinerlei Zweifel angekränkelt fast 200 Seiten stark das Transkript – nur alles ein bißchen dick aufgetragen.

40 Jahre und alternativ. Wie sieht's denn aus, das bessere Lebensmuster? Durchpowern und Schlafentzug, die letzten zehn Jahre. Nichts Neues im Club. Das Allerweltsmuster, das Generationenschema der 40jährigen: Berufsknast, Streßknast, Seelenknast. Ob Studienrat oder Unternehmer, ob Gärtner oder Tierarzt – wer zwischen 30 und 40 die Karrierekurve nicht kratzt, kriegt sie nicht mehr. Auch nicht die grüne. Dafür die gnadenlos fundamentalistische Kritik an anderer Leute bürgerlichem Arbeitsmuster. Und selbst?
Trotzig schiebt sie den Unterkiefer nach vorn, reibt sich die Handflächen, zieht die Pullijacke nach unten und verschränkt die Arme unter der Brust, aufgeräumt, proper:
Sie habe unheimlich zehn oder zwölf Jahre wahnsinnig reinge-

klotzt arbeitsmäßig, wirklich durchgeknallt, aber mit Spaß! Fix und fertig.

40 Jahre und alternativ. Wie sieht es aus, das bessere Psychomuster? Politreligion für die Politfamilie. Die Alleinverantwortlichkeitschimäre der ewig älteren Schwester Jutta für die kleinen Grünen befragt nicht mehr Richtigkeit und Recht der Religion; es geht darum, die einmal festgeklopften Regularien und deren Realien durchzudrücken, notfalls rigide – die Energie, Aura und Kraft der Ditfurth ist fundamentalistisch entstellt. Der Wille ist ihr entscheidend. Reindrücken, durchdrücken, wegdrücken und erzwingen. Längst geht es nicht mehr um Erkenntnis, es geht ihr um den Willen zur Durchsetzung des längst fraglos als richtig Erkannten.

Ist Dickkopf Ditfurth mit 40 am Ende? Was soll denn noch kommen, wenn alles arschklar ist und nur noch die alternative Einbahnstraße zu gehen bleibt? Wie geht die Powerliese mit Gegenwind um? Wie geht sie denn um mit den Gegenreden, die ihr nicht gerade selten an den Kopf geworfen werden?

Wuchtbrumme. Sie wirft die Hennahaare, macht einen motzigen Mund, preßt das Doppelkinn, sieht mit engem Auge auf die Anti-AKW-Uhr, schlägt die langen schwarzen Feincordjeansbeine übereinander, dreht ungeduldig die Kupferspange ums Handgelenk:

Wenn sie das Gefühl habe, jetzt könne sie's ärgern, dann versuche sie's, um so stärker übern Kopf irgendwie wegzudrücken!

Sie lacht. Sie strahlt Macht ab, sie strahlt Gewalt ab. Ihre Sympathiekraft neutralisiert nicht mein Gefühl, jederzeit sofort ganz scharf eine übergebraten zu kriegen. Halt!

Unerreichbar, abgeschlossen, fertig. Mit 40.

André Brie:

»Ich spüre überall die Grenze!«

oder

Ein Leben parallel zur DDR

Blankes Entsetzen auf der Fahrt zu ihm. 40 Jahre DDR – ein halbes Leben. Verrottet, vergammelt, versifft; verlebt, runtergelebt, abgelebt. Schutt und Schrott in den Wäldern. Kasernen wie nach Angriffen. Stückwerk, Flickwerk und Pfusch an den Häusern und um die Häuser herum. So sah es nicht einmal in den 50ern bei uns aus. Einstmals blühte dieses Land.

Vor zwölf Jahren zum letzten Mal per Zug nach Berlin. Heute zu Brie, André, Jahrgang 50, Vize der PDS.

Überall diese BRD-Fremdkörper, Lastwagen, Planierraupen, Kranen, Lieferautos, und auf dem Bahnsteig in Magdeburg das Reklameschild der »Süddeutschen Zeitung« über der Rückenlehne einer Bank.

Im Speisewagen Kellner aus DDR und BRD – Universen zwischen Motorik, Geschwindigkeit des Blicks, sozialer Gewandtheit. Eine sächselnde Schaffnerin in Bundesbahn-Uniform, wie kostümiert: Nichts paßt zusammen. Der Pfarrer im Abteil, ein Gesangbuch offen auf dem Schoß, schüttelt den Kopf von Helmstedt bis Wannsee.

Alles sehen wir ganz genau, denn der Intercity tappt von Schwelle zu Schwelle.

Alles so unästhetisch, alles so fremd.

Ein Entwicklungsland. Niemals wird ein Westniveau in 20 CDU-Propagandajahren zu erreichen sein. Blankes Entsetzen über den Zustand vor den getönten Bundesfenstern. Die Dame neben mir würdigt das DDR-Draußen mit keinem Blick, sitzt am Fenster abgewendet mit der »Bunten« bis Berlin.

Wieder kaputte Fabriken. Alles 20er Jahre Prosperität, von der Substanz gelebt, das Beste der bürgerlichen Kultur – höchstens ausgeschlachtet.

Biedenkopf schätzt in der »Main-Post« Tage zuvor die Kosten der Einheit auf 900 000 000 000 Mark. Neunhundert Milliarden. Die Voraus- und Rückrechnungen konstatieren: Das Wiedervereinigungsgeschäft hat die BRD auf den Stand von 1968 zurückgebombt. Jetzt ist er da, der von Helmstedt an langsam zu wachsen begann, und gesellt sich zum Haß auf die Nazis und ihren Krieg: der Haß auf Desavoueure der sozialistischen Idee, die Wut auf die West-Invasoren von Politik, Handel und Industrie.
Keinen Pfennig bin ich bereit zu zahlen. Soll ich das zweite Mal opfern?
Die erste Diktatur hat mich die Kindheit gekostet, den kriegsinvaliden Vater als vollwertigen Spielkameraden; Jugend und das junge Erwachsenwerden waren überschattet vom Energieverschleiß des Struggles, den ins Dunkle abgedrängten Faschismus wieder ans Licht zu zerren, zu besehen, zu verstehen – die Eltern, den Vater und mich; kaum 40 und nahe dabei, das Bonnland anzunehmen wie auch immer, bricht das fremdeste aller Länder und damit die studentische Utopie zusammen, und die Walsers und Kohls grapschen politische und literarisch danach. Lebenszeitlich tragen wir die Kosten, die nicht. Unsere Generation hat es erwischt, und was wir schon einmal seelisch bezahlt haben, zahlen wir nun in barer Münze nach.
Keinen Pfennig bin ich bereit zu zahlen und zahle doch schon jeden Tag, per Inflation, Zinsen und Steuern. Kein Pfennig, denn dies ist nicht mein Land, und den Wiedervereinigungskrieg habe ich von der ersten Sekunde an nicht mittragen wollen.

Voller Aggressionen komm' ich an. Der West-Taxichauffeur findet nicht die Ost-Adresse, und als wir schließlich vor dem Hauptquartier der Kommunisten enden, wird er bitterböse.
Es ist ein Blitzbesuch. Über André Brie weiß ich nicht Bescheid, weiß nichts. Auch mein Lektor nicht, der den Tip auf den 1950er

bekam. Telefonate bei Berliner linker Intelligenz – vergeblich; keiner meiner Freunde wollte mehr was wissen wollen von der PDS.
Über sein Gesicht huscht ein Lächeln, verschämt, als traue er sich nicht zu lachen. Glücklich ist der nicht, denk' ich, und die Sekretärin mustert mich, als käme ich vom Mars, jedenfalls ein Ausländer.
Ich erwische ihn im Schock. Mittendrin. Er ist gar nicht da, bewegt sich abseits. Selbst die Krise steht noch neben ihm. Ich erleb' ihn leidend und frage mich, ob's Larmoyanz ist. Sein Schritt ist zögernd, seine Arme rudern, der ganze Körper nur 'ne Probe. Wie unbehaust er geht, wie in einer Implantation: ungewohnt, umständlich und linkisch. Das Büro ist eine Ausstellung, eine Büromöbelausstellung vom Einrichtungshaus Neubert meinetwegen in D-W-8772 Marktheidenfeld am Main: Die obligate wessischwarze Ledercouch, das verchromte Rundrohrstahlgestell, Yucca-Palme, Benjamini, BRD-Import – hier sieht es aus wie im Privatpatientenwartezimmer einer Zahnarztpraxis. Rauhfaser reinweiß, Teppichboden grau, die Lamellenvorhänge wie im Sprechzimmer. Und in diesem BRD-Ambiente Mitte Ost-Berlin dieser DDR-Mensch! Deplaciertes Interieur, verrutschte Kulisse des kollabierten Kommunismus.
Blitzaggressiv, als glühendes Bündel Westwut, komme ich hier an, den fürchterlichen Krause hinter mir – als ich Brie aber sehe, kann ich nicht mehr wütend sein: Solche Mundwinkel sind mir noch nie begegnet! Sie reichen bis zum Kinn. Er ist nicht der älteste, aber der bedrückteste meiner Altersgenossen.

André Brie, Jahrgang 50, Dr. sc. pol., stellvertretender Vorsitzender der PDS seit 1990. Mutter Journalistin, Vater Diplomat und Jude, der im englischen Exil überlebt. Brie wächst in den Ghettos der DDR-Diplomatenkolonien Chinas und Nordkoreas auf. Abitur 68 in Berlin, 69 Eintritt in die SED, vierzehn Jahre Mitarbeiter am Berliner Institut für Internationale Beziehungen, ab Mitte der 80er Jahre Arbeit an einem Reformkonzept für den Sozialismus, zusammen mit Bruder Michael führender ideologischer Kopf der SED-Nachfolge-Partei PDS.

Er schreibt Gedichte.
Ziehe ich erst einmal diese theoretischen Präliminarien ab, die verquaste Politnomenklatur, den heillosen Funktionärsjargon und die marxistische Überdrüse, dann nähern wir uns schnurstracks der Substanz. Das läßt er zu. Ich muß nicht mehr ihm beinhart nachsetzen durch das kategoriale Gestrüpp, ihn vom Begriff herunterholen zum konkreten Bild der Anschauung. Das Gespräch wird produktiv. Soweit ein Marsmensch mit dem Mann vom Mond produktiv sprechen kann. Denn schließlich trennen uns nur dreieinhalb Monate im Leben.

Ich erwische ihn mitten im Schock. Der Kollaps des Landes als Kollaps des Kommunismus ist der Kollaps von Körper und Seele. Sein Staat und sein Start fielen zusammen, und die gleichen Geburtstage ließen ihn »immer parallel zur DDR empfinden« – die gleichen Lebenslinien von Land und Laufbahn ineinander verwoben. Plötzlich verläßt der Funktionär das hochdeutsche Abstraktions-Niveau und sagt: »Ick hab' würklich anner DDR jehangen!« Todtraurig guckt er mich an und schiebt nach: »Dat war nich' nur ne politische Frage!«
Brie ist kein Politiker. Brie ist Politikwissenschaftler. Deshalb kann er, nachdem ich in diesem kurzen Gespräch lang genug gebaggert habe, persönlich werden. Ob wir endlich über Mann, Frau, Kind reden oder über die nur faktische, nie seelische Emanzipation, über die DDR-verklemmte Sexualität, egal. Mich interessierten der Schmerzpunkt und die Authentizität des Leidens. Die Liebe zu seinem Land, zu den Hügeln, Seen, Buchen, Anemonen Mecklenburgs, der Geschmack von Grünkohl und Knusperbraten, der Geruch der vergammelten Verkommenheit Ostberlins und wie sich »die innere Barriere aufbaut«, wenn er »in den geschleckten Städten des Westens unterwegs« ist: »Ich spüre überall die Grenze! Trotz TV und allem ist die BRD ein fremdes Land für mich«, und an der »Unordentlichkeit« erkennt er seine Bäume: »Aha, ein DDR-Wald!« Und die Menschen sind so anders: »Intensiver sind die Beziehungen gewesen, selbst das Mißtrauen und die Stasi haben die Menschen näher zusammengebracht. Unsere Solidarität war mehr als nur Gehabe.«

Zurückgenommen sitzt er da, kauert fast und grimassiert im dunkelblauen Nickipulli; Geheimratsecken; das graue Haar schräg über der schrägen Brille ohne Rand, bedrohlich zuckt der Mundwinkel, wenn er bitter sagt: »Was mich berührt: Alles Vernünftige an der DDR lückenlos zu beseitigen, weil's stört. Das bringt mich wirklich auf! Der grüne Pfeil, das System der Kindertagesstätten, Jugend-, Studentenclubs dichtgemacht, Kunstakademie aufgelöst – und daß die Ho-Chi-Minh-Straße umbenannt wurde, ärgert mich maßlos!«

Im Staunen berühren wir uns. Beispielsweise RAF, die er bis heute befragt: »Wieso sind die überhaupt fähig gewesen, gerade in die DDR, in diese fremde, völlig spießige, oberflächliche Gesellschaft der DDR, zu kommen, wo doch die Wurzeln dieser Leute in 1968 steckten und sie mit unglaublicher Emotionalität in der BRD gelebt haben müssen!«

Verletzlich, verletzbar, verletzt. Was er da sagt, sagt er langsamer als das, was ich DDR-Langsamkeit nenne; spricht's aus, als sträube er sich, im Aussprechen noch einmal zu leiden. Leute wie Krause, der Bonner Auto-Minister aus der DDR, kann er nicht verstehen, oder, er versucht eine Erklärung: »Sie verdrängen den eigenen Identitätsverlust« und retten sich in »die Hilfs-Identität des ›Wir sind alle Deutsche‹, denn eine BRD-Identität ist auch eine gewachsene, die man nicht so einfach erreichen kann!«

Neue Krankheitsbilder sieht er entstehen, entschieden psychische, denn »50 Prozent der DDRler werden auf Dauer mit der BRD nicht zurechtkommen«.

Und er?

Brie windet sich. Mir ist das peinlich. Ich bin nicht der Priester für die Politik, der Beichten abzunehmen ausgebildet oder willens ist. Genugtuung? Wo ich ihn als PDS-Boß und seine Genossen gerade noch beschimpfen will als Profiteur des Kollapses? Wie, beispielsweise, hat die SED dem Land geschadet, dem Sozialismus, uns und mir persönlich, als der Spion Guilleaume ins Büro des verehrten Willy Brandt geschmuggelt wurde? Bitter bin ich, wütend; sehe unser seelisches Fortschreiten, die Bewegungen der Frauen, Männer, Schwulen, Grünen, Bunten, Ökologen blok-

kiert durch den DDR-Klotz am BRD-Bein. Ich rede, er redet. Er stimmt zu oder nicht, ich stimme zu oder nicht. Wäre er, wie ich, in meinem Land geboren, aufgewachsen und so fort – wir redeten über *eine* Sache. Aber so? Zwei im gleichen Jahr Geborene – nirgends könnten wir nie fremder sein. »Sie sind mir ferner als ein Eskimo!« rufe ich ihm rüber. Er sieht mich an.
»Zu Lebzeiten unserer Generation wird nichts zusammenwachsen!« sagt er. Ich stimme zu. »Wir sind ja die Generation der Enttäuschten. Die Biermann-Affäre war ein ungeheurer Einschnitt. Damals waren wir 26, als die Enttäuschung begann. Deswegen sind unsere Jahrgänge kaum mehr in der PDS. Die haben sich enttäuscht abgewandt, sich innerlich von der DDR gelöst und können deshalb die BRD besser aufnehmen. Vielleicht. Es ist ein Irrtum, daß die psychische und intellektuelle Wiedervereinigung schnell gehen wird. Aber abgesehen von Typen wie mir, sind die 40- bis 60jährigen die DDRler, die – wie auch immer – BRDler werden. Die 60jährigen bleiben, was sie sind! Und die Jungen? Nicht ins westliche System integrierbar, sozialistisch und ökologisch orientiert, wie sie sind. Diese Werte aufzunehmen ist die BRD-Gesellschaft weder bereit noch in der Lage.«

Wie sah er denn aus, der idealtypische Generationsgenosse aus dem DDR-Mittelstand?
»Arbeiterkind, Abitur, Studium, Parteifunktion. Zynisch und schizophren, ansonsten wäre Intelligenz kaum auszuhalten gewesen. Das heißt: Kritisch im kleinen Kreis, absolut stromlinienförmig im großen. Die Verwandlungsmöglichkeit gehörte unabdingbar zur Karrierefähigkeit. Der Anzug möglichst vom Export, ›aus'm Ex‹, der ›Exquisit‹-Kette, gute Stoffe, knitterfrei, vor allem erkennbar als nicht aus dem Kaufhaus. Natürlich Auto, aber keinen Trabant – lieber den ältesten Lada oder einen rostigen Wartburg. Sehr frühe Heirat mit einer vorzeigbaren Frau, die eigene, kleine Karriere gemacht, aber hinter dem Mann zurückzubleiben hat. Seelisch? Zerstört! Zerstört durch Anpassung und Verleugnung der eigenen Ansichten.«
Was macht er heute, der Vorzeigegenosse?
»Der hat 'nen Karriereknick: kein Mittelstand mehr. Kein VW

Golf, höchstens Kadett. Ist in der Umschulung oder versucht sich gleich als Versicherungsagent, der neue Existenz aufbauen will. War er nicht im politischen Establishment, sondern Zahnarzt, dann bleibt er Zahnarzt, was auch für die Wirtschaft gilt.«
Und der 40jährige Offizier der Nationalen Volksarmee, der 40 Jahre gegen den kapitalistischen Klassenfeind getrimmt wurde und jetzt in der klassenfeindlichen Bundeswehr dient?
»Da gibt es zwei Typen 40er. Der eine paßt sich stromlinienförmig an. Verarbeitet hat er nichts, plappert alles nach. Das fällt ihm nicht schwer, denn er ist psychisch arm und außerdem dran gewöhnt.
Der andere paßt sich nicht an, beharrt auf seinen Vorstellungen und schweigt, schweigt aus sozialer Problematik heraus. Dienst tun und sich zurückziehen: gute Kompensation der politischen Schizophrenie der DDR.«
Und Sie?

Brie quält sich. Was er sagt, kommt nicht devot, kommt nicht larmoyant, kommt nicht laut. »Ich muß meine Rolle in der SED, wie alle SED-Mitglieder, als ein furchtbares Versagen ansehen! Das ist tief in mir drin und bewegt mich ständig. Widerlich, welchen furchtbaren Kotau ich gemacht habe. Das war mir auch bewußt. Ich sollte aus der Partei geschmissen werden, hatte soziale Ängste, hing an meiner Arbeit. Deshalb der widerliche Rückzieher.
Das bewegt mich immer wieder. Wärste mal damals standhaft geblieben, ein Jahr vor der Wende. Ich habe ja fast alles gewußt. Ich kann wirklich nicht sagen, ich hätte nichts gewußt. Es ist ja mehr als das eigene Versagen: Ich trage Mitschuld an der Zerstörung der sozialistischen Idee und Politik und an der Existenzmöglichkeit der DDR.«
Das sagt er, und es fällt ihm nicht leicht. Denn: »Ich wollte die DDR erhalten!«
40 Jahre Knast, 40 Jahre hinter der Mauer – was wollte er erhalten?
Eingebunden in die antifaschistische Familie, die nach 45 ein neues Land aufbauen will, aufgewachsen in den engen Radien der

DDR-Kolonien des diplomatischen Corps, das selbst in China alle Woche alle Lebensmittel per Schiff aus der DDR bekam, den Bruch China/Sowjetunion als Kind erlebt; über Vietnam wird André zum »absoluten Idealisten«, der, wieder in der Heimat, die Mitschüler auffordert, als NVA-Soldaten sich freiwillig für den Kampf in Indochina zu melden. »Ich habe an der DDR gehangen. Ich hing am Sozialismus. Ich hänge am Sozialismus und konnte kritisch damit umgehen. Ich bin nicht zerbrochen. Viele Karrieremenschen in der DDR sind zerbrochen. Ich bin fest überzeugt, am modernen Sozialismus zu arbeiten.«

Erschreckt sitzt er da. Nicht recht fertig mit der zerbrochenen Ehe, viel zu früh geschlossen. Die Tochter 19. Gespräche. Unerwachsen sei er noch mit 24 gewesen, und lange habe er sie nachgeholt, die Pubertät. Knast und Diktatur – die DDR doch nicht! Oder doch? »Das Gefühl sagt sein!« sagt er. »Die Einsicht ja!« sagt er. Ob das einmal zur Deckung käme, frage ich.

Er verneint.

20. 3. 1992.

Schaun uns an.

Er schenkt mir einen Band seiner Aphorismen: »Brieoritäten«.

Wir schaun uns an.

Dieser Fremde also ist so alt wie du, sage ich mir zu.

Ich schaue ganz fest hin in seine Ferne.

Er muß zum Wahlkampf, ich zum Zug.

Wie immer auf der Rückfahrt: nur erleichtert.

Wie immer: endlich weg und aus der DDR raus.

Der Himmel ist heller, es regnet anders, der Zug ist leiser und fährt schneller: *Es geht voran.*

Froh, diese Sozialisation nicht erlebt zu haben.

Das bessere Los gezogen.

Ratlos, aber erleichtert.

Westbesetzt der Speisewagen und es klappt.

Natürlich wieder eine Dame mit der »Bunten« und mit »Bild«, als dürfe ich Klischees nicht in mein Buch verhelfen. Sie könnte-

meine Mutter sein, die unbefragt den heißgeliebten, blechernen, blauen Distler-Porsche, meine Wiking-Autos und die Schuco-Wägen in die Ostzone verschenkte, und oft genug die Hälfte meines eh schon mageren Sonntagsgelds per Sarotti-Mohr nach drüben transferierte. Verdammt! Noch heute heule ich dem Kinderspielzeugparadies hinterher.

André Brie und ich.
Jähe Zweifel beim Apfelkuchen im Speisewagen. Ob Sozialismus nicht doch eine genuin jugendliche Angelegenheit sei. Nichts mehr für 40jährige. In den getönten Eloxscheiben des IC schüttelt sich mein Kopf.
Brie und ich: Wir beide haben einen Preis bezahlt, aber ich habe die Leistung dafür bekommen.

Der badische Tonfall des Schaffners im Lautsprecher tönt, tönt nach zu Hause. Zielbahnhof, erzählt er: Karlsruhe. Es riecht nach Heimat. Ich jubiliere. Ist dieses Land nicht doch gesund?
Bonnländer bin ich und nur so ein BRDler.

Es war ja nur ein Blitz-Gespräch, kurze 90 Minuten lang.
Trotzdem. Ich würde ihn gerne wieder treffen.

40er-Splitter 7

Künstler-Statements

KRAFT/KUNST

Felix Droese, Jahrgang 1950, Künstler.

Die Champs sind alle gestorben. Wir haben keine Stars mehr. Wir müssen erst wieder die Sterne zum Glühen bringen.
Bei mir ist es nicht so, daß Freundschaften kaputtgegangen sind oder man sich mit bestimmten Leuten nicht mehr gut versteht, weil man 40 geworden ist oder weil der andere auch in die Midlife-crisis kommt, sondern weil einer in der Öffentlichkeit auftaucht, nachweislich Geld verdient, und zwar mehr als andere. Plötzlich kommt etwas auf wie sozialer Neid. Die Biennale-Beteiligung hat meine Bekanntschaften sofort um 80 % vernichtet.

Ich bin in der Hochzeit meines Lebens. Ich hab' soviel Kraft, das können Sie sich gar nicht vorstellen, was ich 'ne Kraft hab'.

Ich gehöre immer noch nicht dazu. Ich stelle mir die Welt immer noch anders vor. Ich habe immer noch andere Strategien im Kopf, wie man dem allen ausweichen muß. Ich gehöre den 70er Jahren an; in den 80er Jahren hat man versucht, das Positive aus diesen Umwälzbewegungen gesellschaftlich in Modelle umzusetzen.

»Mitte des Lebens« – das habe ich sehr bewußt wahrgenommen. Das heißt: starke Kraft zu besitzen, Niederlagen wegzustecken, jetzt in

eine Position zu kommen, die es mir ermöglicht, die Sachen zu verwirklichen, an denen man vorher schon gearbeitet hat, aber wesentlich besser als mit 30 oder mit 20. Mir ist bewußt, daß ich in einer Situation bin, die viel besser gar nicht mehr werden kann.
Ich habe jetzt die Möglichkeit, wieder von vorn anzufangen; das, was vorliegt, zu bedenken und von diesem Fundament aus zu arbeiten: denn viel mehr Zeit bleibt nicht.

ANARCHIE/RUHE

Gerhard Seyfried, Jahrgang 1948, Cartoonist.

Außerdem kann ick noch radikal sein und bin's auch noch. Nur nicht mehr so oft wie früher.
Ick geh' zum Beispiel nicht mehr auf Demonstrationen, einfach weil – weil, ick hab' genug. Ick war oft genug auf Demonstrationen. Man kann sich nicht sein ganzes Leben lang mit den Bullen rumprügeln und so. Es ist irgendwann mal so 'n Gefühl aufgetaucht bei mir: Sei froh, daß du alles heil überstanden hast, und treib es nicht weiter. Ick hör' auch auf so Eingebungen, die ick hab'.
Ick weiß, daß ick nicht mehr jung bin. Das weiß ick. Aber ick kann nächtelang weggehen, ohne daß mir an der Kondition was fehlt. Wenn ick nachts nicht penne, ist das o.k. Es ist vielleicht nicht mehr so easy wie mit 20, aber es geht ooch noch. Na, vielleicht ist es die Tatsache, daß ick keine Kinder hab' oder keine will oder nie darüber nachgedacht hab', daß ick mich nicht fühle wie jemand in dem Alter. Das ist 'n Ding, das mir bei Gleichaltrigen aufgefallen ist. Wenn die 'ne Familie haben, ist... die biegen weg von mir. Ick komm' da nicht mehr mit.
Ob ick gerne Kinder hätte?
Ne. Würde ick nicht aushalten, nervlich. Das würde mich wahrscheinlich alt machen.
Was für mich alt ist?
Abschlaffen, Energieverlust.
Mein anarchistischer Antrieb?
Ick hab' da immer 'ne sehr intensive Beschäftigung mit der Geschichte gehabt. Unser Geschichtsunterricht kam 1914 zum Stillstand. Ab dann

war aus, und es wurde uns nichts mehr erzählt. Fertig, nichts. Und das hat mich heiß gemacht auf Geschichte. Was zum Teufel verschweigen die uns? Warum erzählen die uns nichts? Und dann hab' ick mich eben von da an sehr intensiv mit der Geschichte beschäftigt, besonders mit dem Dritten Reich. Damals kam für mich auch mit den eigenen Erfahrungen ein Haß gegen den Staat, den ich für das Böse schlechthin halte.

Immer noch.

Ja. Die ganzen Politiker sind für mich ausnahmslos Verbrecher und Gangster. Sind sie auch offensichtlich.

Gauweiler? Jahrgangsgenosse?

Fasziniert?

Es kotzt mich eher an. Es kotzt mich eher an. Ick war mal bei den Kriegsdienstgegnern und muß irgendwie um die 18 gewesen sein. Und da war eine Diskussion in der evangelischen Akademie in Tutzing, der Gauweiler beim RCDS, glaub' ich, und hat eine Rede gehalten. Wir waren dort als Kriegsdienstgegner, bei uns war ein Altkommunist, an Krücken. Und der ging plötzlich zum Podium und fing an, ihn mit der Krücke runterzuprügeln, den Gauweiler. Richtig – bum, bum, bum. Das ist was, woran ich mit viel Genuß zurückdenke.

Gauweiler als Antipode?

So sehr in die Nähe will ick den gar nicht lassen. Na, es ist einfach ein Mensch, der nichts gelernt hat, und ick kann nur hoffen – hier in Norddeutschland lacht man eigentlich drüber. Daß er in Bayern überhaupt erotisch wirken kann – Bayern ist ja sowieso so 'n Ding. Also. Ein seltsamer Mensch.

Ick bin relativ scheu fremden Menschen gegenüber. Ick vertrage nur 'n sehr kleinen Freundeskreis, und das alles kommt aus der Erfahrung mit der »Invasion aus dem Alltag«. Außerdem brauch' ick wahnsinnig viel Ruhe zum Arbeiten, ick brauch' extrem viel Zeit alleine, in der ick einfach nachdenke.

Ick denke auch nicht bewußt nach, ick bin kein Mensch, der steuert, ick lass' mich gären. Ja, ick sitze hier rum, ick spiele, ick mache weiß Gott was, und irgendwas baut sich auf im Kopf, und irgendwann kann ick's fassen und bearbeiten. Es fällt mir einfach schwer, also, über so Sachen nachzudenken, sie zu beantworten. Weil, es ist ja heute kein Thema mehr für mich, überhaupt nicht mehr. Es ist alles jetzt Nebel der Vergangenheit. Frauenbewegung, RAF und so. Als ick angefangen hab', da hatte ick eine Botschaft. Was ick bewußt ausgedrückt hab', war, daß ick gegen Angst und Ehrfurcht vorm Staat kämpfen will. Also ick finde, das ist die größte Macke der Deutschen. Wenn der Staat was sagt oder 'ne Uniform, dann wird das gemacht, und wenn man noch so genau sieht, daß das ein Verbrechen ist, das geht im Grunde weiter. Aber ick hab' so 'n Ding nicht mehr drauf. Ick beobachte lieber und schreibe mit und mach' mehr oder weniger hämische Kommentare dazu.

Quellenburg

Uta Barthel, Jahrgang 50,
Kleintierärztin,
verheiratet, drei Kinder.

Als ich ihr zum 41. gratuliere und frage, wie sie sich fühlt, sagt sie schnell, knapp und dunkel: »Alt, stur, bockig und immer auf der Suche!«

Was war passiert?

Noch in ihrem 40. Jahr konnte sie vor Kraft nicht laufen und war für mich einfach hin- und einfach mitreißend. Wußte alles, wußte es sofort, verströmte Energie, verschenkte Zuversicht und schrieb auch schon einmal auf den Rezeptblock: »Alter ist nur eine Entschuldigung!« Gemeint war ich.

Das ist lange her, obwohl's nur ein Jahr weit weg ist. Aber die Seelenuhr geht anders.

Nach diesem 40., findet sie, wechseln plötzlich die Phasen, die Ups and downs, schneller, »und ich war wieder in eine neue pubertäre Phase gefallen mit wirklich totaler Zerrissenheit: nicht wissen, was man machen soll. Was ist wichtig? Und was richtig? Auch die Qualen, die ich als pubertierendes Mädchen durchlitten habe, mache ich jetzt als erwachsene Frau noch einmal durch. Manchmal traue ich mir alles zu und gleich darauf wieder gar nichts. Dann ein Hoch, dann total unzufrieden und wirklich bösartig. Ja, ich stelle wieder alles in Frage: Beruf, Familie, Glaube, Politik, alles und total. Dabei will ich nicht mehr jung sein, aber ich will *machen*!«

Das Wort spricht sie aus, als käme jeder einzelne Buchstabe gerade aus dem Fitneßstudio: m-a-c-h-e-n. Was? »Was ich machen würde, wenn ich machen könnte, was ich machen wollte: mich auf

mein Fahrrad schwingen, Richtung Hamburg fahren und auf einem Schiff anheuern, als Köchin oder so. Und dann weitersehen!«
Flucht.
Und das schon seit dem vierten, fünften Lebensjahr.
Schon als Kind hatte sie starke Träume, Fluchtträume, und die Tendenz ging immer »weg!« und dieses »Weg!« spricht sie wieder aus, als sähe ich von ihr nur noch eine Rauchwolke.

Utas Fluchtpunkt hat einen Namen: Quellenburg. Und ein Programm: »In Quellenburg ist alles anders!« Das hat sie schon ihren Eltern entgegengehalten: »Wenn meine Mutter sagte: ›Das machen wir so und so!‹ und mir das nicht gepaßt hat, habe ich gesagt: ›Nein, in Quellenburg machen wir das aber anders!‹«
Diese Traumwelt hat sie sich erhalten, und von dorther schöpft sie ihre Kraft, jetzt, in der zweiten Pubertät, wo sie von der ersten umzingelt ist – die Tochter Katrin mittendrin, Sohn Jan stark davor, und der Powerbrocken Ina schreit, gerade fünf, durchs Haus: »Ich mach'alles selber!«
Kein Wunder. Bei diesen Eltern! Die auch alles selber machen wollen: Kleiderfärben, Fliesenlegen, Haareschneiden – Uta, die Perfektionistin mit dem Überanspruch: die perfekte Ehefrau, die perfekte Hausfrau, die perfekte Mutter, die perfekte Tierärztin, die perfekte Veterinärwissenschaftlerin, die perfekte Gastgeberin, und unübersehbar künstlerische Ambitionen hat sie auch. Ein Brocken von Kraft, Glauben, Zweifel und Verzweiflung. Eine Spannung von Reh, Squaw und Boxerin. Und eine perfekte Christin wäre sie sowieso gerne, das heißt ein guter Mensch.
Wir sitzen unten in der Praxis. Es ist Nacht. Sie hat Dienst. Gleich geht vielleicht das Telefon. Ich wollte es so. Ich wollte sie mittendrin, so, wie ich sie immer erlebe: auf dem Sprung. Sie hat ihren weißen Kittel an den Nagel gehängt, sitzt an ihrem Schreibtisch, ich ihr gegenüber, wir sehn uns an. Zwei Telefonapparate. Röntgengerät. Ein Operationstisch. Computer. Instrumentenschränke, Arzneimittelschränke, Waage, Reagenzgläser und der Geruch einer gereinigten Kleintierpraxis: trotz aller Hygiene riecht man, um wen es hier geht. Im Klinikraum winselt ein

Hund, und auf einem Zettel an der Pinnwand steht mit rotem Filzschreiber »Kastration«.

Vor dem Alter hat sie keine Angst, aber vor Siechtum, und seit zwei Jahren registriert sie: »Mein Blick auf alte Leute hat sich total verändert!« Warum? »Weil du nun einfach weißt, daß du ›dem‹ viel näher bist in einigen Jahren, und dann denkst du: *So* muß es nicht gerade sein!« Was tut sie dagegen? »Pubertieren!«
Wir sind dauernd beim Thema. Das Gespräch geht nicht leicht, und sie hat wieder diese schweren Augen. Manchmal kann man in diese dunklen Augen fallen und ist unwiederbringlich weg.
Sie hat »seit einiger Zeit Gefühle wie die eigene Oma«, und ihre Kinder sieht sie sich dabei an, als seien es schon die Enkel. Ohne Mühe phantasieren wir eine halbe Stunde lustvoll-makaber über ein Altersheim für Verrückte, das wir im Alter aufmachen wollen, Wohnwagen für Senioren, die noch keine Seniorenwindeln brauchen, und so fort. Dann kaut sie wieder auf ihren Backenmuskeln herum und sagt, daß sie keinem Mann dieses Alters, gemeint sind die 40, ihre 16jährige Tochter anvertrauen würde für einen Bummel aufs Laurenzi-Volksfest oder zu einem Bikeride durch den Wald: »Männern um 40 traue ich alles zu!« sagt sie, streicht sich mit ihren schönen, feinen Fingern durch den männlich kurzen Punk und erklärt: »Ich werde immer wertkonservativer!«

Rasant.
Manchmal ist sie Utatütata, lustig, laut und frech und nett, dann ist sie jäh und heftig, provokant und dominant und wild in ihren Verdikten, und die Uta Barthel, die mit 41, ist die, die man kaum kennt, die leise Uta, die verzagte, grübelnd, still und nachdenklich, zurückgezogen und voll Sehnsucht.
Hilfsbereit ist sie immer.
Sie hat die höchsten Ansprüche an sich selbst und bleibt naturgemäß dahinter zurück. Muß. Das ärgert sie: »Du kriegst nichts perfekt auf die Reihe!« Natürlich hat diese Frau überproportional viel Kraft, aber sie treibt auch überproportionalen Raubbau damit: durch Rollenangebote, durch Fremd- und Selbstanspruch einer alles versorgenden Mega-Mutter. Wie oft reden wir dar-

über, und immer wieder habe ich den Eindruck, daß meine Rede nicht ankommt.
Bilanzen hätten etwas Endgültiges, sagt sie, wenn ich sie nach ihrer 40er Bilanz frage: »Ich bin doch immer auf dem Weg!« Eine platte Summa-summarum-Buchführung in der Mitte des Lebens lehnt sie also ab, aber sie beobachtet sich seit fünf Jahren ziemlich scharf und weiß sehr viel. Aber eines weiß sie nicht: Uta Barthel weiß nicht, was sie leistet. Und was sie leistet, ist enorm.
Ein klassischer Fall von Selbstentwertung und eine beispielhafte Frauenproblematik unserer Generation; ihre Geschichte müßte ich erzählen als die Geschichte exemplarischer Überforderung der sogenannten »neuen Frau«, die alles – Liebe, Lust, Mann, Kind, Haus, Beruf, Freunde – unter einen Hut bringen will, und alles soll auch noch so glänzen wie bei Muttern. Das geht nicht.
Selbstüberforderung. Das ist nicht nur der Konflikt dieser individuellen Uta – diese Situation ist Struktur. Und ein Paradigma dieser Struktur ist die gefährliche Leistungsblindheit, die nur wahrnimmt, was nicht gelingt, und nicht würdigt, was zustande gebracht worden ist. Große Erfolge in der Fehlerbilanz und erfolgreich bei den Versagensgefühlen, aus denen kein Negaholiker Selbstbewußtsein und Selbstwertgefühl ziehen kann: Gestaltlos versinkt die Leistung in die Unsichtbarkeit.

Uta Barthel *lebt* den Feminismus, sage ich von außen. Ob sie's weiß?
Auch hier stimmen die Bilder wieder nicht, falls es welche geben sollte. Wenn ich nach Idolen bei ihr suche, kommt Albert Schweitzer zögerlich – »ich wollte einmal Missionsarzt werden« – und Winnetou sofort, Männer; als Mädchen allerdings spielte sie Old Shatterhand. Gute Menschen. Aber Frauen? Ihre Mutter vielleicht, die sie freikirchlich erzogen hat zu »antiautoritärem Christsein«: Uta mußte nie ein Kind sein, sie war immer zuerst einmal ein Mensch: »Ich habe gelernt, Menschen so anzunehmen, wie sie sind, ohne Vor- und Urteile und ohne Verhaltensvorschriften. Das versuche ich zu leben!» War das ein Wegweiser?
Vieles, was ich mir mühsam erleiden und erkämpfen mußte gegen die bombensichere Sozialisation von Tradition und Kon-

vention, ist für sie »selbstverständlich«, und wenn sie das so selbstverständlich sagt, glotze ich sie erst mal an. Die positiven Errungenschaften von 68 oder die der Frauenbewegung: »Selbstverständlich!« Der aufrechte Gang, vor niemandem zu kriechen, »der Horror vor der Macht und vor den Nazis« oder die Geschlechterforschung, Androgynität, »die Männlichkeitswahn und Weiblichkeitswahn reduziert auf die normale männliche Rolle mit weiblichen Anteilen und umgekehrt« – das versteht sich für sie eigentlich alles von selbst. In der Theorie. Aber wie gehen wir damit um?

Nach einem Bierzeltaufenthalt, zu dem die Freunde sie mühsam haben überreden müssen, war sie fertig. Jedesmal, wenn Beifall in rhythmisches Taktklatschen umkippt, schaudert's ihr, und Angst steigt den Rücken hoch: »Das ist der Moment, wo die Menschen ihren ›Einzelkopf‹ aufgeben«, und darin macht sie die Keimzelle von Diktatur aus, die Lenkbarkeit des Individuums beginnt. Macht macht ihr Horror.

Macht macht ihr Horror. Einerseits. Aber sie möchte kein machtloser Mensch sein: »Oft reizt es mich, meine Macht auszuprobieren, ich bin versucht, selbst Macht auszuüben, weil ich gerne lenken möchte. Und da muß ich schnell meine Männlichkeit zurückpfeifen!«

Macht, eine generationsspezifische Blindheit: »Warum sind denn die Kinder der 68er und die unserer Generation en gros so unkritisch? Weil die 68er-Eltern und wir eine Anti-Macht deklariert haben, die nur die Unfähigkeit beweist, mit der Tatsache zurechtzukommen, daß jeder Macht haben will!«

Auch die Frauen.

Auch die Frauen. Aber was hilft es ihr? Sie weiß es. Uta lebt den Feminismus. Sie weiß auch, daß in ihr Berufsfeld immer mehr Frauen drängen und daß die Kleintiermedizin nahezu von Frauen okkupiert ist. Was also erleichtert solches Wissen in der täglichen Lebenspraxis und im Alltag der Tierarztpraxis? Mit drei Kindern, Anspruch, hoher Leistungsethik, zahllosen Haustieren und einem traditionell ausgerichteten Hauswesen, in dem gekocht, gebakken, gesät, geerntet, eingemacht und eingefroren wird?

Uta Barthel gehört zu den Frauen, die Neuland betreten haben und so energisch wie verzagt Terrain gewinnen wollen, die weißen Flecke auf der Landschaft des Geschlechteratlas erobern möchten. Diese Avantgarde verlangt einen hohen Preis, diese Expansion ist nicht billig. Kein Wunder, daß sie sich zur Zeit fühlt »wie 80: Ich *bin* alt, ich *fühle* mich alt!«

Pubertät, gleichzeitig, das ist ihr sehr wichtig. Und sie sieht diese Krise entschieden positiv. Äußerlich gehetzt, wie ich sie derzeit empfinde, und innerlich getrieben, beschreibt sie sich selbst »als in großer Unruhe. Wie früher – man drückt sich, schiebt auf, umgeht und mag sich nicht konfrontieren mit dem Unangenehmen. Vom Zweifel bleibt nichts verschont, auch nicht Gott. Wenn's mir gutgeht und ich Kraft habe, kann ich leichter glauben. Meine Zweifel sind nicht atheistisch, aber ich zweifle trotzdem!«

Auch als Tierärztin zweifelt sie an Tierversuchen, die zu ihrer Studienzeit noch unbefragt sinnlos exerziert wurden. Da für sie Freitod als Erlösung »niemals« in Frage käme, da es ihr nicht zustehe, »Herrin über Leben und Tod zu spielen«, frißt die Frage an ihr, ob man Tiere töten dürfe: »Soweit wenigstens bin ich mit 40: Wenn heute ein Kunde mit einem gesunden Hund von mir die Todesspritze zum Einschläfern haben will, weil ihm das Tier plötzlich lästig ist, kriege ich kein Herzklopfen und keine feuchten Hände mehr, wenn ich ihn wegschicke!« Angst hat sie da nicht mehr: »Das ist das Positive an der zweiten Pubertät. Positiv ist für mich, daß ich diese Krise zulassen kann und daß sie mir, so schmerzhaft das ist, eine neue Lebendigkeit bringt in der Auseinandersetzung; ich habe das Gefühl, daß sich da etwas verändert, vielleicht sogar verbessert – jedenfalls geht es weiter, und es ist nicht so hoffnungs-, weil bewußtlos wie beim ersten Mal.«

Eine Hommage an die Pubertät. Wenn Uta Barthel das Pubertieren gegen Alter und Sterben setzt, dann wächst dieser Krise ein ungeahnter Vitalisierungsschub zu, und sie benutzt die Pubertät als Waffe gegen die Todesangst.

Noch schnappt Utas Rollenfalle zu. Wenn ihr immerzu zuviel passiert, ihr alles zu schnell wird und zu flüchtig und sie am Freitag abend feststellt, daß sie die Woche über nicht gelebt hat – dann frage ich sie zum zehntenmal, warum sie denn nichts dagegen tue:

»Ich expandiere nur, um irgendwann zu ›impandieren‹, wenn es dieses Wort überhaupt gibt. Mein Lebensplan geht Richtung Reduktion!«
Bei diesem Wort lachen wir beide los, in unseren Erörterungsernst hinein, lachen hungrig los, denn wieder einmal, der Winter ist jetzt Mitte März zu Ende, kämpfen wir gegen die Kilos, und ich habe mit letzter Kraft den Würsten und Broten, den Salaten und den Käsen, den Nudeln und den Kuchen, dem Wein und dem Bier widerstanden, allem, was vorhin noch auf dem immer gastlichen Eßtisch stand, und ich habe weit von mir gewiesen, was die verführerische Köchin mir »mal schnell« auf den Teller zaubern wollte: Wildschweinragout mit fritierten Kartoffeln. Und das abends um halb zehn. Diese Kalorien wandern doch sofort auf die Waage! Schade, daß wir in Marktheidenfeld ... in Quellenburg wär' alles anders.

Es gibt also eine utopische Uta, und es gibt eine reale: »Zwiespalt überall, allerwegen«, sagt sie. Sie hält fest an dieser Phantasie, in der sie alles darf, auch Anarchistin sein, wo sie doch hier die gute Christin werden möchte. Sie weiß nicht einmal, ob sie Marktheidenfeld und Quellenburg jemals zur Deckung bringen will: »Denn ich brauche immer etwas anderes neben dem Normalen«, und in jener Burg ist sie der Quelle ihrer Träume ganz, ganz nah, nah der Jugend, Schönheit, Liebe, Kunst und Anarchie und nah dem Piraten, der sie mitnimmt auf sein Schiff.

Tatjana Hauptmann:

»Ich bin ein Knallfrosch!«

oder

Die Prinzessin mit dem Federkiel

Es war einmal eine Prinzessin aus dem Hessenland. Sie hatte goldene Haare, milchweiße Haut, blaue Augen und eine Stupsnase. Sie malte und malte und malte Frau Wutz und Herrn Schwein und band des Hermann Kinders Bücher ein. Roosi Sonnenschein will dieses Märchen erzählen – was aber weiß er denn aus dem Wunderland, das die Prinzessin schafft mit Märchenhand? Zuwenig weiß er, bittet um Audienz, die Hoheit auch gewährt und Traumtee auffährt. Er kennt die Hochwohlgeborene eine Dekade, und die beiden gehen miteinander um, als flösse kein blaues Blut in ihren Adern und sie hätten im Sand schon der Prinzessin Schloß gebaut. Am Berg, am See, im Schweizerland, hinter herrschaftlichem Balkon, hinter Gauben und Gäubchen findet er sie, Fee, Hexe, Norne, Prinzessin, Gespenst und selbst ein Märchen, verspielt, verschwiegen, beredt und ernst. Lachend, kichernd oder an den Tränen. Aus Mainhattan geflohen ins Bellavista-Exil, empfängt sie den Freund, der das Alter bei ihr sucht. In Samt und in Seide ist sie angetan, ein anderes Fabelwesen hat ihr den Magierinnenmantel gemalt und auch genäht. Rosarosé ist der Boden der Bühne ausgeschlagen und weich. Auf Katzenpfoten bewegt sie sich und schleicht oder hüpft und zeigt mir ihr neues Reich, das sie sich in der Mitte des Lebens errichtet, mit Zauberhut und Papagei, mit Paravent und Pfauenfeder, Puppen; Puppen, Masken und Vitrinen, Sachen, Sächelchen, Lämpchen, Birnchen, und die Tische sind bemalt. Sterne, Monde, Sonnen, Straußenfedern, Muscheln, Steine. Ein gestiefelter Kater neben der besockten

Kätzin. Schatzkästlein. Die Seele ist ihr Raum. Da schwebt der Himmel, da ziehen die Wolken – Windräder, Flieger, Engel, und Blumen blühen aus Papier. Ein Traum. Und für die Träume, für die Tränen, für den Schmerz hat sie eine Märchentante sich gefunden, in deren Sternenmantel hat sie alle ihre Sorgen weinen können – 365 Tage ein- und abgeschlossen, nur für sich gelebt, Hofstaat, Politik, Getriebe, Intrigen, Schranzen Schranzen sein lassen und gehorcht. Und siehe da, der Sternenmantel nimmt sie auf, die böse, lebenslang, Migräne, die den Vogelpieps im Hirn erdröhnen und noch das Schattenlicht zum Neonblitz erstrahlen ließ: Simsalabim, und die Migräne, die die Märchen tötet – weg! Auch die Ängste schüttelt sie Frau Holle in ihr Tuch, und Frau Holle schüttelt's weiter weg. Die Angst war groß, daß der Prinzessin gülden Handgelenk zerbrechen könnte und die Linke nicht begnadet sei, den Federkiel zu führen, Farben zu mischen, Pinsel zu putzen und mit ihnen zu erfinden. Wer weckte das Mirakel mit dem Zauberstab? Wer stellt die Klingel, stellt die Uhr, wer stellt den Wecker ab, damit die Pegasusse ihre Scheu verlieren? Die Angst, auch die ist weg. Und was es noch für böse Hexen, Wölfe gab, ich weiß es nicht. Der Tee wird kalt, wir altern während des Gesprächs, da schützt kein Märchen uns davor. Seit der Geburt tun wir nichts anderes als sterben, sagt sie mir und ist sich sicher. Mehr Sicherheit hat sie gewonnen, auch wenn sie krampft und jault und jammert, daß ihr kein Märchenbuch und kein Theater mehr gelänge, daß die Pinsel und Pinzetten keine Perspektiven und kein Panorama schaffen wollten und sie zornig werden müsse, braust sie auf, und ihre Märchenwolkenbacken bläst sie rund. Ob sie denn vor ihrer Geburt schon dagewesen sei, fragt sie mich in sich hinein. Nein. Also, sagt sie, dann muß es mich auch irgendwann mal nicht mehr geben. Ciao, kann ich sagen, prall war mir das Leben schon genug. Und jeden Tag ein neuer Flug. Im Kopf sei sie glatt die Dekade jünger, die wir uns kennen, sie zünde spät, aber mit Karacho: Ein Knallfrosch sei sie, ruhelos und ohne Sitzfleisch, und wenn sie hundertmal Papier, Pinsel, Phantasie aus Schloßfenster und -fensterchen geknallt habe im Kopf, sei doch am Tisch ein neues märchenhaftes Werk entstanden. Auf sich kann sie sich jetzt verlassen, endlich egoistisch sei sie nun geworden, mit viel Mut, viel Mut, zur Liebe und zum Schreien, zum Unrechttun und Wiedergutmachen, und vor der Prinzen Frischfleischsucht mag sie nicht mehr zittern. Solln die Prinzen ihre jungen Erbsen knacken, sie kämen eh zurück ins Schloß, in dem der Traumwandel regiert und ein Bouquet von Zauberstäben schlaftrunken das Konzert der Bücher, Bilder, Platten und Objekte dirigiert. Ach rosteten doch nur die Uhren! Es ist Zeit. Jetzt wird sie wach. Sie ist hübsch, bissig kann sie sein und auf ihre Weise schön. Sie stiefelt sich, sie hüpft, sie lacht und blinkert mit den Augen, und da sie nicht gestorben ist, wird sie noch einmal 40 Jahre leben: *Tatjana Hauptmann, Jahrgang 1950.*

Altersteufel

Karin Sekora, Jahrgang 52,

Romanistin.

Afrika ist weit weg, und alt werden will sie auf keinen Fall. Das Powergefühl von 68 wünscht sie sich wieder, aber das Flirten hat sie verlernt. Mit ihrem Körper liegt sie im Krieg und kämpft gegen Militarismus, Nazismus, Rassismus, Sexismus. Sie hat keine Kinder, aber eine Katze. Sie möchte lieber früh sterben als lange siechen. Sie ist steinalt und blitzjung.
Karin Sekora, 40 Jahre.
Und als ich sie an ihrem Festtag anrufe, sagt sie nur »Schlimm! Schlimm« und »Oh! Oh!« ins Telefon. Wieder so ein Tag, an dem sie nicht festlich gestimmt ist. Die Jahre fallen über sie her, »wo ich doch mein Alter oft vergesse, dann trifft mich die Erkenntnis schlagartig: ›Mann, du bist ja schon uralt!‹«
Eine Bekannte hat sie vorgewarnt, sie käme jetzt in das Alter, »wo du keinen Gutnachtkuß mehr brauchst«. »Von wegen!«
Sie möchte für jünger gehalten werden, als sie ist. Wird sie auch. Das nimmt sie nicht mehr wahr; hört sie vielleicht, aber es dringt nicht in sie ein. Klein ist sie, und vor 20 Jahren hätte man gesagt: Hübsch, sehr hübsch. Und die entsprechende Männlichkeit hat, da bin ich mir sicher, hinter ihr hergepfiffen. Sie sieht ganz einfach gut aus, hat einen wohlproportionierten, knabenhaften, leichten, vor allem einen androgynen Körper, an dem, von außen sage ich's, alles paßt. Natürlich ist sie nicht mehr im Ideal ihrer Jahre, nicht mehr 25, der Unterschied von 30 zu den erreichten 40 macht bei ihr drei Kilo – wo? Ich könnte ungeduldig werden, wenn ich sie um ihren Körper herumwürgen sehe mit Selbstvorwurf

und Haderei, und wenn ich höre, daß sie das Schwimmbad meiden will wegen ihres Bauches, hole ich die Lupe, will das Monstrum sehn! Absurd. Aber geachtet sei auch imaginiertes Manko. Sie ist ja nicht alleine, wenn sie die Models aus »Madame« und »Vogue« zur Meßlatte macht und dann darunter leidet. Ich kann mir Claudia Schiffer mit 40 vorstellen, Karin? Sie nie.
Frauen um 40 leiden da mehr als Männer, und für einige Sekunden bleibt mir nur der starre Blick, wenn ich sie sagen höre: »Ab einem bestimmten Alter sollten Frauen vielleicht besser keinen Körper mehr haben!«
Todesurteile.
Überhaupt spricht sie Sätze aus, bei denen mir schwindlig wird. Sätze, die mit dem Messer geschrieben sind, und mit welchem Werkzeug sie sie denkt, kann ich von ihrer schönen hohen Stirn nicht ablesen. Kaum habe ich mich von einem Manifest erholt, formuliert sie das nächste, spricht »vom Teufel des Alterns«. Dabei hat sie die sonnigste Seite. Auch kohlrabenschwarze. Alle ihre Möbel sind knallgelb angestrichen – und schwarz. Alle ihre Arbeitsmaterialien sammelt sie in schwarzen Ordnern mit gelben Etiketten und schwarzer Beschriftung.

Der Teufel des Alterns.
Sie leidet, und wenn es ihr schlechtgeht, siecht sie, siecht, wenn es niemand sieht. Immer wieder denke ich: So kenn' ich die Karin gar nicht. Wobei wir uns siezen. Innerlich duze ich sie.
Über dieses Scheiß-Du haben wir uns beinahe einmal verkracht, denn ich habe diesen 68er-Reflex unterbrochen und möchte mir die Menschen aussuchen, die ich schon sprachlich an mich heranlasse. Duzen ist eine Sache der seelischen Hygiene und des Alterns geworden. Das *Sie* braucht ja nicht unerotisch zu sein.
Sie hat schöne weiße, weiche Hände und filigrane Finger, und man kann in den Äderchen blau das Blut fließen sehn. Die honigblonden Haare, im Winter sattgelb, im Sommer fahlig, hat sie jetzt leider lang, dem Wunsch des Partners nachgegeben, mit dem sie seit 22 Jahren lebt: »Da steht ja eine Silberhochzeit ins Haus!« sage ich bissig – sie hat es überhört. Die Markanz ihres Pagenkopfs stand ihr besser zu Gesicht und hat sie identischer

gemacht mit dem androgynen Ideal der David Bowie und Victor Lazlo, deren Plattencoverbilder »Low« und »She« sie sofort zeigen kann: »Es kam beim Friseur nie das Bild heraus, das ich gerne von mir gehabt hätte!«

Weibliche Vorbilder hatte sie nie und kann keine öffentlich sichtbare Frau ausmachen, die sie geprägt hätte, vielleicht unter Umständen eventuell die Bachmann, zögert sie, betont dabei den *-mann* und fügt den weiblichen Vornamen der Schriftstellerin zögerlich nach. Eine andere Form des Weiblichkeitswahns? Gerade hat sie sich wieder alle Karl-May-Filme angesehen, und es war wieder, wie vor 20, 30 Jahren ausschließlich Winnetou, der sie in seiner geschlechtslosen Gerechtigkeit angezogen hat. Fuzzi und Zorro, die Comicfiguren, früher. Männer, natürlich. Und Videoclips sieht sie sich an und wundert sich, wenn vor dem Spiegel sich ihr Kopf wegdreht vom Körper. Auf der Stange hängen all ihre Jeans des vergangenen Jahrzehnts, und sie mag, nein, sie kann sich von ihnen nicht trennen – Reliquien der Jugend. Vielleicht, träumt sie in die offenen Schranktüren hinein, vielleicht paßt sie in ihrem Leben einmal noch hinein? Nein. Weiß sie. »Körperlich habe ich meinen Zenit überschritten!« Was soll ich dazu sagen? Zum Glück fällt mir zum Trost der Satz aus dem Gesicht: »Etwas von uns bleibt immer jung, wenigstens die Fotos!«

Aber diese neun Wörter machen sie nicht leichter, das Fliegengewicht, sie schließt höchstens die Augen. Und ich möchte gerne ein Zauberer sein, der mit einem souveränen »Rapunzel, Rapunzel« die Zeit retourniert und uns in jenen Bus zurückversetzt, in dem sie einmal saß als Gymnasiastin und in des Fahrers Rückspiegel fotografiert worden ist. Wer sich in dieses Foto, sie hat es zurückbekommen von einer Großtante, die ins Altersheim umziehen mußte, wer sich in dieses Foto, sie macht darauf ein so unbeschreiblich sphinxhaft bezauberndes Auge, wer sich in dieses Foto, ein Angebot, das sich noch einmal verspricht, wer also sich in dieses Foto, das ein Leben in Schönheit, Sinnlichkeit, Wärme, Wohlstand, Intelligenz, Erfüllung und Glück verspricht, wer sich –.

Jetzt sitzt sie da und hat Angst. Die Etappe ist zu Ende und alle Entscheidungen – was? Verstört hängt sie auf der Couch. Beißt

auf den Backenmuskeln herum, kämmt wieder und wieder das Haar mit der Hand – roter Rolli, blaue Jeans, schwarze Socken. Auf dem Schoß die Katze. Karin, öffnet und schließt den Mund, öffnet und schließt die Arme, öffnet sich, und sofort verschließt sie sich wieder. Sofaecke, verkriecht sich. Sie hat die falschen Entscheidungen getroffen. Sagt sie, und die Lider vibrieren. Zentrale Entscheidungen des Lebens nicht getroffen oder falsch. »Halbherzig studiert«, ein Studium der Romanistik, die sie liebt; wer sie heute kennt, kann's nicht glauben, denn gerade mit 39 und 40 verbucht sie, eine der beliebtesten und erfolgreichsten VHS-Dozentinnen der Stadt, ihre ersten wissenschaftlichen Erfolge als Afrikanistin, ein neues Teilgebiet dieser Literaturwissenschaft. Dann war sie das klassische Opfer unserer Generation, Opfer dessen, was Friederike Hassauer »Quasi-Berufsverbot« nennt, die Einstellungssperre, die die Jüngeren der Jahrgänge schon erwischt hat, Karin Sekora, von deren Können und Lehre heute noch Schüler schwärmen, die sie vor Jahren am Marktheidenfelder Gymnasium als Teilzeitkraft unterrichtet hatte.
Zweifel über Zweifel, Inflation.

Aber Afrika ist weit weg. Natürlich ist sie nah dran. Immer auf der Flucht. Die Nachtträumerin, die Tagträumerin, die Wachträumerin. Lebendig wird sie, heftig, bissig und brillant, wenn's um Frauen geht, um ihre Schülerzeit, um Afrika. Für Afrika vibriert sie seit der frühen Jugend in der Rhön, seit sie in der 68er-Folge mit dem raufmüpfigen »Kritischen Jugend Mellrichstadt« agitierte.
Eines Tages liegt sie, wenn sie's noch zusammenkriegt, früh abends schon nach der Tagesschau im Bett: »Ich habe noch ziemlich genau das Bild vor mir – die Tür, die von meinem Zimmer ins nächste ging, hatte ein Glasfenster, auf das ich geschaut habe, und dann hab' ich mir irgendwie gedacht: Wenn ich groß bin und alt genug bin und es ist wieder so eine Ungerechtigkeit in Afrika, dann kauf'ich mir 'n Gewehr und schieß' selber!« Natürlich hat sie nie geschossen, sie hat sich auch kein Gewehr gekauft, sondern eine Schere und alles aus den Zeitungen ausgeschnitten, was mit dem schwarzen Kontinent zu tun hat. »Ach, die schon wieder mit

ihren Negern!« hieß es am Schulhof. Heute schießt sie mit einem Montblanc-Damen-Meisterstück. Sie schreibt seit Jahren, täglich neben der Brotarbeit an der Volkshochschule, an einer Arbeit über den afrikanischen Autor Aimée Césaire. Alle Kraft nach Afrika, und wenn sie davon spricht, ist es so nah, als wär' es vor der Tür. Was wird wann, wo, wie daraus? Wieder vertagt sie die Entscheidung, flieht in die Flucht.

Das große *Aber.* Sie scheut das Risiko, sie will nicht wagen. Am liebsten hätte sie das Leben noch einmal. Sie würde ihre Kraft anders verteilen, sie würde kalkulieren, organisieren und haushalten mit der Zeit. Sie würde sich einen Dreck um die andern kümmern, nicht um Eltern, Tanten, Lehrer und die Leute, sondern nur um sich. Nur *ich.* Denn wenn sie die Bilanz der Bilder macht, die sie bestimmen, dann weiß sie heute ganz genau, daß das fixe Bild der Außenwelt nie paßgenau die Bilderflut im Innern treffen kann. Und diese Differenz macht wild: »Ich bin in einem Alter, wo man merkt, was man verkehrt gemacht hat und was nicht!« Dieser Satz ist seine Antwort. Sie macht mich traurig.
Sie macht mich traurig, weil ich physisch spüre, was für eine Kraft sie hat und wie kräftig die Blockaden. So zaghaft und verzagt, so ängstlich, umständlich, überbedenklich, beklemmt und unbefreit. Auch Melancholie, und selbstgefällig. Wie im Nebel, wie im Spinnennetz des bösen Traums und deswegen erst recht verschreckt vom Leben.
»Ich bin ein Spätentwickler!«
Das kommt nicht ohne Larmoyanz.
Ich möchte sie anschreien: »Es hat geklingelt! Wach endlich auf! Du bist 40!«

Danach.
Sie möchte lieber nicht zu alt werden: »Was sich besser anhört als sechzig und siebzig – achtzig klingt irgendwie gar nicht schlecht! Das ist ein schönes Wort!«
Etwas von uns bleibt immer jung, und sei es nur ein Satz.

Elvira Bach:

»Immer ich!«

oder

Die Neue Wilde ist alt geworden

Sie ist ihr Bild.
Zwei knallrote Hodenfrüchte in der Krone locken die knallroten Lippen einer lila Frau, die koital den Stamm hinaufreitet. Die gelbe Schlange des Paradieses züngelt um die Urszene. Eine Ikone, so aggressiv wie verhalten, so agitatorisch wie verzagt, traumhaft, visionär, konkret – ein leuchtendgrüner phallischer Baum diagonal ins Bild gesetzt: Mythos des Patriarchats.
Bildwechsel. Eine nackte Frau, fleischfarben von Haar zu Stökkelschuh, ent- und gespannt gleichermaßen, rücklings über einen grünen 50er-Jahre-Cocktailsessel gebogen. Eine Verführungs- und-Bedrohungs-Situation. Symbolisch überfrachtet die Calla-Blüte, die sich lüstern und aggressiv über sie heruntersenkt, Phallus und Vagina zugleich in floraler Bisexualität. Im erotischen Binnenraum ein dreibeiniger Barhocker. Vier phallische Flaschen als Vasen gebraucht für noch mehr herzförmige Calla-Blüten, der Fruchtstengel in voller Erektion. Zielgenau suggeriert das Bild, suggeriert die vibrierende Atmosphäre zwischen Lust und Gefährdung dieser prekären Ich-Entwürfe und ihrer Phantasien: »Immer ich!«
Sie war ihr Bild.
Heftig, plakativ, farbintensiv, neu und wild waren die Leinwände dieser Künstlerin. Ihr Thema – die Frau. Oder, wie ihr Motto radikal verkündet: »Immer ich!«
»Give me a rose und laß mich in Ruh'« heißt ein Masturbationsbild.

Immer ich – das ist die Matrix für all diese Prototypen neuer Weiblichkeit: breite Schultern, Knallfarben, dicke Lippen, asymmetrische Schöpfe, Schenkel, Brüste, Stöckelschuh, aber muskulös. Ihre femininen Stilisierungen sind ganz Körper und glühen in magischer und explosiver Kolorierung.
Elvira Bachs Visionen liefern eine Galerie kongenialer Bildwelten zu den Lebenswelten. In Öl- und Gouachentechnik demonstriert sie eine Serie weiblicher Selbstbehauptungsposen und Opferposen, unverkennbar zeitgenössische Silhouetten und Profile der 80er Jahre.

Sie ist ihr Bild.
Die Neue Wilde ist alt geworden.
Sie ist ihr Bild, ihr Bild ist sie, 40.
Ihre Figuren altern nicht mehr, aber sie.

Ein Bach-Bewunderer von Anfang an, sammle ich Kataloge, Reproduktionen und Ausstellungsbesuche der 1951 geborenen Malerin mit internationaler Galeriepräsenz und dem »documenta«-Erfolg von 1982. Ich treffe sie in der Talsohle.
Verkämpft, verletzt und beleidigt wirkt sie. Es sind mehr als die 40 gelebten Jahre, die in ihrem Gesicht stehen. Ein hartes Gesicht zu den harten Augen, die kaum lachen und in deren Dunkel Verbitterung aufgehoben ist. Eine gekränkte Frau, und ziemlich schnell an diesem Abend deutet sie an und sagt's immer deutlicher, wie wenig Preise sie bekommen hat und wie wenig Präsenz ihrer Werke die großen Sammlungen und die Museen vorweisen könnten. Nicht sagt sie, daß *sie* diese Erfolge nicht vorweisen kann; schiebt nach, sie sei trotz allem nicht mehr zu übergehen!
Dick aufgetragen hat sie den Lippenstift auf ihr großes Gesicht. Knallrote große Blumen auf der großen weiten Bluse ihres mächtigen Oberkörpers. Der Lippenstift malt weit in die Mundpartie seine Spur. Beißendblau die Schuhe mit einem gelben Keder. Sie macht sich auf, inszeniert sich, sie ist ihr Bild.
Sprache ist nicht ihr Metier. Sie haßt das Tonband, das für den Generationsdialog schon läuft. Sie haspelt, raspelt, ihr Sprechen überschlägt sich, der Duktus ist renitent, sie rennt sich in der

Rede davon. Ich versuche zu erfahren, wie sie zu solchen Bildern kommt, und frage nach den 50ern, den 60ern, nach Kindheit, Elternhaus und Ausbildung und nach dem Jetzt. Ihr Durchbruch liegt zehn Jahre zurück, und es war alles sehr schwierig. Es ist schwierig durchzukommen, es ist schwierig hochzukommen, es ist schwierig, oben zu bleiben auf dem Kunstmarkt. Das Schwierigste ist aber für sie weiterzumachen.
Talsohle.
Plötzlich kippt das Gespräch, und launisch wehrt sie ab. Was immer über Leber oder Leinwand gelaufen sein mag, ich weiß es nicht. Sie überschweigt sich oder kann sich nicht vorstellen, daß es von Interesse im Sichtkanal der Jahrgänge ist, wie deutsche Eltern reagieren, wenn ihre 51 geborene weißhäutige Tochter mit einem schwarzhäutigen Mann zusammenlebt und ein gemeinsames Kind hat. Sie überschweigt sich und will nicht gefragt werden, will bewundert werden, aber das auch wieder nicht. Auf vielen neuen Bildern im Atelier haben die Frauen plötzlich Kinder.
In aller Freundschaftlichkeit beginnt sie den Austausch bei Vino rosso und Antipasti und ihrem »Du«, dann grimassiert sie im Gesicht herum, versteckt die Augen hinter riesiger Sonnenbrille und mauert unvermittelt mit Feindseligkeit. Was ist jetzt Leinwand, was Leben?
Sie ist ihr Bild, und ich bedauere, daß ich, anstatt weiter in ihrer beschränkten Bildwelt zu leben, in ihre Lebenswelt eingetreten bin.
Hat sich der Bach-Effekt erledigt?
Eine Malerei des raschen Alterns?
Egoman ist sie, und sie ist sich selbst Programm. Wie lange hält dieser Atem an?
Sie traf einmal den Punkt im Leben der bewegten Frauen ihrer Generation zwischen 1980 und 1990. Sie hält die Momente fest und versteift sie zur Chiffre, zur Matrix, zum Markenzeichen.
Sie ist aus dem launisch-opportunistisch-spekulativen Gespräch, aber ihre Bilder aus jener Zeit bleiben – ein Symbol für den weiblichen Seelenzustand der 40erinnen des Jahrgangs 50, als sie's noch nicht waren, wie aus einem Tagebuch, eine Sekunde im grafischen Journal der Kunstgeschichte.

Bach war für mich wichtig. Weil ihre Bilder für mich wichtig waren, diese bösen, bösgemachten Amazonen feministischer Selbstbehauptung, bös verkämpft und verzehrt zeigen sie das Innenleben der Kriegerinnen der Postmoderne, die ihr labiles Ich demonstrativ ausstellen müssen und die Politik der Ostentation einer bedrohten Identität betreiben, weil ihre neue Weiblichkeit nicht selbstverständlich ist, sich noch nicht von selbst versteht.
Bachs Bilder waren unbedingt. Sie waren schroff wie die Frauen, die damals um ihre Zeit zu kämpfen hatten, wie die Malerin, in deren Selbstporträts sich eine ganze Generation spiegeln kann, mit ihren harten, freudlosen Gesichtern, erstarrt zur Maske der Busineß woman.
Die Zeit und das Alter der Protagonistinnen haben diese Leinwände längst überlebt wie ihre Malerin auch: mit einer großbürgerlichen Wohnung knapp am Berliner Kurfürstendamm, einem großzügigen Atelier in Kreuzberg und einem großen BMW, dessen Farbe noch fabrikneu riecht – etabliert.
Der Existenzkampf ist gewonnen, die Lebensmitte überschritten: Wie geht es w eiter?
An meinem 40. Geburtstag vor zwei Jahren las ich im Feuilleton der »Frankfurter Allgemeinen Zeitung«: »Dorniger Anfang, strahlender Aufstieg, plötzlicher Ruhm, internationale Anerkennung und dann ein stetig nachlassendes Publikumsinteresse.«
Sie war ihr Bild.

Fönrevolution

Siggi Hartmann, Jahrgang 51,
Damenfriseurin,
verheiratet, ein Sohn.

Blendend sieht sie aus.
Sie macht sich gerne schön, sie fühlt sich gerne wohl. Schon immer wollte sie Friseuse werden, seit der Puppenhaarkämmzeit. Der strenge Vater hätte »lieber etwas Anständiges gesehen, Krankenschwester beispielsweise«; sie aber hat sich durchgesetzt und ist nach 27 Jahren im Beruf, 13 selbständig mit Viktor, ihrem Mann, noch immer glücklich mit der Arbeit.
Glücklich.

An ihrem 40. war »viel los, viel Betrieb, viel Herzlichkeit; ich bin nicht zum Denken gekommen, aber vorher um so mehr: Jetzt steht der Vierer vornedran – hört sich das nicht brutal an? Dabei fühl' ich mich nicht alt, und die Vier ist ja auch nur eine Zahl!«
Sie hat zum Geburtstag ein Gedicht geschenkt bekommen übers 40werden, und über diesen Dichter Eugen Roth hat sie sich kräftig echauffiert:

Mit vierzig hört das Leben auf

Das Leben, meint ein holder Wahn,
geht erst mit vierzig Jahren an.
Wir lassen uns auch nicht betören
von Meinungen, die wir gern hören,
und halten, längst schon vierzigjährig,
meist unsre Kräfte noch für bärig.

Was haben wir, gestehn wir's offen,
von diesem Leben noch zu hoffen?
Ein Weilchen sind wir noch geschäftig
und vorderhand auch steuerkräftig,
doch spüren wir, wie nach und nach
allmählich kommt das Ungemach,
und wie Hormone und Arterien
schön langsam gehen in die Ferien.
Man nennt uns rüstig, nennt uns wacker
und denkt dabei: »Der alte Knacker!«
Wir stehn auf unsres Lebens Höhn,
doch ist die Aussicht gar nicht schön –
ganz abgesehn, daß auch zum Schluß
wer droben, wieder runter muß.
Wer es genau nimmt, kommt darauf:
Mit vierzig hört das Leben auf.

EUGEN ROTH

Kräftig echauffiert, geärgert, denn: »Ich hab' mein Alter gern!« Sie läßt sich »nicht gern runterziehen«, sie fühlt sich wohl. Wie sie da in ihrer Couchlandschaft lebt, mal im Schneidersitz, mal Beine übereinander, mal den Fuß unter ihrem Po, lebendig, quirlig, frisch.

»Gerade ist die schönste Zeit meines Lebens!« sagt sie ganz direkt, großes Drumherum ist nicht ihre Geste. Was für eine Freude, diesen Satz zu hören, und ich beneide sie darum, wie sie das mit schöner Unschuld sagt und strahlt, und sie hat den Glanz im Auge, den die Eltern früher von uns Kindern unter dem Weihnachtsbaum erwartet haben. Da ist bei ihr aber nichts unecht. Wenn sie lacht, perlt das Lachen zwischen ihren schönen weißen Zähnen – und das steckt an. Kreatürliches Wohlbefinden – das strahlt sie aus. Blendend sieht sie aus, blendend, wie man sagt. Kommt gerade aus der Kur, der ersten, mit 40.

Natürlich hat sie mehr als eine Falte und am Hals den Ring – hautnah ist sie nicht nur bei der Kundin Jahrgang 51 kritisch dran und ins Beauty-Set lügt sie sich selbst am wenigsten. Natürlich war

die Kur keine Safari – die Wirbelsäule, die Berufskrankheit, wollte kuren, »und die Seele sollte endlich einmal baumeln«. Schöne Unschuld? Nicht ganz. Denn Siggi Hartmann weiß, was sie erlebt hat: »Vor 30 ist man dumm und unerfahren!«
Jetzt lebt sie bewußt. Raucht nicht, trinkt nicht, ernährt sich mit Verstand: kaum Fleisch, vor allem nichts vom Schwein. Natürlich mal ein Schöppchen fränkisch trocken, eine »Homburger Edelfrau«, muß aber nicht sein. Täglich die Gymnastik, weil – sie mag sich gerne straff, elastisch, muskulös und wegen ihres Rückenleidens – Kur! Radfahren und alleine joggen, »das muß sein«, sagt sie entschieden und sich sicher ihrer selbst, »vor allem das Alleinsein ist mir wichtig, brauch' ich unbedingt!« Denn von morgens 8 bis abends 18 Uhr ist sie mit Menschen zusammen und von Leuten umgeben, muß und geht auf jede Kundin einzeln ein. Hier ist sie nicht verwechselbar mit ihrer Einfühlungsgabe. Das tut sie still, das tut sie herzlich, am liebsten aber bei den Frauen ihres Alters. Da stimmt dann ihr Gefühl, Spannung, Ausstrahlung, Geschmack, denn »nicht umsonst haben wir die gleiche Zeit erlebt!«, die 50er, die 60er und jetzt.
Schlimm waren die 50er, und wenn sie erzählt, höre ich mich reden. Das strenge Elternhaus, das strenge Schulhaus, der Schliff im Kirchenschiff und die Angst in der Lehrzeit. Nicht besser war'n die 60er »von heute aus gesehen: Kuschen auf der Tagesordnung. Die heutige Jugend ist viel lockerer, viel freier, das ist gut so. Natürlich haben wir besser ›gespurt‹, aber wir haben ›gespurt‹ aus Angst, das ist nicht gut!« Ein Hauch von Bitternis. »Zum Glück ist diese Zeit vorbei, ich möcht' nicht mehr 18 sein. Ich hab' mein Alter gern!« Ihr Zeitgefühl hat sich verschoben: »Wir wollten doch nichts sehnlicher als älter sein, als 21 werden, volljährig, damit wir machen konnten, was *wir* wollten. Was durften wir denn damals außer nichts. Nichts durften wir. Kein ›Fix + Foxi‹, keine ›Bravo‹, nicht fernsehen, kaum Radio, kein Kaugummi; Schminken, Kleider, Haare, Partys – fast alles war verboten. Einmal in der Woche Ausgang, Kino, höchstens Samstag abend zu der Freundin, aber wenn's am schönsten war, mußte ich schon gehn! Mit 17! Um 10 Uhr abends hatte ich daheim zu sein. ›Keine Sekunde später!‹« zitiert sie, ihr Vater war Berufs-

soldat, und ich höre meinen Vater reden. »Schön solide« hatte man zu sein, »und als ich einmal besonders toll geschminkt war, auffallend angezogen, die Haare kunstvoll hochtoupiert, sagte der Vater an der Tür: ›So gehst du mir heute abend nicht mehr fort!‹« Solche Worte, wette ich, millionenfach im Elternmunde damals formuliert. Siggi hat sich »ausgekämmt, abgeschminkt und umgezogen, alles, plus Stilkamm und Lippenstift, in die Tasche reingesteckt und auf irgendeiner Toilette alles wiederhergestellt!« Wem ist es so nicht auch ergangen? Vor allem unsren Mädchen! »Heutzutage machen die Jungen, was sie wollen. Mein Sohn sagt: ›Mama, ich hau' ab. Holst du mich um 11 Uhr so was ab?‹ Haben die's nicht gut?«

Und wenn sie heute »mit dem Opa« darüber spricht, den sie liebt und der die Enkel liebt und nur verwöhnen will, hört sie, wie alle ihrer Generation von den alten Müttern, alten Vätern, vom Alpenrand zur Waterkant: »Das war die Zeit, Kind, mußt du schon verstehen. Wir wollten nur das Beste!« Kenn' ich.

Was das Beste war, sinniert Siggi in ihrer Bilanz und versucht herauszufinden, was uns alle und sie selbst befähigt hat, diese 60er, die 50er zu überstehen, zu überleben: »Es war die Liebe. Es war die Liebe der Eltern, die wir, ich und meine Schwester, mitbekommen haben. Wir hatten kein Auto, wir hatten kein Telefon, kein TV, und wir bekamen kein Taschengeld; wir sind streng erzogen worden, aber wir wurden geliebt.« Das gab ihr die Sicherheit der Seele. »Meine Eltern waren Flüchtlinge, der Heimatverlust ist bis heute zu Hause ein Thema. Wir waren evangelische Flüchtlinge im katholischen Marktheidenfeld, und dieses Leben war nicht leicht. Da war nicht viel Geld da. Nur am Wochenende gab es Fleisch. Streng ist das Haushaltsbuch geführt worden, und von Mitgift, Aussteuer, Bauplatz, was die Klassenkameradinnen alles hatten, haben wir höchstens geträumt. Oder auch nicht. Denn ich bin so erzogen worden, daß dies uns eben nicht möglich ist. Fertig!«

Sagt sie, und auf ihrer Stirn streiten sich für ein paar Sekunden die Sorgenfalten mit dem Strahlenden, was diese Frau so stark macht und so positiv.

Und als ich sie nach dem Schmerzhaftesten der Schulzeit frage, wie das sie geprägt hat für das Jetzt, fürs Heute, weiß sie, ohne zu überlegen: »Das Pausenbrot.« Sagt sie, schluckt. Ich stutze. Sie schluckt. Und ich muß noch einmal fragen: »Es waren zwei Scheiben mit Margarine. Die Schule war im Alten Rathaus, und gegenüber war die Bäckerei Preuß. Die Buben und Mädchen sind halt selbstverständlich in der Pause rüber, haben sich Brötle und Hörnle geholt oder sich sogar einen Mohrenkopf gekauft. Hat ja alles nur ein paar Pfennige gekostet, aber ich hatte sie einfach nicht. Wir hatten das einfach nicht. Auch nicht für Schulmilch oder gar Kakao. Das war für mich sehr schmerzlich, und ich hab' die anderen sehr beneidet!«

Das ist so ein Moment bei diesem Reden, wo mir die Tränen ganz schnell ganz hoch steigen und mir mein Gesicht außer Kontrolle gerät. Ich kann schmerzlich nachvollziehen, was damals in ihr vorgegangen ist, auch wenn auf meinem Pausenbrot Butter und Marmelade oder Wurst und Butter lag – meine Mutter hat die Brote selbst und nach unserem Wunsch gerichtet und geschmiert, und auch dafür hab' ich damals sie geliebt. Ich schäme mich im nachhinein für dieses Privileg, denn wir waren zusammen in der Schule, und von ihrem Kummer hab' ich damals nichts bemerkt! Auch wenn ich selbst die Klassenkameraden beneidete, die sich Brause, Kaugummi und Kissinger kaufen durften. Wobei ich oft genug getauscht habe und Michi neulich erst mir eingestanden hat, daß er nie im Leben aus seiner Geschäftsfrau-Mutter Hand ein Pausenbrot bekommen, meiner Hausfrau-Mutter Brote und die Liebe drin dafür um so heißhungriger verzehrt habe.

Gern erinnert sich Frau Hartmann an die Ferien der 50er: »Mit dem Fahrrad auf 'ne Wiese, Ballspiel, Federball, Vesper aus dem Picknickkorb und keine Angst vor Lehrer und vor Schule!« Ein bißchen guckt sie kurz verklärt: »Arm, aber irgendwie doch schön!«

Wir schweigen.

»So richtig toll leb'ich mich eigentlich erst jetzt mit 40!« bricht es plötzlich aus ihr raus. Die 50er, die holt sie nach. »Mit 30 hat das angefangen, dann noch fünf Jahre denken, zögern, zaudern und

nicht wissen, und mit 35 hatte ich so eine Kraft, einen so starken Willen, daß ich mich mit einem eigenen Geschäft selbständig hab' machen müssen. Von innen heraus kam der Drang. Es mußte sein. Unbedingt! Weil ich irgendwie wußte, daß ich das mit 40 nicht mehr bringe. Ich habe mich top gefühlt, habe Seminare besucht. Es war einfach sagenhaft. Es war der Gipfel.«
Sprüht sie, »die Siggi«, blüht sie.

Ich sitze auf der Männerseite beim Friseur und gehe durch den Lesezirkel. Immer wieder die Affären des Skandalministers Krause; auch Gauweiler macht Faxen bei uns hier, verschiebt, vertagt, vertröstet, weil ihm ein plötzlich in Franken politwandernder Bundespräsident natürlich opportuner ist als ein Heimatfest und die wild in Angriff genommene Bundeskarriere des Bürgermeisters von Gemünden, der sich für keinen Kotau vor seinem Jahrgangsgenossen zu schade ist. Ich bin dran, Siggis Ehemann und Partner Viktor nimmt mich unters Messer, graue Haare, lichter Schopf, und er fragt mich wieder, ob er denn kaschieren solle, das Geheimratseck wird immer eckiger.
Im Spiegel seh' ich Siggi, und es ist schön, ihr bei der Arbeit zuzusehen. Kein Schickimickitempel ist der Salon, eher elegant und honiggelb, die Spiegel im Facettenschliff. Fast hat sie etwas Schwebendes, wie sie schneidet und frisiert, Daumen und Ringfinger in der Modellierschere; innig, konzentriert und umsichtig mit dem Kopf der Kundin befaßt, lobt sie »das schöne Haar« und tröstet über einen Wirbel weg; die Choreographie der Finger lebt aus der Akkuratesse sanfter Bestimmtheit, sie zupft die Strähnen, läßt die Haare wippen, rechte Hand Föhn, linke Kamm, geschickter Armwechsel, im Dreiviertelkreis um die Dame herum, ganz angetan in Weiß natürlich, stoffüberzogen die Knöpfe des Kasacks, ein Kontrollblick auf den Bubikopf im Nachbarstuhl, ein Tip für Elke, ein Rat für Simone, halb Krankenschwester ist sie und halb Ballerina. Wie sie mit den Fingern durch die Haare fährt! Sie kreiert ein magisches Feld um das Haupt, das sie behandelt, dem Haar, das sie knetet, wächst Fülle und Volumen, Handwerk sei dies »halt«, sagt sie daneben, setzt die blaue Klam-

mer, um Stützhaar zu schneiden mit der Effilierschere. Und wieder kämmt sie den Kopf mit den Fingern.
Leider bin ich keine Frau und kriege keine Dauerwellen.

Nicht nur sie selbst hat sich verändert: »Mein Beruf ist mittlerweile total der Mode unterworfen. Ohne Kurse keine neue Technik«, denn jeder neue Schnitt verlangt 'nen andren Kniff. Ökologie und Aids haben Einfluß aufs Gewerbe, und als wir über unsre Sixties reden, die Hippies, Beatles, Beatniks, die Studenten, verblüfft sie mich mit: »Das waren schlechte Zeiten für unseren Berufsstand. Wer lange Haare hat, geht nicht zum Friseur! Deshalb haben damals viele Kollegen dichtgemacht!« Die Revolution für das Friseurgewerbe kam dann etwas später, und zwar mit dem Fön: »Es ging bergauf! Denn noch die älteste Oma hat sich jetzt nicht mehr unter die Haube bringen lassen und wollte die neue natürliche Frisur!« – »Übrigens«, sagt sie: »Den Gottschalk find' ich gut: intelligent, witzig, spritzig und – blondiert!«
Jetzt bin ich dran.
»The barber shaves another customer«, singt das Radio, der Beatles »Penny Lane«. Viktor, der rasante Schneider, hat mich noch immer unter seinen Scheren, Messern und richtet mir Kontur und Kugelkopf. Wie ein Torero macht er um mich rum.

Mit Siggi war ich in der Kirche, wir hatten zusammen die Konfirmation. Da gibt's ein Foto. Ich, wie das so ist, in der Gottesmännergesellschaft, mit den neun anderen Buben auf den oberen Stufen, ziemlich ergriffenes bis verzagtes Gesicht, verquollen-verheulte Augen, weil gottesfürchtig und Angst vor dem Herrn Pfarrer; damals richtig gläubig. Sie unten, ganz links außen, den Oberkörper sacht, fast ängstlich an die Freundin angelehnt, leicht toupierte Hochfrisur alla moda 1964, ein Kränzchen aus Myrthen vom Blumenfensterstock ins Haar geflochten, Ponyfransen in die Stirn und vors Ohr »Herrenwinker« in die Wange reinfrisiert. Mitgenommen sieht sie aus, schüchtern und verängstigt: »Aufgeregt«, sagt sie, war sie damals, »und nicht glücklich!« Mauerblümchen war sie, zu Schulzeiten, blaß, von kaum jemanden wahrgenommen. Am wenigsten von sich selbst.

Aber jetzt!
Sie hat aufgeholt.
Sie hat sich gefunden, ihren Typ.
Jetzt ist sie zu sich gekommen. Identisch. Sie selbst. Glücklich, blendend, schön, zufrieden.
Und ihre Grenzen kennt sie auch. Zum Beispiel wenn's um Minis und um Leggins geht, die sie locker tragen könnte, weiß sie ganz genau: »Aus dieser Mode bin ich rausgewachsen; den Mini hab' ich mal früher und ganz kurz getragen – heute fände ich mich darin albern. Die Leggins sind für Sport und Hausputz, die Hot pants sind ein Symbol der vergangenen Jugend.«
Und, wir reden übers Heiraten, übers Zusammenleben ohne Trauschein. Sie, sagt sie, würde heute nicht mehr heiraten, »was nicht gegen meine Ehe spricht, sondern für mehr innere Freiheit und Unabhängigkeit – einfach dieses Gefühl haben für Freiheit!« Darum beneidet sie die jungen Frauen heute schon.

Siggi Hartmann weiß auch, daß Alter – für sie ist das Angst vor dem Verlust der Gesundheit – erst über sie herfällt, »wenn's mir eh' nicht gutgeht, und das ›Ach, Quatsch – was issen Alter!‹ ist gleich wieder da, wenn ich mich fit fühle. Und fit fühl' ich mich meistens!« Spätestens als die Lehrlinge so als sind wie der eigene Sohn, 17, hat sie *es* kapiert: das Ende ihrer Jugend.

»Ich hab' mein Alter gern!« sagt sie und: »Ich bin ein Spätzünder!« Sie lacht: »Deswegen werde ich auch später alt!«

Thomas Gottschalk:

»Die 40er sind alle irgendwo verwechselbar!«

oder

Von Gott, vom Schalk und vom Scheitern

Daß er ein gläubiger Christ ist. Daß er gerne nachmittags im Biergarten unerkannt ein kühles Helles zischen würde. Daß er gerne Englandkorrespondent der »Süddeutschen Zeitung« geworden wäre. Daß er sich für einen Dünnbrettbohrer hält. Daß er nie die Ausdauer zustande brächte, ein Buch zu schreiben. Daß er hofft, er wäre unter den Nazis kein Unterhaltungsmephisto geworden. Daß er mit Wehmut Abschied von den Haaren nimmt, aber keinen Abschied von den *langen* Haaren. Daß er tierisch leiden kann und sich barbarisch ärgert. Daß er in der Öffentlichkeit weder leicht- noch schwerfertig über seine Sexualität spricht. Daß er nicht vergißt, wie klein er einmal angefangen hat. Daß er lieber Mofa oder Bentley fährt als einen Audi. Daß eine Frau ihm vollblütig und vollbusig am liebsten ist. Daß er das Leben kennt. Und daß mit 40 sein Zenit überschritten ist:
Thomas Gottschalk, geboren 1950.

Mitten drin anfangen im Satz, dann sind wir bei ihm.
Und am Ende ist es auch schon vorbei.
Kaum ein Mensch, den ich kenne, der so *da* sein kann.
Aus dem *Jetzt* leben.
T. G. ist der Atem und sonst nichts!
Mein Gott, eine Menge.

Quälend beim Schreiben, wie bekannt er ist und wie weit in den Allgemeinbesitz übergegangen. Die Öffentlichkeit hat ihn längst enteignet, als ich ihn treffe und mit dem Satz nach Hause gefahren bin: eine Lust, ihn arbeiten zu sehen! Und, bilde ich mir ein, eine Lust, darüber zu schreiben. Über den federnden Gang, über die Leichtigkeit der Anstrengung und über die Spannung, die natürlich spürbar ist in seinen Sehnen und Muskeln von der Ferse bis zum letzten Halswirbel. Gerne so sein wie er oder begehrlich etwas von ihm haben wollen, etwas von diesem scheinbar unerschöpflichen Vorrat an Positivem, ein paar Schritte seiner Leichtfüßigkeit, ein paar Salven aus dem Lachreservoir, die mir, in den letzten zehn Jahren, das Leben, sag' ich einmal so pfaffophil, das Leben weggenommen hat. Während er *es* bekam, den Grund zur Freude, die immer schon da war, die Möglichkeit, seine Möglichkeiten auszuschöpfen, seine Gaben zu realisieren, Chancen, die er ergreift, und der Aufstieg, vordergündig ohne Verlust.

Wenn ich ihn beneide, dann gönne ich ihm die Differenz, falls ich neide, dann neide ich ohne Galle.

Was aber will ich?

Über ihn schreiben. Den 40jährigen porträtieren. Das nationale Eigentum reklamieren für die Generation.

Eine Lust, über ihn zu schreiben? Den leichten Wurf dahin, die Tinte tut's, der Kugelkopf ganz von alleine.

Nein. Immer dreht's ihn vor mir weg, wieder hab ich ihn, schon die nächste Pirouette – Gottschalk krieg' ich nicht zu fassen.

Zentnerweise habe ich Leitzordner mit Zeitungsausschnitten durchgeackert und mir den Kopf überfressen mit Durchfall und Gequirle der Boulevard- und Yellow-Press. Kaum Seriöses. Zentnerweise und erschreckt: Gottschalk ist nun wirklich kein unbeschriebenes Blatt. Wie will ich denn zu meinem unbeschriebenen Gottschalk kommen, wenn alles an ihm, von der blonden Locke über die Galle zum Gemächt bis runter untern Turnschuh, wenn nachgerade alles ge-, be-, zer- und verschrieben ist, nieder- und kaputtpubliziert? Den unbekannten Bekannten einzufangen, stelle ich angewidert fest, ist auch mein heimlicher Ehrgeiz. Was tun? Denn Gottschalk spricht nicht über Intimes und läßt ins Innere seines Hauses keinen Schreiber mehr.

Mich interessiert überhaupt nicht, wieviel Kohle er schon hat und welche Karrieren er noch macht, wann er Geschäfte abschließt und mit welchen Gangstern oder Gentlemen, was an Größenordnung Geld er kriegt, dieser Gottschalk.

Was ist das für ein Kerl? Das will ich wissen.
Ich war bei ihm – jetzt weiß ich es.
Gottschalk ist ein Typ, mit dem ich gerne öfter zusammen wäre.
Thomas ist ein Typ, der einem aus der Patsche hilft. Und mit Tommy kann man sich totlachen.
Wer kennt schon solche Typen?

Trotzdem. Ich habe mit meiner Meinung einen schweren Stand und stehe immer im Begründungszwang. Ob Karin, meine Tanzstundenflamme, mich mit mürrischem Gesicht quittiert und referiert, was in aufgeklärten oder alternativen Kreisen an Gottschalk-Sünden angekarrt werden kann, oder der gleichaltrige M. B., Sekretär einer Philosophiestiftung, der durchs Telefon prustet: »Ist das nicht der große Blonde mit dem schwarzen Loch da, wo andere ein Gehirn haben!« Stephan, der Oberstudienrat, Walter, der Wasserwart – alle 40, und alle rümpfen die Nase. Was ihnen der Gauweiler in der Politik ist ihnen der Gottschalk für die Gaudi. Natürlich nicht Ditfurth, natürlich nicht Carrière, natürlich nicht »aspekte«. Und immer geht es um Geld. Um Geld und um Quatsch. Und da ich mich und sie und viele 40er gut kenne, formt sich mir allmählich die Erkenntnis, warum dieser Gleichaltrige von so vielen Gleichaltrigen abgelehnt, so aggressiv abgewehrt wird. Vor allem für die, die einst einmal so gerne, so laut, soviel, so blödelnd gelacht haben, für die ist Gottschalk die schmerzliche Erinnerung ans unbeschwerte Früher. Er hat bewahrt, was den meisten abhanden gekommen. Das, was uns das Leben, vornehmlich das beinharte Existenzgründungsjahrzehnt zwischen 30 und 40, abgetrieben hat, Lockerheit und leichten Sinn und Un-Sinn, lebt dieser Kerl und läßt sich dafür seine große Nase noch vergolden. In mittelständischen Kreisen ist es nicht nur erwachsenes System, es ist nachgerade Pflicht, ihn beschissen zu finden. Das paßt zum verkniffenen Gesicht unserer Kultur und zur miesepetrigen Physiognomie des Landes überhaupt.
Egal. Ich find' ihn gut.

Und als er ins Büro kam, war er mürrisch, mißtrauisch, finster fast und hatte kleine Pupillen. Als wolle er mir einen Gefallen tun. Ich war schon froh, nicht dieses Honigkuchenpferdgesicht mit der einbalsamierten US-Straßenkreuzer-Kühlergrill-verchromten Lache die nächsten 60, 120, 240 Minuten vor mir zu haben, nicht mit diesem TV-Abziehbild den ganzen langen 19. 12. 1990 lang verbringen zu müssen, denn mittags war ich noch zur RTL-Probe, und für den Abend hatte er mich als Zuschauer in die Ausstrahlung eingeladen.
Gottschalks Größe 40 wollte ich kennenlernen. Sonst nichts.

Der 40. Geburtstag, der erste Geburtstag überhaupt, auf den er Zeit und Mühe verwandt hat: »Es war eine Standortbestimmung!« Eingeladen waren ausschließlich Freunde, und, stellte sich heraus: »Es war eine Altherrenrunde. Menschen, denen ich verdanke, daß ich den 40. *so* feiern konnte als der, zu dem ich geworden war, Menschen, von denen ich an- und übernehmen konnte, Menschen, denen zuzuhören, von denen gelernt zu haben sich für mich gelohnt hat, meine menschlichen Mentoren. Gunter Sachs zum Beispiel, der vom Leben gereifte Playboy, den ich schon als Oberschüler toll fand, wie er in weißen Hosen herumlief, nur mit weißen Hosen, ohne Schuhe, ohne Strümpfe – heute ist der Menschenkenner Freund und Berater. Oder mein Winnetou von früher, Pierre Brice. Oder Horst Wendtland, der mir wie nebenbei das Autograph von Rilkes Gedicht ›Der Panther‹ mitbringt. Oder Vater Genscher, der mich mit seiner Rede aus dem Stegreif zutiefst gerührt, zutiefst berührt hat. Donnerwetter, hab' ich mir gedacht: Machen sich diese berühmten Menschen auf den weiten Weg, mit mir meinem 40. zu feiern. Du hast also doch eine gewisse Bedeutung, hab' ich gedacht und hab's genossen, aber am nächsten Tag war's auch schon erledigt.« Glaub' ich ihm auch, wenn er das sagt und sich als »unbedeutend im Räderwerk von Zeit und Wichtigkeit« taxiert: »In einer Zeile von Rilkes ›Panther‹ ist mehr Geistessaft und Dauerwirkung als in fünf Gottschalk-Sendungen, und ich kann mir nicht vorstellen, daß im Jahr 2000 zu einem 50. Geburtstag jemand eine ›Wetten-daß‹-Kassette verschenkt, aber sehr wohl einen Rilke-Vers.« Das ist realistisch,

auch wenn er sich »für keinen großen Reflektierer« hält, was untertrieben ist, na klar. »Aber mit 40 fängt das ja vielleicht sogar auch bei mir an«, sagt er nicht einmal verschmitzt, denn »mit 40 ist irgendwo Halbzeit«, Pause, eine für Gottschalks atemlose Rhetorik lange: »Halbzeit – wenn ich Glück habe!«
Gottschalks Mißmut ist verflogen. Er kratzt seinen Dreitagebart, kuschelt sich in den lammweißen Wollpullover, die Lederjacke hat er über die Lehne geschmissen, der linke, lange Jeans-Hacksen lässig auf dem roten Sofa. Überhaupt ist hier alles rot: der rote Glasschrank mit dem roten Feuerwehrauto neben dem roten Nikolausstiefel. Ein rotes Off-shore-Plastik-Spielzeugboot. Rote Rollos vor dem weißroten Schreibtisch mit roter Tasse, Pfeifen drin. Auf der Fensterbank ein Spielzeug-Gottschalk im Einmachglas.

Ungemein sympathisch.
Neutralisiert kam ich hier an. Ich bin nicht das große TV-Auge und meide die Kiste, wann immer ich kann. Irgendwo hatte ich ihn als stehengebliebenen Klassenclown im inneren Leitzsystem gelocht und abgeheftet. Und dann wieder vorgeholt, denn er ist schließlich nur 23 Tage älter als ich.
Und wie wir so beieinanderhocken, gleich liegt mein Fuß auch auf dem roten Kissen eines roten Blechbüchsenhockers mit dem Aufdruck »Red Box«, hat er sofort die Stimmung einer Schülerzeitungsredaktionssitzung entstehen lassen, oder wir organisieren die Klassenparty, das Schulfest, baldowern die Strategie des Handballmatches gegen die Parallelklasse aus und müssen jetzt gleich unter die Dusche, in den Bubenumkleideraum oder die Turnhalle – in jugendlicher Unbefangenheit bei erwachsener Distanz: Wir reden unverstellt, direkt und unmittelbar.

»Alles Tinnef!«, was er macht. Mustert mich von Kopf bis Fuß, blaurot war's mir heute vor dem Schrank zumute, und so seh' ich aus: »Endlich!« ruft er aus und seinen Freund und Geschäftsführer Antonio Geissler in den roten Raum: »Endlich ein Mann, der farblich in mein Büro paßt!« Antonio, da steht er auf dem taubenblauen Boden, geht wieder, denn er, lumpige 33, weiß natürlich nicht, wovon wir reden – Thema: Trau keinem unter 40!

Gottschalk: Von wegen Luftikus! Toughe 180 Minuten reden wir, und jeder Fernsehbürger weiß, daß G. das vierfache Tempo des Durchschnitts draufhat. Straff, konzentriert, hellsichtig, klar gegliedert ist die Rede, und mit 1., 2., 3. rattern wir den Jahrgang runter: »Das Schöne an unserer Generation ist ja, daß wir, ich bin ein Fast-food-Typ, Fast food und French cuisine auf eine Linie bringen. McDonald's und Witzigmann. 2 CV und Jaguar, VW Käfer und Bentley, Beethoven und Tina Turner, die Dachwohnung und die Villa. Ich mag diese Audi-Grauzone nicht! Ich kenn' die Aldis, Tengelmanns, Normas und Spar-Läden und das Sortiment sämtlicher Autobahnraststätten besser als Käfers Feinkotzladen. Ich hab' in meinem Leben tausendmal mehr ›Lila Pause‹ verdrückt als Kaviar! Auch das Duzen ist kein Problem. Mich duzt eh' jedes Kind; selbst der Anstreicher, der zu uns ins Haus kommt, sagt: ›Eh', du, das machen wir aber blau!‹ Meine ›Dus‹ sind aber keine Genossen-Dus, keine Kumpel-Dus, keine Chef-Dus, aber auch keine alternativen Müsli-›Ach-weißt-Du‹-Dus!.
Bei Genscher ist das ein Problem, bei Ernst Fuchs auch, hochberühmte ältere Herrschaften. Wenn ich Lemke oder Millowitsch geduzt habe, ging ein Aufschrei durch das Fernsehland: Wer älter ist, hat gesiezt zu werden. Unsere Väter würden sich auch nicht gleich duzen!« Und Gauweiler? »Gauweiler?« denkt er nach: »Ehemm.« Er schindet Zeit, faßt sich an die Lederkappe, zieht das Schild ganz tief in die Stirn, hebt den Kopf, luert, linst drunter vor, faßt mich scharf ins Auge: »Aufgrund der mir fremden politischen Einstellungen, ist 'ne andere Welt, weißt du, und: Ein *40jähriger* Minister ist fremder als ein 20jähriger Bauarbeiter oder ein 60jähriger Schreiner – ich würde Gauweiler siezen!« Er zupft an seinen fettigen Strähnen. Diese Frage war ihm natürlich peinlich, dem lieben Harmonisten. Schaut gen Himmel, gen Zimmerdecke, gen Ventilator. Lachen.
Lauter Ventilatoren, an Decke und Anrichte, ein Tischventilator auf Rolls-Royce-Kühlerplastikhaube, nebendran ein Benjamini und ein aufgespannter rotweißer Coca-Cola-Sonnenschirm. Stand nicht irgendwo ein Tischfeuerzeug herum in Form einer Plastik-Harley-Davidson mit Amiflagge dran? Umzingelt von mexikanischen Tontieren, die man mit Wasser füllen und mit

Kresse grün zum Blühen bringen kann. Plüschteddy. »Augenschmaus«, der Bildband von Manfred Deix. Plastikverschweißte Schallplatten der Rolling Stones. Ein Geschenkkarton »Egoiste« Eau de toilette. Goldene Schallplatten. Ein echter, handgemachter Deix: Gottschalk wird älter und fetter. Links davon das Buch »Haarausfall«.

Der ist nicht dumm. Und ist vor allem nicht nur easy.

Wie er mit der Kirche herumhadert, zum Beispiel, der gläubige Katholik. Vom »Glauben ans liebe Jesulein« hat er sich zum Christus der Bergpredigt entwickelt. Aufgewachsen »in einem Netz von Religiosität, der Onkel Pfarrer, die Tante Ordensschwester, und als ich mit zwölf Halbwaise wurde, war der männliche Erzieher und väterliche Freund ein Geistlicher«. In diese »Glaubenssituation hineingeboren, war das alles für mich immer überhaupt keine Frage.« Betest du? »Ich bete!« Heute noch? »Heute noch!« Wirklich? »Wirklich!« Wann? »Ich bete immer, wenn es mir schlechtgeht!« Wann geht es dir schlecht? Keine Antwort.

Er glaubt an Gott. Er glaubt an das ewige Leben. »Frömmelei und scheinheilige Frömmigkeit halte ich für sinnlos. Das ist nicht meine Religiosität. Es ist auch nicht so, daß ich sage: ›Moment mal! Jetzt bin ich 40. Es muß doch mehr im Leben geben als –‹ Nein, so ist das nicht. Das ist eine gewachsene Sache. Und wenn es mir gutgeht, denke ich: ›Scheiße! Beteste wieder nur, wenn's dir schlechtgeht.‹ Also bete ich wieder: ›Lieber Gott‹ und so!«

Ich muß ihn angeglotzt haben! Glotzt zurück und versteht nicht, warum ich nicht verstehe. Treibt er gerade seinen *Schalk* mit *Gott* und mir?

Es ist ihm selbstverständlich! Wenn andere sich »auf die Couch legen oder pendeln oder einen Kristall in der Hose haben, warum soll ich das Gebet nicht nutzen als Besinnungsmoment?« Du und Besinnung? sage ich. »Jawohl!« sagt er. »Dann halte ich für eine Weile mein Maul, ordne meine Gedanken, Pläne, Wünsche und formuliere meine Hoffnungen. Wem soll ich's denn erzählen? Das sind also Dinge, weißt du, wo ich mir sage: ›Ja, wenn es ihn gibt, dann hört er mir zu. Und wenn es ihn nicht gibt, hab' ich wenigstens meinen inneren Kramladen wieder mal geordnet!‹« Und beichten? »Und beichten! Für mich ist der dunkle Kasten nicht unmöglich. Das hat etwas Gewisses. Ich geb' ja zu, ich war schon länger nicht mehr drin, einen Rosenkranz beten zur Buße, weil ich so eitel war und gedacht habe, daß mein ›Wetten daß . . . ?‹ die beste Unterhaltungssendung der Welt ist. Ich muß das auch nicht konventionell abziehen. Hier nehme ich mir aufgrund meines persönlich guten Verhältnisses zu Gott schon heraus, daß ich mir die Frauenkirche erspare. Er weiß, warum, und wir machen das unter uns aus.«

Ich sehe mir diesen Gottschalk an, als läge er als Präparat in Spiritus. Wunderlich. Kaum zu fassen. Paßt nicht ins Bild. Auch das hat er sich also erhalten, den Kinderglauben. »Nein, nein!« protestiert er sofort. »Natürlich stand der Glaube nie in Frage, aber heute nagt der Zweifel an der Institution: Handelt der Papst denn im Sinne Christi? Ich habe große Not, ich habe allergrößte Probleme mit der Kirche, ich lese Deschner, Drewermann, Küng und Ranke-Heinemann, und ich war dem Kirchenaustritt noch nie so nahe wie heute!« Ich hatte mir von ihm gewünscht, daß er aus all seinen Wojtyla-Kritiken heraus Rom den Rücken kehre – »noch nie so nah«, sagt er, tut's aber nicht. Warum? »Was würde *ich* denn erreichen? Küng ist schließlich auch nicht ausgetreten. Ich habe immer noch Hoffnung, und schließlich weiß jeder gute Christ, daß jeder Mensch einfach Fehler hat!« Kleinmütig, lieber Tommy! »Dann«, schlage ich vor, »besorge dir eine Audienz bei Wojty, oder hol ihn dir auf deine Bank, und les ihm die Leviten!« Da guckt er, überlegt und kontert: »Ich bin zwar wirklich ein Utop, aber so weit, daß ich meine, daß *ich* – Mann, ich scheitere ja schon an den Bischöfen, denen ich extra eine Aschermittwochspredigt gehalten habe. Die geben mir zwar alle recht, aber es war für die Katz!« Gerade deswegen: Was für ein Signal, wenn *er* öffentlich und demonstrativ die Kritik an der Kirche mit Konsequenz betriebe. Sagt er nicht: »Ich müßte ja ein Blinder sein, wenn ich den Zustand der Kirche nicht zur Kenntnis nehmen würde?« Warum also nicht ohne Institution glauben, beichten und beten, wenn er seinen Wunschkandidaten für den Chefsessel im Vatikan eh nicht würde durchsetzen können: »Küng als Papst wäre für mich nur natürlich!« Wetten, daß . . . ?

Ganz ruhig reden wir miteinander. Er ist nicht überdreht, nicht gagig, produziert keine Pointen, keine Gags und macht nicht den faulen Witz. Die Augen schließt er bisweilen, oder die Lider schieben sich über die Augäpfel für eine stille Sekunde. Wir sprechen übers Scheitern, über den Schmerz.

Nur manchmal schiebt der Vorhang der Pupille / sich lautlos auf. / Dann geht ein Bild hinein, / geht durch der Glieder angespannte Stille – / und hört im Herzen auf zu sein.

Ein kurzer Anflug Säuernis, oder ist er nur einen Bruchteil perplex, daß ich halbherzig und vermeintlich vorauswissend die Frage nach seiner Leidensfähigkeit stelle: »Ja, meinst du denn, ein heiterer und besonnter Mensch kennt nicht die Tiefen des Alltags, den Durchhänger? Natürlich ist der Optimismus einer meiner grundsätzlichen Ausstattungsgegenstände, aber wenn du mich nach Tod und Testament fragst, was soll ich dir da sagen? Daß ich kein Testament mache aus Angst, das alleine könnte Anlaß fürs Sterben sein – mein Vater starb, und ich war zwölf.
Genügt dir das? Im übrigen bin ich Selbstverkäufer. Ich vermittle für Geld an fremde Menschen Fröhlichkeit und Wohllaunigkeit, und ich muß um 20 Uhr 15 im Vollbesitz meiner guten Laune sein. Wenn um 17 Uhr diese gute Laune abhanden kommt, weil mein Sohn die Kellertreppe hinunterfällt, meine Frau mich als das größte Arschloch der westlichen Hemisphäre bezeichnet, mein Hund in einen Zimmermannsnagel tritt, und meine Frau mittlerweile wegen meiner Arschlöchigkeit mit dem Tennislehrer durchgebrannt ist, dann wird es eine Scheißsendung. Ich arbeite ja mit vollem Risiko, ohne jegliche Erfolgsgarantie, ohne Ghost- oder Gagschreiber. Ich lebe und arbeite im Grunde daraus, daß es mir gutgeht. Wenn es mir gutgeht, bin ich gut. Mich selbst unter Streß zu setzen bringt überhaupt nichts. Ich bin keine Bonmotmaschine. Unter Witzzwang geht nichts, auch nicht mit Schampus – wenn ich das bräuchte, würde ich's lassen.«
Natürlich reden wir über den Schmerz. Die schwere Stunde. Implizit. Ich will aber die Einzelheit.
»Scheiße, denke ich manchmal, wenn du diesen Beruf nicht hättest! Nicht den Samstagabend-August der Nation spielen wür-

dest! Das Ganze ist alles Scheiße! Alles falsch gelaufen! Ich kann im Sommer eben nicht mehr unerkannt ein kühles Helles im Biergarten zischen! Das sind so Punkte. Ich muß mich von irgendwelchen Schreiberlingen irgendwelcher hinterbayerischer Anzeigenblättchen zum Deppen schreiben lassen! Irgendwelche Arschlöcher hecheln mit Superteleobjektiven hinter meinen Kindern in Kalifornien her oder observieren uns hier, rauben mir das Privatleben und behaupten, ich behandle meinen Sohn Roman wie einen Prinzen und kaufe ihm vergoldete Mountainbikes, sein Rad sei, so stand's in irgendeinem Massenblättchen, der Rolls-Royce unter den Rädern – totaler Quatsch! 98 Dollar im Supermarkt. Ich bin selten, nie glücklich über das, was über mich in der Zeitung steht. Und an die Nieren geht es, wenn plötzlich meine Galle zum Staatsthema Nummer eins wird oder der Bauantrag des Bürgers G. von der ›Bild am Sonntag‹ zum Nationalthema hochgejubelt wird. Oder wenn urplötzlich die Yellow Press aufgedeckt haben will, daß ich krumme Touren gedreht hätte mit der Adoption unseres zweiten Sohnes – das war furchtbar. Dabei war es eine absolut legale Jugendamtsgeschichte, die war so legal, da hätte die Eisenbahn drüberfahren können, und dann sitze ich mit der weinenden Thea zu Hause, die dieses Kind, das ja schon bei uns war, auf dem Schoß hat, und ich denke: ›O Gott, jetzt nehmen die uns das Kind wieder weg, weil sie im Jugendamt nicht das Standing haben, dem Druck der Boulevardpresse standzuhalten!‹ Bei jedem normalen Menschen hätte kein Hahn danach gekräht – es ist nur meine Popularität, die Sensationsmache und die Mißgunst der Massenblätter. Das sind so Momente, wo du überlegst, den Löffel abzugeben.«
Das Syndrom. Natürlich ist er gerne berühmt. Aber er macht sie auf, die Kosten-Nutzen-Rechnung: »Im Rückblick dann bedauere ich diesen Ruhm, und im nachhinein tut mir diese Laufbahn leid. Und ich frage mich: ›Stand das alles dafür?‹ Das sind dann meine Gedanken in dieser Not!«
Und wenn er an einem solchen Tag Sendung hat?

Sein Blick ist im Vorübergehn der Stäbe / so müd geworden, daß er nichts mehr hält. / Ihm ist, als ob es tausend Stäbe gäbe / und hinter tausend Stäben keine Welt.

An der Öffentlichkeit des Klatsches ist er gescheitert, der Gottschalk. Der »Bunten« hat er ihren »Burda«-Bambi zurückgeschickt, weil sie das Ende der Ehe Thea und Tommy proklamiert hatten. Überraschend scharfe Konsequenz. Ausdruck größter Verletzung.

Überhaupt spricht er viel zu oft vom Scheitern. Viel öfter, als daß es in mein Bild paßte.

Wie er da auf der fahlroten Couch flegelt, leicht erschöpft, ein bißchen matt, als habe er das Jonglieren satt oder den Drahtseilakt, zwischen Glück und Absturz, Jubel und Schmäh, Geld und Armut. Dauernd spüre ich, daß er denkt, ich dächte, und zwar an sein Geld. Das muß furchtbar sein. Natürlich denke ich über seine Honorare nach und vergleiche sie mit meinem und dem Durchschnitt der 40er-Einkommen. Muß ich. Dann schnappt hinterrücks so ein Mißtrauen nach seinem blauen Blick. Wieder luert er und erwartet den Vorwurf, den Anwurf, den Neid, die Galle.

Was nützt ihm das Geld, wenn's sein Gefängnis ist? Was bringt's dem 40er, wenn er sich für die teutonische Mark in Amerika ein Haus kauft, um dort unerkannt zu leben, dort aber sofort Arbeit akquiriert oder ein Angebot hat, Filme, Mickey Mouse und sonst was, was ihm on the long run wieder die Normalität einer privaten Welt sabotiert.

Was treibt ihn?

Was treibt den »Getriebenen, der mit dem Strom schwimmt, der einmal ein Bächlein war«?

Der Kindertraum vom Onkel Dagobert? Thomas Dagobert Gottschalk, der Dollar-Duck des internationalen Showbiz?

Mir ist das Geld-Geschäft-Gerede peinlich. Peinlicher, als blickte ich mit Deix-Augen in seine Unterhose. Weil ich spüre, daß das Pekuniäre eine Affäre für ihn ist, das der Generationsgenosse genausowenig bewältigt, wie er mit seinem Ruhm ruhig auskommt. Selbstverständlich, er genießt beides. Aber er weiß auch, daß ihm, bei aller finanziellen Unabhängigkeit, der Status einer grinsenden Marionette nicht erspart wird bleiben können. Spricht auch schon von »Geflecht, Verträgen und einem Netz von Abhängigkeiten« und bilanziert: »Ich muß weiter!« Atmet tief ein, der Asthmatiker und im Ausatmen gleich wieder das spekulative Aufhören mit 42. Keine Werbung, keinen Film: »Mit 40 macht das noch Spaß, mit 42 laß!« In Amerika sorgenfrei leben. Reichtum habe nichts mit Zufriedenheit zu tun. Was würde er denn »machen ohne Thea und die Kinder«?

Es wird hektisch, wenn wir über Knete reden. Sofort geht's ans Rechten. Und ich – nein, er manövriert sich selbst in die Begründungsfalle und zappelt, und ich kann die Situation nicht auflösen. Sitze da wie der moralische Rechnungsprüfer, als hätte ich irgendein Recht, ihm ins Kontobuch zu sehen, er sitzt da, ertappt wie der Finanzsünder, kleinlaut, erklärt und erklärt. Ich zweifle an seiner 42er-Perspektive und dem hypertroph-ironischen Reklamestatement, er habe »den Hamburger erfolgreich gemacht, jetzt führe ich noch die Gummibärchen zum Sieg, und dann sage ich: ›Das war's!‹«, ich frage, ob er denn nicht einfach aufhören könne – »Ich kann aufhören!« – und als gläubiger Christ – unterbricht er mich und haspelt: »Völlig klar. Ohne mir was vorzuwerfen, machst du mir den Vorschlag ...« und so weiter. Überflüssig, das Gespräch an dieser Strecke weiterzugehen; natürlich nicht uninteressant. Aber prekär. Und spannend, weil mit Gottschalk mir einer gegenübersitzt, ein Musterbeispiel meines Jahrgangs, an dem demonstriert werden kann, wie er in welcher Lebensphase mit was umzugehen weiß. Wie nimmt er sie, die Dimension, die sein Leben angenommen hat? Daß er sich fremd geworden ist, und sei's nur für die Blitzsekunde im Badezimmer: »Ich guck' in den Spiegel und schau – da steht er!«

Ich glaub' ihm wirklich alles. Ich komme nicht von »konkret« oder von »Capital«, ich bin nicht ein Wallraff von Soll und Haben. Es interessiert mich – neben diesem, und er ist ein *unverwechselbarer* Mensch – das Muster eines Lebens. Und wenn er, völlig unvermittelt sturzbachgleich, ja, gesteht: »Die Angst zu verhungern hat sich mit dem 40. gelegt!«, dann, dann bin ich – matt. Erst einmal matt. Und am Ende, aber glücklich: Was für ein Satz! Was für eine Wahrheit!

Persönlich wahr, historisch wahr.

Es ist natürlich *seine* Angst zu verhungern, wie es die meine ist, von den Nazis abgeführt zu werden. Der frühe Tod des Vaters verstärkt diese Neigung, die relative Armut, kein Geld für Nachhilfe,

kein Taschengeld für Mode, die große Bescheidenheit im Leben der vaterlosen Familie G. mit drei minderjährigen Kindern 1962. In erster Linie verlängert Thomas hier die Lebensangst der Eltern, und wieder sprießt der ganze Kosmos unserer Eltern-Kinder-Generationen-Folge aus dem 40er-Disput.
Nicht mehr wundert mich diese Altherrenriege an seinem großen Tag, die Ältere-Männer-Faszination, gekoppelt mit der ewigen Jugendlichkeit, dem unendlich Unerwachsenen seiner Witze und Wetten, die Wunden, die miese Meinungsmache und verbiesterte, verkniffene Kritiken bei ihm schlagen können. Würde er so gefallen wollen, wenn er nicht zutiefst verletzt wäre? Aber wo? Und wann? Wie?
Er kann sich selbst verteidigen.

Ein erfreulicher Mensch.
Und, bei seiner Medien-Leidensgeschichte mir gegenüber erstaunlich offen. Einen seltsamen Begriff, eine juristische Kategorie verwendet er, wenn's um seine Werbemillionen geht: »Ich als Idiot werde ja für die anderen Vollidioten der deutschen Fernsehunterhaltung mitgeprügelt. Und geprügelt werde ich sowieso. Warum dann nicht McDonald's schröpfen? *Das ist Schmerzensgeld!*« So weh tut's anscheinend.
Es ist die Art, die angegangen wird. Er kämpft um die Erhaltung seiner Art, seines Wesens, seiner Begabung, seines Talents. Diese Gabe heißt schlicht und einfach: Unterhaltung.
Wie oft habe ich mich über ihn geärgert! Und jedes Ärgernis mündete, erst recht, nachdem ich ihn habe kennenlernen können, in der Sentenz: Warum macht er diesen Scheiß? Und: Warum verkauft er sich unter Wert? Und: Warum bleibt er hinter seinen Möglichkeiten zurück? *Ich* sähe ihn lieber als Moderator von »titel / thesen / temperamente«.
Ist der Clown so doof, wie er tut, oder muß er tausendmal schlauer sein, um so doof zu tun, wie er nicht ist?
Es geht mich ja alles nichts an.

Außerdem, faßt er nach, das Gerede von seiner Käuflichkeit: »Ich mußte mir gar nicht erst im wahrsten Sinne des Wortes die Produkte einführen, um sie bewerben zu können. Lange vor McDonald's, lange vor Haribo habe ich Hamburger verschlungen und Gummibärchen vertilgt. Ich brauche ja viel mehr Energie, Werbeangebote abzusagen als anzunehmen. Denn ich mach' nur Sachen, die mich interessieren. Und als die kamen, habe ich gesagt: ›Fress' ich, mach' ich – erledigt! Und dafür auch noch Kohle? Gut!‹ Und wenn ich bei McDonald's 'ne Million abkassiere, gibt mir die Kohle die maximale Freiheit, etwas Vernünftiges zu tun, dem 50 000 zuzustecken und jenem 50 000.«

Rechtfertigung. Er spricht sich frei.

Außerdem, fasse ich nach, von wegen Käuflichkeit und Politik – mein Trauma: die Nazis. Ich muß mich aufraffen zu diesem Anlauf, ich muß mich wehren gegen den Reflex, ihm alles zu verzeihen, ihm nicht böse zu sein, winde mich aus der Aura des Bubencharmes heraus: Er hat einfach das Kuschelige, Knuddelige, Schmusebärmäßige, dem zu widerstehen nicht leichtfällt. Deswegen falle ich über ihn her, attackiere ihn mit der Nazifrage. Er pariert. Läse viel und begriffe alles nicht. Bezieht den Horror auch auf sich: »Was hätte ich denn getan, wenn nach und nach der Kameramann verschwindet, der Regisseur, der Kollege?« Und deine Talkshowgäste! »Wie weit hätte ich denn meine Möglichkeiten ausgetestet? Hätte ich rebelliert? Laut rebelliert? Wie lief das denn damals überhaupt? Diese neue Radiokultur? Diese Lichtdominszenierungen? Die so erschreckend und so faszinierend sind? Und mein Vater? Wo war er wann und wie? Er ist viel zu früh gestorben. Ich konnte ihn nicht mehr fragen, was er gemacht hat. Und meine Mutter! ›Hach, der Vati‹, sagt sie dann, ›der war nur in einem Reiterregiment!‹ Es ist von heute aus leicht zu sagen: Ich wäre als Märtyrer bei ›Wetten, daß?‹ erschossen worden, weil ich eine jüdische Frau auf meiner Bank sitzen hatte. Ob ich sie überhaupt eingeladen hätte? Ich hoffe, ich hätte. Ich bin froh, daß ich den Beweis nicht antreten muß. Insofern verstehe ich ›die Gnade der späten Geburt‹ – wir lachen drüber oder ärgern uns, nehmen das gleiche aber aber auch in Kauf. Ich hoffe jedenfalls, daß ich nicht zur Tagesordnung übergegangen wäre, nachdem ich von allen diesen Schrecklichkeiten Kenntnis erhalten habe. Irgendwann wäre ich verschwunden. Weil ich nie mit diesem

System klargekommen wäre. Ich fasse es ja heute noch nicht, welches Unheil dieses System angerichtet und wie es überhaupt funktioniert hat. Unbegreiflich, daß ein ganzes Volk nach einer Pfeife tanzt! Wäre ich ein Angepaßter oder ein Aufmüpfiger gewesen? Und wie wäre ich als Unterhaltungsgröße Mephisto zu Rande gekommen?
Die Literatur über die Nazizeit zu lesen ist ja ein vergeblicher Versuch nachzuvollziehen, denn ich bleib' fassungslos!«

Außerdem, die Politik. Darum kommen wir nicht herum. Die Väter damals, und jetzt können wir es sein. Wir sind dran, wir sind drin. Sieht er auch so, aber. »Aber die Alten sind mir lieber! Die 40er sind alle irgendwo verwechselbar. Das ist ein Charakterzug der Generation. Noch schlimmer ist es mit meinen Nachfolgern, ich kann sie schon nicht mehr auseinanderhalten: Ist's nun der oder jener? Irgendwie bleibt die Individualität auf der Strekke. Was nachkommt, unterscheidet sich weniger als das, was vorausgegangen ist. Wehner und Strauß habe ich nie verwechselt – aber guck sie dir doch an, den Herrn Hasselfeldt und die Frau Wissmann oder wie sie alle heißen, Schäuble und Rühe, alles eine Ecke, und alle haben sie diese Referentengesichter, diese Bange-, Hauss- und Möllemänner. Hatten die denn noch keine Chance, sich zu profilieren?
Generationswechsel? Ich bin da nicht sehr glücklich! Muß man denn ein alter Kopp werden, um ein Individuum zu sein? Gunter Sachs heute! Der Wehner damals! Ich trau' dem Henry Nannen einfach mehr zu als seinen Nachfolgern. Und daß Strauß mehr Power hatte als diese Krankenschwester Hasselfeldt, äh, ich meine Herr Hasselfeldt, denn ich käme nie auf die Idee, bei der Hasselfeldt an eine Frau zu denken!
Ich vermisse sie, diese unverwechselbaren alten Köppe!« sagt er traurig, der frühe Halbwaise, der Vaterlose.
Außerdem diskutieren wir die ApO und die Frauenbewegung, und da ist er wieder ganz glücklich, weil er »den feministischen Import nicht nötig hatte: Thea gab's schon früher als ›Emma‹, und die hat mir gleich gewisse Dinge klargemacht. Ich brauche keine Schwarzer. Ich bin zu Hause nicht Gottschalk der Große, der

draußen die große Balancenummer macht, und drinnen dürfen die Kinder nicht toben, weil Papi heute Sendung hat, nee, nee. Natürlich bin ich in den 50ern so aufgewachsen: ›Der Vati ist der Vati‹ und ›Kinder, seid leise‹, und das größte Schnitzel hat er sowieso bekommen. 25 Jahre ist er tot, aber immer noch ist der ›der Vati‹. Thea ist da anders, eben, macht ihre Interessen klar und die der Frauen. Punkt. Fertig. Okay. Wir leben ein absolut ausgewogenes Geschlechterverhältnis, ohne Theorie; haben natürlich unseren Streß gehabt, Auseinandersetzungen, Krisen – aber immerhin, 18 Jahre haben wir irgendwo doch zusammengekriegt!« Und dann grinst er wieder und holt Luft: »Und im übrigen kann ich als verheirateter Mann mit zwei Kindern über Frauen nur theoretisieren«, auch wenn ihm vollbusige und vollblütige Frauen am liebsten sind, denn »wenn schon Frau, dann richtig Frau – deswegen ist mir Frau Hasselfeldt mehrfach entgangen!«

Komm, Gottschalk, lassen wir die Politik! Laß uns Pizza essen und über die Walker Brothers reden oder übers Vespafahren!

Wir stehen herum in seinem Büro.
Bübisch, das ist er ernsthaft und lieb mit absoluter Professionalität. Hochverletzt, durch Klatsch, Tratsch, Mißgunst und Insinuieren: Viel Geld für keine Arbeit. Wie ein Blitz fährt der Argwohn ins Auge. Da ist der Schalk geschädigt. Aber wehe, er erzählt von den 60ern! Da reißt es alle Schatten aus dem Gesicht, die tiefen Mund- und Stirnfalten glättet es noch einmal, Helligkeit in den tiefliegenden Augen, und was er in zehn Minuten an Schülerzeit und Schülerleben der deutschen 60er im Mundwinkel hat und aus dem Ärmel schüttelt, hat an Witz und Authentizität und Atmosphäre kein Schriftsteller der Generation bisher geschafft; da ist alles drin.
Vom »Bravo«-Lesen und »Pardon«, die Leidenschaft für »Sigurd«, ich könnte ihn umarmen: »Komm, Brauner«, zitiert er unsren Heftchenritterhelden, ich fall' ein: »Komm, Brauner – Teufel! Bin ich geblendet!« Velo-Solex-Glücksgefühl, erste Lieben, Küssen, Freundin Karin, Freundin Hanne. Aber an den

ersten Kuß ist er nur herangekommen, weil »die Norwegerbuben, die mit ihren Klassenkameradinnen im Schüleraustausch in der Bierstadt Kulmbach waren, jeden Abend besoffen im Rinnstein lagen und die Mädchen relativ frei verfügbar gewesen sind. Außerdem haben die nach einem kleinen Glas Kulmbacher Bier schon Deutsch gesprochen.«
Jerry Cotton lesen mehr als Böll und Grass. Armer Schüler, schlechter Schüler, Ministrant und am Elternabend die Luis-Trenker-Parodie. 1967 dann, kaum einer vom Jahrgang hat's nicht gemacht, der »exchange-trip« nach England, »wo ich mir in der Carnaby Street für mein ganzes Taschengeld ein Rüschenhemd wie Dave Dee, Dozy, Beaky, Mick and Tich gekauft habe und in Kulmbach nur eine Lachnummer war. Dafür habe ich mir auf den Parka hinten ›Protest‹ draufgemalt, aber ich wußte nicht, wogegen und warum. Protestiert habe ich bloß dagegen, daß ich in die Klavierstunde gehen mußte – das war bei mir alles nur im Ansatz und nur dekorativ vorhanden. Als die ApO nach Kulmbach kam – die hab' ich mitgekriegt, wie mein Sohn die Hafenstraße mitbekommt; einer in der Klasse war der ApO-Mann, der durfte abschreiben und hat uns das Gewissen beruhigt. Natürlich war der Mao ein großer Mensch und die Amis Schweine in Vietnam und die TWEN-Platte vom Großen Vorsitzenden Heinrich L. lief ohne Unterbrechung. Gekifft habe ich auch nur einmal oder so getan, als ob, weil ich lieber die Weiber geküßt habe, als die anderen in ihren Räuschen herumlagen. War schließlich der einzige, der überhaupt noch durchgeblickt hat. Das war alles schon sehr operettenhaft mit der ApO, dem Aussteigen, den Drogen. Auch war mir damals der Jimi Hendrix viel zu extrem! Ich hatte es mehr mit der harmlosen Seite, Hermans Hermits und so, und als die ›Creation‹ mit ›Painter Man‹ im Vereinshaus aufgetreten sind, habe ich von denen ein echtes Halstuch erworben. Ich habe immer die Braven gemocht. Keine Stones. Die Beatles waren die Musik schlechthin, die LP ›Revolver‹ die erste, die ich mir gekauft habe, und als ›Yesterday‹ herauskam, habe ich das gleich meiner Mutter, die so aus der klassischen Ecke kam, vorgespielt und gesagt: ›Mensch, das muß dir doch gefallen, da spielt doch eine Geige mit!‹«

Gleich schwärmen wir von diesen endlosen 60er-Sommern, von den Schwimmbädern und vom Schmusen; aber Gottschalk geht ja dann nach München: »Und als der blauäugige Kleinstadtknabe an die Uni kam, gab's schon keine Sit- und Teach-ins mehr, dafür eine Bude beim Katholischen Cartellverband!« Bei einem Corps?, rufe ich entsetzt. »Nein, nein, nein!« interveniert er. »No way! Bier saufen, Fresse vollhauen, Senf in den Schmiß – solche Selbstverstümmelung nicht mit mir! Ich wohnte bei dieser Studentenverbindung Tuskonia, wie mein Vater, und meine Mutter war happy, daß ich da als Fuchs und Bursche herumgekaspert bin und meinen Bundesbruder Franz Josef Strauß duzen durfte!«
Die Linken, und daß sie laut und deutlich ihre Meinung kundtun könnten, dafür sei er schon damals eingetreten, als Strauß und die BR-CSU im Familien- und Jugendfunk rosarote Keimzellen der Revolution ausmachen wollten. Aber trotzdem sei's ihm bange gewesen um seine Art: »Ich hatte den Eindruck, links regiert die Welt, wo ich armes Schweinchen doch nur unterhalten wollte! Eigentlich wollte ich ein Interview mit Barry Ryan machen, aber die Lehrlingsprobleme bei Philips waren wichtiger. Da habe ich halt Arbeiter- und Bauerntypen präsentiert und vom Ausbildungsproblem im Brauwesen berichtet: Mein Bruder hat mit einem Bierkasten gerüttelt, und seine Klassenkameraden im Internat haben irgendwas dazu gesagt. Harte journalistische Arbeit und alles erfunden. Phantasiepolitik!«

Komm, Gottschalk, laß uns Pizza essen und über die Walker Brothers reden oder übers Vespafahren!
So eine hätte er zu gerne gehabt: »Die Vespa war auch so ein Traum!«
Komm, laß uns gehn!

Geht nicht. Denn ich muß dieses 40er-Profil herausarbeiten, was mir nicht leichtfällt, denn ich bin nicht der allvisuelle Gottschalk-Germanist oder der Vorsitzende der Gottschalk-Gemeinde. Habe aber in den letzten zehn, fünfzehn Jahren so viel gehört und gesehen, daß ich weiß – frecher war er, aufmüpfiger, rotziger, querer –, wie viele seiner Ecken abgerundet, wie viele seiner Kanten geschliffen sind in diesen widerlichen Jahren ab 30. Jetzt kommt er mir mit der medialen Mehrheitsfähigkeit eines nationalen Unterhalters, mit den Anpassungsmacken und Abschliffmarken eines 40jährigen Lebens. Wir sind immer noch beim Thema.

Wie also geht er mit dem Seinen um, mit dem Ergebnis der Etappe, mit dem Erfolg?

Er rechnet mit dem Scheitern, er rechnet mit Verlust.

Wie mit der Angst, den fast schon zur Adoption zugesprochenen Sohn wieder zu verlieren, so lebt er mit dem Erfolg als mit etwas Geborgtem. Richtet sich mental aufs Verlieren ein. Zum Schutz und zur Entlastung. Damit ihm das Abhandenkommen, für ihn nicht unmöglich, nicht so weh tun kann: der Potentialis seiner Firmen, Autos, Villen und Millionen, der Irrealis des Topstars, der morgen in publizistische Ungnade gefallen sein kann: »Meine Situation ist unnormal. Die kalifornische Villa: Welch ein Irrsinn! Eine Wackelnummer. Ich empfinde es nie so, daß es mir wirklich zusteht und der größte Teil meines Denkens geht Richtung: Einmal ist es auch wieder weg! Daran denke ich so stark, daß es mich nicht zu sehr erschreckt, wenn's wirklich wahr wird! Das ist immer präsent. Und bei Thea, meiner Frau, höre ich den immer wiederkehrenden Satz: ›Brauchen tun wir's eigentlich nicht!‹ Und ich werd' niemals vergessen, was für ein armer, mickriger Schüler ich in Kulmbach war nach dem Tod meines Vaters und welches Leben ich in der Großstadt München als mittelloser Bafögstudent im katholischen Studentenheim gefristet habe, wenn am 15. des Monats schon das Stipendium fort war, ich noch drei Mark fuffzich in der Tasche hatte und beim Café Hölzl mein Schwarzwälder-Kirsch-Torten-Heißhunger nur mit drei Mark achtzig hätte befriedigt werden könnn! Das habe ich so präsent, und es war so grauenhaft, daß man etwas gerne macht, es sich aber nicht leisten kann, und wenn's nur die Brezn und der Leberkäs waren – niemand vergißt so etwas jemals, ich wenigstens nicht. Das ist bei mir so drin, daß es nie weg sein wird, nicht mit 50, nicht mit 60 oder 70. Und es weiß ja auch niemand, wie glücklich ich dabei trotzdem war! Das weiß nur ich, das weiß nur Thea, das wissen nur wir – glücklich, und kein bißchen weniger als heute. Das Fatale, wenn meine Ehe heute in die Brüche ginge, wäre ja, daß jede neue Frau jetzt davon ausgehen würde, daß ich der Big Star mit Villa in Malibu und Villa am Ammersee wäre und daß das so bliebe. Wer sagt denn das? Ich hatte mit Thea eine ganz andere Ausgangsposition! Die gilt heute noch: unsere Kellerwohnung, sie verrückt, ich verrückt, alles türkis gestrichen. Sie in der Werbung, ich der VW Käfer fahrende Bafögstudent mit Kapuzenjacke, der sie beim Medizinerball im Regina Hotel angepeilt hatte – ich habe ihr natürlich gleich gesagt, sie müsse mich unbedingt am Sonntag abend im Funk mit meinem Beitrag anhören, eine Minute und 30 Sekunden! Dann hatte ich Deep-Purple-Karten organisiert, das war toll, und das ist nie wiederherstellbar! Verstehst du?«

Verstehe. Natürlich verstehe ich. Das genau war doch mein Leben. Und seins ruft ihn nun dauernd zum Telefon.

»Unsere Perspektive war, daß ich Lehrer würde, nebenbei ein bißchen Rundfunk, und sie würde im Werbegraphischen weitermachen. Wer war ich denn vor 30? Nobody. Ein mittelmäßiger Verkehrsfunkansager beim Bayerischen Rundfunk. Und als Lehrer, das sage ich dir, wäre ich sofort gescheitert! Als Studienrat für Deutsch in der Realschule in Marktheidenfeld – wär' mir hart angekommen. Eine Horrorvorstellung, statt freier Entfaltung dem Ministerialbeauftragten des Kultusministerums sklavisch unterworfen zu sein, dem Lehrplan diktatorisch ausgesetzt, dem Schuldirektor meldepflichtig – unvorstellbar. Ich hätte mich aufgelehnt und wäre rausgeflogen. Insofern bin ich heute zufrieden, sehr zufrieden.
Ich bin ja schon als Schüler schier gescheitert. Klassenkasper, zweimal hockengeblieben, Abitur, o Gott!, Numerus clausus zweimal, o Gott – also Germanistik und, für die Mutter, Studium fürs Lehramt. Dann lief es immer irgendwie. Ich war nie ehrgeizig. Und jetzt mit 40 ist der Zenit wohl überschritten: 20 Millionen Zuschauer an einem Abend zu haben, das bringt in der heutigen Medienlandschaft niemand mehr, aber vor allem ist dieser Novembertag 1982, der Höhepunkt meines Lebens, die Geburt meines Sohnes Roman – dieser Moment ist nicht mehr zu toppen: Es gibt einen kleinen Gottschalk!«

Der weiche Gang geschmeidig starker Schritte, / der sich im allerkleinsten Kreise dreht, / ist wie ein Tanz von Kraft um eine Mitte, in der betäubt ein großer Wille steht.

Eine Lust, ihn arbeiten zu sehen. Ein Vergnügen zu beobachten, wie ihm etwas entsteht. Eine Erleichterung zu erleben, wie man mit Streß umgehen kann, die sympathische Art, mit Termin und Druck zu verkehren, überhaupt, die sympathische Art seiner Nervosität.
Kein Wunder, daß er geliebt wird. Alles gerät ihm zum Spiel. Jeder weiß bei dieser Probe draußen in den Fernsehstudios von Gasteig, auf was und daß es auf alles ankommt. Alle hier sind Profis, aber nur einer ist wirklich professionell. Weil er unterläuft, was professionelle Präzision diktiert. Er ist ihr Provokateur. Konzentriert und lokker, gelöst und gespannt. Wie die Katze. Wie er im Set herumturnt, wie er von einer Spielfläche zur anderen federt, der Panther, wie er den Ablaufplan dreht, wendet und darauf beißt, überlegt, die Zunge schiebt sich zwischen die Lippen, als gelte es jetzt, eine besonders schwierige Algebraaufgabe zu lösen, kaut er kurz an einem Nagelwurzelhäutchen, lacht. Selbst den Leertext, er läßt Sinn aus für die spätere Moderation, spielt er herunter à la »Meine Damen und Herren, blablabla, ehemm, ehemm, ehemm, nanana!« Schwimmt vom Deutschen ins Bayerische über die Anglizismen ins Englische. Er lebt, lebt im Spiel. *Locker* ist sein Wort. Sonnyboy die Hauptrolle. Trotz gammeligem Outfit, Schmuddeljeans und angesifftem Turnschuh: Plätzchenbacken mit Heino, Plaudern mit Plaudertasche Didi Hallervorden, Mandy Winter oder Frumpy mit neuen Songs vorstellen – der Routinier als Komödiant. Alles sitzt, und wie nichts steht die Sendung. Als würde nicht gearbeitet.

Stunden später ist er zehn Jahre jünger. Die Hinterkopfglatze übertoupiert, die Wangen zum Rotbäckchen geschminkt, Rasur, Maske, rote Lippen. Wir sind auf Sendung. Synthetisches Fernsehface. Showhemd mit Verschlußleiste, bunte Strickweste mit allen Farben und Aufnäher »No! Jeans.« Frischgewaschene Jeans, weiße Turnschuhstiefeletten: »This is a German show. I am Tommy. I try to be funny!« Lachsack. Und trotzdem der gealterte

Engel. Er hat noch den jungmännlichen Body, schlaksig. Hantiert mit seinem Kußmund herum. Räkelt sich unerzogen im Sessel. Fährt den Leuten über den Mund, kriegt nur knapp vor dem Fauxpas die Kurve, wenn er seine Senioren, die er »wegen schlechten Zuschauerwerten im Seniorenbereich, ab 75 kippen mir die Leutchen weg«, eingeladen hat, charmant anmacht, aber anmacht: »Die Oma ist 81 – sieht doch aus wie neu!« oder »Was, 57 Jahre sind sie verheiratet und noch keine Scheidungsgespräche. Na ja, ich habe 18 Ehejahre auf dem Kreuz, den Rest schaff' ich auch noch!« Wieder dieser Tanz, diese Risikonummern der frechen freien Rede im schnellen Sprachspiel, Nonsens, TV-Dada, das aus »Wir backen mit Heino« das »Wir hacken Heino« macht oder »Hohoho, der Nikolo« oder von Hallervordens »Ablachhumor« spricht und der's nicht einmal kapiert. Mittlerweile ist Heinos Weihnachtsbäckerei duftend fertig, Gottschalk hat seinen naseweisen Lausbubenfinger in den Schokoladenguß gesteckt und erwachsen kinderfrech gefrotzelt: »So hat man früher 's Nasenbohren abgewöhnt und 's Nagelbeißen angewöhnt!« Schon ist er beim nächsten »Heino stand im Heidesand«, »Heinosand«, »Heino sang« oder »Was macht das Gepäck im Ofen?« Dann küßt er die Seniorin, streichelt keß, und kitschig macht er Augen, und jedes Wortspiel fliegt ihm zu, im Nu. Alles rasant. Den einen Gag will ich mir merken, als er vom nächsten schon aus dem Gehör. Leicht fühle ich mich, unterhalten, fortgetragen, aber verwirrt: Was war Leertext, und was war Moderation?

Natürlich ist Gottschalk ein Flüchtling. Er sieht auf die Uhr von Cartier. Man müßte seine Frau kennenlernen. Warum das alles? Wirbel, Heckmeck, Big Mac. Er ist so uneigentlich, der Clown, der Millionär. Jetzt kann er doch vernünftig werden. Vor dem Bildschirm bin ich der ältere Bruder, im Gespräch der jüngere. Gott. Schalk. Warum redet er eigentlich so schnell. So schnell und so viel? Er redet sich um Kopf und Kragen.
In der Probe war er besser.

Nur beim Abspannen ist er still. Adrenalin. Aufgedreht noch, und langsam läßt er sich von seinem High-pitch-Pegel und systema-

tisch runter. Bierchen, die frische »Abendzeitung«, Salat und Spareribs im »Alten Wirt Grünwald«. Er hat wieder den angemüdeten Blick, leicht gräulich die Haut, große Poren, ein Schuß Mißtrauen und irgendwie »Müde bin ich, geh' zur Ruh / Schließe beide Äuglein zu. / Vater, laß die Augen dein / Über meinem Bettchen sein. / Hab' ich Unrecht heute getan, / Sieh es, lieber Gott, nicht an.«
Draußen schneit es. Noch vier Tage bis Weihnachten.
Am nächsten Tag wache ich auf, und ich weiß: Es war nur ein Traum.
Ein Traum? Vom großen Bub, der auf dem Kleinstadtpflaster Gold entdeckt: sich selbst.

Der Panther

Im Jardin des Plantes, Paris

Sein Blick ist vom Vorübergehn der Stäbe
so müd geworden, daß er nichts mehr hält.
Ihm ist, als ob es tausend Stäbe gäbe
und hinter tausend Stäben keine Welt.

Der weiche Gang geschmeidig starker Schritte,
der sich im allerkleinsten Kreise dreht,
ist wie ein Tanz von Kraft um eine Mitte,
in der betäubt ein großer Wille steht.

Nur manchmal schiebt der Vorhang der Pupille
sich lautlos auf –. Dann geht ein Bild hinein,
geht durch der Glieder angespannte Stille –
und hört im Herzen auf zu sein.

RAINER MARIA RILKE

Rilke. Ein geniales Geschenk für Gottschalks 40. Geburtstag.

Ursula Zier:

»Die Bilder stimmen nicht!«

oder

Die Seele der Jahre

Wir tappen im Nebel unserer Biographie.
Ziemlich schnell sind wir da, wo wir nicht einmal gerne alleine sind.
Seelische Gegend.
Wir brechen ab. Immer wieder brechen wir ab, setzen neu an. Kämpfen miteinander.
Alles geht viel zu schnell, viel zu tief, und überhaupt ist es zu hell. Hell ist es in diesem hohen Raum der kleinen weißen Wohnung eines Frankfurter Gründerzeithauses. Hell, furchtbar hell. Die langen Fenster ohne Vorhänge, und ich habe das Gefühl, als sähe das ganze Westend zu, wie hier das Innere nach außen gestülpt wird. Was wir reden, muß man doch sehen! Aber da gibt es nichts zu sehen. Da sind keine Fakten, keine Zahlen, keine Zeilen. Da ist nur seelische Unschärfe.
Was sich in dieser Sitzung von 45 Minuten Kürze abspielt, ist nicht zu fassen, zu begreifen schon gar nicht, denn alles ist psychisch exakt. An der Oberfläche der Rede völlig absurd – die Unterströmung weiß, wohin sie will. Wir schwimmen, wir schweben, mäandern und tränen. Wir weinen auch, sichtbar und drinnen, wir heulen vor Wut. Somnambul.
Mit traumwandlerischer Sicherheit leitet sich das Gespräch durch das Diffuse hindurch zu seinem Ziel, das selbstverständlich nicht erreicht wird. Wir sind zielstrebig diffus. Und plötzlich, bevor wir fortfliegen, halten wir uns aneinander fest. Ich kann's gar nicht beschreiben.

45 Minuten dauert die Sitzung. Nur: Wer ist wessen Klient?
Gleich geht es um die Kompetenz, und wir ringen um die Rollen. »Eigentlich will lieber ich dich fragen!« sagt sie, aber ich bin gekommen, um ihre Antworten zu hören. »Du bist gefährlich!« sagt sie. »Und gefährlich für mich«, fährt sie fort. Ich habe den Drang, in sie einzudringen, bin haltlos neugierig und will *es* wissen, denn sie muß es wissen. Ich habe genaue Vorstellungen davon, was sie für mich wissen soll, was ich wissen will und was sie mir sagen muß. Ich erschrecke. Sie kehrt die Rollen um und sagt: »Ich bin neugierig auf dich!«

Wir haben uns lange, lange nicht gesehen. Sie hat mich immer interessiert.
Mein Interesse ist so alt wie die Pubertät, weit weg. Sie ist ein Jahr älter als ich und hat, wie ich, einen älteren Bruder, eine ältere Schwester. Ich hatte ein Auge auf sie, aber sie nie eines für mich. Als Mädchen von flirrend erotischer Ausstrahlung, vor allem auf Ältere. Immer war sie die kleine kokette Schwester auf dem Schoß der älteren Brüder oder der Freunde ihrer Schwester. War da nicht einmal, zweimal zwischen ihr und ihm, meinem älteren Bruder, ein Wechsel des Blicks? Hat er für sie im Schülerbus Marktheidenfeld–Würzburg und zurück nicht öfters einen Platz neben sich freigehalten? Schon, wie sie morgens in den Omnibus stieg, das Frischgewaschen-Schläfrige eines jungen Mädchens, dem noch der Nachttraum im Auge steht. Pubertät beiderseits und Begehrlichkeit auch, ungenau die Ziele, nur in gegengesetzter Richtung. Lolita.
Habe lange überlegt, ob ich's wagen sollte, sie zum Wagen anzustiften.

Zwanzig Jahre haben wir nichts voneinander gehört. Ich weit weg, sie weit weg, keiner wußte Genaues über sie mir zu berichten, und wer etwas wissen wollte, deutete Fremdes an und Unverständiges. Plötzlich lese ich eines Morgens auf der Sachbuchseite der »Frankfurter Allgemeinen Zeitung« eine lobende Besprechung eines hervorragendes Buches einer Ursula Zier, »Die Gewalt der Magie«, und sofort wußte ich: das ist sie.

Das psychische Profil der zweiten Pubertät, eine Anthropologie und Ethnologie des 40werdens – das war mein Begehr und sonst nichts. Sie ist Psychotherapeutin, hat Pädagogik, Psychologie studiert mit ethno- und anthropologischem Schwerpunkt.

Größe 40.
40 werden war ihr »kein großes Problem: Es ist ja eine schöne Anzahl von Jahren!« sagt sie und nimmt mich in den Blick: »Aber Erwachsenwerden?« Unsere Väter hätten es gewußt. »Sie *haben* es gewußt; ich weiß bis heute nicht, was das heißt und wie sich das anfühlen soll. Es hat mich früher, in der Pubertät, rasend gemacht, wenn mein Vater mir geraten hat: ›Urschel, heirat! Heirat einen Doktor, am besten einen Arzt, einen Professor, der gutsituiert ist, abgesichert, dann hast du keine Sorgen mehr, dann hast du deine Ruhe!‹ Das zu hören hat mich verrückt gemacht, wütend, wild. Ich wollte keine Ruhe haben!«

Größe 40.
Wir vergleichen unsere Lebensläufe, unsere Ausgangssituation als Mittelstandskinder mit Vätern, die Akademiker waren; wir gehen durch unsere Freundschaften der Jugend und befragen die Biographien der Gleichaltrigen, die, beispielsweise, mit uns über Jahre täglich von der kleinen Kleinstadt Marktheidenfeld in die große Schulstadt Würzburg gefahren sind. Beide haben wir sie, die Differenzbiographie, und, bilanziert Ursula – »Uschi« darf ich sie immer noch nennen –: »Ich habe es anders gemacht, mein Leben lief nicht in den geordneten bürgerlichen Bahnen. Ich bin nicht Volksschullehrerin geworden, ich habe mich nicht verlobt, habe nicht geheiratet, ich habe keine Kinder gekriegt, ich bin ins Ausland gegangen und nicht zurück nach Marktheidenfeld, ich bin alleine für Jahre nach Kolumbien, alleine hin, alleine zurück. Wenn du mich nach *der* 40jährigen Frau fragst, kann ich nur sagen: *Die Bilder stimmen nicht.* Ich kann die Erwartung nicht erfüllen, die das Klischee der Frau um 40, mit dem ich aufgewachsen bin, an mich stellt. Da stimmt nichts überein. In der Normbiographie, die nicht nur Schablone ist, weil so ja wirklich gelebt wird, sind die Frauen meines Jahrgangs 1949 mit 20 fertig,

die Entscheidungen sind gefallen, es ändert sich nicht mehr viel, und das Leben, das ich führe, ist für die ehemaligen Schulfreundinnen und Kommilitoninnen der Pädagogischen Hochschule das Leben einer Außenseiterin. Die ›normale‹ Frau um 40 stünde vor der Aufgabe, sich loszulösen von ihren Kindern – wer aber nimmt das auf sich?«

Sie ist eine Ablöserin. Sie habe ihren Dickkopf durchgesetzt und sei ohne Leitbild ihrem Instinkt nachgegangen, »ohne Leitbild den anstrengenderen Weg«. Diese Ambivalenz ist ihr für unsere Generation die entscheidende: zwischen Tradition und Leitbildlosigkeit: »Ich bin immer auf der Suche, auf der Suche nach mir selbst, in Konfrontation mit meiner Person, und ich stehe in permanenter Auseinandersetzung. Das ist eine Haltung fürs Leben. Ich finde sie beschwerlich, aber gut und will sie als Teil von mir behalten!«

Programm.

Das Programm, aus der Mitte des Lebens als Motto herausgeschält, führt sie auf die 68er, 70er Jahre zurück. Nicht aufs Faktische von Demos und Streiks, das an die Würzburger Klostermauern, hinter denen sie konfessionelles Abitur macht, nur reicht, nicht aber einzudringen vermag. Es war die Lebensluft. Und die Liebe zu einem linken Schwarzafrikaner, der der behüteten Tochter die Augen öffnet für das Unrecht in der Welt.

Lange vorher schon, findet sie, stimmen die Bilder nicht. Ursula Ziers Augen gehen dauernd hin und her; sie vergleicht die Abbildungen mit der Wirklichkeit, vergleicht Ideologie mit Realität, Fakten mit Seele, Theorie mit Praxis, Begriff und Bild. Sie fiebert nach Identität: »Aber alles stimmt nicht, nichts geht überein!« Schweigt. »Daß ich vom Gleis gehüpft bin«, das weiß sie heute, »war vorprogrammiert: klerikales Umfeld, konservative Familie, katholische Nonnenschule.« Folgt: »Mit 23 für ein Jahr nach New York, mit 28 für vier Jahre nach Kolumbien.« Nur weg aus Marktheidenfeld, weg aus Würzburg, weg aus Deutschland, »in die Fremde, und alle Fesseln sind plötzlich weg. Ich war in Südamerika so glücklich wie nie in meinem Leben zuvor und danach. Bis in die Physis ging die Erfahrung der Wärme dieser

Latinos gegenüber der kalten Welt der Deutschen. Zuerst war sehr schmerzhaft, im Ausland Deutsche zu sein und Deutsche zu werden, in New York mich konfrontiert zu sehen mit dem Judentum, in Kolumbien mit der fremden Kultur. Ich habe wie auf einer Wolke gelebt, anders ausgesehen, gut ausgesehen, akzeptiert, erst einmal und überhaupt und unbefragt akzeptiert. Das war eine ungeheure narzißtische Aufwertung. Aber auch Flucht. Wie viele um mich herum, damals, Mitte der 70er, in den Osten zu Bhagwan geflohen sind oder nach Lateinamerika. Und bin doch zurück, weil mir wichtige deutsche Dimensionen gefehlt haben, das Tiefgründige, das Tiefschürfende, das Verläßliche!«

Noch heute, zehn Jahre später, lebt sie mitten in Deutschland, in der Frankfurter Mitte, exterritorial. Sie spricht fünf Stunden pro Tag Spanisch, wenn sie im Knast die zum Drogenhandel abgerichteten kolumbianischen Frauen therapeutisch betreut, und acht Jahre hat sie mit einem Chilenen gelebt.

Nach Deutschland wollte sie zurück, »weil ich in Deutschland auch glücklich sein wollte!«

Auch ihre Wohnung ist auf dem Weg.

Wir sitzen vor einem alten, mundgeblasenen Spiegel im Wurzelholzrahmen des Biedermeier; postmodernes Holz-Stahl-Gestühl und ein Designertisch aus Glas und Chrom. Mintgrün das Ledersofa an der Wand, mintgrün, ein Zweisitzer. Auf diese Frische ist UZ besonders stolz, und als spielte sie die Dame, setzt sie sich hinein, elegant schlägt sie die Beine übereinander.

Mit 40 hat sie ihre erste Couch erworben.

Jedoch das Arbeitszimmer wurde 68 aufgebaut, wirkt heute noch studentisch-improvisiert und büchervoll; auch liegt das Bett im Schlafraum auf dem Boden, noch.

Tee. Natürlich.

Jähe Trauer, jähe Tränen, jähes Teilhaben. Das bestimmt das Gespräch. Und jäher Trost. Trost, so weit voneinander weg und doch so nah. Soviel Identität bei soviel Ferne der Lebenszeit bei sowenig realem, gemeinsamem Erleben.

Natürlich tun wir uns weh. Ich ihr vor allem. Ich will wissen, ich

will sie schonen. Aber weil ich wissen will, kann ich sie nicht schonen.
Wir tun uns weh, weil die Dinge, über die wir reden, die wir ansprechbar machen und berührbar halten, weh tun.
Jeder akzeptiert den Schmerz. Bei sich, beim andern. Anders geht es nicht. Wir wollen ja zu etwas kommen.
Falsche Worte gibt es nicht. Das Vertrauen trägt. Es ist ganz frisch, aber schon jugendalt.
Aber ich spüre schon die Qual beim Schreiben, weil. Ich kann mir nicht vorstellen, wie ich dieses Jetzt übersetzen können sollte in ein anderes Medium, mit Fingern vielleicht, auf eine Haut, aber mit Füllfederhalter, gar mit meinem Kugelkopf? Auf weißes Papier? Für das fremde, kalte Auge? Für den bösen Blick?

Wir sind unter Wasser. Wir sind Tiefseetaucher. Und wollen auf den Grund gehen. Bewegen uns auf gefährlichem Terrain. Unter ungeheurem äußeren Druck. Droben, dicht unter der Oberfläche, das U-Boot, Yellow Submarine mit den lärmenden Zeitgenossen und den Generationen Väter, Großväter, die über ihr eigenes Minenfeld hinwegpaddeln.
Mintgrün.

Ursula Zier ist ein innerer Mensch. Sie geht ins Offene. Und wenn wir reden, ist's ein einziges Zögern, Probieren, Pausieren. Leise gesprochen, leise gelacht. Heftig. Protest. Vor allem kein Psycho-Schnick-Schnack.
Und wenn wir reden, wissen wir auch, daß *so* zu reden uns kein Vater, kein Lehrer, kein Pfarrer und kein Professor »gelernt« hat. Das haben wir uns schon selbst erarbeitet. Stolz.
Und manchmal geht es mir einfach zu langsam, ich kippe in die Knacklust, ins phallische Fragen, der Inquisiteur der Generation penetriert, perforiert und vergißt des verehrten Psychoanalytiker Aron Bodenheimers meilensteiniges Buch »Warum? Von der Obszönität des Fragens«.
Aber wenn sie geschont und nicht gefordert wird, wird sie wild. Glück ist für sie ein gelungenes Gespräch.
Und mit 40 hat sie die Kraft, sich zu stellen.

»Das Wetter ändert sich, ich kriege Kopfweh, und ich werd' alt!« sagt sie am Telefon. Aber Angst hat sie nicht. Auch kein Geld, was sie nicht schreckt, was sie aber checkt: mit 40 plötzlich realisieren, daß die Kosten des bisherigen Lebens zur Konsequenz haben, nichts zu haben in einer Welt, die nicht weniger kapitalistisch geworden ist durch 68. Als lebte sie »auf einer Insel. Kein Verständnis nach hinten, kein Verständnis nach vorne, aber irgendwo zwischendrin«, aber: massiv sein, da sein, präsent sein. Keine Angst auch vorm Alter. Die Falten sind unter Kontrolle, die Haare getönt, »weil's gefällt«, und »besser als mit 35« fühlt sie sich auf dieser Welt. Den glatten Gesichtern mißtraut sie, anziehend, erotisch seien sie schon gar nicht: »Glätte ist Werbung und nicht das Leben!« Testament? »Weswegen? Ich habe doch nichts und habe keine Kinder. Für Kinder keine Zeit, keinen Mann, keinen Wunsch und keinen Raum in meinem Leben!« Aber Zukunft hat sie vor sich: »Als Psychotherapeutin muß ich mit 60 nicht aufhören. Das ist ein Beruf ohne Altersgrenze. Ich kann die Hoffnung haben, daß ich immer besser werde. Diese Chance zumindest besteht!«
Das Telefon geht.

Der Vater, saft- und kraftvoll, plötzlich kippt er um.
Sie ist vierzehn, fünfzehn.
Kein Bild stimmt ab sofort mehr.

Die Kindheit zerschellt an der Pubertät, in der Pubertät kollabiert der Kosmos der Erwachsenen.
»Der Bruch war offensichtlich. So offensichtlich, daß ich nicht mehr weitermachen konnte. Die Lok war entgleist, und die Schienen waren verrutscht. Alles stimmte nicht mehr, und nichts ging mehr fortan überein!«
Der Bruch regiert ihr Leben, von nun an, Risse im Gemälde, Sprünge im Familienkristall.
Wie vielen unseres Alters geschieht dies in dieser Zeit. Die meisten nehmen es hin. Die wenigsten nehmen es wahr. Kaum einer stellt sich. Ursula Zier nimmt es an. Konfrontation ist die Rettung, Ablösung die Aufgabe.

Paßgenau 68. Die andere, die bessere, die neue Welt. Die Eruption für die Enklaven, der Sprengsatz für alles abgeschlossen Familiale, die Revolte gegen die hermetische Rede. Frischer, freier, frecher Wind im miefigen Milieu.
Biographisch paßgenau: Der 68er-Schub hatte seine Kraft aus der Ungeduld der Neugierde, dem diffusen Wissen und dem klaren Gespür, daß nichts mehr hier stimmt, daß die falschen Bilder in den falschen Rahmen, im falschen Raum, an der falschen Wand hängen und daß unübersehbar die Leinwände Risse haben.
Paßgenau 68 »und unsere Rede von Kommunismus und der besseren Welt, die kollabiert ist mit dem Kollaps der östlichen Systeme!«

Sie sieht genau hin, die Zier. Ob dem Kind der starke Vater krank, ob die heile Familie unheil dadurch, daß der liebe Gott auch nicht mehr hilft, daß der Nazis Autobahnen, Prachtgebäude lange Schatten werfen, daß der Krieg kein Abenteuer, die 50er-Jahre-Euphorie Manie war, hohles Glück, daß die Pille nur den schnellen Sex, daß der Feminismus nur den starken Mann, daß die Frau mit 40 fertig, daß.

Wenn wir uns am Gefühl versuchen und – »Oh, jetzt geht's ans Eingemachte!« – sprechen über unsre Sexualität, die sich verändert hat in der letzten unserer Dekaden: »Man muß nicht alles schreiben, was gesagt war«, sagt sie – und ich: »Das Unsagbare ist nicht unsäglich!« Natürlich haben wir die Pille laut begrüßt: »Sie hat unsrer Lust die Angst genommen und uns von drohenden Schwangerschaften enthoben; aber sie hat auch der oberflächlichen Sexualität und nur ihrer unmittelbaren Befriedigung gedient. Auch da fallen Bild und Bedeutung wieder auseinander. Ich möchte mehr Leben in die Sexualität nehmen, der Sexualität mehr Raum geben, Sex um des Sex willen ist vorbei. Körper und Seele verschmelzen, Sex und Liebe zusammenleben. Ich bin anspruchsvoller und schwieriger geworden, umfassender und konkreter. Hier habe ich bisher in meinem Leben die wenigsten Erfolge gehabt. Das heißt aber auch: Ich kann noch Hoffnung haben, daß es besser wird!«

Kann man es schöner sagen?
Aber die Tabus. Die Fleisch-Wunden, die Gewissens-Bisse, das Herze-Leid, die Seelen-Pein. Der Vater. Der Krieg. Die Nazis.

Immerhin ist sie aufgewachsen in einem Kleinstadtpalais, dem prächtigsten Haus am Marktplatz jedenfalls, gleich neben dem Geschäft des ehemaligen Nazibürgermeisters dieser Stadt. »Und Marktheidenfeld war braun!«, das weiß sie. Das ist auch über die Nation hinaus bekannt geworden, daß über zwei Jahrzehnte die SS hier willkommene Erinnerungs- und Ferientreffs machte, und daß die Hagiographie von Hitlers Lieblingslandschafter Gradl, ein Kind der Stadt, per Ehrenbürgerschaft ungebrochen gepflegt wird.
»Aber darüber wurde nicht gesprochen. Für meinen Vater war der Krieg ein tolles Abenteuer, so als sähe ich TV. Rauskommen, Reisen, die Welt sehen – mein Vater als der glühende Humanist im Krieg in Griechenland –, aber nie war von Krieg die Rede, nix Gewalt, nix Schuld, nix Krieg. Aber Krieg ist doch mehr als eine Abenteuergeschichte, mehr als ein Macho-Erlebnis. Es ist ja nicht nur mein Vater! Alle Väter, die meisten – wie konnten sie den grausamen Teil des Abenteuers ausblenden oder verschweigen und uns ein falsches Bild vermitteln? Das *muß* doch *schlimm* gewesen sein«, ruft sie leise, »muß« und »schlimm« betont sie stark, und Tränen stehen in den Augen. »Wo waren denn die Zweifel, die die Väter hatten, sechs Jahre Krieg, sechs Jahre täglich Scheiße?« Und wir rechnen hoch, es müssen sechsundzwanzigtausendzweihundertundsiebzig Tage gewesen sein. »Die Gefangenschaften sind nicht mitgezählt!« Und – sprechen wir gemeinsam im Entsetzen: »Nie darüber geredet!« Still.
Sie setzt wieder an: »Lebenslänglich Schweigen!« Still.
»Daß muß doch zur Verbiegung führen!«
Die 50er Jahre haben wir als sterile Welt erlebt, »der cleane Rock Hudson, und dann war er plötzlich schwul – Filmriß!« Ich kannte keine Schwulen, sage ich, hörte nur von den »von Hintens«, von den »175ern«, den »Andersrumnen« raunen und von »Homos«, und dann stand im Lateinbuch »homo« für »der Mensch«. Stimmt da das Wörterbuch nicht? »Und dann«, fährt Uschi fort, »wird so

getan, als hätte für das Land und auch durch meine Geburt im Jahre 1949 alles neu begonnen. Die Stunde Null. Was vorher war, war einfach nicht, hat's nicht gegeben!« Von Hellas nach ›Hädefeld‹. »Und dann diese manische Euphorie der 50er. Auf welcher Basis? Da war doch nichts wirklich ausgehalten, ertragen, bearbeitet oder durchgestanden! Nur hohles Gefühl!« Und wir? »Wir waren ja nicht mit den Nazi-Greueln der Eltern-Generation, der Großeltern-Generation, sondern damit konfrontiert, was bei unseren Eltern daraus entstanden war. Wir sind aufgewachsen mit Abziehbildern, mit Duplikaten, mit zweiten, dritten Auflagen, mit dem Sekundären, dem Verdrängten!« Mit Sichtblenden aufgewachsen, und die Opfer der NS-Abenteuer und die Opfer des vermeintlichen Neuanfangs zu sehen war verhindert durch Scheuklappen. »Immer wenn ich mich intensiv damit beschäftige und glaube, jetzt bist du ganz nah dran, floppt eine Wand dazwischen, und ich kann nichts mehr fassen, komme nicht dran, komme nicht dahinter. Alles wird unkonkret, abstrakt und ohne Körper. Auch der eigene physische Körper geht fort wie der Körper meines Vaters fortgegangen ist. Daß sich die Menschen in den 50ern so voll gefressen haben und sich so aufgelöst und verloren haben, im ganz konkreten Sinn *quer* wurden, auseinandergegangen sind, besser: auseinandergebrochen sind – das hat da seinen Grund!«
Spricht schleppend, rutscht elend im Designerstuhl nach hinten, erschöpft: »Muß ich denn mein Leben lang darum kämpfen, klare Bilder für das Nebulöse, klare Gefühle für das Dumpfe, klare Gedanken für das Verlogene und Verdrängte zu bekommen? Das Schweigen der Eltern, das ja mittlerweile in mir selbst schon schweigt, zum Sprechen zu bringen, das Unbekannte mir bekannt zu machen, das Unbegreifbare verstehen, kapieren, analysieren? Wie anders will ich denn damit umgehen lernen und umgehen?«

Wie ich mir die eigene Zeugung nicht verbildlichen mag, wie mir Gänsehaut und Schweißausbruch den Gedanken an die Sexualität der Eltern verhindern, unmöglich machen zu imaginieren, wie die Sexualität eines Vaters ausgesehen haben mag und deformiert war, als er, ich weiß nicht wann, aus Krieg und Gefangenschaft in die sogenannte Heimat zurückkehrte – so tabuisiert Ursula Zier den deutschen Faschismus, und sie kann kaum einen Blick auf KZ-Fotos werfen, Filme erträgt sie nicht. Wie sie je mit der Judenverfolgung, dem Holocaust, der Erb-Last fertig werden will, weiß sie nicht: »Weiß ich nicht!«

Uschi will identisch werden.
Wie sie in der Pubertät mit sich und ihrem Körper nicht identisch war und als die ewig Pummelige unter der schönen älteren Schwester gelitten, wie der Leib des Vaters, des ersten Mannes ihres Lebens, ihr entglitten, wie sie seither versucht, des Körpers der Dinge, des Körpers der Geschichte, des Körpers der Erblast, des Körpers der Generation habhaft zu werden, ihn zu fassen, zu begreifen, wie – so gräbt sie aus und rekonstruiert die Sedimente der Menschen als Archäologin, und als Geologin untersucht sie die Sedimente der menschlichen Natur, Verwerfungen im Gestein.
Sie will dingfest machen, sie will Türen aufstoßen, und gemeinsam suchen wir beide die Wände nach Unebenheiten dort ab, wo Türen zugemauert wurden und die Tapeten die Verdrängungen verraten.
Ihr Gelände ist die Niederung und der Schleim der Geschichte. In die Kanalisation der Psyche muß sich begeben, wer die Seele pur erfahren will.
Das wird Uschi Ziers Verdienst sein: die psychische Luft eingefangen, die absolute Innerei unserer Generation und der Eltern eruiert zu haben. Und falls sie das nur für sich unternimmt, ist das genug und stellvertretend für uns alle.
Ein Kraftakt, dem Gestaltlosen, dem bewußt und unbewußt gestaltlos Gehaltenen, Gestalt zu geben, die 40 zur Größe zu machen, ihr psychisches Profil zu verleihen; Terrain zu kartieren.
Eine gefährliche Arbeit. Denn sie zu leisten ist nur am Riß, genau am Riß möglich, am Schlund, am Abgrund.
Höhen-Forscherin. Höhlen-Forscherin. Ein Pionier.
Neuland. Für das es kein Vorbild gibt, keine Vorstellung, kein Urteil, kein Begriff.
Ohne Netz. Ohne Garantieschein. Ohne Erfolgsversprechen.

Selbst wenn sie scheitert, hat sie gewonnen. Sie hat es nämlich versucht.
Als stille Archäologin der Generation.

Als wir Hand in Hand zur Tür gehen, tut die Trennung weh. Kindererwachsen umarmen wir uns, glücklich, noch für eine Sekunde die Körper zu haben.
»Du bist mir nicht mehr gefährlich«, sagt sie mir ins Ohr; »ich bin höchstens ängstlich, was du schreibst; und warum hast du Angst vor deinem Buch? Weil du Angst hast vor dem Tod?«

Im Taxi stelle ich sie mir als Psychotherapeutin vor, hochbegabt. Wenn ich sie nicht kennte und sie hätte einen Platz frei, ich –.

Das Buch endet mit dem Frieden.
Wenn auch der Krieg weiter in uns tobt.

Gertrud Bergkemper-Marks:

»Der 40. wird keine Affäre!«

oder

Die erste Polizeipräsidentin der Republik

Sie ist eine tolle Frau.
Als hätte ich es geahnt.
Auf irgendeiner Zugfahrt, oder war's in meiner »Main-Post«? Eine kleine Zeitungsnotiz, ein Zehnzeiler unter einem Porträtfoto: »Ihren Dienst hat Gertrud Bergkemper-Marks in Leverkusen als erste Polizeipräsidentin in der Geschichte der Bundesrepublik angetreten. Die 1951 Geborene wird Chefin von 250 Schutzpolizisten, 50 Kriminalbeamten und 35 Angestellten in ihrem Amt.«
Ich will sie sofort kennenlernen, schreibe ihr einen Brief, bekomme umgehend Antwort: *Thema 40*? Sie macht mit!
Ich fahre nach Köln, wir treffen uns, erste Dezemberwoche, 5. 12. 1990 vormittags um 10. Zwei Tage vorher am Telefon Zweifel, die wir rasch ausräumen.
Wir treffen uns in ihrer Wohnung.
Als ich sie um eine Stimmprobe für den Tonbandpegel bitte, sagt sie: »Ich heiße Traudel Bergkemper-Marks; mein offizieller Vorname ist ›Gertrud‹, aber der ist so häßlich, daß ich ihn möglichst nicht benutze.«
Was für ein Anfang!

Eine Polizeipräsident*in*. Kann ich mir nicht vorstellen! Noch dazu in meinem Alter? Undenkbar.
Ich bin sehr gespannt. Suche dauernd nach Bildern, die passen könnten zu Polizei, Präsident, Frau. Frau und Präsident, das ginge noch zusammen, beim Bridge-Club, Kinderhilfswerk, Mütter-

genesungswerk, Caritas; für die USA keine Frage, »First National Women's Bank«.
Aber in Deutschland? Ich denke nur an die bayerische Justizmaschine, die Ministerin Mathilde Berghofer-Weichner, so unsympathisch wie verbockt und reaktionär. Schnell vergessen.
Das Taxi hält vor einem Jugendstilhaus der Kölner Südstadt, ich zahle, steige aus und bin aufs Schönste nervös.

Wir sitzen in einem angenehmen Raum, eine großzügige Wohn-Eßzimmer-Kombination. Zur Straße hohes Glas. Plastikrahmen. Die Renovierungsbanausen haben der Nouveau-Fassade ihre Sprossenfenster genommen, und durch die ästhetische Enteignung stürzt der Blick ohne Fassung und Halt hinunter auf die Straße. Nicht als Metapher gemeint; es ist ›nur‹ der Vandalismus, der Modernisierungsvandalismus dieser Jahre.
Graumelierte Marmorfensterbänke. Ein Weidenflechtkorb für Zeitungen mit Zeitungen: »Kölner Stadtanzeiger«, »Die Zeit«, »Der Spiegel«, »Brigitte«.
Ich würde sie einfach gerne ›schön‹ nennen, stünde nicht schon in den Gazetten, daß sie eine »attraktive« und »unübersehbar eine Frau« sei.
Moritz, der Sohn, ein Brocken mit goldenen Locken. »Na du«, sage ich verlegen. »Was willst du?« er keß zurück und zur Mutter, ziemlich ungnädig: »Was macht der Mann bei uns?«
Sie trägt schwarze Wildlederballerinas, schwarze Jeans; ihr Strickkasack ist anthrazit mit beigen Paspeln, darunter einen beigen Rolli. Graublau die Augen, grau die Haare mit einem flüchtigen Film Henna, Gel. Große Augen. Schöne Hände, ausdrucksstarke, große, schöne Hände. Eine Perle im Ohr.
»Der 40. wird keine Affäre. Der 30. Geburtstag war schlimm. Ich bin damals abgehauen, mit meinem Lebensgefährten Falk, heute ist er ›mein‹ Mann. Wir haben an meinem 30. viel Geld auf den Kopf gehauen, waren groß essen an der Côte d'Azur und im Spielkasino; aber mir war elend zumute. Unzufrieden im Beruf und im Privaten. Alles fiel über mich her: seit vier Jahren im Beruf, den ganzen Tag sitzen, immer in einem Zimmer und das noch 35 Jahre lang! Heiraten und Kinder kriegen? Ich wollte alles *sofort* lösen.

Die glückliche Phase der Ausbildung war zu Ende, das sorglose Leben des Referendariats Schluß, obwohl die Sorgen nur anders waren. Es ging ja nicht mehr um die Existenz, sondern um den Sinn vom Ganzen. Um mich herum waren alle Leute älter, ein allgemeiner Umbruch im Freundeskreis, man konnte sich nicht mehr so heiter treffen und die Tage an einem Badesee verbringen. Die Perspektive, 35 Jahre lang als Verwaltungsjuristin in einem Zimmer – mich hat die Panik gepackt!

Jetzt mit bald 40 habe ich mich damit abgefunden; nicht resignativ. Ich kann mit den äußeren Zwängen besser umgehen. Außerdem genieße ich augenblicklich die Situation mit meinen Kindern, die ich bewußt gewünscht habe; die berufliche Seite stellt mich zufrieden; ich habe ein Stadium erreicht, ich trau' mich's gar nicht laut zu sagen: Mir geht es gut. Wenn es Menschen gut geht, dann ist es egal, wie alt sie sind. Alter wird erst bedrohlich, wenn man unglücklich ist.«

Und die Frau um 40?

»Die Frau um 40 muß sich nicht mehr sagen lassen, sie sei zu jung, wenn sie beruflich erfolgreich sein will. Erfolgreiche Frauen zwischen 30 und 40 scheinen für die Männer immer etwas Extravagantes zu sein, da muß man sich dann solche idiotischen Bemerkungen anhören wie ich in meinem Fall: ›Die stellen jetzt schon Teenies ein!‹ Als Frau darf man offenbar erst mit 50 etwas werden. So. Das hab' ich hinter mir. Jetzt stelle ich fest, daß mein beruflicher Veränderungswille begrenzt ist. Das heißt, ich muß jetzt planen für die nächsten 10 bis 15 Jahre; denn ich will ja etwas auch für mich Sinnvolles tun. Geplant habe ich vor 40 nichts.

Und persönlich? Ich weiß, ich sollte mich regelmäßiger eincremen wegen der Falten. Aber wenn ich abends müde bin, ist mir das auch egal. Mit den grauen Haaren fing es vor zwei Jahren an, aber ich hab' das nicht einmal selbst bemerkt. Meine Kosmetikerin sagte plötzlich zu mir – wie früher der Hausarzt, wenn ich krank war: ›Was macht denn unser Blinddarm heute?‹ –, so sagte die Kosmetikerin: ›O mein Gott, jetzt müssen wir aber bald mal was für Ihre Augenpartie tun!‹ Bescheuerter Satz, oder? Jedenfalls geschockt war ich nicht! Ob ich die Falten nun fünf Jahre früher oder später kriege, der kosmetische Aufwand steht in keinem

Verhältnis. Vielleicht läßt meine erotische Wirkung auf Männer dadurch nach; aber genau das bedaure ich gar nicht, eher im Gegenteil: Ich finde das ganz angenehm. Früher, als Studentin habe ich es schon genossen, wenn mir einer nachgepfiffen hat, obwohl mich's auch gegraust hat – ich fand's nicht nur schön, und man durfte es ja auch nicht schön finden. Aber jetzt mit 40 habe ich mit diesem Gedöns nichts mehr zu tun. Jetzt gucken Sie mich ganz erstaunt an, was?«
»Ich glaub's Ihnen nicht ganz! Keine Konkurrenzgefühle Jüngeren gegenüber?«
»Ich seh' mir auf einer Party gerne junge Mädchen an, wenn sie wirklich schön sind, nicht nur zurechtgemacht. Eine schöne Haut, ein schönes Décolleté sind für mich die Verkörperung von Ästhetik! Dieser ästhetische Genuß löst aber keine anderen Empfindungen bei mir aus, als wenn ich im Museum eine Plastik wohlgefällig betrachte.«
»Klingt ein bißchen jenseitig für mich! Omahaft!«
»Natürlich ist mir meine äußere Erscheinung nicht egal. Ich möchte, wenn ich ins Büro gehe, mich schön aussehen lassen. Aber das hat nicht mehr diese kolossale Bedeutung. Früher hat's mich geärgert, wenn ich nicht als attraktive Frau wahrgenommen worden bin. Klar freut's mich, wenn einer sagt: ›Mensch, Sie sehen heute aber gut aus!‹ Aber mir ist es jetzt lieber, wenn einer sagt: ›Okay, Ihr Argument finde ich gut!‹ So haben sich bei mir in den letzten zehn Jahren die Wertigkeiten verändert. Wenn ich viel Zeit hätte, was ich nicht habe, dann würde ich mich regelmäßig massieren lassen, mich salben und ölen und fönen und Spaziergänge an der frischen Luft machen und fünf Jahre jünger aussehen. Aber 20jährige Mädchen sehen eben per se schöner aus. So. Ich seh' das ganz realistisch: Ich war ja auch zu einer Zeit mal ganz nett. Und jetzt sind eben die anderen dran.
Außerdem, mit 20 war ich in meinen Empfindungen und meinem Nachdenken nicht da, wo ich heute bin, und alles gleichzeitig geht eben nicht.«

Was ist das für eine Frau? Studium, Heirat, Polizeipräsidentin, erstes Kind, zweites Kind.

Warum sie geheiratet habe? Wie sie Kinder und Karriere vereinbare? Karriere? Sie wirft auf. Aber immerhin, innerhalb von acht Jahren von Null auf Ministerialrätin – das ist doch eine Verwaltungskarriere ersten Ranges!
»Für mich ist das eigentlich selbstverständlich. Ich habe ziemlich zügig studiert, habe viel gearbeitet, und deshalb empfinde ich meine Laufbahn als gerecht.
Die Heirat war karrieretechnisch nicht bedeutsam. Um der Karriere willen hätte ich auch nicht auf meinen Kinderwunsch verzichtet. Als ich auf der Besoldungsstufe einer Ministerialrätin angekommen war, war ich etabliert; das hat mir die Entscheidung, *jetzt*, als 35jährige, meine Kinder zu wollen, erheblich erleichtert.«
Draußen quengelt Moritz: »Mama, kannst du mal eben kommen?«
Nein, sie kann nicht kommen, sie käme nachher.
»Nein!« ruft Moritz: »Dann komme ich eben!«

Der Sohn sieht mich an. Hockt auf seinem sonnengelben Plastiktrecker. Ackert an mir vorbei, um mich herum, mißtrauisch. Was macht der da? Manchmal feindlich, manchmal liebevoll sieht er an mir hoch. Treckert weit ins Wohnzimmer hinein, weg von Mutters Mittagstisch und macht kleine, mißgünstige Augen von der Bilderwand her. Eifersüchtig, sehr eifersüchtig. Schon hat er sich auf ihren Schoß gequengelt!

»Die Heirat war fällig nach vielen Irrungen und Umwegen; geheiratet haben wir am 40. Geburtstag ›meines‹ Mannes, wobei ich dieses besitzanzeigende Fürwort hasse. Als er noch ›mein Lebensgefährte‹ war, hat's mir nichts ausgemacht – da lag die Distanz im Hauptwort. Aber *mein* Mann – hört sich das nicht furchtbar an?«
»Diese Skrupel finde ich typisch für unsere Generation. Wir, Friederike Hassauer und ich, haben lange darüber gesprochen, und wir reden vom anderen gegenüber Dritten immer, je nach Nähe und Ferne, von Frau Hassauer oder Friederike Hassauer. Da ist jeder seine eigene Person. Karola Bloch habe ich nie von ›ihrem‹ Mann anders reden hören als von ›Ernst Bloch‹ –.«

»Werner Höfer sprach auch nur von ›Frau Höfer‹; das hat mich fasziniert. Das ist die Lösung. Wir wollen ja niemanden vereinnahmen.«
»Aber Sie sind als Frau von Verwaltung und Politik vereinnahmt worden; auch wenn Sie's schon hundertmal gehört haben – die Bergkemper-Marks als Alibifrau!«
Sie nimmt Moritz wieder auf den Schoß.
»Alibifrau war ich schon immer: einzige Tochter meines Vaters, im Studium weit und breit die einzige Studentin, alle Lehrenden Männer, in der Referendarszeit alles Männer. Und jetzt, weil ich Polizeipräsidentin bin? Im Kultusministerium liefen auch nur Männer herum, ich war die erste Jurist*in* dort überhaupt.«

Moritz macht sich auf ihr breit. Spreizt die Beine, holt sich ihre Hände, wälzt seinen Kopf vom linken zum rechten Busen und zurück. Und gurrt.

Die 40er-Frauenfalle. Ich lasse sie zuschnappen. Entweder Alibi oder Quote. Nie Mensch, nie Qualifikation. Warum habe ich angesichts dieser Frau die Falle gestellt? Weil ich die Politiker hinter jener Berufungsentscheidung gemeint habe, nicht die Berufene selbst:
»Ich habe mich nie als Alibifrau gefühlt, ich empfinde mich nicht als Quotenfrau, ich bin keines von beiden. Ich bin ich.«
Und ich sehr erleichtert.
Traudel Bergkemper-Marks.
»Alibifrauen gibt es, jenseits der Persönlichkeiten, in der politischen Funktion. Alibifrau könnte man zu mir nur sagen, wenn ich als Polizeipräsidentin ein singulärer Fall bliebe. Das will ich nicht hoffen!
Es sind, jenseits all dessen, unsolidarische Begriffe. Oder wie soll ich es verstehen, daß in meiner ganzen Laufbahn nur eine einzige Frau eine kleine Rolle gespielt hat, allerdings eine markante: Sie hat mich in einer Beurteilung als eine ›bemerkenswerte Beamtin für den höheren Dienst‹ apostrophiert, *bemerkenswert* – dieses Wort wäre keinem meiner männlichen Vorgesetzten dienstlich eingefallen. Es gibt auch nirgends in meinem Leben ein weibliches Vorbild.

Das ist einfach ein Vakuum, ein Vakuum für das, was ich mache.« Sagt's, nickt, grinst, reicht mir selbstgebackene Plätzchen und gießt Tee nach
Polizeipräsidentin. Mit 40.
Erste Reaktion: Wie geht das denn überhaupt in unserem Land? Frau und Polizei?
»Ich bin nur von einer Männerdomäne in die andere gewechselt! Den Schock hatte ich schon im KuMi weg!«
»Aber im Kultusministerium liefen die Jungs nicht den ganzen Tag mit einer Knarre in der Hand durch die Gänge!«

Die Polizei. Für mich ist das ein Hort von Gewalt und Korruption. Nichts wie weg! Aus meiner Bochumer Zeit habe ich die wöchentlichen Headlines aus der »Westdeutschen Allgemeinen« noch gut in Erinnerung: Kungeln mit den Huren, Mißbrauch der Dienstpistole, Herumballern und Übergriffe aller Art. Vom freundlichen Schutzmann aus meinem Kinderbuch der 50er Jahre keine Spur. Ein Sumpf von Männerbündischkeit, phallischer Macht mit Knarre und Knüppel.
Ich kontrolliere nicht den Fluß meiner Vorurteile im Kopf.
Polizei ist für mich das Letzte!
Und dann diese Frau?
Gerade ist sie wieder aus dem Zimmer geschlüpft. Geschlüpft. Heißt: nicht gegangen, nicht geflohen. Mit schlechtem Gewissen war sie bei mir, mit schlechtem Gewissen ist sie jetzt im Kinderzimmer. Mit schlechtem Gewissen wird sie im Präsidium sitzen, mit schlechtem Gewissen am Krankenbett, wenn Moritz einmal die Masern hat. Die Rollenbilder schlingern.

»Frauen arbeiten überall im polizeilichen Bereich, warum soll ich dann nicht die Polizei verwalten? Ich bin auch für Frauen in der Bundeswehr, nicht nur als Ärztinnen, Putz- oder Kochfrauen, als Soldat*innen*. So.
Natürlich ernte ich überall erstaunte Reaktionen. Wer hat kein zwiespältiges Verhältnis zur Polizei, aus persönlichen, politischen, geschichtlichen Gründen! Aber in unserem Staat ist die Polizei eine normale Behörde, und hier liegt meine Aufgabe.

Ich will es nicht überbewerten, aber vielleicht macht es aus all den Gründen Sinn, wenn so eine Aufgabe von jemandem aus einer anderen Generation und von einem anderen Geschlecht übernommen wird. Mich reizt es, in der Polizeiverwaltung etwas zu verändern, und vielleicht mobilisiere ich andere Imaginationskräfte? Ich möchte zum Beispiel vom starren Dienstweg weg, möchte nicht hierarchisch leiten, sondern kooperativen Führungsstil pflegen, auch unliebsame Gespräche selbst führen und nicht nach unten wegschieben. Natürlich muß ich mir über die verschiedenen Tätigkeitsbereiche einen Überblick verschaffen, auch im Streifenwagen. Aber hundertmal im Streifenwagen, dazu eine Polizistenmütze auf dem Kopf und eine Pistole umgehängt, womöglich noch die Presse dabei wie die Bundeskanzler, die einmal im Jahr einen Steigerhelm aufsetzen und in den Berg fahren – nee, das ist mir zu populär, zu populistisch. Ich bin keine Polizeibeamtin, ich bin Juristin. So. Und nicht einmal im Karneval würde ich eine Uniformmütze aufsetzen; das ist Verulkung von anderen Leuten und ihrer Arbeit.
Ich möchte es besser machen. Ich möchte etwas Neues machen.
Ich habe sinnliche Erfahrungen bei der Polizei gemacht, nicht ohne Skepsis. Wenn ich mit einer Zweierstreife zu einer Schlägerei fahre, dann bin ich das dritte Rad am Wagen. Was da vorgeht, die Ungewißheit, was auf die Beamten zukommt, den Angstzustand, den kann ich nur spüren und sehen, den kann ich nicht haben. Es ist ihr Bammel, nicht meiner. Anempfinden ist da eine echte Möglichkeit, der Wahrheit einen Schritt näherzukommen. Ich muß mit meiner Vorstellungskraft arbeiten und eine gewisse Distanz wahren, sonst nütze ich den Beamten nicht und auch nicht mir. Alles andere sind Erfahrungen aus zweiter Hand.«

Konzentriert. Aber mit einem halben Ohr draußen, draußen bei der Tochter, bei »Mäuschen« und der Kinderfrau. Sie spürt, daß ich das spüre. Sie sieht mich an, wirft einen Augenaufschlag gen Himmel: »Sorry!«
Kommt sie wieder herein, nimmt sie sofort den Faden dort auf, wo sie ihn hat abreißen lassen müssen. Und der Faden reißt nicht selten. Meist trennt Moritz-Engel-Bengel die Sätze, wenn er ins

Gespräch reindüst oder knört oder die Miene eines tieftraurigen, schwer verletzten, untröstlichen, unterstreichelten und entschmusten kleinen Mannes aufsetzt, mit Erfolg. Wir lassen die 40 fahren, das Tonband sausen, denn Moritz hat sich zum Mittelpunkt gemacht. Gelacht wird viel.
Wir empören uns gemeinsam, und gemeinsam regen wir uns auf. Aber auch das Fahrig-Entspannte in den Pausen ist nicht ohne Signifikanz, wenn die Bergkemper beispielsweise den gleichaltrigen Minister Gauweiler mit drei Worten zeichnet: »Er hat Angst!« Oder Frau Hasselfeldt, die Exilbayerin im Bonner Wohnbauministerium, die ihr »allzu verzweifelt ministrabel und verzweifelt bemüht« vorkommt.
Überhaupt.
Sie kommt so unverblümt zur Sache. Bei »Gertrud« denke ich sofort BDM. »Traudel« ist mir fast zu nah. Seltsam, Uschi Knahn, die Freundin zu Hause, unterschreibt seit einigen Jahren ihre Leserbriefe ausschließlich mit »Ursula«, und Ursula Zier verzichtet in ihrem Stempel auf das niedliche Mädchen-»Uschi«.

Wegen Willy Brandt ist sie 1972 in die SPD eingetreten; endlich war sie volljährig. Es war ihre erste Bundestagswahl. Brandt war ihr der Inbegriff eines moralischen Politikers. Daß er allerdings den Radikalenerlaß mitgetragen hat, kann sie ihm bis heute nicht verzeihen. »Es war eine moralische Todsünde, eine politische Todsünde, die in unseren Jahrgängen verheerend gewirkt hat.« Gerade wegen Brandts politischer Vergangenheit empfindet sie so stark. Daß er Kanzler war, eben nicht aus diesen wohlgeordneten bürgerlichen Verhältnissen kam, schon das war ihr Hoffnung. Denn mit dem Parteieintritt hat sie für sich und ihre Umgebung ein Signal setzen wollen – die Eltern sind immer wählen gegangen, wären »aber niemals irgendwo Mitglied geworden: Ich habe bewußt eine andere Entscheidung getroffen als meine Eltern!«
Gerade als Nachgeborene und als Frau hat sie die SPD besonders im Visier und erwartet ein Symbol für den Generationswechsel: »Ich wünsche mir eine Frau unseres Alters im Parteivorstand!« Die 40er und die Politik: »Aber mit ›so jungen‹ Frauen halten die sich nicht für mehrheitsfähig!«

Ihre Hoffnungen auf einen Machtwechsel durch unsere Altersgruppe sind ungetrübt: »Ich erwarte von meinen Generations-GenossInnen, daß sie anders denken und anders sprechen, daß sie sich deutlicher festlegen, die Positionen exakter formulieren, daß sie aus ihren Gefühlen weniger Hehl machen und daß sie sich nicht aufsaugen lassen von der Politik. Daß sie ganz bewußt ein normales Leben führen, nicht diese sinnlosen Termine wahrnehmen, Gesichtsmassagen betreiben, Buffetschlachten schlagen, leere Betriebsamkeit für politische Arbeit ausgeben. So ein Amt müßte ausfüllbar sein mit normalem Arbeitspensum. Was entgeht diesen Politikern nicht alles! Immer die gleichen Leute um sie rum, keine neuen Erfahrungen, keine originalen Erlebnisse mehr. Glauben Sie, der Genscher liest noch selbst eine Zeitung? Ein Buch? Der bekommt die Ausschnitte vorgelegt! Ein Buch hat er sicher in den vergangenen zehn Jahren nicht mehr gelesen – wer dafür keine Zeit mehr hat, um den steht es nicht gut. Genscher ist für mich, gelinde gesagt, ein Phänomen–.«
»Die Inkarnation von Arbeitswut, ›workaholism‹, Wichtigtuerei, Windbeutelei, männlichem Arbeitsverhalten und virilen Karriereritualen.«
»Gerade das darf bei ›unseren‹ Politikern nicht mehr passieren. Neue Generation, neuer Arbeitsstil. Auch die Hast, mit der diese Wiedervereinigung betrieben worden ist! Haben Sie Patrick Süskinds ›Spiegel‹-Essay dazu gelesen? Er hat wunderbar formuliert, was genau ich mir gedacht habe; kein Wunder, er ist unser Alter! Von Brandt war ich enttäuscht, von seinem Slogan, daß zusammenwachsen solle, was zusammengehöre. Da sieht man plötzlich, wie alt er ist und welche Vorstellung und Hoffnungen seine Generation hat. Es wird Zeit für die Jüngeren – wo doch in meinem Alltag um mich herum alles jünger wird. Kaum ein Arzt mehr zu finden, der älter ist als ich!«

Was für eine Stimme! Tief, rauh, verrucht, warm. Nichts Glattes. Nichts Gefälliges. Für Klabund, Tucholsky, Wedekind-Lieder wäre sie sofort engagiert. Eine gebrochene Stimme. Schön.

»Was muß ›Ihr‹ Mann denn so hören mit dieser berühmten Frau? Wie hat denn die Umwelt reagiert auf die 39jährige Karriere?«

»Blöd! Ausgesprochen blöd. Aber nie direkt! Das muß man so ablesen, an Tonfall, Gestik, Atmosphäre, wenn es heißt: ›Ach, das ist Ihre Frau‹ und so! Da weiß man gleich, was bei denen im Hirn abläuft. Bescheuert. Auch Bekannte reagieren so, auch Frauen, hauptsächlich aber das männliche Geschlecht!«
»Und Ihre Mutter?«
»Die hat sich damit abgefunden und spricht nicht mehr darüber! Der Schwiegermutter macht es viel aus. Sie hätte es sicherlich besser gefunden, wenn ihr Sohn der Polizeipräsident wäre. Kann ich aus der mütterlichen Perspektive auch verstehen, das Beste wollen für den Sohn und so. Aber ich glaube nicht, daß Falk Marks leidet, fragen Sie ihn. Ich bestreite auch, daß es ihm besserginge, wenn die Rollen nicht vertauscht wären! Falls es ihm in unserer Konstellation schlechtgeht.«
»Ich glaube, hier leisten wir Pionierarbeit; hier, im neuen Rollen-Land, leben wir in einer Avantgardesituation, wo wir uns selbst und alleine, ohne Vorbilder, Vororientierung, bewegen müssen, herumtappen auf neuem Terrain. Wir können keine Eltern fragen. Im Gegenteil. Die meisten Eltern sind gegen neue Konstellationen im Geschlechterverhältnis, mißtrauisch, mißgünstig, auch neidisch, selbst wenn sie in den alten Konditionen nicht glücklich waren. Sie können uns keinen Rat geben, weil sie anders gelebt haben. Natürlich waren sie auch überfordert, aber nicht in dieser Doppelbelastung, die seelische Balance war anders.«
Sie ist ganz still geworden, wenn wir über ihre Mann-Frau-Beziehung sprechen. Vorhin hatte sie noch den Witz gemacht, als ich enttäuscht darüber war, daß sich das Polizeipräsidentinnen-»Marks« nicht mit »x« schriebe, sie lese den mit »x« und mit dem »ks« lebe sie. Erst war sie ganz nach hinten in den Sessel gerückt, jetzt ist sie nach vorne auf die Kante gerutscht und liegt auf der Sitzfläche, die langen Arme erschlafft auf den Lehnen.
Traudel Bergkemper – ein offenes Gesicht, offene Augen, den direkten Blick. Ihre Augen, so kraftvoll und erschöpft, für Sekunden ist sie irgendwo, weg.

Gleich ist sie wieder voll da. Ganz. Auch haptisch. Arbeitet die Gedanken mit den Händen nach, knetet mit den Fingern das Hirn. Präsent, *da*, ohne Schnörkel, ohne Firlefanz.

Die Bergkemper ist, was man(n) eine starke Frau nennt.

Und wie schafft sie Karriere, Kinder, Eheleben?
»Ohne ›meinen‹ Mann, ohne Falk Marks, ginge es nicht. Ohne Verzicht ginge es nicht, Freizeitverlust – eben keine dreimal Sauna in der Woche. Die Gemeinsamkeit ist rationiert, die Zweisamkeit leidet; hinsetzen, Tee trinken und vier Stunden reden ist nicht mehr drin. Wir reden kürzer, straffer miteinander, sind nicht mehr so diskussionsfreudig wie früher. Das kommt wieder. In einem Jahr haben wir das Gröbste hinter uns.
Wenn man mir vor vier Jahren gesagt hätte, wie ich mein Leben verändern würde, hätte ich nur laut gelacht und die Wahrsager für bekloppt erklärt. Jetzt fahren wir einen VW Passat Kombi, so eine Kinderkutsche, gehen nicht mehr ins Kino, weil zwei Karrieren, zwei Kinder, eine Kinderfrau... keinen Babysitter mehr zulassen – wir wollen die Kleinen nicht vollständig anderen Menschen überlassen. Medienaskese: Früher, wenn ich kaputt war, habe ich mich abends vor den Fernseher geknallt und bin dabei eingeschlafen, die Programme sind ja danach. Jetzt ist die Zeit kostbar geworden. Ich muß haushalten mit der Zeit, haushalten mit der Uhr. Deshalb: Mit Kindern prinzipiell kein Fernsehen! Wir nützen die Zeit zusammen mit ihnen. In acht Jahren, Moritz ist jetzt drei, macht er, was er will.
Wir machen heute schon, was *er* will. Er hat diese Unbedingtheit der Kinder heute, das bewundere ich. Die sind so ichzentriert, wollen alles sofort, nicht nachher, sondern jetzt. Das war bei uns in den 50er Jahren nicht so. Wenn Falk und ich reden, baut sich der Moritz vor uns auf und sagt: ›Nicht reden, Eisenbahn spielen!‹ Also spielen wir Eisenbahn.
Ich war einmal an einem Punkt, wo ich den Beruf aufgeben wollte; Falk riet mir davon ab. Wir hatten eine lange Diskussion über die Rollenverkehrung. ›Normal‹ wäre er der Polizeipräsident. Das ist jedoch kein Problem zwischen uns.
Und wenn ich nach der Etappe jetzt mit nahezu 40 gefragt werde? Ich habe vor kurzem ein traumhaftes Angebot bekommen, ein traumhaftes. Das kommt nie wieder. Schmeichelhaft. Falk hat mir von ganzem Herzen gratuliert und ganz unneidisch gesagt, er

würde davon träumen, daß jemand ihm ein solches Angebot machte. Wenn ich hätte annehmen wollen, hätte er seine Juristerei aufgeben müssen. Aber er will berufstätig bleiben. Ich habe mit knappen 40 die entscheidende Entscheidung getroffen, gegen eine wirkliche Karriere. Die Absage? Hat ein bißchen weh getan!«

Keine Zeit für Nebensächlichkeiten. Immer dicht an der Sache, nah bei mir. Da wird nichts herumgeschwiemelt oder im Nebulösen gehalten. Angenehm. Einfach angenehm. Jenseits dessen, daß eh kaum etwas zu verbergen ist. Das Verschweigen offenbart das Verschwiegene. Also lieber gleich los.
Wie anders bei den meisten Männern. Da wird abgetestet, abgecheckt und werden Bedingungen gestellt. Man muß Klinge zeigen und im Schlagabtausch standhalten. Immer ein Vorbehalt. Kaum einer, der sich wirklich öffnet.

Ob sie sich mit 40 trotz Ehe, Karriere und den beiden Kindern noch verlieben könne?

Der Raum öffnet sich vom Eßzimmer zum Wohnen. Eine alte Causeuse, wohl Gründerzeit; hinten in der Ecke eine schwarze Cordgarnitur, ein antiker englischer Ausziehtisch; Stereo, Platten, TV und ein Klavier. Ein Ventilator an der Decke, deplaziert kommt er mir vor: Diese Frau braucht keinen Ventilator. Sie bringt alleine frischen Wind. Bilder, viele Bilder an der Bilderwand: Paul A. Weber, Polke, Voss, Wewerka; ein anderer Wewerka in der Küche. Otmar Alts kinderbunte Bilderwelt und, mir schlägt mein Herz, der gleiche farbige Holzschnitt auf Bütten, den ich auch habe: HAP Grieshabers Frauenallegorie »Pour la libération des forces étouffées!« – »Für die Befreiung der erstickten Kräfte!«
»Vielleicht später wieder mal!«

Weißer Schleiflack. Auf der Anrichte hinter uns Kristallkaraffen mit Essig, Öl und Sherry. Eine Schale Potpourri, würziger, frischer Duft. Eine Gruppe Kerzenhalter, altes Messing. Teesilber, britisch. Blumen.

»Jetzt nicht! Mit Sicherheit nicht!«

Viel Tee, viel Plätzchen, viel Mineralwasser.

Sie habe ein gutes Verhältnis zu ihrem Mann, sei gerade wieder ein bißchen verliebt in ihn – und die Kinder: »Emotional total ausgefüllt«, bilanziert sie, sieht mich an, verwundert und irgendwie verwundet. War ich zudringlich? Habe ich sie verletzt? Angerührt?
»Verlieben?« fragt sie, gedankenverloren. »Verlieben!« sagt sie bestimmt: »Wo sollte ich das denn jetzt noch unterbringen?«

Moritz kommt immer wieder, drängt sich ins Zimmer, klettert auf den Tisch, rast die Wand entlang, schlägt Purzelbäume auf dem Teppich; das Telefon läutet; die Türklingel geht; die Kinderfrau ruft; der Ehemann schneit herein; das Baby schreit, und ich dränge das Gespräch vorwärts.

Ob sich für sie mit 40, Ehe, Kindern und öffentlicher Karriere Flirt, Erotik und Sexualität erledigt hätten?
»Nee! Um Gottes willen, nee!«

Schönes, gepflegtes Parkett.
Überhaupt, ein schönes Zimmer. Gepflegt und bewohnt. Kein »Schöner-Wohnen«-Ambiente, nichts Keimfreies, Totes. Hier wird gelebt. Eine Kinderholzeisenbahn auf dem Boden und Kinderrasseln nebendran. Ein Kinderstuhl am Tisch. »Das andere Babybuch« auf einem Thonet-Stuhl. In einem weißen Schleiflackregal Kinderspiele. Zwei Spielzeugmotorräder, ein Autopark mit Spielzeugmodellen.
Neulich, auf einer Geburtstagseinladung, ein kleiner Flirt. Das sei nett, schön und amüsant gewesen, habe großen Spaß gemacht, gutgetan, aber nach zweieinhalb Stunden sei sie heim zum Stillen: »Das ist ja auch eine Altersfrage! Vor zehn Jahren hätte ich sicher den Flirt fortgesetzt, telefoniert, mich getroffen; man wäre ausgegangen und so. Heute weiß ich, was sich ergeben kann, Verliebtheiten, die in Trauer enden. Weil man alles hinter

sich lassen will, eine neue Lebensphase beginnen möchte, und zwar sofort, Gefühle ausleben und dann kollidieren würde mit den Zwängen.
Ein ganz heftiges Verliebtsein liegt hinter mir – das reicht mir erst einmal wieder; aber bitte keine Details wissen wollen!«

Ein weißes Wachstuch auf dem langen, einladenden Eßtisch. Ein Tannenkerzengesteck mit roter Glaskugel vom Flohmarkt. Sie sieht, daß ich es sehe, und sagt, amüsiert: »Weihnachtsplunder, das brauch' ich einmal im Jahr!« Die Wände sind weiß tapeziert, Rauhfaser.

»Verlieben? Auf später verschieben!«

Kühle und Wärme bestimmen die Temperatur dieses Wohnens. Der Schleiflack und die alten Möbeltöne. Die Designerlampe neben dem Flohmarktnippes, die weißen Wände mit dem honigbraunen Parkett, und durch die gardinenlosen Fenster fällt, es ist gleich 12, die Wintersonne. Wintersonne – das ist die Metapher für Traudel Bergkemper und ihre Atmosphäre.

»In diesem Alter entwickelt man ja auch die Kraft, Gefühle einzuteilen und mit seinen Energien zu haushalten, lernt das Verkraften, oder? Wie sehen Sie das«?
Das Baby schreit, sie schnellt hoch, geht zur Tür, dreht sich in der Türfüllung um, sieht mich an, sieht mir ungeschützt ins Gesicht.
Sie steht.
Groß, schlank, sportlich.
Ich würde sie gerne ›schön‹ nennen.
Ich war schnell in sie verliebt.

Ob es in den vergangenen 39 Jahren Schmerz gab, den sie schier nicht verkraftet habe?
»Ja«, sagt sie knapp.
Ob sie den Schmerz zugelassen habe?
»Ja«, sagt sie knapp.
Ob die Erfahrung prägend war?

»Ja«, heftig nickt sie.
Ob negativ, ob positiv?
»Positiv.« Sie zögert. »Ich muß überlegen.« Pause. »Positiv.«
Ob Verlust oder Reifeschub?
»Das war ein Reifeschub«, sagt sie, überzeugt.

Moritz spielt, lautes »Brumm, brumm, brumm«, »Tütü, tüt«, »krrr, krrr, krrr«, Rallye, Feuerwehr und Polizei, rast mit rotem Rennauto über den Tisch. »Zischsch«, tritt die Bremsen knapp an meinem Skript und dreht, »iijui, iiijui«, mit quietschqualmenden Reifen knapp vor mir ab. Attacke. »Mo-ritz!«, die Mutter.

Ob sie an den Tod dächte?
»Ja«, sagt sie. »Schon länger. Und seit den Kindern ganz besonders.«
Ob sie ein Testament gemacht habe?
»Ja«, sagt sie. »Vor vierzehn Tagen. Wegen der Kinder.«
Wieder reißt sie sich los, springt auf, entschuldigt sich, bittet nochmals um Entschuldigung, geht zur Tür, kommt an den Tisch zurück, hin und her gerissen zwischen dem Stillen der kleinen Elena und Weitersprechen mit mir.
Strahlend steht sie nach zehn Minuten in der Tür: »Mama«, habe das Baby gerade zum erstenmal gesagt, »Mama«. Sie schüttelt den Kopf, als glaube sie's nicht.
Sie lacht.
Aber gerade waren wir noch beim Sterben. Wir wissen beide, wo das Reden abgerissen war.
Sie liebe ihre Arbeit, sie liebe ihren Moritz, sagt sie vor sich hin, »meinen Moritz«. Das sagt sie nicht mir, sie sagt es der Tischplatte, an deren Ecken sie sich festhält. Plötzlich ist das Gesicht grau: »Meine Arbeit *und* meinen Moritz!« Sie habe große Ängste, sagt sie, und ich spüre, wie aus ihrer Brust, es muß für sie quälend und langsam sich anfühlen, und sie weiß wahrscheinlich noch nicht in dieser Sekunde, was, wie und warum in dieser Situation, in diesem Raum, mit diesem fremden Mann gleich passieren wird – die erste Träne tritt aus dem Auge, ihr Kinn zittert, die Hände fliehen an die Stirn, an den Hals, den Mund: »Peter Roos, ich hab'

solche großen Ängste, daß mitten in meinem Beruf–, daß es in meinem Büro anruft: ›Mensch, der Moritz ist tot!‹ Wo ich vorher schon unentwegt denke: Mein Gott, mein Gott, was mache ich nur, wenn dieses Kind stirbt!«
Sie schweigt.
Ich fahre über Schulter, Arm und ihre Hand, flüchtig, reiche ihr mein Taschentuch.
»Darüber kann ich ja gar nicht reden. Und jetzt weine ich auch noch. Entschuldigen Sie. Entschuldigen Sie. Was hat das denn mit unserem Thema zu tun, das Sterben? Daß ich Angst vorm Sterben habe? Daß meine geliebte Großmutter, bei der ich meine halbe Kindheit verbracht habe, vielleicht bald stirbt – der Tod ist ja seit ein paar Jahren immer dabei, mittendrin, nicht mehr wegzudenken. Es ist furchtbar.«

Jetzt reden wir mal übers Marathon. Sie läuft. Sie will wieder trainieren. Ohne Sport könne sie nicht leben. Den 25-Kilometer-Lauf in Berlin habe sie schon mal mitgemacht – und ihr Traum wäre, mit Falk zu ihrem 50. Geburtstag nach New York zu fliegen. New Yorks wegen und um den New York-Marathon mitzumachen: »Das muß noch sein in diesem Leben!« sagt sie und lacht.
Stark. Schön. Intelligent. Traurig. Und sie kann lachen.
Eine Traumfrau. Eine Wucht.

Tennis, Joggen, Ski.
»Natürlich bin ich gemütlicher geworden beim Alpinfahren. Ob ich noch einmal mutterseelenalleine in diesem furchtbaren Tonnenlift den Langkofel rauf- und mutterseelenalleine die Langkofelscharte runterfahren werde – ich bezweifle das. Meine Angst vor Risiko ist einfach gewachsen. Die Fähigkeit, sich Unfälle vorzustellen, wächst enorm. Daß ich vom 10-Meter-Brett springe, okay, das habe ich auch einmal gemacht, nachdem ich mich eineinhalb Stunden oben herumgedrückt hatte. Darin sehe ich heute keinen Sinn mehr. Aber den Kopfsprung vom 3-Meter-Brett, den springe ich noch. Sport muß sein; macht Spaß, ist Ausgleich für diese Ein-Zimmer-Büro-Arbeit. Sitzen und Telefonieren sind das Widerlichste an meinem Beruf. Ich muß täglich

raus, die Arme hochreißen, die Füße bewegen, alles von mir werfen, einen Befreiungsschlag! Ich will natürlich auch nicht zu fett werden!«

Natürlich hat das alles mit unserer Generation zu tun. Ob sie Martin Walser immer noch liest oder Elvis immer noch hört, ob sie sich für Design interessiert oder für HAP Grieshaber, ob die Beatles ihren Puls heute noch erhöhen, ob sie Frauenliteratur kauft und sich langsam, ganz langsam, der klassischen Musik annähert, immer noch angewidert von gutbürgerlichem Klavierunterricht der 50er und 60er, ob sie immer noch gerne schnell Auto fahren würde, Janis Jopin laut aufgedreht dabei –.
Gertrud Bergkemper-Marks lebt die exemplarische Frauenbiographie der 1950er Jahrgänge.
In einem Erfahrungsvakuum leben. Neuland betreten. Nirgendwo jemand, der etwas vorgelebt hätte. Die Alten haben nichts zu tun mit unseren kollektiven Prozessen, die lustvoll und aggressiv, ängstlich und neugierig betrieben werden. Sie sperren sich, verweigern, schweigen. Tabus. Das, was wir leben und erleben, unsere Erfahrungen sind nicht kommunikable Generationserfahrungen, und die Bergkemper zweifelt daran, ob es sinnvoll oder überhaupt möglich sei, später ihre, unsere Bilanz an Moritz beispielsweise weiterzugeben: »Der wird anders leben!«
Aber wir, wenn wir untereinander redeten. Ihre Spannungen, die Zerreißproben zwischen Kind und Karriere, zwischen Mann und »Mäuschen«, zwischen Atem und Tod, die Salven schlechten Gewissens, die Verunsicherung über die neuen Lebensmuster, die Gebäude der Rechtfertigungen oder nur die zarte Erinnerung an die Gesichter der Beatles, die sie angenehm fand und gerne angesehen hat, John Lennon tot, erschossen, er war exakt so alt wie sie, knapp vor 40 – *das* ist Generation.

»Das Zur-Arbeit-Gehen selbst verunsichert mich sehr stark«, klagt sie, und sie bekommt einen roten Kopf, die Polizeipräsidentin, wenn auf dem Spielplatz eine andere Mutter ihres Alters sagt: »Ach, Sie sind berufstätig – ob das gut ist für Ihr Kind?« Dann rennt sie nach Hause mit dem rotem Kopf, ärgert sich, daß sie nicht kontern konnte, verzweifelt über den Zwiespalt, verunsichert, flatterig, um hektisch und mit großem entwicklungspsychologischen Aufwand zu legitimieren, was sie liebt: *»Meine Arbeit und meinen Moritz.«*

Am Ende. Beide erschöpft. Beide lachend.
Blau ist meine Lieblingsfarbe. Ihre auch.
Sie hilft mir in den Mantel, meinen »Marienmantel«, wie sie sagt.
»Moritz! Tschüs!«, rufe ich, und er ruft kölnisch »Tschö!«, fliegt mit seinem Flieger an uns vorbei zur kleinen Schwester in die Küche.
Eine sachte Umarmung.
Treppe. Taxi. Fort.
Mann ist das eine *Frau*.

Über was haben wir eigentlich geredet?

Über Liebe.

Was für eine Generationsgenossin!

Drei Stunden über die Liebe.

Die möchte ich wieder kennenlernen.

40 x danke

Sich selbst zum 40. Geburtstag

Du weißt, mein Bester, daß ich nichts beschönige.
Deshalb vergiß nicht, was man sehr leicht vergißt.
Doppelt so alt, wie Du heute geworden bist,
werden nur wenige.

ERICH KÄSTNER

Dank.
Die Angst, dieses Buch zu schreiben, war so groß wie die Lust. Weil ich kaum Distanz nehmen konnte. Denn wenn ich vom Thema und meinen 40ern zurücktreten wollte, stand ich ja wieder bei mir. Alles hatte sich potenziert, alles hatte sich akkumuliert, war freud- und mühevoll Zeile für Zeile abzuschreiben. Ohne das richtige Außenrum unmöglich und möglich nur, weil ich sie besuchen und sprechen konnte, die 40er.
Allen danke ich, allen.
Vor allem Traudel Bergkemper-Marks und Risa Kes, weil beide, ich war ihnen nicht bekannt, mich für einige Stunden mit vollem Risiko und ungeschützt an ihrem Leben haben teilnehmen lassen. Mathieu Carrière, Thomas Gottschalk und Otto Kern nicht minder, aber anders; zudem waren alle drei besonders hilfsbereit mit Tips, Telefonaten und Türen, die sie mir öffnen halfen.
In Marktheidenfeld war es das Zusammenleben vor, auf und nach der 40er-Schwelle mit Friderike und Walter Väthjunker, Uta und Burkard Barthel, Tochter Katrin eingeschlossen, die mir zum 40. vorab schon einmal dritte Zähne schenkte, ein blaues Vampirgebiß mit blauem Kukident und blauem Odol, dazu den Rat: »Ein Schriftsteller *tut* nicht, ein Schriftsteller schreibt!« Angekommen.
Blitzblau war der Handkofferpanzermanuskriptschrank, den mir Valentin Schwab schenkte, und Uschi Zier schenkte mir ihren Papagei.
Christa Winzenhöler war dabei mit Frische, Kraft, Eiern, Wurst, Salat & Sauberkeit und der Wettervorhersage, daß es ab 40 erst richtig losginge: »Jeden Tag zwickt's woanders!«

Enrica aß mit an der Tavola della diavolezza vespaiola, und der liebevolle Macho Mario Madiai dichtet mir den Männerspruch: »Il cazzo ha sempre 40 anni e la fica sempre 20!«
Gerd Butterwegge war mir immer der Jüngere, und jetzt hat der Gerdi aufgeholt: 40.
Charlotte Breyer plädiert für das Alter, und Elisabeth Bieräugel erinnert, daß keine zehn Pferde sie in die 40er hineinbringen konnten und keine 100 heraus!
Raphael Arteaga Lozano von 1951 hat mir Barcelona geschenkt, der 1950er Javier Mariscal die Vespa, Martina Agoues die 40jährigen Füller und Kurt Salchli das Jubelbuch zu Snoopys 40. Geburtstag.
Aron Ronald Bodenheimer schrieb mir nicht nur sein »Warum?«-Buch, er gab mir auch Goethe und macht es mir schön schwer. Kurt Iselin, 1951, sorgt für die blauen Seh-Hilfen und läßt mich ins Fenster schauen. Amanda Cross hat mich mit ihren New Yorker Midlife-Krimis aufs spannendste begleitet. Karlheinz Deschner hat den Teufel ausgetrieben, Johannes Erasmus hat Dokumentationen aufgetrieben, und Wolfgang Eisermann hat die Furcht vertrieben. Dank für Rat, Tat und Stoff – auch Sabine Rollberg, auch Fritz Rummler, auch Marion Schreiber, auch Ingrid Kolb, auch Martina Gollhardt. Mike Breer.
Hilfen aller Art durfte ich von den Redaktionen und Archiven der Annabelle, der FAZ, der FR, des Main-Echo, der Main-Post Würzburg, der Main-Post Marktheidenfeld, des Spiegel, des Stern, der Süddeutschen und der ZEIT in Anspruch nehmen.
Heribert Kuhn faxt mir den Xerox-Witz, Jogi Wunder Hamberger beflügelt mich mit farbigen Propellern, die Heims lackieren die blauen Wiener am Esselbach, der wilde Willi stempelt die Post, und aus Amerika versorgen mich Caro Väthjunker und Susanne Geyer mit 40eriana der unbegrenzten Möglichkeit blauer Wunder.
Joachim Kersten spricht das Recht, wenn er nicht lacht, und Hermann Kinder liest, wenn er nicht radelt.
Die 40er-Geburtstage alle in den vergangenen drei Jahren! – Haudis und der Hautmanns Karin ihre war'n besonders schön!
Phosphorkugerln, Eigenblut und Nadeln haben mich über die vermaledeite 40er-Schwelle getragen, Pyar Troll und Wolfgang Hautzel und Hans-Wolfgang Münch sei's nicht vergessen, Lisei Simon sowieso.
Paul Reichartz und Gunni sind erinnert, auch die Zürcher Gespräche mit Adolf Muschg. Renate Baaders Rede und der Ritterschlag zum Marquis de Condorcet haben mich befördert.

Und die Förderung des ECON Verlages vom heldischen Verleger bis ins siamesische Lektoratsduo war exzeptionell und völlig unschädlich: daß der Durst auf Texte und die Hoffnung auf das Buch nicht nachließen, daß Heroen und Kinder dafür waren, eine Königin gar, eine Mükke, ein Wolf, eine Wüste und ein Berg, Waas-, Acker-, Tüll-Männer und -frauen auf der Ramsau – alle, ich kann sie nicht alle wirklich kennen und nennen, alle jedenfalls wollen den Reckord und Winkens mir zu. Voran Lutz Dursthoff und *die* Schädlich, Krista Maria, und wenn etwas in diesem Buch *tobt*, dann gehört es ihr.
Übrigbleibt *die Hassauer* kursiv. Ohne sie und die ganze Theorie wär's eh nicht zu schaffen gewesen; wegen ihr habe ich es beinah nicht gepackt, mit ihr erst recht – die Jahre waren Blei genug, vielleicht kommt jetzt der Flügel.
Dank.

Ich denke an die toten 40er von »Trau keinem über 30«, an Dieter Kahl, der das Leben nicht mehr ausgehalten hat, und ich denke an Hartmut Schulze, der unserer lebensgefährlichen Krankheit erlag. Daß Thomas Dietzels Herz es nicht mehr wollte. Unvergessen.

40er-Treffen

Ich sprach mit wem, wo, wann:

Ursula Adam, Salzburg, 16. Dezember 1990
Ruth Auth, Zimmern, 5. April 1992
Elvira Bach, Berlin, 19. und 20. März 1992
Burkard Barthel, Marktheidenfeld, 16. März 1992
Uta Barthel, Marktheidenfeld, 15. März 1992
J. Georg Bednorz, Zürich-Rüschlikon, 13. November 1990
Gertrud Bergkemper-Marks, Köln, 5. Dezember 1990
Anrdé Brie, Berlin, 20. März 1992
Manfred Burgsmüller, Bremen, 6. März 1991
Michel Carl, Marktheidenfeld, 10. März 1992
Mathieu Carrière, New York, 5. bis 10. Februar 1991
Manfred Deix, Wien-Klosterneuburg, 14. und 15. Dezember 1992
Esther Dischereit, Berlin, 20. März 1992
Jutta Ditfurth, Frankfurt, 21. Januar 1991
Felix Droese, Diepensiepen, 6. Dezember 1990
Alfred Fersch, Zimmern, 17. März 1992
Thomas Gottschalk, München, 19. und 20. Dezember 1990
Martin Grzimek, Frankfurt, 12. März 1992
Cornelia Hanisch, Frankfurt, 21. Januar 1991
Siggi Hartmann, Lengfurt, 17. März 1992
Friederike Hassauer, Wien, 1. September 1991, und Zimmern, 12. April 1992
Tatjana Hauptmann, Zürich, 14. November 1990
Gerda Hasselfeldt, Bonn, 6. Dezember 1990
Rachel Heuberger, Frankfurt, 29. November 1990
Otto Kern, Düsseldorf, 26. März 1992

Risa Kes, München, 24. März 1992
Manfred Kierzek, Fulda, 19. März 1992
Uschi Knahn, Zimmern, 11. März 1992
Günther Krause, Bonn, 2. Mai 1991
Dieter Müller, Wertheim-Bettingen, 16. März 1992
Hanns-Josef Ortheil, Würzburg, 22. November 1990
Gabriela Pagener-Neu, Köln, 13. Dezember 1990
Karin Petersen, Berlin, 16. Januar 1991
Bernd Potschka, Berlin, 20. und 21. März 1992
Luth Rathenow, Würzburg, 24. November 1990
Wolfgang Rihm, Karlsruhe, 22. und 23. Januar 1991
Georg Ringsgwandl, Schweinfurt, 7. Dezember 1990
Rachel Salamander, München, 24. März 1992
Heidi Schüller, Köln, 4. Dezember 1990
Valentin Schwab, Michelrieth, 9. März 1992
Karin Sekora, Marktheidenfeld, 10. März 1992
Edgar Selge, München, 18. Dezember 1990
Gerhard Seyfried, Berlin, 16. Januar 1991
Walter Väthjunker, Zimmern, 20. April 1991
Franziska Walser, München, 17. Dezember 1990
Gabriele Willner, Frankfurt, 12. März 1992
Matthias Wissmann, Bonn, 4. Dezember 1990
Ursula Zier, Frankfurt, 12. März 1992

Die 40er-Bücherliste

Eine Auswahl an Texten, die in den vergangenen zwanzig Jahren meinen Blick auf Generation und Altern beeinflußten und mit denen ich gearbeitet habe – ein Beitrag zur themenspezifischen Bibliographie:

Albright, G. L.: Reflections on the Generations in Ortega y Gasset. In: San José Studies (USA) 8/1.1982 S. 91–105

Alter, J. D.: Life After Fifty. Philadelphia (Pennsylvania) 1982

Améry, J.: Über das Altern – Revolte und Resignation. Stuttgart 1968

Andersen Nexö, M.: Die verlorene Generation. In: Gesammelte Werke in Einzelbänden. Berlin und Weimar 1983

Anderson, K.: Symptoms After Forty. New York 1988

Attias-Donfut C.: Sociologie des Générations – L'empreinte du temps. Paris 1988

Austin, B.: The Forty Year Cycle. South Pasadena (California) 1980

Barry, D.: Dave Barry Turns Forty. New York 1990

Bennet, A.: Forty Years On. London 1969

Bergler, E.: The Revolt of the Middle-Aged Man. Madison (Connecticut) 1985

Bertmann, St. (Hg.): The Conflict of Generations in Ancient Greece and Rome. Amsterdam 1976

Biemel, W. (Hg.): Husserliana 6. Den Haag 1954

Binkert, D.: Ein Gesicht, das zu mir paßt – Frauen in der Lebensmitte ziehen Bilanz. Stuttgart 1990

Blanda, G./Herskowitz, M.: Over Forty – Feeling Great and Looking Good. New York 1978

Böhnisch, L./Blanc, C.: Die Generationenfalle – Von der Relativierung der Lebensalter. Frankfurt 1989

Boll, F.: Die Lebensalter – Ein Beitrag zur antiken Ethnologie und zur Geschichte der Zahlen. 1913

Brandes, S.: Um vierzig – Lebensalter oder symbolische Zahl. Berlin 1987 (Forty: The Age and the Symbol. 1985)

Braungart, R. G./Braungart, M. M.: Life-Course and Generational Politics. In: Annual Review of Sociology 1986, S. 205–231

Braungart, R. G.: Historical Generations and Youth Movements – A Theoretical Perspective. In: Research in Social Movements, Conflict and Change. Bd. 6, 1984, S. 95–142

Braungart, R. G./Braungart, M. M.: Generational Politics and Youth Movements. 200 Years of Youth Revolt. 2 Bde. Greenwich 1990

Brown, J. K./Kerns, U.: In Her Prime. A New View of Middle-Aged Women. Westport (Connecticut) 1985

Buckland, A. W.: Four, as a Sacred Number. In: Journal of the Anthropological Institute. 25/1895, S. 96–102

Bude, H.: Bilanz der Nachfolge – Die Bundesrepublik und der Nationalsozialismus. Frankfurt 1992

Bude, H.: Deutsche Karrieren – Lebenskonstruktionen sozialer Aufsteiger aus der Flakhelfergeneration. Frankfurt 1987

Burg, E.: Midlife. Triumph – Not Crisis. Hanppange (New York) 1986

Butler, R.: Love and Sex after Sixty. New York 1988

Cather, W.: Not under Forty. Lincoln (Nebraska) 1988

Clausen, J. A.: Sociology of the Life Course. Englewood Cliffs (New Jersey) 1986

Comte, R.: Système de Politique positive ou Traité de Sociologie. Paris Bd. 3 1853, Bd. 4 1854

Conway, J.: Men in Mid-Life Crisis. Elgin (Illinois) 1978

Conway, J.: Women in Mid-Life Crisis. Wheaton (Illinois) 1983

Cooper, C. L./Torrington, D. P.: After Forty: The Time for Achievement? Ann Arbor (Michigan) o. J.

Coulson, R.: Empowered at Forty: How to Negotiate the Best Terms and Time of Your Retirement. New York 1990

Davitz, J. R./Davitz, L.: Making it: Forty & Beyond, Surviving the Mid-Life Crisis. New York 1979
Davitz, J.R./Davitz, L.: Making it from 40 to 50. New York 1976
Deppe, W.: 3 Generationen Arbeiterleben – Eine Sozio-Biographische Darstellung. Frankfurt/New York 1982
Die Frau über dreißig. Über die Selbstverwirklichung der reifen Frau. Ein Fototextbuch mit Texten von: H. C. Artmann u. a., Casablanca (Monaco) 1980
Dilthey, W.: Über das Studium der Wissenschaft vom Menschen, der Gesellschaft und dem Staat. 1975. In: Gesammelte Schriften. 1964
Dodds, B.: How to Survive Your 40th Birthday. New York 1990
Dowe, D. (Hg.): Jugendprotest und Generationenkonflikt in Europa im 20. Jhdt. – Deutschland, England, Frankreich und Italien im Vergleich. Bonn 1986
Dromel, J.: La loi des Révolutions, les Générations, les Nationalités, les Dynasties, les Religions. Paris 1862

Eckstaedt, A.: Nationalsozialismus in der »2. Generation«. Psychoanalyse von Hörigkeitsverhältnissen. Frankfurt 1989
Ehmer, J.: Sozialgeschichte des Alters. Frankfurt 1990
Eichhorn, D.: Present & Past in Middle Life. San Diego (California) 1982
Eine Generation später – Bundesrepublik Deutschland 1953–1979. Eine Allensbacher Langzeit-Studie. Institut für Demoskopie Allensbach. Allensbach 1981
Eisenstadt, S. N.: Von Generation zu Generation – Altersgruppen und Sozialstruktur. München 1966 (From Generation to Generation – Age Groups and Social Structure 1956)
Eisenstadt, S. N.: Altersgruppen und Sozialstruktur. In: L. v. Friedeburg: Jugend in der modernen Gesellschaft. Köln/Berlin 1965, S. 49–82
Elder, G. H.: Life Course Dynamics. Trajectories and Transitions, 1968–1980. Ithaca (New York) 1985
Elias, N.: Studien über die Deutschen – Machtkämpfe und Habitusentwicklung im 19. und 20. Jhdt. Hg. M. Schröter. Frankfurt 1989
Erikson, E. H.: Identifikation und Identität. In: Psyche X/1956/1957
Erikson, E. H.: Kindheit und Gesellschaft. Zürich/Stuttgart 1957 (Childhood and Society. New York 1950/London 1951)

Erikson, E. H.: Wachstum und Krisen der gesunden Persönlichkeit. Stuttgart 1953 (Personality in Nature. In: Culture and Society. Hg. C. Kluckhohn/H. R. Murray. New York 1952)
Everhart, J.: Forty is . . .!? Lincoln (Nebraska) 1969
Exel, W./Exel, D.: Midlife ohne Krise – Mann und Frau in die bessere Hälfte des Lebens. Wien 1985

Farrell, M. P./Rosenberg, St.: Men at Midlife. Westport (Connecticut) 1981
Federspiel, K./Weiss, H.: Arbeit – 50 deutsche Karrieren. Frankfurt 1990
Ferrari, G.: Teoria dei Periodi Politici, Mailand 1874
Feuer, L. S.: The Conflict of Generation. The Character and Significance of Student Movements. London 1969
Fischer, E.: Jenseits der Träume – Frauen um vierzig. Köln 1983
Fort, D.: Forty Years. Grand Rapids (Michigan) 1990
Friedeburg, L. von (Hg.): Jugend in der modernen Gesellschaft. Köln/Berlin 1965
Frings-Kammerichs, E./Schüller, H. A.: Die schwierige Generation. Jugendkrise – Ein Zeichen der Hoffnung. Freiburg/Basel/Wien 1975

Geddes, J.: The Better Half of Life. Nashville (Tennessee) 1987
Generationenwechsel in der Bundesrepublik. Schriftenreihe der Friedrich-Naumann-Stiftung zur Politik- und Zeitgeschichte Nr. 8. Stuttgart 1965.
Gespräch der Generationen. Niedersächsische Landeszentrale für politische Bildung (Hg.), Hannover 1984
Gies, J./Gies, F.: Women in the Middle Ages. New York 1979
Gillis, J. R.: Geschichte der Jugend. Tradition und Wandel im Verhältnis der Altersgruppen und Generationen in Europa von der 2. Hälfte des 18. Jhdt. bis zur Gegenwart. Weinheim/Basel 1980
Gitlin, T.: The Sixties. New York 1989
Gold, H.: Girl of Forty. New York 1987
Gould, R. L.: Transformations. New York 1979
Grambs, J. D.: Women over Forty. Visions and Realities. New York 1989
Günther, H.: Die verwöhnte Generation? Lebensstile und Weltbilder 14- bis 19jähriger. Eine empirische Untersuchung. Köln 1982

Guzmán, F. P.: Generaciones y semblanzas (1512). Madrid 1941

Heidegger, M.: Sein und Zeit. (Halle 1927), 1957
Heinzen, G./Koch, U.: Von der Nutzlosigkeit, erwachsen zu werden. Reinbek 1990
Henry, J.: Forty-Year-Old Jitters in Married Urban Women. In: On Shame, Vulnerability and Other Forms of Self-Destruction. London 1973
Hepworth, M./Featherstone, M.: Surviving Middle Age. Cambridge (Massachusetts) 1982
Hoffmann, H. (Hg.): Jugendwahn und Altersangst. Frankfurt 1988
Hollander, W. von: Der Mensch über vierzig – Lebensformen im reiferen Lebensalter. Berlin 1962
Horx, M.: Die wilden Achtziger – Eine Zeitgeist-Reise durch die Bundesrepublik. München/Wien 1987
Horx, M.: My Generation – Die Jungen und die Alten. Über den Konflikt der Generationen. In: Zeit-Magazin 16/1988, S. 54–67
Horx, M.: Aufstand im Schlaraffenland – Selbsterkenntnisse einer rebellischen Generation. München/Wien 1989
Horx, M.: Die Zwanziger – Eine Generation wacht auf. In: Tempo 3/1991, S. 44–52
Hunter, S./Sundel, M.: Midlife Myths. Issues, Findings & Practise Implications. New York 1989
Hurrelmann, K. (Hg.): Lebenslage, Lebensalter, Lebenszeit. Ausgewählte Beiträge aus den ersten 5 Jahrgängen der Zeitschrift für Sozialisationsforschung und Erziehungssoziologie. Weinheim/Basel 1986
Husserl, E.: Die Krisis der europäischen Wissenschaft und die Transzendentale Phänomenologie. 1936
Husserl, E.: Nachlaß K3, S. 60, zit. nach: B. Waldenfels: Das Zwischenreich des Dialogs – Sozialphilosophische Untersuchungen im Anschluß an Edmund Husserl. 1971

Jacobs, R. H.: Life After Youth. Female, Forty – What next? Boston 1979
Jaeger, H.: Generationen in der Geschichte – Überlegungen zu einer umstrittenen Konzeption. In: Geschichte und Gesellschaft. Zeitschrift für historische Sozialwissenschaft. 3/1977, Göttingen
Jaide, W.: Generationen eines Jahrhunderts – Wechsel der Jugendge-

nerationen im Jahrhunderttrend. Zur Sozialgeschichte der Jugend in Deutschland 1871–1985. Opladen 1988

Jansen, M.: Social Criticism and Social Reform. An Application of the Generation Theory. In: Homenaje a Julián Marías. Madrid 1984, S. 289–296

Jaspers, K.: Die geistige Situation der Zeit. 1931

Jing-Heng, M.: At Middle Age. A Learning Guide for Students of Advanced Chinese. Ann Arbor (Michigan) 1988

Johnson, P. E.: The Middle Years. Ann Arbor (Michigan) o. J.

Johnson, W. St.: Sons and Fathers. The Generation Link in Literature, 1780–1980. New York/Bern/Frankfurt 1985

Jung, C. G.: Die Lebenswende. In: Gesammelte Werke Bd. 8: Die Dynamik des Unbewußten. Olten und Freiburg [2]1976, S. 427–442

Kahn, L. jr.: Over the Hill but Not Out to Lunch! Over 40 and Still Cookin'. Bolinas (California) 1987

Kavet, K.: Lieber 40 als schwanger. Bergisch Gladbach 1988

Kavet, H. I.: Du bist über vierzig, wenn . . . Bergisch Gladbach 1988

Kehrer, F. A.: Der Wandel der Generationen – Eine biologisch-soziologische Studie. Stuttgart 1959

Keller, A.: Die Schwaben in der Geschichte des Volkshumors. Freiburg 1907

Kiley, D.: Das Peter-Pan-Syndrom. Männer, die nie erwachsen werden. München 1989 (The Peter Pan Syndrom, 1983)

Kimbrough, E.: Forty Plus and Fancy Free. New York 1954

Klingenstein, G./Lutz, H./Stourzh, G. (Hg.): Biographie und Geschichtswissenschaft – Aufsätze zur Theorie und Praxis biografischer Arbeit (Wiener Beiträge zur Geschichte der Neuzeit, Bd. 6). München und Wien 1979

Kohli, M. (Hg.): Soziologie des Lebenslaufs. Darmstadt/Neuwied 1978

Kubelka, S.: Endlich über vierzig – Der reifen Frau gehört die Welt. München 1987

Laín Entralgo, P.: Las Generaciones en la Historia. Madrid 1945

Lauer, H. E.: Vom richtigen Altwerden – Der menschliche Lebenslauf, seine geschichtlichen Wandlungen und seine Gegenwartsprobleme. Frankfurt 1985

Levinson, D. J./Darrow, Ch. N./Klein, E. B./Levinson, N. H./McKee,

B.: Das Leben des Mannes. Werdenskrisen, Wendepunkte, Entwicklungschancen. Köln 1979 (The Seasons of a man's Life. New York 1978)

London, M.: Second Spring of Your Life. How You Can Make Your Middle Years joyous and productive. New York 1990

Lowenthal, M. F./Thurnher, M./Chiriboga, D.: Four Stages of Life. A Comparative Study for Women and Men Facing Transitions. San Francisco/Washington/London 1975

Luhmann, N./Schorr, K. E. (Hg.): Zwischen Anfang und Ende. Fragen an die Pädagogik. Frankfurt 1990

Maaß, W.: Die Fünfzigjährigen – Portrait einer verratenen Generation. Hamburg 1980

Maeusel, H.: Sport ab 40. Reinbek 1988

Mannheim, K.: Das Problem der Generationen. In: Wissenssoziologie. Auswahl aus dem Werk. Hg.: Kurt H. Wolff. Neuwied/Berlin 1970, S. 509–565

Marías, J.: Literatura y Generaciones. Madrid 1975

Marías, J.: El método histórico de las generaciones. Madrid 1949

Marías, J.: Ortegas Theory of Generations. A Historical Method. Alabama 1970

Mayer, N.: The Male Mid-Life Crisis – Fresh Starts after Forty. New York 1979

McGill, M. E.: The 40-to-60-Year Old Male. A Guide for Men and the Women in their Lives to see them through the Crisis of the Male Middle Years. New York 1980

McMillan, L. D.: Owner's Guide to Midlife Crisis. Boise (Idaho) 1987

McMorrow, F.: Midolescence. The Dangerous Years. New York 1974

Mentré, F.: Les Générations – Générations Sociales. 1920

Meves, K./Ortlieb, H.-D.: Die ruinierte Generation. Freiburg/Basel/Wien 1982

Meyer, H./Suntrup, R.: Lexikon der mittelalterlichen Zahlenbedeutungen. München 1987

Miner, Ch.: How to Get an Executive Job after Forty. New York 1968

Mitscherlich, A.: Die Unfähigkeit, erwachsen zu werden – Über die Krise in der Lebensmitte. In: Der Spiegel 31/1976

Mitscherlich, A.: Pubertät und Tradition. In: L. von Friedeburg: Jugend in der modernen Gesellschaft, Köln/Berlin 1965, S. 288–308

Mitterauer, M.: Sozialgeschichte der Jugend. Frankfurt 1986

Mohr, R.: Zaungäste – Die Generation, die nach der Revolte kam. Frankfurt 1992
Müller-Luckmann, E.: Männer um fünfzig. Hamburg 1986

Neidhardt, F.: Die junge Generation. Jugend und Gesellschaft in der Bundesrepublik. Opladen 1967
Neugarten, B. L.: Middle Age and Aging. A Reader in Social Psychology. Chicago 1968
Neustadt, A.: Israels 2. Generation – Auschwitz als Vermächtnis. Berlin und Bonn 1987
Nichols, M. P.: Turning Forty in the Eighties. Personal Crisis, Time for Change. New York 1987
Nichols, M. P.: Vierzig werden – Die 2. Lebenshälfte als Chance zur Veränderung. Reinbek 1988
Nohl, H.: Das Verhältnis der Generationen in der Pädagogik. Die Tat 1914

Oldham, J. M./Liebert, R. S.: Middle Years. New Psychoanalytic Perspectives. New Haven (Connecticut) 1989
Ortega y Gasset, J.: Aufstand der Massen/Über die Liebe. Berlin 1983 (La rebelión de las masas 1930/Estudios sobre el amor 1934)
Ortega y Gasset, J.: Die Aufgabe unserer Zeit. Zürich 1928 (El tema de nuestro tiempo 1923)
Ortega y Gasset, J.: Im Geiste Galileos (En torno a Galileo 1933). In: Gesammelte Werke, Band 3. Stuttgart 1978
Ortega y Gasset, J.: Para la Cultura del Amor. Madrid 1988

Petersen, J.: Wesensbestimmung der Romantik. 1925
Peyre, H.: Les Générations littéraires. 1948
Pinder, W.: Das Problem der Generation in der Kunstgeschichte Europas ([1]1926). München 1961
Pitkin, W. B.: Life Begins at Forty. New York 1932
Prause, G.: Vierziger – Ein Geschenk für alle zwischen vierzig und fünfzig. Bergisch Gladbach 1983

Ransohoff, R.: Venus after Forty. Sexual Myths, Men's Fantasies and Truths about Middle Aged Women. Far Hills (New Jersey) 1987
Rauschenbach, E.: Vollkommen fix und vierzig. Frankfurt 1986

Remschmidt, H.: Adoleszenz – Entwicklung und Entwicklungskrisen im Jugendalter. Stuttgart 1992

Reulecke, J.: Probleme einer Sozial- und Mentalitätsgeschichte der Nachkriegszeit. In: Geschichte im Westen. Halbjahreszeitschrift für Landes- und Zeitgeschichte. Köln 2/1987

Riedel, M.: Wandel des Generationenproblems in der modernen Gesellschaft. Köln 1969

Riedel, M.: Artikel ›Generatio‹. In: Historisches Wörterbuch der Philosophie. Hg. J. Ritter/K. Gründer. Darmstadt, Bd. 3 1974, Sp. 273–277

Roland-Schellack, E.: Die Frau über vierzig – Schluß mit dem Leben aus 2. Hand. München 1988

Roos, P. (Hg.): Trau keinem über Dreißig – Eine Generation zwischen besetzten Stühlen. 25 Wortmeldungen. Köln 1980/Frankfurt 1982

Roscher, W.: Die Zahl 40 im Glauben, Brauch und Schrifttum der Semiten. Abhandlungen der philologisch-historischen Klasse der königlich sächsischen Gesellschaft der Wissenschaften. Bd. 27. Leipzig 1909. S. 7–138

Rosenthal, S. H.: Sex over Forty. Los Angeles (California) 1989

Rümelin, G.: Über den Begriff und die Dauer einer Generation. In: Reden und Aufsätze I, 1975

Schelsky, H.: Die skeptische Generation. 1957

Schreiber, H.: Das kann doch nicht alles gewesen sein – Über die Krise in der Lebensmitte. In: Der Spiegel 30/1976, S. 36–49

Schreiber, M.: Ich bin unsichtbar geworden – Über die Frau um vierzig. In: Der Spiegel 48/1984, S. 52–72

Schwencke, O. (Hg.): Die Philosophie der Vierzigjährigen (Loccumer Protokolle 52). Loccum 1989

Semmens, J.: Mid-Life Sexuality. Enrichment and Problem-Solving. Durant (Oklahoma) 1989

Shapiro, J.: Get the Best out of the Rest of Your Life. Enjoy Your Middle-Life Years. New York 1990

Sherman, E. Meaning in Mid-Life Transitions. Albany/New York 1987

Sherman, J. R.: Middle Age Is Not a Disease. Golden Valley (MN) 1985

Sheehy, G.: In der Mitte des Lebens – Die Bewältigung vorhersehbarer Krisen. München 1976 (Passages – Predictable Crises of Adult Life. New York 1974)

Shoenberg, F.: Middle Age Rage . . . and Other Male Indignities. New York 1989
Sigel, R. S.: Political Learning in Adulthood. A Sourcebook of Theory and Research. Chicago 1989
Smith, St.: Mad Scene. A Guide to Dating and Romance a Middle Age. Saint Louis (Missouri) 1989
Sneed, D.: Prime Time. Atlanta (Georgia) 1991
Soddy, K./Kidson, M.: Men in Middle-Life. London 1967
Spranger, E.: Psychologie des Jugendalters. Leipzig 1925
Stein, M.: In Midlife. A Jungian Perspective. Dallas (Texas) 1983
Steiner, R.: Geistige Wirkenskräfte im Zusammenleben von alter und junger Generation – pädagogischer Jugendkurs. Dornach 1964
Stephan, C.: Die Generation der verpaßten Gelegenheiten. Über G. Heinzen/U. Koch: Von der Nutzlosigkeit, erwachsen zu werden. In: Der Spiegel 45/1985, S. 283–287
Stephan, C.: Wir Kollaborateure – Der Westen und die deutschen Vergangenheiten. Reinbek 1992
Stephan, C., in: Koelbl, H.: Männer. Mit Texten von C. Stephan u. a. München 1984
Sterner, J.: Growing Through Mid-Life Crises. Saint Louis (Missouri) 1985
Swientek, Ch.: Mit 40 depressiv, mit 70 um die Welt. Wie Frauen älter werden. Freiburg/Basel/Wien 1991

Tamir, L. M.: Men in Their Forties. The Transition to Middle Age (Focus on Men Ser.: Vol. 2). New York 1982
Tartler, R.: Die soziale Generations-Gestalt und das Generationen-Verhältnis der Gegenwart. 1954
Taylor, J.: Middle Age Survival Kit. Denver (Colorado) 1986
Taylor, R.: The New Doctor's Guide for Adults. Welcome to the Middle Years. Reston (Virgina) 1978
Treichler, R.: Die Entwicklung der Seele im Lebenslauf – Stufen-Störungen und Erkrankungen des Seelenlebens. Frankfurt 1984
Trimboli, G.: Charles M. Schulz – 40 Ans de Vie Avec Snoopy. Paris 1991

Vaillant, G. E.: Adaptation to Life. 1978
Viorst, J.: How Did I Get to Be Forty . . . & Other Atrocities. New York 1976

Wandrey, U. (Hg.): Knapp vierzig. Das Buch zum 40sten. Reinbek 1991
Weber, E.: Generationenkonflikte und Jugendprobleme aus (erwachsenen-)pädagogischer Sicht. München 1987
Wechssler, E.: Die Generation als Jugendreihe und ihr Kampf um die Denkform. 1930
Weinmann, M./Leat, M. W.: Is There a Male Menopause? New York Times Magazine 28-01-1973, S. 10–11
Weiss, A.: Solo-Frauen. Frauen um 40 erzählen ihre Männergeschichten. Frankfurt 1986
Whiting, Ch.: Forty-Eight Hours to Hammelburg. New York 1987
Witkin, M. H./Lehrenbaum, B.: Forty-Five and Single Again. New York 1985
Worthington, L.: Forty-Five & Satisfied. Abilane (Texas) 1983

Die Zusammenstellung der Bibliographie besorgten Friederike Hassauer und Peter Roos.